論語365

春之卷

越古而來的薰風　徐迎人生四季好修養

著——孫中興

序

二〇一四年的九月初，和一位在大陸的朋友於微信上談起每天可以讀一點什麼書時，我建議每天讀一段《論語》，朋友就順勢提議讓我每天寫一段讓大家看，就這樣開始了我一連五百多天（中間只因外出旅遊而中斷了幾天）的《論語》寫作（二〇一六年一月九日發最後一篇）。這期間，每天晚上寄給海峽兩岸的親朋好友，成為「論語日記」和「論語日寄」，也成為親朋好友的「論語日讀」。寫完後，朋友又建議將過去發過的稿子再加以編輯，申請了一個微信公眾號，命名為「論語日記」，就這樣有機會跟更廣大的讀者見面。出版社的朋友讀到了，也覺得可以出版，這本書就因緣際會誕生，於二〇一八年年初率先於大陸出版，這是我始料未及的一樁美事。

原先的前幾篇的寫作都很隨興簡要，後來經過朋友反應以及自己的想法，慢慢形成了一種格式。趁著出版，又將前幾章重新寫過，以達成全書體例上的統一。首先我會說明各章的題旨。這是注釋論語的幾位前輩做過的事情，如皇侃（四八八—五四五年）和邢昺（九三二—一〇一〇年）。我的意見未必和他們相同，所以也在一開始提醒讀者。其次是白話翻譯。這是我原來前幾篇都沒做的事情，後來有朋友反映實在不容易懂，我想想就從善如流全部加上，除非太過淺白或者無解。我的解釋加了很多背景的說明或是我想像中對話人物的表情，以便幫助讀者更清晰的理解每章的內容。碰到有不同解釋的章節時，我會盡量選擇我認為比較合理的解釋，有時幾種解釋看起來都合理，就一起放入我的白話翻譯。

我的白話翻譯是根據自己對各家古注的解讀之後所做的判斷，也因此在白話翻譯之後，是比較各家對於關鍵字詞的解釋。這個部分我參考的是黃懷信先生編的《論語彙校集釋》（兩冊）（上海古籍，二〇〇八），特別是其中收羅的何晏（一九五？—二四九年）、皇侃、邢昺、朱子（一一三〇—一二〇〇年）、劉寶楠（一七九一—一八五五年）、戴望（一八三七—一八七三年）、程樹德（一八七七—一九四四年）以及黃先生自己的解釋。讀者在本書也可以看到古今注釋家的異同和演變，這也是古人智慧可以啟發我們智慧的部分。接著，我遵循先師愛新覺羅毓鋆「依經解經」的教誨，從《論語》的其他章節或先秦兩漢古籍找到相關的章節來證立孔子每章的想法。我原先受益於楊樹達先生的《論語疏證》，後來更得力於「中國哲學書電子化計畫」網站的搜尋引擎。除了關鍵字之外，我也藉由網站的資料，搜尋到相關的人物故事和歷史背景，如此一來能對《論語》有更全面的了解。最後是我自己的一點感想，我戲稱比毓老師提倡的「依經解經」多一個字的「依經驗解經」。有時回憶起當初在師門讀書時老師說的話，有時感嘆於當今社會的現況，也算是我讀《論語》之後的「興、觀、群、怨」吧！

二〇一九年出版的台灣版，修正了一些內容和引用資料，分成春、夏、秋、冬四卷，最後一卷收錄三篇附表和記述我入毓老師門下的一篇回憶錄。三篇附表原先都是我為了自己讀《論語》準備的：附表一是歷代對於《論語》分章的對照表，我選定用「中國哲學書電子化計畫」的分類，算是其中分章最多的一種；參考其他版本的朋友，可以知道這種差異並非錯誤；附表二是孔門弟子在《論語》中出現的章節、次數和相關統計資料；附表三是孔門弟子的世代位置，可以幫助讀者認識孔門弟子在年齒上的關係，這對重視長幼倫理的孔門應該是很重要的資訊。讀者會發現有些章節我有不同於前輩注釋家的理解，我都是有著經典或是經驗上的根據，請大家平心靜氣看待我提供的證據。如有不同意見，也歡迎批評指教。讓我們都能在討論之餘，增加對《論語》的了解。

每章的附錄原先是當作我言之有物的證據。應該可以讓有心更上一層樓的讀者去細細品味，不過礙於篇幅，在編輯成書的過程中刪去不少，有興趣的讀者可以配合「中國哲學書電子化計畫」的網站閱讀。

另外，這本書的內容是原來天天晚上發給朋友的。怕朋友遺忘某些故事，再加上這樣的故事都很重要，所以難免重複叮嚀。

從寫完本書初稿之後，我開始動念：「對於《論語》我還能做些什麼？」於是每天早上用鋼筆抄一章《論語》，每週一次抄寫七章小楷毛筆，在早上發給朋友，一起共勉。各位讀者在讀《論語》之餘，也可以想想對於《論語》自己還能做些什麼？

最後要和大家共勉，孔子教誨的重點不是「知」，而是要「行」，特別是要將書上學得的智慧應用在日常生活上，積極地「己立立人、己達達人」，消極地「己所不欲，勿施於人」，加上平等對待所有人，這樣我們才能共同為彼此（家人、國人、天下人）的未來共同奮鬥。讓我們大家都來做孔子教誨的「悅樂君子」。

這本書的完成還要特別感謝幾位朋友：邵紅當初提的建議和後續不斷地支持；劉剛一直以來的各種支持和鼓勵；麒淳幫忙編輯美輪美奐的微信公眾號「論語日記」。還有海峽兩岸其他各個群裡面的朋友：「君子以文會友，以友輔仁。」

本書體例說明如下：

1. 非《論語》之書名、章名標示——《書名・篇名／章名》〈章名／小節〉
例如：《禮記・學記》〈8〉，為《禮記》〈學記〉篇，第八章。

2. 《論語》篇章標示省略書名——〈篇名　章節〉
例如：〈為政11〉，為《論語》〈為政篇〉，第十一章。

＊本書引用原典之章節分配主要參考：中國哲學書電子化計畫（https://ctext.org/zh）。

春之卷

目次

學而

•

第一

1

子曰：「學而時習之，不亦說乎？有朋自遠方來，不亦樂乎？人不知而不慍，不亦君子乎？」

〔我們的老師〕孔子〔曾經這麼〕說〔過〕：「學習古人和今人的智慧來啟發我們自己的智慧，而且還能夠在適當的時機將這些智慧加以踐行，這難道不是讓自己內心覺得很愉悅的事情嗎？我們學到的智慧能夠幫我們齊家、治國和平天下，讓天下人願意從世界各地來和我們一起共襄盛舉，往大同世界的理想邁進，這不是一件值得大家同樂的事情嗎？掌握權力的人不理解我們堅持的使命而不重用我們，我們仍然奮力不懈而不懷恨在心，這不就是我們這些立志當個有德的君子的人該有的基本修養嗎？」

這是《論語》開頭的第一篇，取開頭的「學而」兩個字當篇名。這章的章旨其實就是希望學生當個「悅樂君子」。這章潛藏著《禮記・大學》開頭所說的「三綱」（明明德、親〔新〕民、止於至善）和八目（格物、致知、誠意、正心、修身、齊家、治國、平天下），這是個很難讓孔門之外的人理解的一種生生不息的堅持。《論語》雖然不是孔子親自編輯的書，但是孔門後學將這篇放在開頭，像是師長在開學典禮的致詞，有著提綱挈領的重要性。這一篇總共分成十六章，各家版本都一樣，並無異議。可是雖然在同一篇中，各章主題並不是都一致談論「學」的問題，但是放在篇首，顯然有特別強調「學」的首要性。

這章通常分成三段：

這裡的「子」——東漢的馬融解釋說：「子者，男子之通稱，謂孔子也。」梁朝的皇侃補充說：「子是有德之稱，古者稱師為子也。」明末清初的顧炎武在《日知錄》中指出，「子」原來是執政者授予的五種官位（公侯伯子男）之一，是執政之卿的稱號，後來「匹夫為學者所宗亦得稱子」，也就是說，「子」從一種政治頭銜轉化成一種道德頭銜，被賦予了新的意義。

「曰」——皇侃說是「發語之端」，還引用東漢許慎的《說文解字》說：「開口吐舌謂之曰。」簡單來講，就是「說」。《論語》全書的「子曰」都是「孔子曾經這麼說過」或「我們的孔老師曾經這麼說過」，只有〈季氏篇〉通篇是用「孔子曰」，而不是「子曰」，恐怕這是《論語》《齊論》版本在合併之後，編輯者沒注意到的前後不一致之處。

「學」——是這章的一個關鍵字。許慎的《說文解字》說：「斅（學的古字），覺悟也。」皇侃也引用《白虎通》的說法：「學，覺也、悟也。」朱子綜合兩種說法，指出：「學之為言，效也。人性皆善，而覺有先後。後覺者必效先覺者之所為，乃可以明善而復其初也。」可見，「學」是手段，「明善復初」才是終極目標。明末清初的王夫之（船山）特別說：「凡言學，有兼講習討論、存養省察而言者，有分而言之者。此學則專指講習討論、以存養是純常無間之功，省察因幾而動，俱不可言習也。但此講習討論，所以明善而為篤行之資，不可如俗下時文作記誦詞章說耳。」這是強調知行合一，不是為了考試而念書的那種「學」。清朝的毛奇齡在《四書改錯》強調：「以學道言，則大學之道、格致誠正，修齊治平是也；以學術言，則學正崇四術，凡春秋禮、樂，冬夏詩、書皆是也。此則學也。」

「而」——皇侃說是「猶因仍也」，也就是連接前後（學和時習）的副詞。其他古注也都沒在這個字上著力。所以當初上課聽毓老師（愛新覺羅毓鋆）把「而」當「能」來解，就覺得耳目一新，聞所未聞。查閱了東漢許慎的《說文解字》和清代王引之的《經傳釋詞》，「而」字並沒有這樣的解釋，不過後來查閱楊樹達的《詞詮》和裴學海的《古書虛字集釋》都發現有這樣的解釋。毓老師有時候上課會把正文改成「學能時習之」念出來。

「時」——何晏的《論語集解》引用王弼的說法：「時者，學者以時誦習之。」皇侃的解釋強調學要選好「時」，才容易有效果：「時者，凡學有三時，一是就人身中為時；二就年中為時；三就日中為時。」他強調這裡的「時」是「日中之時」，清朝的劉寶楠也認為如此，也就是中午是學的最好時間。朱子把「時」解釋成「時時」也就是「經常」的意思。清朝的焦循在《論語補述》中引用《禮記‧學記》〈8〉的說法：「當其可之謂時」，也就是恰到好處的時機。毓老師經常提起王夫之的「治時」、「先時」、「因時」和「違時」的四種區分，而且也經常強調「聖人不能生時，時至而不失之」（改編《文子‧上禮》〈7〉的話）。「時機」的解釋要比「時時」的意境深遠。

「習」——皇侃說是「修故」，也就是「溫故」（〈為政11〉）。朱子說是「鳥數飛也」，就是拿小鳥學習飛翔來比喻「習」。黃懷信認為就是「練習、演習」。

「之」——皇侃說是「所學之業也」，就是指學和習的內容。

「不亦」——注解孟子的趙岐和王引之認為就是「亦」。不過這麼說，主要是一種謙謙君子的含蓄表現，也就是要用一種溫和的方式扭轉一般人的看法。如果直接說是「說乎」，不是有點霸氣而讓人生畏嗎？

「說」——有的版本作「悅」。《說文解字》只有「說」而沒有「悅」。《爾雅》解釋為「樂」，皇侃說是「懷抱欣暢」，朱子說是「喜意」，黃懷信說是「愉悅、愉快」。

第二句中的「有」，有的版本作「友」。何晏引用包咸的說法：「同門曰朋」，宋朝邢昺引用鄭玄的完整說法：「同門曰朋，同志曰友」，還補充說：「朋疏而友親」。朱子則和前輩不同：「朋，同類也」，清朝的戴望認為「友朋，弟子也」，劉寶楠也認為「朋」是「弟子」。黃懷信則認為，「朋」在古文字像雙串貝殼，表示兩人相親比。從〈泰伯5〉和〈子張15〉曾子和子游稱呼同門為「友」來看，同門應該是「友」，而不是「朋」。此外，孔子說過：「可與共學，未可與適道；可與適道，未可與立；可與立，未可與權。」（〈子罕30〉），恐怕「共學」的同門是遠遠不如「適道」的「朋」。所以這裡的「朋」應該是有共同理想的「同志」，而不只是有同門關係的共學之人。

第三句的「人」，皇侃說是「凡人」，劉寶楠則認為是「當時君卿大夫」，就是有權力的當政者。後者的說法似乎比較接近孔子當時的歷史背景，前者的解釋則對當代一般人的情緒管理有著「心靈雞湯」的作用。

「知」——古注都跳過沒解釋，黃懷信說是「了解」。我覺得如果把「人」當成是當政者，那麼

「知」就是「知用」，也就是欣賞下屬的才華而能加以聘用，也就是「知人善任」的意思。這在現代強調點閱率和知名度的時代，恐怕大家理解的還是一種「沒沒無名的焦慮和恐慌」。

「慍」——《說文解字》、何晏和皇侃都說是「怒」，朱子說是「含怒」，戴望呼應鄭玄，說是「怨」，似乎沒像「怒」的火氣那麼大。總之，就是不高興，程度如何而已。

「君子」——皇侃說是「有德之稱」，朱子說是「成德之名」。孔子在此將當時習慣將有位者稱為「君子」轉化為「有德者」的稱號。這樣一來，人「無生而貴者」（《禮記．郊特牲》〈33〉、《孔子家語．冠頌》〈1〉和《儀禮．士冠禮》〈29〉），靠著後天努力修身養德，一樣可以享受君子的稱號，再也不是某些上層階級的專屬。

這章開學典禮訓詞關乎著我們對孔子的想像。如果我們想像孔子就是一位普通的教書先生，傳統的解釋當然就順理成章：老師教的東西要常常複習，這樣不是很快樂嗎？（才怪！）有朋友從遠方來跟我們在一起學習，這不又是件快樂的事情嗎？（才怪！）如果人家不知道我們，我們也不生氣，這不是一位君子嗎？（才怪！）這種解釋不僅違反了人們學習的痛苦經驗，也把孔子和孔門看小了。

孔子的教學不是像後代是以考試為目標，不是以個人為本位；他是要學生能從修身開始做起，最後達到齊家、治國和平天下的禮運大同的理想。他的教學目標符合現在「全球倫理」的基本共識：把人當人看，不是只有貴族才能享有人的待遇；己立立人，己達達人（〈雍也30〉）。孔子希望自己以及他的學生都能做到「修己安人」的境界。只是修身，而不管他人死活，絕不能稱為孔門弟子。

有了這樣的理解當前提，這三句話就應該這麼理解：孔子要學生「學而時習之」就是要「學以致用」和「知行合一」，「時」就不是「經常」而是「找對用世的時機」，而要能「用世」就要學「對治世有用的學問」，這當然就包括「詩、書、禮、樂、易、春秋」等古人遺留下來的智慧寶典，也要學習當代生活上必須的「禮、樂、射、御、書、數」，這兩種都稱作「六藝」（如果去除禮和樂兩項重複，應該稱為「十藝」）。「時習之」也就是要將這些「典籍」和「生活技藝」學到熟練，隨時可以上場大顯身手。我們甚至可以從古代流傳下來的孔子像雙手交疊（或上下合手，或兩手掌朝天），都很象形地顯示出「學」字上半部（兩隻手交疊）。所以，看到孔子像就應該想到「學」。這是「學而」放在第一篇第一章的用意吧！後來荀子書中第一篇就叫「勸學篇」，其實是很能抓到孔門重點的做法；可是大家都被宋明理學偏好的孟子給搶去手采。孟子書的開頭是「義利之辨」，雖然重要，但是孟子不強調「學」，反而強調「不學」的「良能」和「不慮」的「良知」（《孟子．盡心上》〈15〉），和孔子在這章的教誨相去太遠。毓老師最常提起：孔子在魯哀公（〈雍也3〉）和季康子（〈先進7〉）問起「弟子孰為好學」時，就提起顏淵，說他「不遷怒、不貳過」兩項情緒控制和德行的長處來談「學」，不談其他，可見孔子對於「學」是這麼期許的。孔子講到「好學」，更完整的是：「君子食無求飽，居無求安，敏於事而慎於言，就有道而正焉，可謂好學也已。」（〈學而14〉）這裡對於物質要求、言行和求教於人都有明確的指示。此外，學也應該包含著「博學、審問、慎思、明辨、篤行」（《禮記．中庸》〈22〉）的五合一過程，才算完整。這段曾經被某位學長認為是「奉元書院」的「院訓」。在《大戴禮記．曾子立事》〈4〉也有類似的說法：「君子既學之，患其不博也；既博之，患其不習也，既習之，患其無知也；既知之，患其不能行也；既能行之，貴其能讓也；君子之學，致此五者而已矣。」

「有朋自遠方來」恐怕就不應該只是「有學生從遠方來學」這麼一件事情而已，而是孔子的大同世界理想能得到遠方國家和人民的認同，也就是孔子勸告葉公為政之道在於「近者說（悅）、遠者來」

（〈子路16〉）的境界，因而願意來共襄盛舉，讓禮運大同世界在全球開花結果，這才不是「獨樂樂」，而是達到全球倫理的「眾樂樂」。孔子從人類的共同需要出發，獲得全天下的認同，這是我們今天還應該繼續努力的方向。如果「儒」是重視「人之需」，這就更是「儒者」應有的「志」和「行」。

至於「人不知而不慍」好像只蘊含著一種「其實你不懂我的心」消極賭氣的心態，而缺乏對孔子「知其不可而為」的那種積極正能量。這裡對於情緒管理的重視同樣也出現在《禮記．中庸》〈1〉一開始就說的：「喜怒哀樂之未發謂之中，發而皆中節謂之和。中也者、天下之大本也；和也者、天下之達道也。致中和，天地位焉，萬物育焉。」所以，情緒管理是從修身開始，可以和家、國和天下人和平相處。自我小宇宙也因此可以和大宇宙秩序和諧共進。此外，君子做事只求問心無愧（毓老師說過自己是「問心學派」），就算別人不理解或被人笑「迂腐」或「不合時宜」，卻仍然在自己相信的道路上堅持著；也就是「君子依乎中庸，遁世不見知而不悔，唯聖者能之」（《禮記．中庸》〈11〉）或是：「龍、德而隱者也。不易乎世，不成乎名，遯世無悶，不見是而無悶。樂則行之，憂則違之，確乎其不可拔，潛龍也。」（《易經．乾卦》〈文言10〉）或是：「君子以獨立不懼，遯世無悶。」（〈大過卦．象傳〉〈1〉）。以上講的都是同一個「人不知而不慍」（情緒管理）或「遁（遯）世而無悶」（用行舍藏，自強不息）的道理。

從這一章學到的心得，我有一方藏書章是自勉的「悅樂君子」，此外還寫了一段對聯和大家共勉：「進退存亡不失正，用行舍藏守時中。」

附錄

《禮記・中庸》〈11〉子曰：「素隱行怪，後世有述焉，吾弗為之矣。君子遵道而行，半途而廢，吾弗能已矣。君子依乎中庸，遯世不見知而不悔，唯聖者能之。」

《孟子・萬章下》〈10〉孔子，聖之時者也。孔子之謂集大成。集大成也者，金聲而玉振之也。金聲也者，始條理也；玉振之也者，終條理也。始條理者，智之事也；終條理者，聖之事也。智，譬則巧也；聖，譬則力也。由射於百步之外也，其至，爾力也；其中，非爾力也。

《禮記・學記》〈8〉大學之法，禁於未發之謂豫，當其可之謂時，不陵節而施之謂孫，相觀而善之謂摩。此四者，教之所由興也。發然後禁，則扞格而不勝；時過然後學，則勤苦而難成；雜施而不孫，則壞亂而不修；獨學而無友，則孤陋而寡聞；燕朋逆其師；燕辟廢其學。此六者，教之所由廢也。

《春秋世論》太上治時，其次先時，其次因時，最下亟違乎時。亟違乎時，亡之疾矣。治時者，時然後而弗然，消息乎己以匡時者也。先時者，時將然而導之，先時之索宗也。因時者，時然而不得不然。從乎時以自免，而亦免矣。亟違時者，時未得為，我更加失焉，或託之美名以自文，適自捐也。

《文子・上禮》〈7〉夫聖人非能生時，時至而不失也，是以不得中絕。

《禮記・郊特牲》〈33〉天子之元子，士也。天下無生而貴者也。

《孔子家語・冠頌》〈1〉雖天子之元子，猶士也。其禮無變，天下無生而貴者故也。

《儀禮・士冠禮》〈29〉天子之元子，猶士也，天下無生而貴者也。

《孟子・盡心上》〈15〉孟子曰：「人之所不學而能者，其良能也；所不慮而知者，其良知也。孩提之童，無不知愛其親者；及其長也，無不知敬其兄也。親親，仁也；敬長，義也。無他，達之天下也。」

《禮記．中庸》〈1〉天命之謂性，率性之謂道，修道之謂教。道也者，不可須臾離也，可離非道也。是故君子戒慎乎其所不睹，恐懼乎其所不聞。莫見乎隱，莫顯乎微。故君子慎其獨也。喜怒哀樂之未發，謂之中；發而皆中節，謂之和；中也者，天下之大本也；和也者，天下之達道也。致中和，天地位焉，萬物育焉。

——〈22〉誠者，天之道也；誠之者，人之道也。誠者不勉而中，不思而得，從容中道，聖人也。誠之者，擇善而固執之者也。**博學之，審問之，慎思之，明辨之，篤行之。**有弗學，學之弗能，弗措也；有弗問，問之弗知，弗措也；有弗思，思之弗得，弗措也；有弗辨，辨之弗明，弗措也，有弗行，行之弗篤，弗措也。人一能之己百之，人十能之己千之。果能此道矣，雖愚必明，雖柔必強。

2

有子曰：「其為人也孝弟，而好犯上者，鮮矣；不好犯上，而好作亂者，未之有也。君子務本，本立而道生。孝弟也者，其為仁之本與！」

有子這麼說過：「一個人若是（在家）孝順父母，就不太可能會（在外面）去忤逆長輩和上司；不會忤逆長輩和上司，就更不可能在家和國這樣的領域中做出違亂禮法的事情。一個立志當君子的人，應該從根本就做好，這樣才能走上君子之道。孝順父母和尊敬長輩，這應該就是行使仁道的基礎吧！」

這章是孔子弟子有若說的話。所以，《論語》並不都是孔子說的話。這章是強調「孝悌（弟）為仁本」，後來《孝經・開宗明義》〈1〉說到「孝為德本」以及孟子說的「親親而仁民，仁民而愛物」（《孟子・盡心上》〈45〉）也都是承傳同樣的想法。這正是中華文化的基礎。毓老師上課時也呼籲要建立「孝友家庭」，也是遵奉這種一脈相傳的道理。

有若是孔子弟子，魯國人。他的歲數有兩種不同的說法，前後差了七歲：一說少孔子三十六歲（《孔子家語．七十二弟子解》〈17〉），一說比孔子小四十三歲（《史記．仲尼弟子列傳》〈97〉），算是孔門中的晚輩。「有子」是孔門弟子對他的尊稱。孔子過世後，他因為長相像孔子，所以被思念老師的弟子們公推上了老師的位子。當時只有曾子一人反對，但是意見沒被重視（《孟子．滕文公上》〈4〉）。後來弟子拿當年孔子預知氣象和對年長的商瞿以後會生五個兒子的未卜先知的事情來詰問有若，有若回答不上來，才因此被轟下台（《史記．仲尼弟子列傳》〈98〉）。有若過世後，子游還主持了他的喪禮，看來同門之間還沒完全撕破臉（《禮記．檀弓下》〈132〉）。孔門的這樁鬧劇實在是有負孔子生前的教誨。在這樣的大起大落風波之後，孔門弟子在編輯《論語》時又把有若的話放在第二章，緊接著孔子的開學典禮致詞之後，這又是為什麼呢？

「其」——皇侃說是「孝悌者也」，劉寶楠認為是「發語詞」，也就是沒有意義的字。

「為」——劉寶楠引用《周官》〈典同〉的注，認為是「作」。

「孝」——是「善父母」（《爾雅．釋訓》〈98〉）或「善事父母」（《說文解字》、皇侃和朱子）。「弟」，通「悌」，皇侃說是「善事兄」，朱子多了「善事兄長」。《爾雅》則說「善兄弟為友」，用「友」不用「弟」，這裡指的是血緣的「兄弟」而不是沒有血緣關係的「朋友」。劉寶楠認為這章專門是為身為「人弟」的人說的。

「好」——皇侃說是「心欲」，就是「心裡想著」。

「犯」——《說文解字》說是「侵」，《爾雅》說是「勝」，皇侃說是「諫爭」。「上」，何晏引孔安國的說法是「凡在己上者」，皇侃說是「君親」。「犯上」，朱子說是「干犯在上之人」。我覺得就是家領域之外，比自己年長或地位高的人，都算是這裡所說的「上」。

「鮮」——都說是「少」（孔安國、皇侃、朱子）或「罕、寡」（《爾雅》）。

「作」——《爾雅》說是「為」。「作亂」，朱子說是「悖逆爭鬥之事」。以孔門重視禮樂來看，這個「作亂」應該是家國在禮樂制度方面的違逆和崩壞。

「務」——皇侃說是「猶向也、慕也」，朱子說是「專力」，也就是用盡「洪荒之力」在一件事情上。「本」，何晏說是「基」，皇侃說是「孝悌」，朱子說是「根」。

「道」——劉寶楠解釋說：「人所由行之路。事物之理皆人所由行，故亦曰道。」他還引用阮元的看法，指出「本立而道生」一句是古逸詩。劉寶楠則認為「君子務本，本立而道生」都是古語。有子只是引用，不是他的原創。

「仁」——這個關鍵詞在此是《論語》中第一次出現。古注中卻只有朱子說出著名的「愛之理、心之德」，恐怕不如「上下相親謂之仁」（《禮記・經解》〈4〉）來得更貼近本章的內涵。清朝的俞樾認為這就是孟子所說的「人人親其親、長其長而天下平」（《孟子・離婁上》〈11〉）。韓愈在〈原道〉中說，「博愛之謂仁」真是言簡意賅。後人把「仁」當成孔門的招牌，越說越複雜，實在是令人費解。

「為仁」——朱子和劉寶楠都說就是「行仁」，也就是實踐愛人之道。

「與」——朱子說是「疑詞」，邢昺認為「禮尚謙退，不敢質言」才這樣用問句結尾，朱子也引用這樣的說法。雖然好像不敢肯定，但其實是肯定的。和前一章的「不亦說乎」、「不亦樂乎」和「不亦君子乎」一樣，都是儒家謙謙君子的說法，希望對方想一想，然後加以認同的方式，而不用教訓命令的方式。

有子在這章不僅強調「孝」和「弟（悌）」是行仁的基礎，也強調能行孝弟的人很少會犯上，更不可能會作亂的。這應該是秉持著孔子說過的「孝慈則忠」（〈為政20〉）而立論的。《孝經・廣揚名》〈1〉就發揮這種想法：「君子之事親孝，故忠可移於君。」這裡的原意是要立志當君子的人先顧好自己的德行，修己之後，才能安人：從修身進一步擴充到家和國，甚至天下的領域，以愛親之心去愛國人和天下人。也就是從有血緣關係的家人做起，擴及非血緣關係的國人和天下人。本章的第一段後來成為學者和專制統治者們相信的「孝子不會犯上作亂」，會是絕對的順民，所以「求忠臣必出於孝子之門」；人民也從這些解釋中誤以為當忠孝不能兩全時，應該「移孝作忠」，放棄最根本的孝弟之道而以國家的責任為先。從這章的教誨來看，這種做法其實是本末倒置的。此章的「孝」是對家（族）領域來說的，「弟」是對「天下」領域來說的（「四海之內皆兄弟也」〈顏淵5〉），「犯上」和「作亂」也不應該只是針對「國」的領域來說的。

第二段特別強調「君子」要「務本」，這裡的「本」應該就是指「孝」和「弟」，因為這是「仁之本」，也就是人際關係的基礎。有了這個基礎，才可能達到孔子企盼的「禮運大同之道」。劉向的《說苑・建本》〈1〉很早就從這句話得出教訓：「君子貴建本而立始。」

不過，我不同意孝弟是「仁之本」的說法。我認為在孝弟之前，還有更根本的「男女問題」。這個問題不好好解決，不可能組成家庭，或者組成家庭也不能發揮良好的功能；沒有良好的家庭，就沒有良好的社會和國家；沒有良好的社會和國家，天下就不可能禮運大同。所以在家庭之前還有個「性別」的領域應該加以重視。《禮記・郊特牲》〈35〉就把這樣的先後秩序說得很清楚：「男女有別，然後父子親，父子親然後義生，義生然後禮作，禮作然後萬物安。無別無義，禽獸之道也。」《易經・

序卦》〈30〉將「天地—萬物—男女—夫婦—父子—君臣—上下—禮義」的前後階序關係說得更加明確。從以上兩部經典的佐證，「男女之倫」是比強調孝道的「父子之倫」更為根本。這是我在大學傳授「愛情社會學」的重要理據，希望大家從男女相處開始就學會「平等對待・共同奮鬥」，在這個基礎上組成夫妻關係，甚至進到父子關係，就可以同樣的精神，步步邁向「禮運大同」的境地。所以我這個孔門後學認為：「男女也者，其為仁之本與？」

補充說明一下，有子在《論語》中還出現過其他三次：一次提到「禮之用，和為貴」（〈學而12〉）；一次提到「義」和「禮」和「親」（〈學而13〉）；一次是他勇敢地在魯哀公問他增稅的問題時，他膽敢站在百姓的立場說出「百姓足，君孰與不足？百姓不足，君孰與足？」（〈顏淵9〉）這種直言極諫的精神，孔門中有人是做不到的（〈八佾6〉和〈季氏1〉）。在其他古籍的記載中，他請教過孔子國君該如何對待同姓諸侯的問題（《孔子家語・曲禮子貢問》〈31〉），這也顯示他對於「禮制」的重視。更重要的事情是他指出孔子是「出類拔萃」的人物，甚至主張（許多資料都誤為是「孟子」說的，真是讀書不仔細！）「自有生民以來，未有盛於孔子也」（《孟子・公孫丑上》〈2〉），也就是說孔子是「歷史第一人」。現在我們到孔廟大成殿看到的雍正皇帝寫的「生民未有」的匾額，典故就在這裡。

在孔門弟子當中，他和曾子辯論過齊國晏子是否知禮的問題：曾子認為晏子知禮，因為「國家花費偏向奢侈時，他會節儉辦事；國家花費節儉時，他也會守禮辦，有子則認為晏子為了節儉而忽略了禮（《禮記・檀弓下》〈159〉）。另外一次，兩人又爭論起老師生前對於喪禮的看法。雙方各執一詞，互不相讓，都堅持自己是親耳聽老師說的，不可能會錯。後來請子游來評理，子游就指出老師當時說話的背景，並說明有子是比較接近老師當初的想法。曾子死守著孔子說的話，忽略了說話的背景，有子則從老師在其他場合的看法抓住老師的一貫精神（《禮記．檀弓上》〈75〉）。

《韓非子．外儲說左上》〈9〉記載過有子給當時治理「單父」的宓子賤用術治理的建議，不要整天憂心忡忡。韓非子的記載未必屬實。從其他的文獻看來，有子應該建議用禮樂治理才符合孔門精神吧！

有子對於喪禮的廣博知識很受魯哀公的重視，所以經常請教他有關喪禮的問題（《禮記．檀弓下》〈185〉和〈186〉）。後來有子過世，哀公還特地前來弔喪（〈132〉）。

不過，很讓人費解的是：這麼一個篤守禮制的有子並沒被列入孔門四科十哲（〈先進3〉）之中，可是他說的話卻又放在《論語．學而》的第二章。為什麼呢？

附錄

《孝經．開宗明義》〈1〉仲尼居，曾子侍。子曰：「先王有至德要道，以順天下，民用和睦，上下無怨。汝知之乎？」曾子避席曰：「參不敏，何足以知之？」子曰：「夫孝，德之本也，教之所由生也。復坐，吾語汝。身體髮膚，受之父母，不敢毀傷，孝之始也。立身行道，揚名於後世，以顯父母，孝之終也。夫孝，始於事親，中於事君，終於立身。《大雅》云：『無念爾祖，聿修厥德。』」

《孟子．盡心上》〈45〉孟子曰：「君子之於物也，愛之而弗仁；於民也，仁之而弗親。親親而仁民，仁民而愛物。」

《孔子家語．七十二弟子解》〈17〉有若，魯人，字子有。少孔子三十六歲，為人強識，好古道。

《史記．仲尼弟子列傳》〈97〉**有若**少孔子四十三歲。**有若曰**：「禮之用，和為貴，先王之道斯為美。小大由之，有所不行；知和而和，不以禮節之，亦不可行也。」「信近於義，言可復也；恭近於禮，遠恥辱也；因不失其親，亦可宗也。」

《孟子．滕文公上》〈4〉他日，子夏、子張、子游以**有若**似聖人，欲以所事孔子事之，彊曾子。曾子曰：「不可。江漢以濯之，秋陽以暴之，皜皜乎不可尚已。」

《禮記》〈檀弓下132〉有若之喪，悼公吊焉，子游擯，由左。

——〈經解4〉發號出令而民說，謂之和；**上下相親**，謂之仁；民不求其所欲而得之，謂之信；除去天地之害，謂之義。義與信，和與仁，霸王之器也。有治民之意而無其器，則不成。

《孟子．離婁上》〈11〉孟子曰：「道在爾而求諸遠，事在易而求之難。**人人親其親、長其長而天下平**。」

《孝經．廣揚名》〈1〉子曰：「君子之事親孝，故忠可移於君。事兄悌，故順可移於長。居家理，故治可移於官。是以行成於內，而名立於後世矣。」

《說苑．建本》〈1〉孔子曰：「**君子務本，本立而道生**。」夫本不正者末必倚，始不盛者終必衰。《詩》云：「原隰既平，泉流既清」。本立而道生，春秋之義；有正春者無亂秋，有正君者無危國，《易》曰：「建其本而萬物理，失之毫氂，差以千里」。是故君子貴建本而重立始。

《易經．序卦》〈30〉有**天地**然後有**萬物**，有**萬物**然後有**男女**，有**男女**然後有夫婦，有夫婦然後有父子，有父子然後有君臣，有君臣然後有上下，有上下然後禮義有所錯。

《孔子家語．曲禮子貢問》〈31〉**有若**問於孔子曰：「國君之於同姓，如之何？」孔子曰：「皆有宗道焉。故雖國君之尊，猶百世不廢其親，所以崇愛也。雖於族人之親，而不敢戚君，所以謙也。」

《孟子．公孫丑上》〈2〉**有若曰**：「豈惟民哉？麒麟之於走獸，鳳凰之於飛鳥，太山之於丘垤，河海之於行潦，類也。聖人之於民，亦類也。出於其類，拔乎其萃，自生民以來，未有盛於孔子也。」

《禮記》〈檀弓下159〉曾子曰：「晏子可謂知禮也已，恭敬之有焉。」**有若曰**：「晏子一狐裘三十年，遣車一乘，及墓而反；國君七個，遣車七乘；大夫五個，遣車五乘，晏子焉知禮？」曾子曰：「國無道，君子恥盈禮焉。國奢，則示之以儉；國儉，則示之以禮。」

——〈檀弓上75〉**有子**問於曾子曰：「問喪於夫子乎？」曰：「聞之矣：喪欲速貧，死欲速朽。」**有子曰**：「是非君子之言也。」曾子曰：「參也聞諸夫子也。」有子又曰：「是非君子之言也。」曾子曰：「參也與子游聞之。」有子曰：「然！然則夫子有為言之也。」曾子以斯言告於子游。子游曰：「甚哉！有子之言似夫子也。昔者夫子居於宋，見桓司馬自為石槨，三年而不成。夫子曰：『若是其靡也，死不如速朽之愈也。』死之欲速朽，為桓司馬言之也。南宮敬叔反，必載寶而朝。夫子曰：『若是其貨也，喪不如速貧之愈也。』喪之欲速貧，為敬叔言之也。」曾子以子游之言告於有子。有子曰：「然！吾固曰：非夫子之言也。」曾子曰：「子何以知之？」有子曰：「夫子制於中都，四寸之棺，五寸之槨，以斯知不欲速朽也。昔者夫子失魯司寇，將之荊，蓋先之以子夏，又申之以冉有，以斯知不欲速貧也。」

——〈檀弓下185〉孺子鞼之喪，哀公欲設撥，問於**有若**，**有若曰**：「其可也，君之三臣猶設之。」顏柳曰：「天子龍輴而槨幬，諸侯輴而設幬，為榆沈故設撥；三臣者廢輴而設撥，竊禮之不中者也，而君何學焉！」

——〈186〉悼公之母死，哀公為之齊衰。**有若曰**：「為妾齊衰，禮與？」公曰：「吾得已乎哉？

魯人以妻我。」

《韓非子・外儲說左上》〈9〉宓子賤治單父，有若見之曰：「子何臞也？」宓子曰：「君不知賤不肖，使治單父，官事急，心憂之，故臞也。」有若曰：「昔者舜鼓五絃之琴，歌南風之詩而天下治。今以單父之細也，治之而憂，治天下將奈何乎？故有術而御之，身坐於廟堂之上，有處女子之色，無害於治；無術而御之，身雖瘁臞，猶未有益。」

3

子曰：「巧言令色，鮮矣仁！」

孔子這麼說過：「說好聽的話，擺出好臉色，（若是沒有發自真心誠意），這樣的人是很少真有愛人之心的！」

和這章同樣的話也出現在〈陽貨17〉。可是歷來都因為太尊敬《論語》而竟然沒有人敢刪除這種沒有意義的重複。這章強調的是做人應該表裡一致，才是修己並且愛人的表現。這恐怕也是孔子認為的「仁之本」吧！

「巧」——朱子說是「好」。「巧言」，包咸說是「好其語言」；皇侃說是「便辟其語言也」，他還引用王肅的說法：「巧言無實」；戴望卻和眾人不同，說是「諍言」，恐怕不妥。簡言之，就是說了讓人聽了舒服的好聽話，可是內心不是這樣想的。

「令」——朱子和《爾雅．釋詁》〈8〉依樣都說是「善」（不過朱子沒有提到這是《爾雅》的說法）。

「色」——《說文解字》說是「顏氣」，就是臉上的表情，應該也包含著身體動作。當然也有我們都知道的那個意思：「少之時，血氣未定，戒之在色」（〈季氏7〉）。

「令色」——包咸說是「善其顏色」，皇侃說法類似「柔善其顏色」，也引用王肅的說法「令色無質」；戴望說是「象恭」。簡言之，就是外表擺出好臉色，一副很恭敬的樣子，可是心裡是老大不願意的。

「仁」——也許因為上一章講過了，所以古注都略過。其實簡單說：「仁者愛人」（《孟子・離婁下》〈56〉），這些人「鮮矣仁」就是「很少真正關愛其他人」。

古人早在孔子之前就注意到「巧言」的問題：《尚書・皋陶謨》中禹就提醒皋陶只要善待人民，就不必害怕「巧言令色孔壬（太過討好巴結）」；《詩經・小雅・祈父之什》〈雨無正5〉提到「巧言如流」，在〈小旻之什〉就有〈巧言〉一章，其中提到「巧言如簧」，也是對「巧言」的深刻描繪；《大戴禮記》中也有不同的章節提到和本章類似的看法：「巧言令色，能小行而篤，難於仁矣」（〈曾子立事28〉）和「巧言、令色、足恭一也，皆以無為有者也」（〈文王官人17〉）。這些都是古人在複雜的人際關係中所得到的生活智慧。孔子雖然不是首創者，卻是集合了古人智慧的大成，孟子稱他「集大成」（《孟子・萬章下》〈10〉）真是貼切。

《論語》中也還有幾個有關「巧言」的段落：有一章除了「巧言」和「令色」之外，還加了「足恭」（外表恭敬），這是孔子自稱和偶像左丘明都不齒的行為〈公冶長25〉。此外，他也將「察言觀色」（〈顏淵20〉）當成是「達」的三項標準之一。他警告過弟子替當政者辦事，要避免三種「言」的缺失：「言未及之而言謂之躁，言及之而不言謂之隱，未見顏色而言謂之瞽。」（〈季氏6〉）這是孔子對於君子言行合一和表裡合一的強調。

孔子也強調：「有德者必有言，有言者不必有德」（〈憲問4〉），「德」要成為「言」的底蘊，或者套用上一章的說法：「德為言本」。他認為無道德底蘊的「巧言」的後果是「亂德」〈衛靈公27〉，也就是故意用混亂的邏輯和言詞，讓一般人的道德觀念更加混淆。所以孔子經常強調「慎言」（〈學而14〉和〈為政18〉）、「仁者其言也訒（謹慎）」（〈顏淵3〉）、「非禮勿言」（〈顏淵1〉），他也警告過弟子：「可與言而不與之言，失人；不可與言而與之言，失言。知者不失人，亦不失言。」（〈衛靈公8〉），以及「不知言無以知人也。」（〈堯曰3〉）毓老師更是常用《易經．繫辭上傳》〈8〉的話提醒弟子：「言行，君子之樞機，樞機之發，榮辱之主也。言行，君子之所以動天地也，可不慎乎！」

孔子弟子子夏也跟著強調「言而有信」（〈學而7〉）、（〈學而13〉）有子則強調「言可復也」。雖然孔子其實主張在非常時期要能因時制宜，要懂得權變，才能通久，不要像一般人那樣死板地篤守著「言必信，行必果」（〈子路20〉）。弟子的境界不如老師，於此可見一斑。

總之，「巧言」應該是指「言不由衷的話」。《禮記．中庸》〈1〉說：「喜怒哀樂之未發謂之中，發而皆中節謂之和」，從這來看，「巧言」就是不「和」之言，言不由衷，又不合禮法。

「令色」是表面（臉面）功夫，擺出好的臉色，卻也不是發自內心的喜悅。俗話說的「皮笑肉不笑」應該就是「令色」吧！現在服務業強調「情緒勞動」，要擺出好臉色讓顧客高興消費，可是往往只有「巧言」而沒有「令色」，說出「歡迎光臨」，卻沒做出「歡迎光臨」的相關服務，只是「口惠」而「實不至」，也算是這裡警告的情況。孔子後來還譴責「色莊」（〈先進21〉）那種裝出來的表情。如果有真心為底蘊，那麼別人感受到的就不是「巧言令色」而是「和顏悅色」。

「鮮矣仁」是指「仁」的成分不夠，不是完全沒有，被太多的「虛偽」稀釋了。當然也有仁人是巧言令色的，只是罕見。所以孔子講這句話就是希望大家要「去偽存真」。如果照《毓老師講中庸》的說法，這也是《大學》和《中庸》裡說的「慎獨」。我們平常都知道吃東西要「慎毒」，而忽略做人做事的這個「慎獨」。

這種警告當然也有流弊。許多人學了本章之後，就變得不敢說話，不敢有表情，像個活死人，也讓自己的人際關係往來變得很沒趣味，甚至沒有朋友願意和這樣的人打交道。所以，就算不是「巧言令色」，也不保證這樣的人就是「仁人君子」。這種矯枉過正的行為也是我們後人要注意的。

美國心理學家艾克曼（Paul Ekman）從人的臉部微表情來發現人是否說謊，他還被美國聯邦調查局（FBI）邀請去訓練側寫師（Profiler），希望能從人的「色」來破解「言」之可靠。可是儘管已經對臉部肌肉的牽動分析地十分精細，仍然沒有百分百的成功率。即便如此，這種「讀心術」或「相人術」一直是許多人希望能夠掌握的一門學問。毓老師曾經開過劉劭《人物志》的課（現在海峽兩岸各有一本出版的筆記可以參考），也一直鼓勵大家看《冰鑑》，也是希望學生能夠學著識人，知人，將來可以在交友和聘用人才上「知人善任」，以免大家還是被「巧言令色」之人所迷惑。

反躬自省，我們該在「言」和「色」之間做出一個中庸的選擇和實踐。也許我們該先從培養一顆愛己愛人的心開始吧！就算我們有「巧言」和「令色」，也是因為我們心中有愛。

附錄

《尚書．皋陶謨》〈1〉禹曰：「吁！咸若時，惟帝其難之。知人則哲，能官人安民則惠。黎民懷之，能哲而惠，何憂乎驩兜？何遷乎有苗？何畏乎**巧言**令色孔壬？」

《詩經．小雅．祈父之什》〈雨無正5〉哀哉不能言，匪舌是出，維躬是瘁。哿矣能言，**巧言**如流，俾躬處休。

《詩經．小雅．小旻之什》〈巧言5〉荏染柔木，君子樹之。往來行言，心焉數之。蛇蛇碩言，出自口矣。**巧言**如簧，顏之厚矣。

《孟子》〈離婁下56〉孟子曰：「君子所以異於人者，以其存心也。君子以仁存心，以禮存心。**仁者愛人**，有禮者敬人。愛人者人恆愛之，敬人者人恆敬之。有人於此，其待我以橫逆，則君子必自反也：我必不仁也，必無禮也，此物奚宜至哉？其自反而仁矣，自反而有禮矣，其橫逆由是也，君子必自反也：我必不忠。自反而忠矣，其橫逆由是也，君子曰：『此亦妄人也已矣。如此則與禽獸奚擇哉？於禽獸又何難焉？』是故君子有終身之憂，無一朝之患也。乃若所憂則有之：舜人也，我亦人也。舜為法於天下，可傳於後世，我由未免為鄉人也，是則可憂也。憂之如何？如舜而已矣。若夫君子所患則亡矣。非仁無為也，非禮無行也。如有一朝之患，則君子不患矣。」

——〈萬章下10〉孟子曰：「伯夷，聖之清者也；伊尹，聖之任者也；柳下惠，聖之和者也；孔子，聖之時者也。孔子之謂**集大成**。**集大成**也者，金聲而玉振之也。金聲也者，始條理也；玉振之也者，終條理也。始條理者，智之事也；終條理者，聖之事也。智，譬則巧也；聖，譬則力也。由射於百步之外也，其至，爾力也；其中，非爾力也。」

4

曾子曰：「吾日三省吾身：為人謀而不忠乎？與朋友交而不信乎？傳不習乎？」

> 曾子這麼說過：「我每天都以下面三件事情來反省自己：替別人謀劃的時候是否用盡全力？跟朋友來往時有沒有講求信用？老師傳授給我的學問有沒有好好在日常生活中加以實踐？」

這章是孔子弟子曾子的話，講的是他每日都會反省自己的三件事。有的版本在「交」字之下多了「言」字。

曾子原名曾參（音深），字子與（《孔子家語・七十二弟子解》〈12〉）或子輿（《史記・仲尼弟子列傳》〈60〉），南武城人，是孔子弟子，少孔子四十六歲。曾子是學生或是孔門後學對他的尊稱。比第二章出現的有若要小，算是學弟。他以孝行著稱，相傳這就是孔子傳給他《孝經》的原因。他的孝行故事，我們等下再說。

「三」——皇侃和邢昺都說是「三次」，我覺得孔子批評「季文子三思而後行」，說「再，斯可矣」（〈公治長20〉），所以應該是下面說的「三件事」而不是「三次」。古注的「三」往往也不是實指的「三次」，而是虛指「多次」的意思。如果是這樣，三省吾身的三件事情只是舉最重要的項目加以說明，並不是只有反省這三件事情。

「省」——在此念成「醒」，鄭玄說是：「思察己之所行也。」《說文解字》和皇侃都說是「視」，劉寶楠說是「省察」。

「謀」——戴望說是「咨難」，也就是「別人有困難時替別人想辦法解決難題」。

「忠」——皇侃說是「中心」，現在的說法是「心中」。朱子說了著名的「盡己之謂忠」。戴望說是「愛利出中為忠」。劉寶楠認為：「誠心以為人謀為之忠，故臣之於君有誠心事之亦謂之忠。」

「信」——《說文解字》說是「誠」，朱子說是「以實之謂信」，戴望說是「期果言當為信」。

「傳」——朱子說是「受之於師」。黃懷信認為是「經傳」。別有一解，將「傳」作「專」，有「專業」的意思，特別都強調孔子傳曾子《孝經》這件事。我覺得對曾子可能是如此，對一般人則以廣義解釋比較妥當。

「習」——朱子說是「熟之於己」。劉寶楠特別強調「習兼知行」，這是掌握了孔門精義。黃懷信認為是「溫習、學習，與『學而時習之』異」，我不認同這種說法。

這章基本上是個三段的結構：首先曾子說明每天自我反省的三件事，然後舉例說明。

第一件事「為人謀而不忠乎？」這裡的「人」應該是自己的上司或所服務的對象，和〈學而1〉的「人不知而不慍」可以對照來看。這裡的「忠」是「盡己」，也就是「用盡洪荒之力」的意思，後來被解釋成「效忠君上」，甚至要為君上而犧牲性命，實在是過度解釋。「忠」是孔子的「四教」（〈述而25〉）之一。孔子在回答子張問政時，就提到：「居之無倦，行之以忠」（〈顏淵14〉）。另外一次、子張提到：「令尹子文三仕為令尹，無喜色；三已之，無慍色。舊令尹之政，必以告新令尹。何如？」（〈公治長19〉）而回答這樣的行為表現是「忠」，也就是把自己的職責做好而已。孔子也強調「忠」是一個普世的道德，甚至到夷狄之邦去都不可棄守（〈子路19〉）。孔子認為「忠」還包括了「忠焉，能勿誨乎？」（〈憲問7〉），也說「言思忠」就是「要和上司說真話」才算是「忠」的具體表現。曾子體悟到孔子的一貫之道就是「忠恕」（〈里仁15〉），也算是掌握到孔門精髓。

不過，我們要注意：曾子這裡談的是自我反省，和孔子平常強調的人際關係的相互性是不太一樣的。孔子強調的是「君使臣以禮，臣事君以忠」（〈八佾19〉）這種君臣之間的互惠道德。此外、如果延續著孔子說過的「孝慈則忠」（〈為政20〉），那麼在「為人謀」要盡「忠」之前，應該還要反省自己是否「孝慈」這個更根本的問題。特別是以孝行著稱的曾子，每天的「三省」中竟然沒有包括「孝慈」的部分，真是奇怪！有子不是說過：「孝弟也者其為仁之本與！」（〈學而2〉）難道這又是有子和曾子之間的某種心結？

第二段反省的是對朋友是否言而有信。這也呼應著〈學而1〉的「有朋自遠方來」。「信」和「忠」一樣都是孔門「四教」（〈述而25〉）之一，在《論語》中，「忠信」經常一起被提到（〈學而8〉、〈公治長28〉、〈子罕25〉、〈顏淵10〉和〈衛靈公6〉）。孔子提到過「敬事而信」（〈學而5〉）、「謹而信」（〈學而6〉），甚至「朋友信之」（〈公治長26〉）是孔子的「三志」之一。他自己也自稱「信而好古」（〈述而1〉）。他也曾經用負面表述過「人而無信，不知其可也」（〈為政22〉）、「自古皆有死，民無信不立」（〈顏淵7〉），他也強調君上的「信」是很重要的：「上好信，則民莫敢不用情。」（〈子路4〉）更重要的是孔子反對死守著「信」而不知變通，他嚴厲批評過「言必信，行必果」是「小人」的行為（〈子路20〉）。君子要能夠「信以成之」（〈衛靈公18〉），「信則人任焉」（〈陽貨6〉）或「信則民任焉」（〈堯曰1〉）。他還指出「信」沒有「學」當底蘊會產生流弊：「好信不好學，其蔽也賊。」（〈陽貨8〉）

孔子弟子子夏特別說到「與朋友交言而有信」（〈學而7〉），以及君上對人民守信的重要性：「君子信而後勞其民，未信則以為厲己也；信而後諫，未信則以為謗己也。」（〈子張10〉）有子也說過：「信近於義，言可復也。」（〈學而13〉）曾子在過世前也曾說過：「正顏色，斯近信矣。」（〈泰伯4〉）這些都是孔門弟子承繼孔子的想法。

第三句「傳不習乎」呼應著〈學而1〉的最後第一句「學而時習之」。因為曾子具「孔子學生」和「弟子老師」的雙重身分，這裡的「傳」就可以解釋成「老師交給我的」以及「我交給學生的」兩個方面。「習」在《論語》中，除了此章之外，只在「學而時習之」（〈學而1〉）和「習相遠也」（〈陽貨2〉）出現，都是「練習、實踐」的意思。子夏說過：「日知其所亡，月無忘其所能，可為好學也已矣。」（〈子張5〉）也是和「傳不習乎」類似的意思。簡言之，曾子每天檢討自己是不是都能將老師所教的在日常生活中加以運用和實踐。孔子曾經因為顏回上課時「不違如愚」，懷疑這個學生到底懂是不懂，就私下觀察顏回的日常實踐，發現他能受到啟發而在日常生活中實踐，發現「回也不愚」（〈為政9〉）。這也是老師考察學生「傳不習乎」的例證。

有一個我一直不解的問題，順便在這章提一下：《孔子家語・七十二弟子解》〈12〉記載孔子傳《孝經》給曾子，可是在這章裡曾子並沒有每天反省自己「孝」（和父母親的關係）或「慈」（自己的親子關係）的實踐。這是為什麼？

更有趣的是：《論語》中並沒有「曾子問孝」的記載，可是兩漢時期的文獻圍繞著曾子的親子關係卻有很多故事，有些現在還被放在兒童故事裡，當成是「孝行」的教材。

先說他老爸曾皙，就是《論語》裡出現過一次的「曾皙」，也就是〈先進26〉中孔子提到「吾與點也」的「點」。此人顯然是家暴的先驅（始祖恐怕是古聖人「舜」的雙親）。

《說苑・建本》〈6〉記載著這麼一個故事：曾子在做農事時不小心把瓜的根給斬斷了，這讓曾皙大怒，就拿起大棒子打了曾子。曾子被打倒在地，一陣子才甦醒。醒來之後跟他父親說：「以前我得罪您時，您總是很大力地打我（，看得出您身體強健，現在打我都沒力氣），是不是生病了？」曾子退下之後，就到屏風後面彈琴唱歌，想讓他的父親聽優雅的琴聲平復憤怒的心情。孔子聽到這件事，顯然不高興，跟旁邊的弟子說：「曾參如果來見我，就別讓他進來。」曾子不知道自己錯在哪裡，請人去問孔子。孔子說：「你沒聽過一位瞎眼的父親有個兒子叫做舜，（他這麼虐待舜，可是）舜仍然在父親需要他的時候就會出現，如果要殺他，他就逃之夭夭，讓他父親找不到人。（打他的時候，）父親拿小棍子，他就讓他打，父親拿起大棍子，他就逃走。現在你竟然讓你自己在父親暴怒時讓他打，而不逃走，（萬一你被打死了，）不是讓你父親陷入殺子的罪名，你也稱不上孝子，這件事情如果是這樣，好嗎？你好歹也算是天子之民啊？殺天子之民的罪你不是不知道的？」

這個故事實在讓我看不下去。曾子不小心（真的不是故意的）犯了錯，這個被認為孔子最讚賞的（我反對這種說法，以後再說）孔門前輩弟子竟然就拿大杖打下去。曾子也厲害，甦醒之後，竟然以老爸打得不如平常有力而感嘆老爸身體日衰，這種「人肉體檢法」被孔子知道之後大加反對，因而不想見這個「魯頓」（不是「魯蛇」）的弟子，孔子說過「參也魯」（〈先進18〉）的學生，可是孔子並沒有譴責曾皙的家暴（這點我很不滿），而將責任轉嫁在受害者曾子身上，認為曾子不懂得「適時逃跑」，是「殺身陷父」、「不義不孝」，這種標準的「譴責受害人」的做法實在不適合當「萬世師表」。這個故事沒收在《論語》裡，應該就是實在太荒謬了吧！這段記載也出現在《韓詩外傳．卷八》〈26〉，《孔子家語．六本》〈10〉。

曾子的母親則有兩則故事：一則是有個跟曾子同名的人殺了人，就有人跑來跟曾子的母親說「曾參殺了人」。他母親不相信，就繼續織布。後來來說同件事情的人多了，曾母就放棄了織布跳過矮牆跑了。這個故事在漢朝的古籍中流傳甚廣（《新序．雜事二》〈33〉、《新語．辨惑》〈6〉），還被甘茂當成遊說的故事（《史記．樗里子甘茂列傳》〈9〉和《戰國策．秦策．秦二》〈秦武王謂甘茂1〉）。這當然和曾子無關，只是「人言可畏」，連老母親最後都會信以為真。

另一則講曾子和母親有「母子連心」的「心電感應」故事：有一天曾子外出砍柴，家裡忽然來了客人。他母親希望對方留下來，想通知曾子，卻不知所措。於是她用右手猛掐自己的左手臂，遠方的曾子的左手臂立刻就痛起來。他馬上跑回家，問起緣故，才知道這麼一個故事。記載這個故事的王充評論道：「這是因為曾子的孝行才能與父母同氣，才有這種感應。」（《論衡．感虛》〈79〉）不過，曾皙打曾子的時候，好像自己沒覺得痛。

曾子的太太和他也曾經因為小孩教養問題，留下了一個親子教育的重要故事：曾子的妻子帶著小孩到鎮上去買東西。孩子跟在身邊哭鬧，母親嫌煩，就騙他說：「你耐心一點，等回去了，我給你殺豬吃豬肉。」回到家後，曾子就要殺豬，他的太太阻止他說：「我是跟小孩開玩笑的！」曾子反駁老婆說：「怎麼能跟孩子開這樣的玩笑呢？父母的言行是小孩的榜樣。今天妳騙他，就是教小孩欺騙。母親欺騙小孩，小孩就不會相信母親，這不是家庭該有的教育。」說完就繼續把殺好的豬煮熟了給小孩吃（《韓非子・外儲說左上》〈71〉）。可見，講信用不只是國和天下這種公領域的事情，家庭這種私領域更是重要。

最後說到曾子對父親和曾子的兒子對待曾子的「代間差異」：曾子奉養他的父親曾皙，一定都有酒肉。要撤席了，也一定會問剩下的要留給誰；父親曾皙若是問還有剩餘嗎？曾子一定回答說有。等到曾皙過世了，曾子的兒子曾元奉養曾子，也是有酒肉，不過在撤席時不會問剩下的要給誰；如果曾子問還有沒有剩下的，曾元都會說沒有了。孟子評論說：曾元奉養曾子是「所謂養口體者也」，而曾子奉養父親曾皙則是「養志也。」後者才是事親之道（《孟子・離婁上》〈19〉）。

曾子臨終對小孩的遺言交代也滿值得注意：他說：君子不應該「以利害義」，這樣就不會恥辱上身（《荀子・法行》〈3〉和《說苑・敬慎》〈9〉）。曾子在生命的最後剎那，兩個兒子曾元和曾申坐在他腳邊，同門樂正子春坐在床下。樂正子春發現曾子睡躺的席子是不合他的身分的，是「違禮」的行為，曾子先說是當朝權貴季孫氏的餽贈，可是真是不合禮制，就教曾元給換掉。曾元認為父親病重，不動恐怕比較好，真要換也要天亮再換。曾子堅持要死也要死得合乎禮制，就要換席。沒想到還沒換完，曾子就過世了（《禮記・檀弓上》〈18〉）。曾子一生「戰戰兢兢，如臨深淵，如履薄冰」（〈泰伯3〉）小心行事的展現，至死不忘，也算是對得起孔子平日的教誨。「傳不習乎？」曾子應該是一生謹守的反省條目。

孔門這麼一位重要的人物，司馬遷在寫《史記》〈仲尼弟子列傳〉時卻只有兩段簡短文字介紹，也沒有像其他弟子那樣引用他在《論語》中出現的話〔曾子出現過十七次〕，一次都沒有，這又替曾子的事情添加一樁怪事。

附錄

《孔子家語．七十二弟子解》〈12〉曾參，南武城人，字子輿。少孔子四十六歲，志存孝道，故孔子因之以作《孝經》。齊嘗聘，欲以為卿而不就。曰：「吾父母老，食人之祿，則憂人之事。故吾不忍遠親而為人役。」參後母遇之無恩，而供養不衰。及其妻以藜烝不熟，因出之。人曰：「非七出也。」答曰：「藜烝小物耳。吾欲使熟，而不用吾命。況大事乎？」遂出之，終身不娶妻。其子元請焉，告其子曰：「高宗以後妻殺孝己，尹吉甫以後妻放伯奇。吾上不及高宗，中不比吉甫，庸知其得免於非乎？」

《史記．仲尼弟子列傳》〈60〉曾參，南武城人，字子輿。少孔子四十六歲。

《說苑．建本》〈6〉曾子芸瓜而誤斬其根，曾皙怒，援大杖擊之，曾子仆地；有頃蘇，蹶然而起，進曰：「曩者參得罪於大人，大人用力教參，得無疾乎！」退屏鼓琴而歌，欲令曾皙聽其歌聲，令知其平也。孔子聞之，告門人曰：「參來勿內也！」曾子自以無罪，使人謝孔子，孔子曰：「汝聞瞽瞍有子名曰舜，舜之事父也，索而使之，未嘗不在側，求而殺之，未嘗可得；小箠則待，大箠則走，以逃暴怒也。今子委身以待暴怒，立體而不去，殺身以陷父，不義不孝，孰是大乎？汝非天子之民邪？殺天子之民罪奚如？」以曾子之材，又居孔子之門，有罪不自知處義，難乎！

《新序·雜事二》〈33〉昔者，曾參之處，鄭人有與曾參同名姓者殺人，人告其母曰：『曾參殺人。』其母織自若也。頃然一人又來告之，其母曰：『吾子不殺人。』有頃，一人又來告，其母投杼下機，踰牆而走。夫以曾參之賢，與其母信之也，然三人疑之，其母懼焉。今臣之賢也不若曾參，王之信臣也，又不如曾參之母之信曾參也，疑臣者非特三人也，臣恐大王投杼也。

《新語·辨惑》〈6〉昔人有與曾子同姓亦名參，有人告其母：「參殺人。」母織如故，有，人復來告，如是者三，曾子母乃投杼踰垣而去。曾子之母非不知子不殺人也，言之者眾。夫流言之並至，雖真聖不敢自安，況凡人乎？

《史記·樗里子甘茂列傳》〈9〉秦武王三年，謂甘茂曰：「寡人欲容車通三川，以窺周室，而寡人死不朽矣。」甘茂曰：「請之魏，約以伐韓，而令向壽輔行。」甘茂至，謂向壽曰：「子歸，言之於王曰『魏聽臣矣，然願王勿伐』。事成，盡以為子功。」向壽歸，以告王，王迎甘茂於息壤。甘茂至，王問其故。對曰：「宜陽，大縣也，上黨、南陽積之久矣。名曰縣，其實郡也。今王倍數險，行千里攻之，難。昔曾參之處費，魯人有與曾參同姓名者殺人，人告其母曰『曾參殺人』，其母織自若也。頃之，一人又告之曰『曾參殺人』，其母尚織自若也。頃又一人告之曰『曾參殺人』，其母投杼下機，踰墻而走。夫以曾參之賢與其母信之也，三人疑之，其母懼焉。今臣之賢不若曾參，王之信臣又不如曾參之母信曾參也，疑臣者非特三人，臣恐大王之投杼也。始張儀西並巴蜀之地，北開西河之外，南取上庸，天下不以多張子而以賢先王。魏文侯令樂羊將而攻中山，三年而拔之。樂羊返而論功，文侯示之謗書一篋。樂羊再拜稽首曰：『此非臣之功也，主君之力也。』今臣，羈旅之臣也。樗里子、公孫奭二人者挾韓而議之，王必聽之，是王欺魏王而臣受公仲侈之怨也。」王曰：「寡人不聽也，請與子盟。」卒使丞相甘茂將兵伐宜陽。五月而不拔，樗里子、公孫奭果爭之。武王召甘茂，欲罷兵。甘茂曰：「息壤在彼。」王曰：「有之。」因大悉起兵，使甘茂擊之。斬首六萬，遂拔宜陽。韓襄王使公仲侈入謝，與秦平。

《戰國策．秦策．秦二》〈秦武王謂甘茂1〉秦武王謂甘茂曰：「寡人欲車通三川，以窺周室，而寡人死不朽乎？」甘茂對曰：「請之魏，約伐韓。」王令向壽輔行。甘茂至魏，謂向壽：「子歸告王曰：『魏聽臣矣，然願王勿攻也。』事成，盡以為子功。」向壽歸以告王，王迎甘茂於息壤。甘茂至，王問其故。對曰：「宜陽，大縣也，上黨、南陽積之久矣，名為縣，其實郡也。今王倍數限，行千里而攻之，難矣。臣聞張儀西並巴蜀之地，北取西河之外，南取上庸，天下不以為多張儀而賢先王。魏文侯令樂羊將，攻中山，三年而拔之，樂羊反而語功，文侯示之謗書一篋，樂羊再拜稽首曰：『此非臣之功，主君之力也。』今臣羈旅之臣也，樗裡疾、公孫衍二人者，挾韓而議，王必聽之，是王欺魏，而臣受公仲侈之願也。昔者曾子處費，費人有與曾子同名族者而殺人，人告曾子母曰：『曾參殺人。』曾子之母曰：『吾者不殺人。』置自若。有頃焉，人又曰：『曾參殺人。』其母尚置自若也。頃之，一人又告之曰：『曾參殺人。』其母懼，投杼逾牆而走。夫以曾參之賢，與母之信也，而三人疑之，則慈母不能信也。今臣賢不及曾子，而王之信臣又未若曾子之母也，疑臣者不適三人，臣恐王為臣之投杼也。」王曰：「寡人不聽也，請與子盟。」於是與之盟於息壤。果攻宜陽，五月而不能拔也。樗裡疾、公孫衍二人在，爭之王，王將聽之，召甘茂而告之。甘茂對曰：「息壤在彼。」王曰：「有之。」因悉起兵，復使甘茂攻之，遂拔宜陽。

《論衡．感虛》〈79〉《傳書》言：「曾子之孝，與母同氣。曾子出薪於野，有客至而欲去。曾母曰：『願留，參方到。』即以右手搤其左臂。曾子左臂立痛，即馳至，問母：『臂何故痛？』母曰：『今者客來欲去，吾搤臂以呼汝耳。』蓋以至孝與父母同氣，體有疾病，精神輒感。」

《韓非子．外儲說左上》〈71〉曾子之妻之市，其子隨之而泣，其母曰：「女還，顧反為女殺彘。」妻適市來，曾子欲捕彘殺之，妻止之曰：「特與嬰兒戲耳。」曾子曰：「嬰兒非與戲也。嬰兒非有知也，待父母而學者也，聽父母之教，今子欺之，是教子欺也。母欺子，子而不信其母，非所以成教也。」遂烹彘也。

《孟子．離婁上》〈19〉曾子養曾皙，必有酒肉。將徹，必請所與。問有餘，必曰『有』。曾皙死，曾元養曾子，必有酒肉。將徹，不請所與。問有餘，曰『亡矣』。將以復進也。此所謂養口體者也。若曾子，則可謂養志也。事親若曾子者，可也。

《荀子．法行》〈3〉曾子病，曾元持足，曾子曰：「元！志之！吾語汝。夫魚鱉黿鼉猶以淵為淺而堀其中，鷹鳶猶以山為卑而增巢其上，及其得也必以餌。故君子能無以利害義，則恥辱亦無由至矣。」

《說苑．敬慎》〈9〉曾子有疾，曾元抱首，曾華抱足，曾子曰：「吾無顏氏之才，何以告汝？雖無能，君子務益。夫華多實少者，天也；言多行少者，人也。夫飛鳥以山為卑，而層巢其巔；魚鱉以淵為淺，而穿穴其中；然所以得者餌也。君子苟能無以利害身，則辱安從至乎？官怠於宦成，病加於少愈，禍生於懈惰，孝衰於妻子；察此四者，慎終如始。《詩》曰：『靡不有初，鮮克有終。』」

《禮記．檀弓上》〈18〉曾子寢疾，病。樂正子春坐於床下，曾元、曾申坐於足，童子隅坐而執燭。童子曰：「華而睆，大夫之簀與？」子春曰：「止！」曾子聞之，瞿然曰：「呼！」曰：「華而睆，大夫之簀與？」曾子曰：「然，斯季孫之賜也，我未之能易也。元，起易簀。」**曾元曰**：「夫子之病幫矣，不可以變，幸而至於旦，請敬易之。」曾子曰：「爾之愛我也不如彼。君子之愛人也以德，細人之愛人也以姑息。吾何求哉？吾得正而斃焉斯已矣。」舉扶而易之。反席未安而沒。

《說苑．反質》〈24〉公明宣學於曾子，三年不讀書。曾子曰：「宣，而居參之門，三年不學，何也？」公明宣曰：「安敢不學？宣見夫子居宮庭，親在，叱吒之聲未嘗至於犬馬，宣說之，學而未能；宣見夫子之應賓客，恭儉而不懈惰，宣說之，學而未能；宣見夫子之居朝廷，嚴臨下而不毀傷，宣說之，學而未能。宣說此三者學而未能，宣安敢不學而居夫子之門乎？」曾子避席謝之曰：「參不及宣，其學而已。」

5

子曰：「道千乘之國：敬事而信，節用而愛人，使民以時。」

孔子這麼說過：「要治理一個有一千輛四匹馬拉馬車的大國（，要注意下面三件事情）：要做每件大小事情之前要用敬慎之心來謀劃並且還能夠信守對人民的承諾；人民繳納的血汗錢要節儉使用並且還能夠讓人民安居樂業（，不可讓人們陷入戰爭之苦）；有築城或修路等等公共建設需要徵用人民時，也要配合人民農作閒暇之時（，不可妨礙到農事）。」

這章從管理者的角度談論治國最重要的三件事，如果細分解，其實是五件事（敬事、信、節用、愛人，使民），環環相扣。朱子就認為「五者亦務本之義」，顯然是繼〈學而2〉有子說的「孝弟也者，其為仁之本與」而說的，朱子還強調「五者反復相因、各有次第、讀者宜細推之」。許仁圖學長說這是孔子的「導國三經」，其實也可以說是「導國五經」。

這裡的「道」——音島，當動詞，有的版本就用「導」這個字。和〈為政3〉的「道之以政」的

「道」是一樣的。「道」，馬融說是「政教」，包咸說是「治」，皇侃綜合兩位前輩的說法：「道，猶治也，亦謂為之政教也。」朱子也說是「治」。許仁圖學長說是有「因勢利導、善用人性」的意思。

「一乘」——是四匹馬拉的馬車，「千乘」是有一千輛四匹馬拉的馬車。包咸說「千乘之國」是「百里之國」。皇侃說是「大國」，並說明「天子萬乘，諸侯千乘」。他還詳細比照古籍考證了「千乘之國」到底有多大的分歧說法，最後也沒敢有定論。邢昺後來就乾脆快刀斬亂麻地說：「千乘之國謂公侯之國，方五百里，四百里者也。」從「百里」到「四、五百里」，古人的注釋相去太大，實在叫人看了眼花撩亂。

「敬」——朱子說「主一無適之謂」，王夫之說是「慎重以治其事」，戴望說是「行事肅警」。「事」，王夫之說是「祭祀、兵戎、邦交之類，理財、用人、養民、使民不在內」。「敬事而信」，包咸說是「為國者舉事必敬慎，與民必誠信」，朱子簡單說是「敬其事而信於民」，許仁圖學長強調是「敬始成終」。「而」，王夫之認為「〔此〕字不要緊，乃湊成句法耳」，我覺得還是毓老師說的當「能」解比較好。「信」——王夫之說是「始終不渝」，戴望說是「信於令」。

「節用」——是指對政府財政而言，主要是指「用物」而言，這就是其他地方強調的「儉」。「愛人」不是講「兒女私情」，而是像現在說的「大愛」。這兩樣後來「墨家」都拿去當招牌而不是儒家的專利。

「使」——有「派令」的意思。「使民」，戴望說是「起徒役也」，也就是要人民服築城或修路等等公共服務。「使民以時」就是派令人民從事公共勞動時要配合農時。「使民」和「民可使」是一樣的意思。〈泰伯9〉中孔子說過的「民可使由之，不可使知之」，也許就該和此章的解釋配合看，是要徵召人民服公共服務，而不是通常認為儒家強調專制陰謀的鐵證。

「時」——朱子說是「農隙之時」。《禮記．王制》〈33〉說：「用民之力，歲不過三日。」但是從《詩經》中這麼多人民抱怨政府「使民不時」的記載看來，「歲不過三日」只是一個無法實現的理想。

孔子強調「敬事」的段落不少：〈子路19〉「執事敬」就是到了夷狄都不能放棄的道德；〈衛靈公38〉他強調「事君，敬其事而後其食」；〈季氏10〉中「事思敬」就是「九思」的條目之一。此外，他還強調要以敬行禮（〈八佾26〉），內在誠心要和外在的儀式配合；他也跟子路強調君子的重點在於「修己以敬」（〈憲問42〉），先從修身能敬開始，齊家治國平天下，對人對事，都是要這樣「一以敬之」。

這裡既然是講「道千乘之國」，所以「敬事而信」的「信」應該是指「治理者」對「被治理者」的「信」，而不是朋友間的「信」。這種上對下的「信」，孔子非常重視：「人而無信，不知其可也」（〈為政22〉）、「自古皆有死，民無信不立」（〈顏淵7〉）、「上好信，則民莫敢不用情」（〈子路4〉）、「信以成之」（〈衛靈公18〉），以及「信則人任焉」（〈陽貨6〉）或「信則民任焉」（〈堯曰1〉）。這種政府取信於民，人民相信政府，才是大同世界的基礎。如果人民和政府之間沒有相互的信任，最壞的情況就是：今日世界某些地區的戰火頻仍所造成的民不聊生，甚至逃亡難民潮，這不是更顯得是普世的渴望和真理嗎？

「節用」的反面就是「奢侈」，主要講的是國家的財政用途。孔子一貫強調一般性的「寧儉勿奢」（〈述而36〉），在政府需要大量花費的禮制上他更是這麼主張的（〈八佾4〉）。所以後來弟子「厚葬」孔子，應該不是孔子所願。孔門後學的荀子也強調「節用裕民」，特別是「節用以禮，裕民以政」，才是「足國之道」（《荀子．富國》〈2〉）。這才是承傳孔子之道的孔門好弟子。

「愛人」不是今天字面上的意思，還是要放在「治理者」和「被治理者」的關係來看。簡言之，就是為政者要讓人民能夠安居樂業，生命、財產和追求幸福的權利能夠獲得政府的保障。孔子弟子樊遲三次問過「仁」，孔子有一次給出最簡潔有力的回答就是「愛人」（〈顏淵22〉）。子游也在孔子跟他開玩笑說「割雞焉用牛刀」的時候提醒孔子自己說過「君子學道則愛人」（〈陽貨4〉）。《禮記．哀公問》〈6〉、〈10〉中都記載孔子說過：「古之為政，愛人為大」；在其中一段，孔子提到從「愛人」可以延伸到其他領域：「所以治愛人，禮為大；所以治禮，敬為大；敬之至矣，大昏為大。」（〈哀公問6〉）在另一段，他則說「愛人」和「有身」、「成身」有關聯：「不能愛人，不能有其身；不能有其身，不能安土；不能安土，不能樂天；不能樂天，不能成其身。」（〈哀公問10〉）

私淑孔子的孟子也說過「仁者愛人」，他還說「愛人者人恆愛之」（《孟子．離婁下》〈56〉），強調這種君民互愛關係的互惠性質。

到了董仲舒，「愛人」就有了更明確的說法：一是承傳孔子「仁者愛人」的主張，強調「愛人」而不是「愛我」（《春秋繁露．仁義法》〈1〉）；一是「愛人」既不應該「善殺」：「《春秋》愛人，而戰者殺人，君子奚說善殺其所愛哉？」（《春秋繁露．竹林》〈1〉）他還強調「愛人之大者，莫大於思患而豫防之」（《春秋繁露．俞序》〈1〉），毓老師上課也強調過為政應該「神武不殺」（《易經．繫辭上》〈11〉）。

這種「仁者愛人」的想法，也在先秦兩漢古籍中，幾乎不分門派，隨處可見：《大戴禮記．主言》〈9〉說：「仁者莫大於愛人。」

墨子也在多處說過類似的話。《墨子．法儀》：〈4〉「愛人利人者，天必福之，惡人賊人者，天必禍之。」〈5〉：「愛人利人以得福者，禹、湯、文、武是也。愛人利人以得福者有矣，惡人賊人以得禍者亦有矣！」《墨子・兼愛上》〈4〉：「若使天下兼相愛，愛人若愛其身，猶有不孝者乎？」墨子的「兼愛」學說也就是這種體現。

常被歸為道家的莊子引用過：「愛人利物之謂仁」的說法（《莊子・外篇》〈天地2〉）；《文子・微明》〈8〉也說老子說過「仁莫大於愛人」，還進一步延伸說「愛人即無怨刑」。

法家的韓非子也深知：「仁者，謂其中心欣然愛人也。其喜人之有福，而惡人之有禍也。生心之所不能已也，非求其報也。故曰：『上仁為之而無以為也。』」（《韓非子・解老》〈3〉）。

同被歸為法家的管子也說：「主有三術：夫愛人不私賞也，惡人不私罰也，置儀設法以度量斷者，上主也。愛人而私賞之，惡人而私罰之。倍大臣，離左右，專以其心斷者，中主也。臣有所愛而為私賞之，有所惡而為私罰之，倍其公法，損其正心，專聽其大臣者，危主也。故為人主者，不重愛人，不重惡人，重愛曰失德，重惡曰失威，威德皆失，則主危也。」（《管子・任法》〈5〉）這裡強調的是因為「愛人」而獨厚（或「私賞」）於人，是會危害統治者的地位。這當然和前面幾種流派的想法是相反的。法家重法不重情，於此可見一斑。

「使民」的問題，季康子就請教過孔子：「使民敬、忠以勸，如之何？」孔子回答說：「臨之以莊則敬，孝慈則忠，舉善而教不能，則勸。」（〈為政20〉）這章認為「使民」以「莊」，就會得到人民的「敬」。孔子弟子子夏也強調過「勞其民」（也就是「使民」）的重點在於要人民對君上有信任，否則同樣的勞民行為就會被認為是在虐待人民（〈子張10〉）。這裡將「使民」和「信」的關聯說得如此清楚，也算是得到孔子真傳。

班固的《漢書・食貨志上》〈7〉提到本章，認為這是「先王制土處民富而教之之大略也」。

孔子這裡說是「道千乘之國」要注意這三大綱領，難道治理小國還有別的方法？還是說，這種方法也可以適用到小國寡民呢？我覺得應該是普世的價值吧！看看現在戰火頻仍的國家，人民流離失所，更讓人深刻體會此章在現代世界的合宜性！

附錄

《荀子．富國》〈2〉足國之道：節用裕民，而善臧其餘。節用以禮，裕民以政。彼裕民，故多餘。裕民則民富，民富則田肥以易，田肥以易則出實百倍。上以法取焉，而下以禮節用之，餘若丘山，不時焚燒，無所臧之。夫君子奚患乎無餘？故知節用裕民，則必有仁聖賢良之名，而且有富厚丘山之積矣。此無他故焉，生於節用裕民也。不知節用裕民則民貧，民貧則田瘠以穢，田瘠以穢則出實不半；上雖好取侵奪，猶將寡獲也。而或以無禮節用之，則必有貪利糾譑之名，而且有空虛窮乏之實矣。此無他故焉，不知節用裕民也。《康誥》曰：「弘覆乎天，若德裕乃身。」此之謂也。

《孟子．離婁下》〈56〉孟子曰：「仁者愛人，有禮者敬人。愛人者人恆愛之，敬人者人恆敬之。」

《禮記》〈哀公問6〉孔子對曰：「古之為政，愛人為大；所以治愛人，禮為大；所以治禮，敬為大；敬之至矣，大昏為大。大昏至矣！大昏既至，冕而親迎，親之也。親之也者，親之也。是故，君子興敬為親；舍敬，是遺親也。弗愛不親；弗敬不正。愛與敬，其政之本與！」

——〈10〉孔子遂言曰：「古之為政，愛人為大。不能愛人，不能有其身；不能有其身，不能安土；不能安土，不能樂天；不能樂天，不能成其身。」

《春秋繁露》〈仁義法1〉仁之法在愛人，不在愛我。義之法在正我，不在正人。

——〈竹林1〉《春秋》愛人，而戰者殺人，君子奚說善殺其所愛哉？

——〈俞序1〉愛人之大者，莫大於思患而豫防之。

《易經・繫辭上》〈11〉古之聰明叡知神武而不殺者夫？

《大戴禮記・主言》〈9〉仁者莫大於愛人，知者莫大於知賢，政者莫大於官賢，有土之君修此三者，則四海之內拱而俟，然後可以征。

《文子・微明》〈8〉老子曰：「故仁莫大於愛人，智莫大於知人，愛人即無怨刑，知人即無亂政。」

《韓非子・解老》〈3〉仁者，謂其中心欣然愛人也。其喜人之有福，而惡人之有禍也。生心之所不能已也，非求其報也。故曰：「上仁為之而無以為也。」

《管子・任法》〈5〉故主有三術：夫愛人不私賞也，惡人不私罰也，置儀設法以度量斷者，上主也。愛人而私賞之，惡人而私罰之。倍大臣，離左右，專以其心斷者，中主也。臣有所愛而為私賞之，有所惡而為私罰之，倍其公法，損其正心，專聽其大臣者，危主也。故為人主者，不重愛人，不重惡人，重愛曰失德，重惡曰失威，威德皆失，則主危也。

《漢書・食貨志上》〈7〉此先王制土處民富而教之之大略也。故孔子曰：「道千乘之國，敬事而信，節用而愛人，使民以時。」故民皆勸功樂業，先公而後私。其詩曰：「有渰淒淒，興雲祁祁，雨我公田，遂及我私。」民三年耕，則餘一年之畜。衣食足而知榮辱，廉讓生而爭訟息，故三載考績。孔子曰：「苟有用我者，期月而已可也，三年有成。」成此功也。三考黜陟，餘三年食，進業曰登；再登曰平，餘六年食；三登曰泰平，二十七歲，遺九年食。然後鱸德流洽，禮樂成焉。故曰：「如有王者，必世而後仁。」繇此道也。

6

子曰：「弟子入則孝，出則弟，謹而信，汎愛眾，而親仁。行有餘力，則以學文。」

孔子這麼說過：「為人子輩和為人晚輩的人，在家（家族、鄉黨）中應該孝順父母，出到外面社會就應該謹守晚輩之道。做事要謹慎而且還要能夠講信用，對別人都要像對親人一樣好，更要能夠親近有仁德的人。先能夠做到這樣，然後才去學習對生活和生命有幫助的任何東西。」

這章強調「孝弟」為本，「學文」是末。和〈學而2〉有相互輝映之妙。只是孔子的話似乎應該擺在弟子的話前面才對。不知道編輯《論語》的人在想什麼。不過，前一章講「治國」，這一章講「齊家」，兩者關係密切。

「弟子」——皇侃說是和「子弟」一樣的意思。劉寶楠則認為兩字應該分開看：子者對兄父之稱，謂人幼少為弟為子時也」。「入」和「出」的標準，皇侃有說以「閨門」為準：「父母在閨門之內，故云入；兄長比之疎（即疏），故云」；也有說以「親疏」為準：「父親，故云入；兄疏，故云出」。劉寶楠則認為古人父子不同住，所以「外」指的是「就傅居小學、大學時」，也就是出門求學。

「謹」——朱子說是「行之有常也」，指的是做事。「信」，朱子說是「言之有實也」，指的是說話誠信。「汎」或作「泛」，皇侃和朱子都說是「廣」，邢昺說是「寬博」。「眾」——《說文解字》和《爾雅》都說是「多」。「汎愛眾」就是「博愛」。

「親」——朱子說是「近也」。

「仁」——朱子說是「仁者」，劉寶楠也說是「眾中之賢者也」。

「餘力」——朱子說是「暇日」。「以」，朱子說是「用」。

「文」——馬融說是「古之遺文」，皇侃說是「先王遺文，五經、六籍是也」，邢昺細數「詩、書、禮、樂、易、春秋，六經是也」。朱子基本上看法和前輩相同。戴望則說了很奇怪的「依類象形謂之文」，又引用《周官》說：「八歲入小學，保氏教國子先以六書」，好像指的是「識字」。毓老師愛說「經天緯地謂之文」（或作「經緯天地」《逸周書·謚法解》〈1〉、《春秋左傳·昭公二十八年》〈2〉、《中論·務本》〈3〉）。其實，「文」也可以看成是「古人智慧的集大成」。毓老師經常強調「以古人智慧啟發我們智慧」，就是靠著「學文」才做得到。

《論語》中出現的「弟子」，有時確實可以做「為人子」和「為人弟」來解釋（〈為政8〉），不過也當「學生」解（〈雍也3〉、〈先進7〉和〈述而34〉）。當「學生」解的時候，有時又作「門弟子」（〈泰伯3〉和〈子罕2〉）。

《論語》中另一則談論「出」和「入」的段落，可見於〈子罕16〉，孔子在這裡自述說：「出則事公卿，入則事父兄。」可以用現代觀念推想：「出」是到國範圍的「公領域」，「入」則還是在家庭或家族範圍的「私領域」。這是孔門很強調的本末關係，要循序漸進，不可倒置。有人認為是「等差關係」，費孝通先生就說是「差序格局」，我覺得也可以說是「本末格局」。

接下來進入到「天下」的公領域：「謹而信」，「謹」就做事而言，「信」就講話而言。「謹」也有毓老師常引用的「慮深通敏」的意思。這裡呼應著〈學而5〉所說的「敬事而信」。「信」這種德行，至此（第六章）就已經出現第三次，可見其重要性。但是還要先預告一下，「信」固然重要，但是後來會提到「諒」（〈憲問17〉、〈衛靈公37〉和〈季氏4〉），這和「信」也有點關係，是孔子認為不可太過拘泥而不知變通。

「汎愛眾」是不分階級、不分種族，不分性別，甚至不分敵我，生張熟魏，是人都愛。和孔子的仁者「愛人」（〈顏淵22〉）或是「仁者無不愛也」（《孟子．盡心上》〈46〉）是一貫的想法。這裡「汎愛眾」還要能「親仁」，是要大家能和「仁人」在一起共同來做對眾人有利的事情，這呼應著〈學而1〉的「有朋自遠方來」，也就是「知者利仁」（〈里仁2〉），或是「己欲立而立人，己欲達而達人」（〈雍也30〉）。我最近閱讀有關「全球倫理」方面的著作，東西方宗教學者和哲學家在一九九〇年代幾次開會的結果，發現全球不同宗教的人目前共同可以接受的原則大致有二：一是「人道原則」，把人當人看；二是「恕道原則」，正面表述是「己立立人，己達達人」，負面表述就是「己所不欲，勿施於人」。這些都可以在《論語》找到對應，孔老夫子早在兩千五百年前就已經走在我們這個時代的尖端。酷吧！

「親仁」也就是〈學而14〉所說的「就有道而正焉」，跟德行比我們好的人學習，讓我們能一直走在「正道」上。「三人行必有我師焉，擇其善者而從之，其不善者而改之」（〈述而22〉）說的也是同樣的道理。

「行有餘力則以學文」，就是做到了以上的德目，才開始「學文」。一般都覺得這是「行先文後」，有「行為本，文為末」的意思。所以孔子強調「行」比「學文」重要。雖然《論語》中提到過孔文子「敏而好學，不恥下問」所以才在過世被賦予「文」的諡號（〈公治長15〉），但是和此處的「學文」似乎沒有關聯。

有一次子路要子羔跟著自己去做個幫手，結果孔子因為子羔還沒有學問的基礎就被拉去做官而很不高興。沒想到子路竟然說過和本章類似的話：「何必讀書然後為學。」這句話本身符合本章孔子「行有餘力，則以學文」的一貫想法，不過被子路拿來為自己的行為辯護，讓孔子氣到罵出：「我就討厭像這樣會說好聽話的人。」（〈先進25〉）可見孔子並不是死守著「行有餘力則以學文」的原則，有時先學好了文，才能有行的實力。

有趣的是，皇侃的注解中就有人提到過一個看似前後矛盾的疑問：這裡孔子說「行有餘力則以學文」，可是孔子的四種教學內容的一開頭就是「文」（〈述而25〉），這不是自打嘴巴嗎？皇侃是這樣答覆的：「《論語》之體，悉是應機適會，教體多方，隨須而與，不可一例責也。」就這樣閃過問題。我認為這其實很簡單，孔子教「文、行、忠、信」是公領域的生活和生命的學問，至於家領域的實踐是個人在向孔子求學就該先具備的條件了，如果到了向孔子問學還不知先在家孝順父母，就應該回家先把這個孝順的功課做好，再來跟孔子「學文」吧！這就是做人要明白本末先後的道理。《禮記・大學》〈1〉說：「物有本末，事有終始，知所先後，則近道矣。」正是如此，不是嗎？

剛好幾本古籍都有同樣一則故事：孔子和弟子們走在路上，聽到有人哭得很悲慘，就請弟子去探探究竟。結果是一個叫「丘吾子」的人帶著鐮刀和繩索在哭。孔子問他緣由，他說明自己的三項重大缺失：一是因為年少的時候喜歡學問，所以到全天下四處拜訪高人，回家後發現雙親已經過世了；一是去幫驕縱奢侈的國君做事，怎麼勸諫他都不聽；一是跟人交朋友後來卻絕交了。特別難過的是雙親不在了。於是他說了到現在我們都還常聽到的這句「樹欲靜乎風不定，子欲養吾親不待」，然後就自刎而死。孔子要學生從丘吾子的故事學到教訓，於是當下就有十三位弟子離開孔門，回家奉養雙親（以《說苑．敬慎》〈26〉為主，《韓詩外傳．卷九》〈3〉和《孔子家語．致思》〈10〉文字稍異）。這也可以當成是本章的注解吧！

孔門後學的荀子對「入孝出弟」有很特別的看法：他認為「入孝出弟」是「人之小行也」，比不上「上順下篤」的「人之中行」，更比不上「從道不從君，從義不從父」這樣的「人之大行」。他特別提到孔子沒有很有系統提到的「孝子所不從命有三」：「從命則親危，不從命則親安，孝子不從命乃衷；從命則親辱，不從命則親榮，孝子不從命乃義；從命則禽獸，不從命則修飾，孝子不從命乃敬。」他的結論是：「可以從而不從，是不子也；未可以從而從，是不衷也；明於從不從之義，而能致恭敬，忠信、端慤、以慎行之，則可謂大孝矣。」（《荀子．子道》〈1〉）這真是頭腦清楚的「理性孝行」之論。後人一味強調「天下無不是的父母」真是該好好讀讀荀子的這一段話。荀子把孔子這裡簡單一句的「入則孝」發揮地淋漓盡致，真是孔門好弟子。可惜，後來的儒家不喜歡他，所以歷史地位比孟子差很多，讓我替他感到不平。

下一章子夏的說法也和此章有相互發揮之效。且聽下回分解。

附錄

《孟子・盡心上》〈46〉孟子曰：「知者無不知也，當務之為急；**仁者無不愛也**，急親賢之為務。堯舜之知而不遍物，急先務也；堯舜之仁不遍愛人，急親賢也。不能三年之喪，而緦小功之察；放飯流歠，而問無齒決，是之謂不知務。」

《孝經・廣揚名》〈1〉子曰：「**君子之事親孝，故忠可移於君**。事兄悌，故順可移於長。居家理，故治可移於官。是以行成於內，而名立於後世矣。」

《禮記・大學》〈1〉大學之道，在明明德，在親民，在止於至善。知止而后有定，定而后能靜，靜而后能安，安而后能慮，慮而后能得。**物有本末，事有終始，知所先後，則近道矣**。

《說苑・敬慎》〈26〉孔子行遊中路聞哭者聲，其音甚悲，孔子曰：「驅之！驅之！前有異人音。」少進，見之，丘吾子也，擁鐮帶索而哭，孔子辟車而下，問曰：「夫子非有喪也？何哭之悲也。」丘吾子對曰：「吾有三失。」孔子曰：「願聞三失。」丘吾子曰：「吾少好學問，周遍天下，還後吾親亡，一失也。事君奢驕，諫不遂，是二失也。厚交友而後絕，三失也。**樹欲靜乎風不定，子欲養吾親不待**；往而不來者，年也；不可得再見者，親也。請從此辭。」則自刎而死。孔子曰：「弟子記之，此足以為戒也。」於是弟子歸養親者十三人。

《韓詩外傳・卷九》〈3〉孔子行，聞哭聲甚悲。孔子曰：「驅！驅！前有賢者。」至、則皋魚也。被褐擁鐮，哭於道傍。孔子辟車與之言曰：「子非有喪，何哭之悲也？」皋魚曰：「吾失之三矣：少而學，游諸侯，以後吾親，失之一也；高尚吾志，間吾事君，失之二也；與友厚而小絕之，失之三矣。**樹欲靜而風不止，子欲養而親不待也**。往而不可〔追者，年也，去而不可〕得見者、親也。吾請從此辭矣。」立槁而死。孔子曰：「弟子誡之，足以識矣。」於是門人辭歸而養親者十有三人。

《孔子家語・致思》〈10〉孔子適齊，中路聞哭者之聲，其音甚哀。孔子謂其僕曰：「此哭哀則哀矣，然非喪者之哀也。驅而前！」少進，見有異人焉，擁鐮帶索，哭音不哀。孔子下車，追而問曰：「子何人也？」對曰：「吾、丘吾子也。」曰：「子今非喪之所，奚哭之悲也？」丘吾子曰：「吾有三失，晚而自覺，悔之何及！」曰：「三失可得聞乎？願子告吾，無隱也。」丘吾子曰：「吾少時好學，周遍天下，後還喪吾親，是一失也；長事齊君，君驕奢失士，臣節不遂，是二失也；吾平生厚交，而今皆離絕，是三失也。夫**樹欲靜而風不停，子欲養而親不待**。往而不來者、年也；不可再見者、親也。請從此辭。」遂投水而死。孔子曰：「小子識之！斯足為戒矣。」自是弟子辭歸養親者十有三。

《荀子・子道》〈1〉**入孝出弟**，人之小行也。上順下篤，人之中行也；從道不從君，從義不從父，人之大行也。若夫志以禮安，言以類使，則儒道畢矣。雖堯舜不能加毫末於是矣。孝子所不從命有三：從命則親危，不從命則親安，孝子不從命乃衷；從命則親辱，不從命則親榮，孝子不從命乃義；從命則禽獸，不從命則修飾，孝子不從命乃敬。故可以從而不從，是不子也；未可以從而從，是不衷也；明於從不從之義，而能致恭敬，忠信、端愨、以慎行之，則可謂大孝矣。傳曰：「從道不從君，從義不從父。」此之謂也。故勞苦、彫萃而能無失其敬，災禍、患難而能無失其義，則不幸不順見惡而能無失其愛，非仁人莫能行。《詩》曰：「孝子不匱。」此之謂也。

7

子夏曰：「賢賢易色，事父母能竭其力，事君能致其身，與朋友交言而有信。雖曰未學，吾必謂之學矣。」

子夏這麼說過：「（娶妻）要以賢德為考量重點，而不是對方的美色，對父母要能夠用盡洪荒之力孝順，對君上要能夠盡自己最大的能力，和朋友交往講話要守信用。（能夠做到這幾項，）就算他沒有跟老師學過，我也認為他已經學到了（做人的基本條目）。」

這章是孔子弟子子夏論學的內容。這和上一章孔子說過的「行有餘力，則以學文」有異曲同功之妙。不過，孔子強調「行」和「學」是兩個階段的事情，子夏就索性將兩者混而為一。

「賢賢」兩疊字，皇侃說第一個「賢」是「尊重」，邢昺說是「好尚之」，第二個「賢」是「賢人」，邢昺說是「有德之人」。「易」，邢昺說是「改」。根據蔣伯潛的整理，有三種說法：一說是「替換」，一說是「輕易」（其實說「輕忽」比較好），一說是「如」（《廣雅·釋言》）。比較通常的意思就是能「重視賢能的美德」。傳統有兩種說法：一種意思同前，只是說「賢賢」是「賢與賢者」；一說是皇侃上述的說法。許仁圖的《子曰論語》第四十七頁，採用「易」是「如」的說法，強調「德」和「色」並重。「色」，邢昺說是「女人」。「致」，朱子說是「委」，「致其身」就是「委致其身」，也就是「不有其身也」。

這章是個四句話的文本結構。

「賢賢易色」——歷來有兩種解釋：一種是在一般生活領域中的「賢」或「德」和「色」之間的偏好，這呼應著和孔子感嘆的「吾未見好德如好色者」（〈子罕18〉和〈衛靈公13〉），孔子也提到「宋朝」的美貌是他能容身在朝廷的重要原因（〈雍也16〉），孔子自己也懺悔因為重視外表，所以沒注意到「醜男澹臺滅明」的才能（《說苑・佚文》〈24〉、《孔子家語・子路初見》〈8〉、《韓非子・顯學》〈5〉、《史記・留侯世家》〈30〉，和《史記・仲尼弟子列傳》〈64〉）：皇侃的解釋是「若欲尊重此賢人，則當改易其平常之色，更起莊敬之容也」；一種是從性別的領域來解釋，邢昺則從男女角度解釋此句：「女有姿色，男子悅之，故經傳之文通謂女人為色。人多好色不好賢者，能改易好色之心以好賢則善矣。」戴望也承繼邢昺的解釋路線，說得更清楚：「夫王道之始，先正夫婦。夫婦正則父子親，父子親則君臣忠，君臣忠則化行。」劉寶楠也引證前輩的說法證明「此賢賢易色指夫婦之切證」。《詩經》開頭的〈關雎1〉提到的「窈窕淑女，君子好逑」，強調的也是有德的婦女是君子最好的匹配。《禮記・中庸》〈12〉也強調：「君子之道造端乎夫婦。」也是用來說這是夫婦之倫的佐證。當今醫美事業滿街可見，未嘗不是順應這種千古以來的潮流。孔子和子夏的苦口婆心顯然沒有發揮太大的作用。不過還是要提醒一下，夫妻應該共同都要有德，德要從自己做起，不只是用來要求別人的。

「事父母能竭其力」——這句話當然是講子女對父母要盡孝道。「竭」就是「用盡」，「其」是指「子女」，「竭其力」就是「用盡洪荒之力」或「用盡子女吃奶的力量」，「死而後已」。反正這都是從媽媽身上得來的，「取之於媽，用之於媽」。這裡提到「父母」，其實母親出力最多。許多先賢都早年喪父，若早年喪母，大概要長大都難。所以母親對小孩的影響相對於父親是比較大的。孔子和孟子都是這樣。回過頭來說，這就是為什麼要在男女交往之時，就先強調「賢賢易色」，「娶妻娶德」，然後才可以期待有良好的「親子關係」。說穿了，這其實也不過為的是讓宗族和子孫在演化過程上能夠承接永續的利益。

「事君能致其身」的「致其身」——很容易讓人想到要因此為君賣命。可是孔子在提到「事君」時，並沒有這樣極端的想法，孔子提到事君要「盡禮」（〈八佾18〉）或「以道事君」（〈先進24〉），「勿欺也，而犯之」（〈憲問22〉），以及「敬其事而後其食」（〈衛靈公38〉），並且特別強調君臣關係的相互性：「君使臣以禮，臣事君以忠」（〈八佾19〉），並沒有要「致其身」這樣的建議。就連曾子的三省，也只說「為人謀而不忠乎」（〈學而4〉），也強調「盡己」。所以子夏的說法和孔子平常的建議是有著基本的不同。

「與朋友交言而有信」——這裡的「而」還是做「能」解。這也呼應著孔子「三志」中的「朋友信之」（〈公治長26〉）以及曾子三省中的「與朋友交而不信乎」（〈學而4〉）。〈學而〉從第四章到第七章連著四章都提到「信」，其實不管是否明說，都和「朋友」有關。可是後來〈季氏4〉孔子說「益者三友」的「友直、友諒、友多聞」中並沒有「信」，而有「諒」。但「諒」和「信」還是有差別的。我們碰到了「諒」再說吧！請見「諒」！

這些德目都說得穩穩當當。麻煩在最後一句話的「未學」與「學」。

子夏這裡的話，讓先儒擔心他會讓後人覺得「有德就不必學」，「有德就等於學」。這樣會給後人造成「廢學」或「不學」的惡果。可是孔子在〈學而14〉說過：「君子食無求飽，居無求安，敏於事而慎於言，就有道而正焉，可謂好學也已」。孔子好像也把「德行」等於「學」，雖然所列舉的德行內容和子夏的不同，而不是我們現在習慣把「讀書」才當成「學」。我們現在都會說，「學」是學「做人」（修己），不是讀幾本書就叫「學」。可是我們的學校不都只是用課本來教我們「做人的道理」，而不是看我們日常生活中怎麼實踐這些道理？這些批評子夏的先賢為什麼沒有用同樣的標準認為孔子會造成後人「廢學」或「不學」的惡果呢？前一章我們也說過最理想的狀態應該是「學行並重」，強調「行」的優先性，並不表示要廢除「學」。子夏在〈子張7〉就說：「百工居肆以成其事，君子學以致其道。」不學古人智慧，怎麼能達道呢？子夏不是不懂，是說話的場合不同吧！

子夏強調「學」的故事出現在《韓詩外傳．卷五》〈27〉的記載中：魯哀公就問過子夏：「一定要學古人的智慧才可以安國保民嗎？」子夏就回答說：「沒有跟古人學智慧而能安國保民，是不可能的。」哀公就很好奇地追問說：「傳說中的五帝有老師嗎？」子夏則一口氣細數了十一位聖人的老師：「黃帝學乎大墳，顓頊學乎祿圖，帝嚳學乎赤松子，堯學乎務成子附，舜學乎尹壽，禹學乎西王國，湯學乎貸乎相，文王學乎錫疇子斯，武王學乎太公，周公學乎虢叔，仲尼學乎老聃。」然後下結論說：「如果這十一位聖人沒有跟這些老師學智慧，就不會有蓋世的功業，也不會獲得歷史名聲。」這個故事可以補充這章的不足。

這四句話其實呼應著《禮記．大學》〈2〉所說的「家→國→天下」的領域：「賢賢易色」和

「事父母能竭其力」是「家」領域，「事君能致其身」是「國」領域，「與朋友交言而有信」是「天下」領域。

最後提一下子夏的生平和重要事蹟：子夏姓卜名商，字子夏。孔子過世後，曾經在西河傳授孔學，當過魏文侯的老師，當時很多名人都是他的學生（《史記・仲尼弟子列傳》〈55〉和〈儒林列傳2〉，以及《孔子家語・七十二弟子解》〈10〉），《論語・子張》二十五章中他的話就有十一章。還有，子夏和子游是在孔門列名「文學門」的，這裡卻問孝道，可見孔門分類也不是這麼絕對的。孔門裡恐怕也是「經天緯地」都學的，不是專學一門的專家。

子夏的諸多傳世故事中，很值得一提的是他請教孔子「三無私」：孔子回答他說：「天無私覆，地無私載，日月無私照。」（《禮記・孔子閒居》〈5〉和《孔子家語・論禮》〈2〉）。這也是毓老師強調「法天尚公」時常引用到的典故。

有一次子夏向孔子請教對幾位弟子的評價：孔子誇讚顏回比自己「賢」，誇獎子貢比自己「敏」，誇獎子路比自己「勇」，子張比自己「莊」。於是子夏很不解地問孔子：「既然這四個人有這些長處，為何還要拜您為師呢？」孔子又指出每位弟子的缺點：「顏回講信用卻不知〔有時要〕反悔，子貢做事敏捷，但是不知道退讓，子路勇猛卻不知道害怕，子張堂堂外表，可是人緣不好。我比不上這四個人的長處，但是我懂得怎麼運用他們的短處。」（《說苑・雜言》〈21〉、《孔子家語・六本》〈12〉，《列子・仲尼》〈4〉）

子夏引用過的名言：「死生有命，富貴在天。」（〈顏淵5〉），也是他留給後人的文化遺產。

不過後來孔門後學的荀子在批評子夏這一派時，很不客氣的說：「正其衣冠，齊其顏色，嗛然而終日不言，是子夏氏之賤儒也。」（《荀子．非十二子》〈17〉）這應該看成是子夏門人的流弊，重視外表的服裝和表情的一致性，然後整天不說話，以為這樣就是傳了孔子之道，所以才被荀子痛罵成「子夏氏之賤儒」。

這是繼「有子」和「曾子」之後孔子第三位弟子出現在〈學而〉中。「有子」小孔子四十三歲，曾子小四十六歲，子夏小四十四歲，所以這個順序顯然不是根據「長幼」，難道是根據「尊卑」嗎？可是在孔門四科十哲中，這三位只有子夏列名文學，其餘兩位根本沒有上榜。所以好像又不是這樣的。從下面的故事看來，也應該不是這兩個問題：子夏因為兒子過世而哭瞎了眼，被「學弟」曾子罵了一頓，他聽完後覺得有理，馬上接受責罵而向學弟道謝（《禮記．檀弓上》〈41〉）。這樣看來，孔門第子還是講「是非」先於講「輩分」的。至於子夏的話出現在這個位置，恐怕還有另外的原因。

附錄

《史記》〈仲尼弟子列傳51〉卜商字子夏。少孔子四十四歲。

——〈55〉孔子既沒，子夏居西河教授，為魏文侯師。其子死，哭之失明。

——〈儒林列傳2〉自孔子卒後，七十子之徒散游諸侯，大者為師傅卿相，小者友教士大夫，或隱而不見。故子路居衛，子張居陳，澹臺子羽居楚，子夏居西河，子貢終於齊。如田子方、段干木、吳起、禽滑釐之屬，皆受業於子夏之倫，為王者師。是時獨魏文侯好學。后陵遲以至於始皇，天下並爭於戰國，儒術既絀焉，然齊魯之閒，學者獨不廢也。於威、宣之際，孟子、荀卿之列，咸遵夫子之業而潤色之，以學顯於當世。

《禮記．檀弓上》〈41〉子夏喪其子而喪其明。曾子吊之曰：「吾聞之也：朋友喪明則哭之。」曾子哭，子夏亦哭，曰：「天乎！予之無罪也。」曾子怒曰：「商，汝何無罪也？吾與汝事夫子於洙泗之間，退而老於西河之上，使西河之民疑汝於夫子，爾罪一也；喪爾親，使民未有聞焉，爾罪二也；喪爾子，喪爾明，爾罪三也。而曰汝何無罪與！」子夏投其杖而拜曰：「吾過矣！吾過矣！吾離群而索居，亦已久矣。」

《孔子家語．七十二弟子解》〈10〉卜商，衛人，字子夏。少孔子四十四歲，習於《詩》，能通其義，以文學著名。為人性不弘，好論精微，時人無以尚之。嘗返衛，見讀史志者云：「晉師伐秦，三豕渡河。」子夏曰：「非也，己亥耳。」讀史志曰問諸晉史，果曰己亥。於是衛以子夏為聖。孔子卒後，教於西河之上。魏文侯師事之，而諮國政焉。

《禮記．中庸》〈12〉君子之道費而隱。夫婦之愚，可以與知焉，及其至也，雖聖人亦有所不知焉；夫婦之不肖，可以能行焉，及其至也，雖聖人亦有所不能焉。天地之大也，人猶有所憾，故君子語大，天下莫能載焉；語小，天下莫能破焉。《詩》云：『鳶飛戾天，魚躍於淵。』言其上下察也。**君子之道，造端乎夫婦**，及其至也，察乎天地。」

《說苑．佚文》〈24〉子曰：「以容取人，失之子羽；以言取人，失之宰予。」澹臺子羽，君子之容也，與之久處，而言不克其貌；宰予之辭，雅而文也，與之久處，而智不克其辯。

《孔子家語．子路初見》〈8〉澹臺子羽有君子之容，而行不勝其貌；宰我有文雅之辭，而智不充其辯。孔子曰：「里語云：『相馬以輿，相士以居，弗可廢矣。』**以容取人，則失之子羽**；以辭取人，則失之宰予。」

《韓非子．顯學》〈5〉澹臺子羽，君子之容也，仲尼幾而取之，與處久而行不稱其貌。宰予之辭，雅而文也，仲尼幾而取之，與處而智不充其辯。故孔子曰：「**以容取人乎，失之子羽**；

以言取人乎，失之宰予。」

《史記》〈留侯世家30〉太史公曰：學者多言無鬼神，然言有物。至如留侯所見老父予書，亦可怪矣。高祖離困者數矣，而留侯常有功力焉，豈可謂非天乎？上曰：「夫運籌筴帷帳之中，決勝千里外，吾不如子房。」余以為其人計魁梧奇偉，至見其圖，狀貌如婦人好女。蓋孔子曰：「**以貌取人，失之子羽**。」留侯亦云。

——〈仲尼弟子列傳64〉南游至江，從弟子三百人，設取予去就，名施乎諸侯。孔子聞之，曰：「吾以言取人，失之宰予；**以貌取人，失之子羽**。」

《詩經．國風．周南》〈關雎1〉關關雎鳩，在河之洲。**窈窕淑女，君子好逑**。

《韓詩外傳．卷五》〈27〉哀公問於子夏曰：「必學然後可以安國保民乎？」子夏曰：「不學而能安國保民者，未之有也。」哀公曰：「然則五帝有師乎？」子夏曰：「臣聞黃帝學乎大墳，顓頊學乎祿圖，帝嚳學乎赤松子，堯學乎務成子附，舜學乎尹壽，禹學乎西王國，湯學乎貸乎相，文王學乎錫疇子斯，武王學乎太公，周公學乎虢叔，仲尼學乎老聃。此十一聖人，未遭此師，則功業不能著乎天下，名號不能傳乎後世者也。」《詩》曰：「不愆不忘，率由舊章。」

《禮記》〈大學2〉古之欲明明德於天下者，先治其國；欲治其國者，先齊其家；欲齊其家者，先修其身；欲修其身者，先正其心；欲正其心者，先誠其意；欲誠其意者，先致其知，致知在格物。物格而後知至，知至而後意誠，意誠而後心正，心正而後身修，身修而後家齊，家齊而後國治，國治而後天下平。自天子以至於庶人，壹是皆以修身為本。其本亂而末治者否矣，其所厚者薄，而其所薄者厚，未之有也！此謂知本，此謂知之至也。

——〈孔子閒居5〉子夏曰：「敢問何謂三無私？」孔子曰：「天無私覆，地無私載，日月無私照。奉斯三者以勞天下，此之謂三無私。

《孔子家語・論禮》〈2〉子夏曰：「何謂三無私？」孔子曰：「天無私覆，地無私載，日月無私照。」

《說苑・雜言》〈21〉子夏問仲尼曰：「顏淵之為人也，何若？」曰：「回之信，賢於丘也。」曰：「子貢之為人也，何若？」曰：「賜之敏，賢於丘也。」曰：「子路之為人也，何若？」曰：「由之勇，賢於丘也。」曰：「子張之為人也，何若？」曰：「師之莊，賢於丘也。」於是子夏避席而問曰：「然則四者何為事先生？」曰：「坐，吾語汝。回能信而不能反，賜能敏而不能屈，由能勇而不能怯，師能莊而不能同。兼此四子者，丘不為也。夫所謂至聖之士，必見進退之利，屈伸之用者也。」

《孔子家語・六本》〈12〉子夏問於孔子曰：「顏回之為人奚若？」子曰：「回之信賢於丘。」曰：「子貢之為人奚若？」子曰：「賜之敏賢於丘。」曰：「子路之為人奚若？」子曰：「由之勇賢於丘。」曰：「子張之為人奚若？」子曰：「師之莊賢於丘。」子夏避席而問曰：「然則四子何為事先生？」子曰：「居！吾語汝。夫回能信而不能反，賜能敏而不能詘，由能勇而不能怯，師能莊而不能同。兼四子者之有以易吾，弗與也。此其所以事吾而弗貳也。」

《列子・仲尼》〈4〉子夏問孔子曰：「顏回之為人奚若？」子曰：「回之仁賢於丘也。」曰：「子貢之為人奚若？」子曰：「賜之辯賢於丘也。」曰：「子路之為人奚若？」子曰：「由之勇賢於丘也。」曰：「子張之為人奚若？」子曰：「師之莊賢於丘也。」子夏避席而問曰：「然則四子者何為事天子？」曰：「居！吾語汝。夫回能仁而不能反，賜能辯而不能訥，由能勇而不能怯，師能莊而不能同。兼四子之有以易吾，吾弗許也，此其所以事吾而不貳也。」

8

子曰：「君子不重則不威，學則不固。主忠信，無友不如己者。過則勿憚改。」

孔子這麼說過：「作為一個君子，（視聽言動都應該）自覺表現出莊重的神態，這樣才能讓人感受到自己的威望，學習天下事（也應該抱持著開放的心態，）不要固陋在一種過時的想法中。平常就要盡一己之所能，對朋友說話算話，要知道每個人都有值得學習的地方，如果自己犯了過錯，要當機立斷就改（，不要畏首畏尾，企圖掩飾）。」

這章是孔子對於君子該有的心態、學習，交友，和改過等方面的教誨。除了第一句之外，本章和〈子罕25〉重複。

「君子」——劉寶楠說「凡已仕、未仕、有君師之責者也」，也就是包含了有位者和有德者兩方面的領導人。「固」有兩說，一說：孔安國說是「蔽」，皇侃認為是「當」，楊樹達引用《廣雅．釋言》說是「陋」；一說是「堅固」，朱子採用此種解釋。

「重」——朱子說是「厚重」，黃懷信說是「莊重」。劉寶楠引用揚雄《法言・修身卷第三》〈15〉的「四重說」：「重言、重行、重貌、重好。」頗能照顧到多方面的「重」。他還引用《禮記・玉藻》〈53〉的「足容重，手容恭，目容端，口容止，聲容靜，頭容直，氣容肅，立容德，色容莊，坐如尸，燕居告溫溫」說法，詳細列出君子在身體技藝方面的自我要求。

「威」——朱子說是「威嚴」、戴望說是「畏」。「主」，鄭玄和邢昺都說是「親也」。

「無」——朱子認為和「毋」和「勿」相通，是「禁止辭也」。《說文解字》說「毋：止之也」。「憚」，鄭玄、皇侃和邢昺都說是「難」。

這章的「重」，很多人愛開玩笑說是指「體重」，好像孔子要開「增重訓練班」似的。朱子之前的古注都沒有解釋這個字。朱子率先說是「厚重」。《論語》中還有其他兩處提到「重」；曾子說過「任重而道遠」（〈泰伯7〉），所以這裡的「重」有「自覺責任重大」的自我要求在內；堯給舜的「導國心法」中就特別提醒「所重：民、食、喪、祭」（〈堯曰1〉），這是強調君子「任重」的具體內容。許仁圖的《子曰論語》引用毓老師說法「莊重、自重」，算是比較貼切，雖然我覺得應該還加上「慎重」，就是前面提到過的「謹」、「敬事」，或是「慮深通敏」，或是「戒慎恐懼」。這樣地在言行方面所展現出來的「重」，才能讓人覺得有「威」。自覺有「威」多半是自欺，欺不了人。這也是《禮記・中庸》〈1〉一開頭就提醒的：「君子戒慎乎其所不睹，恐懼乎其所不聞。莫見乎隱，莫顯乎微。故君子慎其獨也。」說得白話一點就是：「大家都知道、都看到，就只有自己不知道、看不到。」就像外國童話「國王的新衣」的故事那樣。可見中外智慧如一。

「威」字在《論語》也另外出現過兩次，都是以「威而不猛」（〈述而38〉和〈堯曰2〉）四個字一起出現，也就是：「君子正其衣冠，尊其瞻視，儼然人望而畏之，斯不亦威而不猛乎？」（〈堯曰2〉）從這裡來看，「威」是「威嚴」、「威儀」或是「（敬）畏」是沒錯，是從服裝儀容的恰如其分開始，讓人產生尊敬之心，繼而感受到其人的威望。不過，我覺得像是德國社會學家韋伯所說的Charisma〔卡里斯瑪〕，意思比較接近「威望」，這是從信徒心中發出對宗教領袖的「真心信仰」，而不是宗教領袖本身所具有的特質。這種「威」不是讓人望而卻步，而是讓人能感覺到溫暖的威望。

再來說「固」。古人都愛解這個字：一說是「蔽」，這也是有「依經解經」的基礎的，君可參見「六言六蔽」之說，〈陽貨8〉提到過「六言六蔽」：「好仁不好學，其蔽也愚；好知不好學，其蔽也蕩；好信不好學，其蔽也賊；好直不好學，其蔽也絞；好勇不好學，其蔽也亂；好剛不好學，其蔽也狂。」也有人引申說是「不達於禮」，這和解釋〈為政5〉「無違」是一樣的。一說是「堅固」（朱子說）。《子曰論語》引用毓老師說是「固陋」。其實，「固」並不是太壞的事情。讀過《論語》的許多人會記得孔子希望能避免的「意、必、固、我」（〈子罕4〉），而忘掉孔子也說過：「奢則不孫，儉則固。與其不孫也，寧固。」（〈述而36〉）這裡的「固」可以解釋成「頑固地守著禮制」。總之、我覺得「固」就是走不出既定的框框，困死在一個想法走不出來，思考方面沒有彈性。在一般情況下，當然要避免「固」，但是在最不得已的情況下，「固」還是一種最壞的選擇。

接下來是「主忠信」。除了此章之外，孔子還有兩處提到「主忠信」（〈子罕25〉和〈顏淵10〉）；在其他脈絡裡，「忠信」有時是合起來提的（〈公冶長28〉、〈顏淵10〉和〈衛靈公6〉），有時則是「忠」和「信」分開看（〈學而4〉和〈述而25〉）。

「主忠信」經常被解釋成「親近忠信之人」。可是「忠」是對己而言，「信」是對朋友而言，是考慮到「人我」的關係。所以「主忠信」應該在「親近忠信之人」之前，自己也要做到是個「忠信之人」才是，並不是只要求別人「忠信」。這樣下一句話才可以說得通。

「無友不如己者」的「無」常被解釋成「勿」，就是說「不要和不如你自己的人交朋友」。也就是怕「被壞朋友帶壞了」。劉寶楠的《正義》引用周公的話說：「不如我者吾不與處，損我者也。與吾等者吾不與處，吾益我者也。吾所與處者，必賢於我。」這種「自我中心」的思考，對後世人際道德的影響實在很大。宋朝的蘇東坡早就看不慣這種解釋，回嗆說：「世之陋者樂以不己若者為友，則自足而日損，故以此戒之。如必勝己而後友，則勝己者亦不與吾友矣！」這也是當年在毓老師課堂上大為震撼我的一句話。我記得毓老師說過，每個人，就算是雞鳴狗盜之徒，都有值得我們學習的地方，這才是這句話的「正能量」。這也跟著前面說的「學則不固」。其實孔子說過類似的話，包括了此句和下句（過則勿憚改）：「三人行，必有我師焉。擇其善者而從之，其不善者而改之。」（〈述而22〉）所以「無友不如己者」，是要「見賢思齊焉，見不賢而內自省也」（〈里仁17〉），這都是一種人我互動中先要求自己，向他人的賢能面學習的一種交友觀。

孔門弟子當時對這句話就有完全不同的理解，怪不得後人。君不見〈子張3〉的記載：子夏之門人問交於子張。子張曰：「子夏云何？」對曰：「子夏曰：『可者與之，其不可者拒之。』」子張曰：「異乎吾所聞：君子尊賢而容眾，嘉善而矜不能。我之大賢與，於人何所不容？我之不賢與，人將拒我，如之何其拒人也？」在這裡，子夏就是抱著「毋友不如己」的信念行事，子張則是學到「無友不如己者」。妙的是漢朝劉向《說苑・雜言》〈31〉記載孔子生前預言過：「丘死之後，商也日益，賜也日損；商也好與賢己者處，賜也好說不如己者。」這裡的「商」是子夏，「賜」是子貢。這雖不一定是歷史事實，但也可以從此看出「師父領進門，修行在個人」。《韓非子．顯學》〈1〉說過孔子死後，「儒分為八」由此可見一斑。

最後講到「過」這個我們都碰到過的「道德難題」。「過則勿憚改」的關鍵在於「憚」。「犯了錯別怕，改了就是」，言外之意就是「犯了錯、別掩飾，這樣會一錯再錯，最後累積起來的麻煩更多。不如早早認錯」。也就是「不貳過」、「寡過」、「改過」，就是不要「文（念成問，掩飾）過」。《論語》中有關孔子提到「過」的章節甚多：有說犯錯有團體的因素（〈里仁7〉）；有說犯錯的人很少會自我反省（〈公冶長27〉），大概都是「怨天、怨地、怨政府、怨別人」，總之，「都不是自己的錯」；他建議過弟子仲弓在當季氏的家臣時，有三個要點，其中之一是採取寬恕的政策，赦免人民的「小過」（〈子路2〉）；他甚至將「不貳過」當成是「好學」的指標（〈雍也3〉）；他對於別人能指出他的過錯，也很虛心接受（〈述而31〉）；他也誇讚蘧伯玉的使者替主人辯解說主人「希望減少自己的過錯而還不能完全做到」；他認為知錯而不改，才是真正的「過」（〈衛靈公30〉）。

前面提過兩個對「友」有不同看法的弟子，對於「過」的看法卻不是針鋒相對，而是可以互補：子夏指出「小人犯錯」時都會盡量掩飾（〈子張8〉）；子貢則說「君子犯錯」，就像日蝕或月蝕那樣，犯錯的時候，大家都看得見；可是他們改過的時候，就會讓人產生景仰的心情（〈子張21〉）。

最後順便提一下這章的「解釋脈絡」的問題。「君子不重則不威，學則不固」是呼應〈學而1〉的「學而時習之，不亦說乎」。有人把「不重則不威」當成「前因」，把「學則不固」當成後果。我覺得這應該是兩件對比的平行敘事。「學則不固」不是「不重則不威」的結果，而是君子要學會「重」的反面表述（所以說「不重」），也要正面表述的「學」（所以沒說「不學」）；「不重」則有「不威」

的惡果，「學」則會有「不固」的善果。毓老師常說「不學無術，所以反過來說，學就有術」，這是「學則不固」的最好注解，正能量滿滿。此外，「主忠信，無友不如己者，過則勿憚改」應該當成一句來看，可以呼應〈學而1〉的「有朋自遠方來，不亦樂乎」，先從自己做到「忠信」，大家相互學習別人所長，如果在言行上犯錯，也要在道德上彼此砥礪。

能修己、能安人，從身、家、國、貫徹到天下，禮運大同才會有著落。

附錄

《法言・修身卷第三》〈15〉或問：「何如斯謂之人？」曰：「取**四重**，去四輕，則可謂之人。」曰：「何謂**四重**？」曰：「**重言，重行，重貌，重好**。言重則有法，行重則有德，貌重則有威，好重則有觀。」「敢問四輕。」曰：「言輕則招憂，行輕則招辜，貌輕則招辱，好輕則招淫。」

《韓非子・顯學》〈1〉世之顯學，儒、墨也。儒之所至，孔丘也。墨之所至，墨翟也。自孔子之死也，有子張之儒，有子思之儒，有顏氏之儒，有孟氏之儒，有漆雕氏之儒，有仲良氏之儒，有孫氏之儒，有樂正氏之儒。自墨子之死也，有相里氏之墨，有相夫氏之墨，有鄧陵氏之墨。故孔、墨之後，儒分為八，墨離為三，取舍相反、不同，而皆自謂真孔、墨，孔、墨不可復生，將誰使定世之學乎？孔子、墨子俱道堯、舜，而取舍不同，皆自謂真堯、舜，堯、舜不復生，將誰使定儒、墨之誠乎？殷、周七百餘歲，虞、夏二千餘歲，而不能定儒、墨之真，今乃欲審堯、舜之道於三千歲之前，意者其不可必乎！無參驗而必之者、愚也，弗能必而據之者、誣也。故明據先王，必定堯、舜者，非愚則誣也。愚誣之學，雜反之行，明主弗受也。

9

曾子曰：「慎終追遠，民德歸厚矣。」

> 1. 曾子這麼說過：「〔當政者要是能夠〕謹慎處理父母的臨終，又能恰當地祭拜歷代列祖列宗，那麼人民的道德就會變得醇厚。」
> 2. 曾子這麼說過：「〔當政者要是能夠〕謹慎處理事情的結尾部分，又能夠詳細借重遠古的智慧〔治國〕，那麼人民的道德就會變得醇厚。」

這章的主旨是當政者的作為可以影響人民道德的走向。這章的前半句「慎終追遠」有兩種截然不同的解釋，所以可以翻譯成上面兩種意思。

這章沒有難解的字，所以古注幾乎都沒有解釋。只有「終」，邢昺說：「父母之喪也，以死者人之終，故謂之終。」

歷來對這章有兩種解釋：

第一種解釋朝向父母的喪事和祖先的祭祀兩方面來說。孔安國就率先表達這樣的立場：「慎終者，喪盡其哀；追遠者，祭盡其敬。君能行此二者，民化其德，皆歸於厚也。」皇侃更詳細說：「慎終，為喪盡其哀也。喪為人之終，人子宜窮其哀戚，是慎終也。追遠，謂三年之後為之宗廟，祭盡其敬也。三年後去親轉遠，而祭極敬，是追遠也。」朱子也說：「蓋終者，人之所易忽也，而能謹之；遠者，人之所易忘也，而能追之：厚之道也，故以此自為，則己之德厚，下民化之，則其德亦歸於厚也。」

第二種解釋並不強調對於喪祭之禮，而是一般性地強調在上位的君子要有「有始有終」的美德：「靡不有初，鮮克有終，終宜慎也；久遠之事，錄而不忘，是追遠也。」有「慎始成終」，強調有恆心，貫徹始終。

至於本章後半句的「民德歸厚」，基本上沒有異議，皇侃說得好：「上之化下，如風靡草。君上能行慎終追遠之事，則民下之德日歸於厚也。」

「慎」和前面幾篇出現過的「敬」、「謹」，甚至「重」，還有毓老師常講的「慮深通敏」都是息息相關的。孔子常常強調「慎言」（〈學而14〉和〈子張25〉）；有時要強調「言行」都要「慎」（〈為政18〉）；特別是「慎」要有「禮」來節制（〈泰伯2〉）；該慎的事情還可以擴展到「齊戒、戰爭、傳染病」（〈述而13〉）三大項目。此外，更值得注意的是古籍中都提到的「慎獨」（《禮記．禮器》〈15〉、《禮記．大學》〈3〉、《禮記．中庸》〈1〉、《文子．精誠》〈16〉，和《淮南子．繆稱訓》〈11〉）。在其他古籍中也提到「慎始」，《禮記．經解》〈9〉和《大戴禮記．禮察》〈5〉都引用現行本《易經》沒有的一段話：「君子慎始，差若毫釐，謬之（或以）千里」。

「終」的問題就有兩方面的解釋：

比較常見的是鄭玄的注說：「老死曰終。」可是在古代階級森嚴的社會中，不同階級的老死要用不同的字。《禮記．檀弓上》〈32〉說：「君子曰終，小人曰死。」照這樣的解釋，「慎終」就和死亡有關，特別是自己親人的死亡。劉寶楠說：「追」是逐遠，「遠」是「久」，「追遠」就是說：「凡父祖已歿，雖久遠，當時追祭之也。」蔣伯潛說得很白話：「『慎終』說父母的喪事，須辦得謹慎。『追遠』指祭祀祖先；雖時久遠，必須追祭，是不忘本也。」毓老師說得最詳細：「『終』是父母臨終前的最後一口氣……『慎終』是自己的父母臨終前的敬謹含珠，『追遠』是追慕遠祖。」

古籍中同樣強調喪祭的說法，繼承孔子禮制的荀子就說過：「禮者，謹於治生死者也。生，人之始也；死，人之終也，終始俱善，人道畢矣。故君子敬始而慎終，終始如一，是君子之道，禮義之文也」（《荀子．禮論》〈17〉），以及《白虎通德論．崩薨》〈21〉「慎終重喪」的結論。

還有，在《說苑．敬慎》〈9〉中，有一段曾子臨終時就提醒兩個兒子「慎終如始」的故事。最後引用了《詩經》的話：「靡不有初，鮮克有終。」可以呼應和補充本章的說法。

另一種說法和喪祭沒有特別的關係，古籍中也有許多相關的記載：有些古籍說「慎終於始」（《尚書．太甲下》〈8〉），有時是說「慎始敬終」（《大戴禮記．保傅》〈13〉），有時說是「慎其終始」（《禮記．文王世子》〈31〉），有時說「慎始而敬終」（《禮記．表記》〈40〉），都是指一般性的情況。《大戴禮記．保傅》〈13〉特別舉出主要經典都「慎始」的例子：「《春秋》之元，《詩》之關雎，《禮》之冠婚，《易》之乾巛（同「坤」），皆慎始敬終云爾。」《禮記．文王世子》〈31〉則強調的是政治面：「古之君子，舉大事，必慎其終始，而眾安得不喻焉？」《說苑．建本》〈2〉也強調政治面：「魏武侯問元年於吳子，吳子對曰：『言國君必慎始也。』『慎始奈何？』曰：『正之。』」（《說苑．建本》〈2〉）；《說苑．

敬慎》〈29〉中除了「慎終如始」之外，還強調「乃能長久」，並強調「能行此五者，可以全身，已所不欲，勿施於人」；連《老子》〈64〉也提到過「慎終如始，則無敗事」。

相對於「慎終」，「追遠」兩字在古籍中並不多見。「慎終追遠」通常都被看成是一體的。如果「慎終」可以有兩種解釋，「追遠」當然也可以。當成家領域的祭禮，「追遠」就是祭拜遠祖，以示「不忘本」之意；如果當成一般性的說法，「追遠」就有著「追本溯源」的意思。若是從毓老師在台灣解除戒嚴之後把書院的名稱從「天德」改成「奉元」來看，「追遠」也會有著「以古人智慧啟發我們智慧」的意思。這或許就是毓老師寫的對聯「以夏學奧質，尋拯世真文」的原意吧！

「民德歸厚」，重點在於「德」。《禮記．樂記》〈33〉說是「性之端」，《淮南子．齊俗訓》〈1〉或《文子．上禮》〈5〉都說是：「得其天性謂之德。」《春秋穀梁傳．僖公二十八年》〈4〉說：「歸者，歸其所。」《墨子．經上》〈56〉說：「厚，有所大也。」總結來說，就是能慎終追遠，則民自知感恩，社會風氣自然就好起來。這種解釋強調的是「上行下效」，也就是「子帥以正，孰敢不正？」（〈顏淵17〉）或「子欲善，而民善矣。君子之德風，小人之德草。草上之風，必偃。」（〈顏淵19〉），以及「君子篤於親，則民興於仁。」（〈泰伯2〉）

這兩種解釋的分歧，原因在於沒有記錄曾子說這話的場合，解經人就從說話人曾子的立場來尋找比較貼切的解釋。一看是曾子所說，而曾子又是孔門傳《孝經》之人，所以這段話就會朝向「親人過世」或是「孝道」的方向來解釋，又配合上孔門提倡的「孝道」可以延伸到列祖列宗和父母死後很久很久，對於社會風氣的振興是大有幫助的，所以這樣的解釋就占了上風，這也就不足為奇了。

我們要注意，這章是曾子說過的話，不是孔子的話。我覺得讀《論語》應該要分清楚孔子和弟子的話，我們在前面就曾經指出過：有時弟子承繼的並不是老師的意思。

附錄

《禮記》〈禮器15〉禮之以少為貴者，以其內心者也。德產之致也精微，觀天子之物無可以稱其德者，如此則得不以少為貴乎？是故君子**慎其獨**也。

——〈大學3〉所謂誠其意者，毋自欺也，如惡惡臭，如好好色，此之謂自謙，故君子必**慎其獨**也！小人閑居為不善，無所不至，見君子而後厭然，掩其不善，而著其善。人之視己，如見其肺肝然，則何益矣！此謂誠於中，形於外，故君子必慎其獨也。曾子曰：「十目所視，十手所指，其嚴乎！」富潤屋，德潤身，心廣體胖，故君子必誠其意。

——〈中庸1〉天命之謂性，率性之謂道，修道之謂教。道也者，不可須臾離也，可離非道也。是故君子戒慎乎其所不睹，恐懼乎其所不聞。莫見乎隱，莫顯乎微。故君子**慎其獨**也。喜怒哀樂之未發，謂之中；發而皆中節，謂之和；中也者，天下之大本也；和也者，天下之達道也。致中和，天地位焉，萬物育焉。

《文子・精誠》〈16〉老子曰：子之死父，臣之死君，非出以求名也，恩心藏於中而不違其難也。君子之憯怛非正為也，自中出者也，亦察其所行，聖人不慚於影，君子**慎其獨**也，舍近期遠，塞矣。故聖人在上則民樂其治，在下則民慕其意，志不忘乎欲利人。

《淮南子・繆稱訓》〈11〉夫察所夜行，周公慚乎景，故君子**慎其獨**也。

《大戴禮記・保傅》〈13〉君子**慎始**也。春秋之元，詩之關雎，禮之冠婚，易之乾巛，皆慎始敬終云爾。

《尚書·太甲下》〈8〉**慎終於始**。

《禮記》〈文王世子31〉古之君子，舉大事，必**慎其終始**，而眾安得不喻焉？《兑命》曰：「念終始典於學。」

——〈經解9〉故禮之教化也微，其止邪也於未形，使人日徙善遠罪而不自知也。是以先王隆之也。《易》曰：「**君子慎始，差若毫釐，繆以千里**。」此之謂也。

《大戴禮記·禮察》〈5〉我以為秦王之欲尊宗廟而安子孫，與湯武同。然則如湯武能廣大其德，久長其後，行五百歲而不失；秦王亦欲至是，而不能持天下十餘年，即大敗之。此無佗故也，湯武之定取舍審，而秦王之定取舍不審也。易曰：「**君子慎始，差若毫釐，繆之千里**。」取舍之謂也。然則為人主師傅者，不可不日夜明此。

《禮記》〈表記40〉子曰：「事君**慎始而敬終**。」

——〈檀弓上32〉子張病，召申祥而語之曰：「**君子曰終**，小人曰死；吾今日其庶几乎！」

《說苑》〈建本2〉魏武侯問元年於吳子，吳子對曰：「**言國君必慎始也**。」「**慎始奈何**？」曰：「**正之**」，「正之奈何？」曰：「明智，智不明，何以見正，多聞而擇焉，所以明智也。是故古者君始聽治，大夫而一言，士而一見，庶人有謁必達，公族請問必語，四方至者勿距，可謂不壅蔽矣；分祿必及，用刑必中，君心必仁，思君之利，除民之害，可謂不失民眾矣；君身必正，近臣必選，大夫不兼官，執民柄者不在一族，可謂不權勢矣。此皆春秋之意，而元年之本也。」

——〈敬慎9〉曾子有疾，曾元抱首，曾華抱足，曾子曰：「吾無顏氏之才，何以告汝？雖無能，君子務益。夫華多實少者，天也；言多行少者，人也。夫飛鳥以山為卑，而層巢其巔；魚鱉以淵為淺，而穿穴其中；然所以得者餌也。君子苟能無以利害身，則辱安從至乎？官怠於宦成，病加於少愈，禍生於懈惰，孝衰於妻子；察此四者，**慎終如始**。《詩》曰：『靡不有初，鮮克有終。』」——〈29〉怨生於不報，禍生於多福，安危存於自處，不困在於蚤豫，存亡在於得人，**慎終如始**，乃能長久。能行此五者，可以全身，己所不欲，勿施於人，是謂要道也。

《白虎通德論・崩薨》〈21〉崩、薨別號，至墓同，何也？時臣子藏其君父，安厝之義，貴賤同。葬之為言下藏之也。所以入地何？人生於陰，含陽光，死始入地，歸所與也。天子七月而葬，諸侯五月而葬何？尊卑有差也。天子七月而葬，同軌必至；諸侯五月而葬，同會必至，所以**慎終重喪**也。

《老子》〈64〉其安易持，其未兆易謀。其脆易泮，其微易散。為之於未有，治之於未亂。合抱之木，生於毫末；九層之臺，起於累土；千里之行，始於足下。為者敗之，執者失之。是以聖人無為故無敗；無執故無失。民之從事，常於幾成而敗之。**慎終如始**，則無敗事，是以聖人欲不欲，不貴難得之貨；學不學，復衆人之所過，以輔萬物之自然，而不敢為。

《禮記・樂記》〈33〉**德者，性之端也**；樂者，德之華也。

《淮南子・齊俗訓》〈1〉率性而行謂之道，**得其天性謂之德**。性失然後貴仁，道失然後貴義。是故仁義立而道德遷矣，禮樂飾則純樸散矣，是非形則百姓眩矣，珠玉尊則天下爭矣。凡此四者，衰世之造也，末世之用也。

《文子・上禮》〈5〉老子曰：循性而行謂之道，**得其天性謂之德**，性失然後貴仁義，仁義立而道德廢，純樸散而禮樂飾，是非形而百姓眩，珠玉貴而天下爭。

《春秋穀梁傳・僖公二十八年》〈4〉六月，衛侯鄭自楚復歸於衛。自楚，楚有奉焉爾。復者，復中國也。**歸者，歸其所也**。鄭之名，失國也。衛元咺出奔晉。陳侯款卒。

10

子禽問於子貢曰：「夫子至於是邦也，必聞其政，求之與？抑與之與？」子貢曰：「夫子溫、良、恭、儉、讓以得之。夫子之求之也，其諸異乎人之求之與？」

1. 子禽請教子貢（一個問題）說：「您的老師到了一個國家，一定會想了解該國的治國情況。他是請問人家才知道該國的政情呢？還是人家主動告訴他的？」子貢回答說：「我們老師是靠著自己的溫暖、善良、恭敬、節儉，以及謙讓等五種德行，得到該國國人主動告訴他該國的政情的。就算我們老師求教於人，他的求教方式也和別人不一樣。」

2. 子禽請教子貢（一個問題）說：「您的老師到了一個國家，一定會想了解該國的治理狀況。他是求著請教該國人民呢？還是該國人民主動告訴他的？」子貢回答說：「我們老師是靠著觀察人民是否溫暖、善良、恭敬、節儉，以及謙讓等五種德行而得知該國的治理狀況。他靠著觀察人民的情況而了解一國治理情況，和別人靠傳聞得知的方式是不一樣的。」

這章是子貢認為孔子的德行以及與聞各國政情之間的關係。也可以因為孔子「求之」的對象不同，而有上述兩種不同的解釋。

「問」——《說文解字》說「問，訊也」。「夫子」，古注都說指的是「孔子」。「是」，皇侃說是「此」，又說「此邦，謂每邦，非一國也」。「聞」，《說文解字》說是「聞，知聞也」。「求」，黃懷信說是「問也，為主動問人」。「與之與」的第一個「與」，戴望說是「及也，及以政事」，黃懷信認為是「給，謂人主動告之」。

「溫」——皇侃說是「敦柔潤澤」，朱子說是「和厚」，戴望說是「德榮潤澤」。

「良」——皇侃說是「行不犯物」，朱子說是「易直」，戴望說是「安柔不苛」。

「恭」——皇侃說是「和從不逆」，朱子說是「莊敬」，戴望說是「接遇慎容」。

「儉」——皇侃說是「去奢從約」，朱子說是「節制」，戴望說是「廣較自斂」。

「讓」——皇侃說是「先人後己」，朱子說是「謙遜」，戴望說是「推賢尚善」。

「諸」——皇侃說是「之」。「其諸」，黃懷信說是「推量之詞，猶言大概」。

「人」——朱子說是「他人」。

「子禽」的姓名和身分一直有爭議。劉寶楠舉證了許多不同的說法：〈子張25〉有一位「陳子禽」認為子貢比孔子還偉大；〈季氏13〉出現過一個問過孔子獨生子伯魚有關孔子是否教弟子時留了一手的問題的「陳亢」；《孔子家語·七十二弟子解》〈39〉說「陳亢，陳人，字子元，一字子禽。少孔子四十歲」；《史記·仲尼弟子列傳》〈142〉卻只列有一位「原亢籍」，而沒有「陳亢」或「陳子禽」。

所以到底三個名字是否指同一個人，並無定論。此外，他和子貢的關係也很混淆，朱子提到兩種說法：他是孔子的學生，或者他是子貢的學生。最後也不敢確定。東漢王充的《論衡．知實》〈3〉在引用這章時，就直接將此章的「子禽」寫成「陳子禽」。另外，司馬遷在《史記．仲尼弟子列傳》〈38〉中，將〈子張22〉的「公孫朝」寫作「陳子禽」，更增加了古籍之間對於「子禽」、「陳亢」和「陳子禽」的混亂。

「子貢」在此章才算是初登場。他複姓「端木」，名「賜」，字「子贛」，後來都將「贛」簡寫成「貢」，所以在別的古書上看到「子贛」，千萬別誤會是別人，就是這位第一代MBA或EMBA或「儒商」或「富一代」。子貢在《論語》中出現過三十六章，僅次於子路的四十章，「出現率」排行第二。孔子過世之後，弟子「廬墓」（在孔子墓旁結廬而居）三年，只有子貢一待六年，足足是同門的兩倍，至今位在山東曲阜孔林中孔子墳前的左側還有一棟「磚房」，標明是「子貢廬墓處」。這已經是觀光旅遊的意義大過其歷史意義了。在這裡，子貢搶了個「第一」。子貢的故事很多，我們隨後慢慢說。

「必聞其政」的「聞」不是「聽」而已，是「與聞」，有觀察、參與和建議多重意義。可是在前面所列舉的邦國中，他當官的邦國有限，觀察和建議可能多些，參與的大概就更少了。對於「必聞其政」的不同了解就會影響到上面說過的不同解釋。

如果「聞其政」就是別人「問政」於孔子，那麼《論語》中當政者問政於孔子的共計只有齊景公（〈顏淵11〉）、季康子（〈顏淵17〉和〈顏淵19〉）、葉公（〈子路16〉）三人；問「陳（陣，軍旅打仗之事）」的有衛靈公（〈衛靈公1〉）；回答〔季〕康子所問「衛靈公既然無道，為何還不亡國？」（〈憲問19〉）。怎麼算，就五個人，絕沒有古人說的「七十餘君」。當然，除非《論語》所載之外，孔子有些「祕密行程」。

如果「必聞其政」是觀察百姓的生活，他到子游治理的武城時，就因為聽到弦歌之聲而高興的開起「割雞焉用牛刀」的玩笑（〈陽貨4〉）。孔子認為可以從觀察人民的道德推論得知他們受到哪種古代經典的影響（《禮記・經解》〈1〉、《孔子家語・問玉》〈2〉和《禮記・經解》〈2〉）。和這裡的觀察民風的解釋是一貫的。皇侃引用梁冀的解釋和東漢的王充在《論衡・知實》〈3〉的看法，都是從這個角度。

另一個解釋的關鍵是：「溫、良、恭、儉、讓」這五德說的是孔子？還是孔子用來觀察該國人民所展現出來的民風？

如果是孔子的「五德」，那麼《論語》其他章節是否有可以參照之處？

如果指的是孔子的「五德」，《論語》中也不過出現這麼一次。其他的「溫」和「恭」兩種德行還出現在對孔子人格的描述：「子溫而厲，威而不猛，恭而安」（〈述而38〉），其中的「威而不猛」是子貢沒提到的。至於「良」、「儉」和「讓」三德則在《論語》中未再和孔子人格發生關聯。

如果從《禮記・經解》〈1〉所展現的民風和古代經典的關係來看：「溫」可以配上「溫柔敦厚」的詩教；「良」可以配上「廣博易良」的樂教；「恭」和「儉」可以配上「恭儉莊敬」的禮教。只有「讓」沒有適配。

從以上「依經解經」的方法來看，兩種解釋似乎都說得通。

「得之」也因為這兩種不同的解釋而有差異：一種是從君王處得到治理的地位；一種是從該國民風中與聞治理的狀況。

別忘了，這是子貢這麼告訴子禽的。如果問孔子，他自己又會怎麼說呢？

附錄

《論衡．知實》〈3〉陳子禽問子貢曰：「夫子至於是邦也，必聞其政。求之與？抑與之與？」子貢曰：「夫子溫、良、恭、儉、讓以得之。」溫、良、恭、儉、讓，尊行也。有尊行於人，人親附之。人親附之，則人告語之矣。然則孔子聞政以人言，不神而自知之也。齊景公問子貢曰：「夫子賢乎？」子貢對曰：「夫子乃聖，豈徒賢哉！」景公不知孔子聖，子貢正其名；子禽亦不知孔子所以聞政，子貢定其實。對景公云：「夫子聖，豈徒賢哉！」則其對子禽，亦當云：「神而自知之，不聞人言。」以子貢對子禽言之，聖人不能先知，二也。

《史記．仲尼弟子列傳》〈38〉**陳子禽問子貢曰**：「仲尼焉學？」子貢曰：「文武之道未墜於地，在人，賢者識其大者，不賢者識其小者，莫不有文武之道。夫子焉不學，而亦何常師之有！」又問曰：「孔子適是國必聞其政。求之與？抑與之與？」子貢曰：「夫子溫、良、恭、儉、讓以得之。夫子之求之也，其諸異乎人之求之也。」

《禮記．經解》〈1〉孔子曰：「入其國，其教可知也。其為人也：溫柔敦厚，《詩》教也；疏通知遠，《書》教也；廣博易良，《樂》教也；潔靜精微，《易》教也；恭儉莊敬，《禮》教也；屬辭比事，《春秋》教也。故《詩》之失，愚；《書》之失，誣；《樂》之失，奢；《易》之失，賊；《禮》之失，煩；《春秋》之失，亂。

《孔子家語・問玉》〈2〉孔子曰：「入其國，其教可知也：其為人也，溫柔敦厚，《詩》教也；疏通知遠，《書》教也；廣博易良，《樂》教也；潔靜精微，《易》教也；恭儉莊敬，《禮》教也；屬辭比事，《春秋》教也。故《詩》之失愚，《書》之失誣，《樂》之失奢，《易》之失賊，《禮》之失煩，《春秋》之失亂。其為人溫柔敦厚而不愚，則深於《詩》者矣；疏通知遠而不誣，則深於《書》者矣；廣博易良而不奢，則深於《樂》者矣；潔靜精微而不賊，則深於《易》者矣；恭儉莊敬而不煩，則深於《禮》者矣；屬辭比事而不亂，則深於《春秋》者矣。

《禮記・經解》〈2〉其為人也：溫柔敦厚而不愚，則深於《詩》者也；疏通知遠而不誣，則深於《書》者也；廣博易良而不奢，則深於《樂》者也；潔靜精微而不賊，則深於《易》者也；恭儉莊敬而不煩，則深於《禮》者也；屬辭比事而不亂，則深於《春秋》者也。」

11

子曰：「父在，觀其志；父沒，觀其行；三年無改於父之道，可謂孝矣。」

> 孔子說過：「（自己的）父親還活著的時候，要考察當兒子的人的志向；父親過世了，則要考察當兒子的人的行為。如果當兒子的能夠長久遵守父親的善道，那麼就是（當兒子的人能篤守）孝道的表現。」

這章強調父子關係是從生前延續到父親過世之後，這也是孝道的展現。此章的後半句，也出現在〈里仁20〉。

「在」——《說文解字》和《爾雅》都說是「存」。

「觀」——《說文解字》說是「諦視」，也就是很仔細看。劉寶楠還引用《春秋穀梁傳．隱公五年》〈1〉說：「常事曰視，非常曰觀。」

「其」——皇侃說是「其於人子也」。「志」，皇侃說是「在心未行也」，他也引用〈詩序〉說：

「在心為志」。

這章孔子提到「觀其志」和「觀其行」，顯然都在於仔細考察當兒子的外在行為表現（皇侃就是這麼說的），特別是「志」，也要靠後來的「行」才能看出來。孔子提過：「視其所以，觀其所由，察其所安。人焉廋哉？人焉廋哉？」（〈為政10〉），進一步區分了「視」、「觀」、「察」三個不同層次。由此來看，此章的「觀」應該也包含著這三個層次。此外，孔子也提過「察言觀色」（〈顏淵20〉）以及「聽言觀行」（〈公治長10〉），這裡「觀」和「察」，「聽」和「觀」都是要並用的。

「觀其行」的「其」——此處雖沒明指是父親還是兒子，但是從常理可以推斷是指「兒子」。否則「父沒，觀其行」就落入「怪力亂神」的境域。這是從行文脈絡可以推斷出來的。

這章有幾個現代人可能會困惑的問題：

首先是「三年無改」的孝道的道理，孔安國最早就定了調：「父在，子不得自專，故觀其志；父沒，乃觀其行。孝子在喪，哀慕猶若父存，無所改於父之道也。」這裡衍生出一個問題：如果父道守善，「三年無改」當然不是問題。問題是父道不善的情況難道也要「三年無改」？

皇侃認為本章的主旨不在於「父政之善惡」，只是論「孝子之心」。他進一步闡述：「若人君風政之惡，則冢宰自行政；若卿大夫之心惡，則其家相邑宰自行事，無關於孝子也。」他認為這是君王諸侯等統治階級的事情，和孔子要講的父子之間傳承的孝道無關。

從皇侃開始的古注都一致認為：如果父道不善就要改。劉寶楠引用過《易經》「幹父之蠱」（糾正父輩做錯或沒做好的事）的話，還引用了汪中的舉例，其中提到大禹治水，就沒跟隨其父鯀的做法，周代奉命監管殷商遺民的蔡叔的兒子也沒跟著老爸叛亂。這其實是顯而易見的道理，不需多事。都是有些讀者把孔子的話讀死了，才需要前輩費唇舌解釋，特別是衍生出「天下無不是的父母」這樣絕對的話，展現出中華文化中不知變通的「愚孝」。我們應該都分得很清楚，平日大家說話講的都是在「常情」和「常理」之下，如果是「特殊狀況」，就「另當別論」。

此外，這是特指統治階級應該如此，還是「自天子以至於庶人」都一體適用？

孔子在回答子張的「高宗諒陰（守喪期間），三年不言」時，回答「何必高宗，古之人皆然」（〈憲問40〉）。關鍵就在於這個「人」是指「貴族」還是「一般人」。

曾子誇獎過孟莊子難能可貴的孝行，雖然沒有明白說到這是「三年之喪」，但是說到他「不改父之臣與父之政」（〈子張18〉）應該就是本章「三年無改於父之道」的意思，指的也是貴族。戴望說：「禮，諸侯世子三年喪畢，服士服，上受爵命於天子。」孟子自己將堯、舜、禹的彼此繼承過程也當成「三年無改於父之道」的解釋（《孟子・萬章上》〈4-6〉）。就像《禮記・中庸》〈19〉在稱讚過周武王和周公的「達孝」之後，緊接著說「夫孝者：善繼人之志，善述人之事者也」（這裡的「人」應該就是「父」），也可以當成呼應此章的主旨。總之，我認為孔子談論的主要應該是指公領域的事情，泛指一般人是適應現代生活的解釋。不過，這種想法的流弊變成「祖宗成法不可變」，也是釀成中國近代史改革來得太慢的思想根源。孔子思想被認為守舊和落伍，和這種解釋不無關聯。

最後一個問題是：為什麼要「三年」？這是因為「晝寢」而被孔子痛罵過的「宰我」質疑過的問題（〈陽貨21〉）。宰我認為「三年之喪」時間太長，「一年」就好了。他以孔子經常強調的禮樂為理由來質疑：如果三年之喪則無法修禮樂，就會有禮崩樂壞的惡果。孔子一開始還發揮耐心來導引這個列名「言語門」的弟子，說了「小孩生下來要三年才能夠免於父母之懷」，企圖訴諸他「感恩的心」，沒想到他竟然不上孔子的當，直接嗆孔子，他就算是守喪一年也不會心不安。讓孔子氣到不行。

孔子的「報恩論」之外，也有「稱情別親疏貴賤論」這種情感和制度配合的思考方向：《禮記・三年問》〈1〉終究說：「三年之喪何也？曰：稱情而立文，因以飾群，別親疏貴賤之節，而不可損益也。故曰：無易之道也。」這是三年之喪為禮的用意所在。

後來也有人質疑孔子說的「三年之喪」是「天下之通喪」這種說法。墨家更反對孔門「厚葬」和「久喪」的規矩。各位想看看孔門怎麼大搞喪葬之禮，可以看附錄中引用的《禮記》的相關文字。後來專制王朝的官員父母親過世都得返鄉「丁憂」，也是這種理論的具體運用。現在看來都過時了。

我認為說了這麼多，重點恐怕還是孔子希望後來的統治階級都能夠回歸堯舜「公天下」的「父之道」，作為真正的「政治孝子」；不能落實「公天下」的後世統治者，都是堯舜的「不肖子孫」。

最後再強調一下，這裡說是「三年無改」並不是「永世不得改」，「改」與「不改」之間，有著「守正」與「與時俱進」之間動態平衡的掌握。這是「守經達權」的智慧。

附錄

《春秋穀梁傳・隱公五年》〈1〉《傳》曰常事曰視，非常曰觀。

《孟子・萬章上》〈4〉孟子曰：「否。此非君子之言，齊東野人之語也。堯老而舜攝也。《堯典》曰：『二十有八載，放勳乃徂落，百姓如喪考妣，**三年**，四海遏密八音。』孔子曰：『天無二日，民無二王。』舜既為天子矣，又帥天下諸侯以為堯**三年**喪，是二天子矣。」

——〈5〉堯崩，**三年**之喪畢，舜避堯之子於南河之南。天下諸侯朝覲者，不之堯之子而之舜；訟獄者，不之堯之子而之舜；謳歌者，不謳歌堯之子而謳歌舜，故曰天也。夫然後之中國，踐天子位焉。而居堯之宮，逼堯之子，是篡也，非天與也。《太誓》曰：『天視自我民視，天聽自我民聽』，此之謂也。」

——〈6〉舜崩。**三年**之喪畢，禹避舜之子於陽城。天下之民從之，若堯崩之後，不從堯之子而從舜也。禹薦益於天，七年，禹崩。**三年**之喪畢，益避禹之子於箕山之陰。朝覲訟獄者不之益而之啟，曰：『吾君之子也。』謳歌者不謳歌益而謳歌啟，曰：『吾君之子也。』丹朱之不肖，舜之子亦不肖。舜之相堯，禹之相舜也，歷年多，施澤於民久。啟賢，能敬承繼禹之道。益之相禹也，歷年少，施澤於民未久。舜、禹、益相去久遠，其子之賢不肖，皆天也，非人之所能為也。莫之為而為者，天也；莫之致而至者，命也。匹夫而有天下者，德必若舜禹，而又有天子薦之者，故仲尼不有天下。繼世以有天下，天之所廢，必若桀紂者也，故益、伊尹、周公不有天下。伊尹相湯以王於天下。湯崩，太丁未立，外丙二年，仲壬四年。太甲顛覆湯之典刑，伊尹放之於桐。**三年**，太甲悔過，自怨自艾，於桐處仁遷義；**三年**，以聽伊尹之訓己也，復歸於亳。周公之不有天下，猶益之於夏，伊尹之於殷也。孔子曰：『唐虞禪，夏后、殷、周繼，其義一也。』」

《禮記》〈中庸19〉子曰：「武王、周公，其達孝矣乎！夫孝者：善繼人之志，善述人之事者也。春、秋修其祖廟，陳其宗器，設其裳衣，薦其時食。宗廟之禮，所以序昭穆也；序爵，所以辨貴賤也；序事，所以辨賢也；旅酬下為上，所以逮賤也；燕毛，所以序齒也。踐其位，行其禮，奏其樂，敬其所尊，愛其所親，事死如事生，事亡如事存，孝之至也。郊社之禮，所以事上帝也；宗廟之禮，所以祀乎其先也。明乎郊社之禮、禘嘗之義，治國其如示諸掌乎！」

——〈檀弓上2〉事親有隱而無犯，左右就養無方，服勤至死，致喪**三年**。事君有犯而無隱，左右就養有方，服勤至死，方喪**三年**。事師無犯無隱，左右就養無方，服勤至死，心喪**三年**。

——〈9〉子思曰：「喪三日而殯，凡附於身者，必誠必信，勿之有悔焉耳矣。三月而葬，凡附於棺者，必誠必信，勿之有悔焉耳矣。喪**三年**以為極，亡則弗之忘矣。故君子有終身之憂，而無一朝之患。故忌日不樂。」

——〈16〉魯人有朝祥而莫歌者，子路笑之。夫子曰：「由，爾責於人，終無已夫？**三年**之喪，亦已久矣夫。」子路出，夫子曰：「又多乎哉！逾月則其善也。」

——〈王制65〉父母之喪，**三年**不從政。

——〈曾子問27〉曾子問曰：「**三年**之喪，吊乎？」孔子曰：「**三年**之喪，練，不群立，不旅行。君子禮以飾情，**三年**之喪而吊哭，不亦虛乎？」

——〈43〉子夏問曰：「**三年**之喪卒哭，金革之事無辟也者，禮與？初有司與？」孔子曰：「夏后氏**三年**之喪，既殯而致事，殷人既葬而致事。《記》曰：『君子不奪人之親，亦不可奪親也。』此之謂乎？」子夏曰：「金革之事無辟也者，非與？」孔子曰：「吾聞諸老聃曰：昔者魯公伯禽有為為之也。今以**三年**之喪，從其利者，吾弗知也！」

——〈坊記17〉子云：「君子弛其親之過，而敬其美。」《論語》曰：「三年無改於父之道，可謂孝矣。」《高宗》云：「**三年**其惟不言，言乃讙。」

——〈中庸18〉**三年**之喪，達乎天子；父母之喪，無貴賤，一也。

——〈三年問1〉**三年**之喪何也？曰：稱情而立文，因以飾群，別親疏貴賤之節，而不可損益也。故曰：無易之道也。

——〈2〉創鉅者其日久，痛甚者其愈遲，**三年**者，稱情而立文，所以為至痛極也。斬衰苴杖，居倚廬，食粥，寢苫枕塊，所以為至痛飾也。**三年**之喪，二十五月而畢；哀痛未盡，思慕未忘，然而服以是斷之者，豈不送死者有已，復生有節哉？

——〈4〉將由夫患邪淫之人與，則彼朝死而夕忘之，然而從之，則是曾鳥獸之不若也，夫焉能相與群居而不亂乎？將由夫修飾之君子與，則**三年**之喪，二十五月而畢，若駟之過隙，然而遂之，則是無窮也。故先王焉為之立中制節，壹使足以成文理，則釋之矣。

——〈5〉然則何以至期也？曰：至親以期斷。是何也？曰：天地則已易矣，四時則已變矣，其在天地之中者，莫不更始焉，以是象之也。然則何以**三年**也？曰：加隆焉爾也，焉使倍之，故再期也。由九月以下何也？曰：焉使弗及也。

——〈6〉故**三年**以為隆，緦小宋以為殺，期九月以為間。上取象於天，下取法於地，中取則於人，人之所以群居和壹之理盡矣。故**三年**之喪，人道之至文者也，夫是之謂至隆。是百王之所同，古今之所壹也，未有知其所由來者也。孔子曰：「子生**三年**，然後免於父母之懷；夫**三年**之喪，天下之達喪也。」

《孝經．喪親》〈1〉子曰：「孝子之喪親也，哭不偯，禮無容，言不文，服美不安，聞樂不樂，食旨不甘，此哀戚之情也。三日而食，教民無以死傷生。毀不滅性，此聖人之政也。喪不過**三年**，示民有終也。為之棺槨衣衾而舉之，陳其簠簋而哀戚之；擗踴哭泣，哀以送之；卜其宅兆，而安措之；為之宗廟，以鬼享之；春秋祭祀，以時思之。生事愛敬，死事哀戚，生民之本盡矣，死生之義備矣，孝子之事親終矣。」

《大戴禮記．曾子本孝》〈4〉孝子之使人也不敢肆，行不敢自專也；父死**三年**，不敢改父之道；又能事父之朋友，又能率朋友以助敬也。

《荀子》〈禮論24〉**三年**之喪，何也？曰：稱情而立文，因以飾群，別親疏貴賤之節，而不可益損也。故曰：無適不易之術也。

——〈禮論25〉創巨者其日久，痛甚者其愈遲，**三年**之喪，稱情而立文，所以為至痛極也。齊衰、苴杖、居廬、食粥、席薪、枕塊，所以為至痛飾也。**三年**之喪，二十五月而畢，哀痛未盡，思慕未忘，然而禮以是斷之者，豈不以送死有已，復生有節也哉！

12

有子曰：「禮之用，和為貴。先王之道斯為美，小大由之。有所不行，知和而和，不以禮節之，亦不可行也。」

有子說過：「禮在實際運用的時候要以大家都能達成共識最為重要。堯舜這些先王的治理都是因為有禮的緣故，才能有美好的政績，不管大事小事，或是大國小國，都要以禮行之。如果不能以禮來踐行或在踐行時發生了衝突，卻因為一味地強調共識，又沒有用禮來節制這樣的行為，〔就算是勉強達成了共識，最後〕還是行不通的。」

這章是《論語》首度提到「禮」的篇章。奇怪的是，沒先引用孔子的話，卻引用弟子的話來替這麼一個重要的概念開場。這章主旨原來應該是提醒治理階層，引申到一般人的生活禮節也適用。「禮」——朱子的解釋最有名：「天理之節文，人事之儀則也」，是貫穿自然與人文兩個世界的規範。黃懷信說是「禮法、社會規範」。

「用」——劉寶楠引用《方言》，以及王夫之都認為就是下面所提到的「行」。其他古注都略過。黃懷信說是「運用、使用」。

「和」——皇侃、邢昺都說「即樂也」，朱子說是「從容不迫」，戴望說是「調、合」。黃懷信說是「和諧」。

「貴」——劉寶楠引用古注有「重」和「尚」兩種類似的意思。

「美」——劉寶楠引用《周禮》〈大司徒〉注：「善也」。

「先王」——皇侃說是「聖人為天子者也」，戴望說是「聖人為天子制禮者也」。

「小大」——皇侃和邢昺都說是指「事」，劉寶楠引證《詩經》說是指「人」。

「之」——黃懷信說是指「禮」。

「斯」——皇侃說是「此」，戴望說是「此禮也」。

「由」——皇侃、邢昺都說是「用也」，劉寶楠引用《爾雅》說是「自」。

「所」——戴望說「猶時也」。

這裡明明只說到「禮」，可是皇侃和邢昺都認為「禮之用」的「和」其實就是「樂」。這種「禮樂」並舉，在《論語》中是常常見到的（〈八佾3〉、〈泰伯8〉、〈先進1〉、〈先進26〉、〈子路3〉、〈憲問12〉、〈季氏2〉、〈季氏5〉、〈陽貨11〉，和〈陽貨21〉）。可是這裡真要說「樂」，為什麼不直說呢？當然，《禮記》〈樂記〉裡都在談「樂」跟「和」的關係，皇侃和邢昺也許就是從這裡得到解釋的根據。其實，整章來看，前一句說是「禮」固然重要，「和」更是可貴；第二句又把話說回來，「和」固然可貴，可是沒有「禮」還是不行的。所以，合起來看，有子強調的應該是「禮」跟「和」要並重兼顧，缺一不可。「禮」跟「和」也要有個「中庸之道」(「庸」有「用」的意思)。

其次是「用」，有人當成「體用」的「用」來解釋，恐怕那時候沒這樣的用法。根據清朝黃式三在《論語後案》的說法：「體用之分，在釋家見惠能《金剛經注》，在仙家見魏伯陽《參同契》……聖經(不是指基督教的)賢傳無體用對舉之正文，非儒者討論之要。」不過，程樹德雖然引用上述的說法，他加注按語「反對」。這是對於「詮釋語言」該「從古」或是「從今」的不同立場。我想，比較簡單的解釋：「用」就是「運用」的意思，或是「實際踐行」的意思。

這章的關鍵字是「和」，歷來共有下面幾種不同的說法：

一是皇侃和邢昺都說是「樂(音岳)」，這樣就把原來說的「禮」轉換到在說「樂」。皇侃說：「用樂和民心，以禮檢民跡。」邢昺說：「夫禮勝則離，謂所居不和也。禮貴用和，使不至於離也。」

一是朱子的新解：「和者，從容不迫之意。蓋禮之為體雖嚴，然皆出於自然之理，故其為用必從容而不迫，乃為可貴。」這就斷開了前輩以「和」當「樂」的解釋。

一是引用《禮記・經解》〈4〉：「發號出令而民說，謂之和。」可是這和本章的上下文不合。

一是引用《禮記・中庸》〈1〉：「喜怒哀樂之未發謂之中，發而皆中節謂之和。」的「和」來解釋。可是這樣一來，「禮之用，和為貴」就是「同語反覆」：「禮的運用就是以節制為貴」，「禮」不就是「節制」嗎？

我們如果用「依經解經」的辦法，發現《論語》有「和」「同」對舉的章節。這樣看來，「和」就不是「同」：「君子和而不同，小人同而不和。」(〈子路23〉)《禮記・中庸》〈10〉也說：「君子和而不流，強哉矯！」甚至接下來還說：「中立而不倚，強哉矯！國有道，不變塞焉，強哉矯！國無道，至死不變，強哉矯！」這樣看來，「和」是個人還保留各自的獨特性，不屈從於眾人的意見。換句話說，雖然在團體之中，個人的獨特性還是被尊重，沒有一定只能別人規定的一個樣子。這應該就是「道並行而不悖，萬物並育而不相害」，或是「求同存異」，或是「追求最大共識」，或是「不同流合汙」也都是同樣的意思。

「先王之道」，從上下文脈來看，指的就是「有禮又有和」的境界，也就是禮制完備，人人各盡其才，保留個人的獨特性，共同為天下太平而努力。這就是有子認為的「美政」。孔子曾經在回答子張的「從政」之問的時候，回答過「五種美政」：「君子惠而不費，勞而不怨，欲而不貪，泰而不驕，威而不猛」(〈堯曰2〉)和這裡的說法不同：有子強調人際之間的和諧，孔子則強調當政者個人修為。一個「美政」，各自表述。

現代很多人在周遭有人起爭執的時候，會主動出來打圓場說「和為貴」，企圖藉此化解爭端。小至人際衝突，大至國際衝突，不都是「小大由之」嗎？如果不論事情的來龍去脈，只顧著消弭衝突，那就會有人覺得這是在「和稀泥」而不是真正就事論事、解決問題。也有的人不分青紅皂白，主觀認為兩人都有錯，各打五十大板，但這也不能讓雙方心服。這時候「禮」(規則)固然重要，「理」(是非)也是不能小覷的。「禮」「理」兼顧，比較能讓大家願意「以和為貴」吧？

附錄

《禮記》〈樂記12〉大樂與天地同**和**，大禮與天地同節。**和**故百物不失，節故祀天祭地，明則有禮樂，幽則有鬼神。如此，則四海之內，合敬同愛矣。禮者殊事合敬者也；樂者異文合愛者也。禮樂之情同，故明王以相沿也。故事與時並，名與功偕。

——〈14〉樂者，天地之和也；禮者，天地之序也。和故百物皆化；序故群物皆別。樂由天作，禮以地制。過制則亂，過作則暴。明於天地，然後能與禮樂也。

——〈17〉天高地下，萬物散殊，而禮制行矣。流而不息，合同而化，而樂興焉。春作夏長，仁也；秋斂冬藏，義也。仁近於樂，義近於禮。樂者敦和，率神而從天，禮者別宜，居鬼而從地。故聖人作樂以應天，制禮以配地。禮樂明備，天地官矣。

——〈45〉君子曰：禮樂不可斯須去身。致樂以治心，則易直子諒之心油然生矣。易直子諒之心生則樂，樂則安，安則久，久則天，天則神。天則不言而信，神則不怒而威，致樂以治心者也。致禮以治躬則莊敬，莊敬則嚴威。心中斯須不和不樂，而鄙詐之心入之矣。外貌斯須不莊不敬，而易慢之心入之矣。故樂也者，動於內者也；禮也者，動於外者也。樂極和，禮極順，內和而外順，則民瞻其顏色而弗與爭也；望其容貌，而民不生易慢焉。故德輝動於內，而民莫不承聽；理發諸外，而民莫不承順。故曰：致禮樂之道，舉而錯之，天下無難矣。

——〈48〉是故樂在宗廟之中，君臣上下同聽之則莫不和敬；在族長鄉里之中，長幼同聽之則莫不和順；在閨門之內，父子兄弟同聽之則莫不和親。故樂者審一以定和，比物以飾節；節奏合以成文。所以合和父子君臣，附親萬民也，是先王立樂之方也。

——〈經解4〉發號出令而民說，謂之和；上下相親，謂之仁；民不求其所欲而得之，謂之信；除去天地之害，謂之義。義與信，和與仁，霸王之器也。有治民之意而無其器，則不成。

是先王立樂之方也。

——〈中庸1〉天命之謂性，率性之謂道，修道之謂教。道也者，不可須臾離也，可離非道也。

是故君子戒慎乎其所不睹，恐懼乎其所不聞。莫見乎隱，莫顯乎微。故君子慎其獨也。喜怒哀樂之未發，謂之中；發而皆中節，謂之**和**；中也者，天下之大本也；和也者，天下之達道也。致中和，天地位焉，萬物育焉。

——〈10〉子路問強。子曰：「南方之強與？北方之強與？抑而強與？寬柔以教，不報無道，南方之強也，君子居之。衽金革，死而不厭，北方之強也，而強者居之。故**君子和而不流，強哉矯！中立而不倚，強哉矯！國有道，不變塞焉，強哉矯！國無道，至死不變，強哉矯！**」

——〈儒行12〉**禮之以和為貴。**

——〈禮器28〉禮交動乎上，樂交應乎下，**和**之至也。

——〈哀公問1〉哀公問於孔子曰：「**大禮**何如？君子之言禮，何其尊也？」孔子曰：「丘也小人，不足以知禮。」君曰：「否！吾子言之也。」孔子曰：「丘聞之：民之所由生，禮為大。**非禮**無以節事天地之神也，**非禮**無以辨君臣上下長幼之位也，**非禮**無以別男女父子兄弟之親、昏姻疏數之交也；君子以此之為尊敬然。然後以其所能教百姓，不廢其會節。有成事，然後治其雕鏤文章黼黻以嗣。其順之，然後言其喪算，備其鼎俎，設其豕腊，修其宗廟，歲時以敬祭祀，以序宗族。即安其居，節醜其衣服，卑其宮室，車不雕几，器不刻鏤，食不貳味，以與民同利。昔之君子之行禮者如此。」

13

有子曰：「信近於義，言可復也；恭近於禮，遠恥辱也；因不失其親，亦可宗也。」

有子這麼說過：「信和義這兩種德行很相像，就是講話算話；恭和禮兩種德行也很相像，可以讓自己遠離別人對自己的不齒和羞辱；要和有道者多親近，可以讓自己有效法的對象。」

這章是有子區辨幾種人際關係中容易被人混淆的道德表現。這是有子的第三次出現。

「信」——皇侃說是「不欺」，朱子說是「約信」。

「義」——皇侃說是「合宜」，朱子說是「事之宜也」，戴望說是「宜在我者」。

「復」——何晏說「猶覆也」，皇侃說「猶驗也」，朱子說是「踐言」，戴望說是「反」。

「恭」——朱子說是「致敬」。

「禮」——朱子說是「節文」，不如他在上章的解釋來得全面：「天理之節文，人事之儀則也」。

「恥」——戴望說「猶醜也」。劉寶楠引用《說文解字》將「恥」和「辱」當成同義字。

「因」——孔安國、皇侃和邢昺都說是「親」，朱子說「猶依也」，黃懷信說是「因依」。

「宗」——朱子說「猶主也」，戴望說是「謂內宗、外宗也」。

這章是個三句的結構：前兩句話都說前面這一種德性和後面提到的更高的德性近似，但畢竟不是後面的德性。至於前後兩句的關係是前因後果，還是前果後因，就會造成解釋上的不同。一般來說，前兩句的解釋雖有不同，卻還算清楚，麻煩的是第三段，雖然解釋沒有不同，但是卻不太可解。

我們現在常常「信義」合稱，所以對這裡的「信近於義」會有理解上的困難。

「信近於義，言可復也」，是說「信」類似「義」這個更高位階的德性，「信」就是「說的話是可以驗收的」或是更簡單說，就是「說話算話」。前面說了很多朋友之間的「信」，沒說過「言可復」，但基本上就是這個意思。可是和「義」比起來，「信」還不夠高明。「義者，宜也」，講究的是「因時制宜」，是「權變」，和「死守不知變通」的「信」是有著明顯的差別。皇侃引用了尾生的例子來說明：尾生和女子約在橋下見面，結果大水來了，他為了守信抱著橋柱子繼續等，最後沒等到女子前來，就被閻王的小鬼給帶走了（《中論・貴言》〈2〉、《莊子・雜篇》〈盜蹠1〉、《淮南子・氾論訓》〈15〉、《淮南子・說山訓》〈15〉、《史記・蘇秦列傳》〈42〉，和《戰國策・燕策》〈人有惡蘇秦於燕王者2〉）。孔子之所以很鄙夷這樣的死腦筋的「信」，其實是「諒」的一種表現：在子貢質疑管仲的前老闆（公子糾）被殺，管仲沒有替舊老闆報仇，卻替殺死前老闆的現老闆（齊桓公）效力的事情時，孔子就誇讚管仲能夠當齊桓公的宰相，稱霸諸侯，統一天下，讓全天下的百姓都能夠安居樂業，而免於文化的淪喪。要是沒有管仲，大家都會變成沒有文化的野人。這不像那些小鼻子小眼的人，要為自己的舊老闆在大水溝裡自殺那樣自以為自己是守信之人。這些人哪懂得真正的信啊！」（〈憲問17〉）所以後來孔子的私淑弟子孟子乾脆就明說了：「大人者，言不必信，行不必果，惟義所在。」（《孟子．離婁下》〈39〉）這就是「大人」和「小人」的重要區別。別忘了，重點在於「惟義所在」，這是君子要注意的「時」和「權變」，但是絕不是「不講信用」，而是要有「正道」作為行為的最後底線。《易經．乾卦》就提醒：「知進退存亡而不失其正者，其唯聖人乎！」

「恭近於禮，遠恥辱也」，也就是「恭」近似更高位階德性的「禮」。雖然「恭」還不是「禮」，可是對人執「恭」就可以杜絕別人對自己的羞辱行為。孔子強調過「恭而無禮則勞」（〈泰伯2〉），還說過「恭近禮」和「恭寡過」（《禮記．表記》〈20〉）等類似此章的話。弟子子夏也說過「與人恭而有禮」（〈顏淵5〉），在《禮記．仲尼燕居》〈1〉中也說「恭而不中禮，謂之給」。顯然兩者是不可偏廢的。「遠恥辱」是負面的表述，能夠恭而有禮，就能得到別人更正面的回應。

「因不失其親，亦可宗也」是比較難解的一句，因為和前兩句的句法不同，講的並不是兩種德性的比較，應該是達到前面兩句的最高境界的建議做法。

古人對整句的解釋其實差不多，都著眼在婚姻、家族或宗族方面的解釋。孔安國說：「言所親不失其親，亦可宗敬。」朱子基本上也是遵循同樣的解釋：「所依者不失其可親之人，則亦可以宗而主之。」戴望甚至引用《保傅傳》說：「謹為子孫嫁娶，必擇孝弟世世有行義者。」這裡字義的解釋很一致，但是為什麼締結婚姻要找可親之人或宗族親戚？為什麼這樣值得「宗敬」？如果真是談婚姻，不是要避開血緣太近，以免難以生育？這樣生不出後代不正是古人恐懼的「最大不孝」嗎？這是我不解之處。古注根據的恐怕是《孔子家語．曲禮子貢問》〈31〉中的記載：有若請教孔子說：「國君要怎麼對待同姓（或作「百姓」）的諸侯？」孔子回答說：「要遵守一定的宗族制度。雖然有國君的地位，後代也不能廢掉自己的同姓親戚關係，這是因為崇尚同樣祖先而產生的對同族的愛心。就算是有血緣的族人，也不敢因為自己是國君的親戚就覺得自己了不起，這是要表示謙遜。」這段講的人和內容都和此章類似，強調的還是一種「血緣」或「宗族」的解釋。這和前面兩句似乎沒有什麼關聯。

毓老師的解釋比較特別，也比較有正能量。他經常只提這第三句話，而且把「親」改成「新」，說成「因不失其新」，「因」是有所本，全句有著「溫故知新」的意思，不主張全然的守舊，也不主張全盤的創新；新舊都得合時守中。

我另有看法，仍然把「因」當「親近」解，而把「親」當「親近於道的人」來解而不當成血緣上「親」。「因不失其親」等於是下一章孔子說的「就有道而正焉」（〈學而14〉），要跟守道的賢師良友學習「正道」（「亦可宗也」，可以解為「這才是該宗法的王道吧！」）。這樣才能進升到前面兩句提到的「義」和「禮」的高階境界。這也是「學而時習之」（〈學而1〉）的目的。《荀子·性惡》〈24〉中就說過：「就算是人的本性美善，而且也有理性辯解的能力，仍然要去拜師，和德行高的朋友交往。拜賢能的老師，聽到的都會是堯舜禹湯這些聖賢的正道；和德行高的朋友交往，見聞的都會是忠信敬讓的德行。這樣就會不知不覺進到仁義的境界。如果都和德行不好的人交往，聽到的都會是欺誣詐偽的事情，看到的都會是汙漫淫邪貪利的事情，到時候會不知不覺因此而觸犯了法律。」荀子強調這都是「靡」（漸漸累積）的作用。

朱子認為這一章是強調：「人之言行交際皆當謹之於始而慮其所終。不然則因仍苟且之間，將有不勝其自失之悔者矣。」我覺得此話只對了前半段。我同意這章是講人際關係沒錯，只是提醒人「信」和「恭」都是初階道德，應該往更高的「義」和「禮」的境界邁進，最後一句特別強調要親近有道之人才能夠達到這個目標。《易經》的〈益卦〉、〈彖傳〉中有「日進無疆」的提醒，這就是能讓我們「受益」的教誨。

如果從編排脈絡來看，有子在上一章強調「禮」跟「和」兩種德行不能偏廢，這一章講的是「信」和「恭」以及「義」和「禮」，這兩對高低不同的道德位階。

附錄

《中論・貴言》〈2〉**尾生**與婦人期於水邊，水暴至不去而死，欲以為信也，則不如無信焉。

《莊子・雜篇》〈盜跖1〉**尾生**與女子期於梁下，女子不來，水至不去，抱梁柱而死。

《淮南子・氾論訓》〈15〉**尾生**與婦人期而死之。

——〈說山訓15〉**尾生**死其樑柱之下，此信之非也。

《史記・蘇秦列傳》〈42〉信如**尾生**，與女子期於梁下，女子不來，水至不去，抱柱而死。

《戰國策・燕策》〈人有惡蘇秦於燕王者2〉信如**尾生**，期而不來臨，抱梁柱而死。

《易經・乾卦》〈文言24〉「亢」之為言也，知進而不知退，知存而不知亡，知得而不知喪。其唯聖人乎！**知進退存亡而不失其正者，其唯聖人乎！**

《禮記》〈表記20〉子曰：「**恭近禮**，儉近仁，信近情，敬讓以行此，雖有過，其不甚矣。夫**恭寡過**，情可信，儉易容也；以此失之者，不亦鮮乎？《詩》曰：『溫溫恭人，惟德之基。』」

——〈仲尼燕居1〉仲尼燕居，子張、子貢、言游侍，縱言至於禮。子曰：「居！女三人者，吾語女禮，使女以禮周流無不遍也。」子貢越席而對曰：「敢問何如？」子曰：「敬而不中禮，謂之野；**恭而不中禮，謂之給**；勇而不中禮，謂之逆。」子曰：「給奪慈仁。」

《孔子家語・曲禮子貢問》〈31〉有若問於孔子曰：「國君之於同〔或作「百」〕姓，如之何？」孔子曰：「皆有宗道焉。故雖國君之尊，猶百世不廢其親，所以崇愛也。雖於族人之親，而不敢戚君，所以謙也。」

《荀子・性惡》〈24〉夫人雖有性質美而心辯知，必將求賢師而事之，擇良友而友之。得賢師而事之，則所聞者堯舜禹湯之道也；得良友而友之，則所見者忠信敬讓之行也。身日進於仁義而不自知也者，靡使然也。今與不善人處，則所聞者欺誣詐偽也，所見者汙漫淫邪貪利之行也，身且加於刑戮而不自知者，靡使然也。傳曰：「不知其子視其友，不知其君視其左右。」靡而已矣！靡而已矣！

14

子曰：「君子食無求飽，居無求安，敏於事而慎於言，就有道而正焉，可謂好學也已。」

孔子說過：「一個立志要當君子的人，吃飯不要求飽足，居住不求奢華，做事要預先考慮周詳才開始，還要能夠講話謹慎小心，跟著篤守正道的人士去請教，這樣就可以算是好學了！」

這章是孔子舉例講好學的君子應有的表現。

「飽」——劉寶楠引用《說文解字》說是「猒（音彥）」，就是「足」的意思。

「安」——劉寶楠引用《爾雅·釋詁》〈93〉說是「止」或是〈釋詁170〉「定」。

「敏」——孔安國、皇侃和邢昺都依照《說文解字》說是「疾」，戴望說是「審」。

「事」——皇侃說是「所學之行也」。「言」——皇侃說是「所學之言也」。

「就」——戴望說「猶從也」。

「有道」——孔安國和皇侃都說是「有道德者」。

「正」——孔安國說是「問事是非」，邢昺說是「問其是非」，戴望說是「審問國中失之事」，劉寶楠引用《說文解字》說是「是」，或《周官》注說「猶聽也」。

「食無求飽」其實意思明確，就是有得吃就行了，別只在乎吃飽。孔子誇獎過顏回不因為飲食方面的粗劣而改其求道之樂（〈雍也11〉）；他也認為粗茶淡飯都能樂道，不在乎如浮雲一般的富貴（〈述而16〉）；他希望弟子在向別人描述他的時候能說到他是一個「發憤忘食，樂以忘憂，不知老之將至」（〈述而19〉）的人；不過，他也提醒不吃飯而只想的思考是不行的，還是得學（〈衛靈公31〉）。他強調「君子謀道不謀食」和「憂道不憂貧」（〈衛靈公32〉），精神價值高過物質價值的這種本末先後是很清楚的。孔子甚至說過：「飽食終日，無所用心。」（〈陽貨22〉）的人士，連賭徒都比這樣的人要強很多。如果「無所用心」，「飽食」就會讓人產生「腦滿腸肥」的不良印象。孔子這章說的應該是道德上的原因而不是現代養生學鼓勵的「七分飽」，可是道理暗合。真是聖人！簡單說，「飽不飽」不重要，「用心」和「向學」才重要。不僅飲食方面如此，在服裝方面也一樣，「志於道」最重要（〈里仁9〉）。

「居」其實是「凥」（也音居），因為這才是「處」的意思；我們已經習慣的「居」原來是「蹲」的意思，有人把窩在家裡講成「家裡蹲」，看來是有典故的話。孔子強調過「士而懷居，不足以為士矣！」（〈憲問2〉），和這章的意思是相呼應的。這裡的「安」，雖然說是「定」或「止」，應該也有不求奢華的意思在內。孔子曾經讚美過衛國的公子荊對於修繕居室時的「夠用就好」態度（〈子路8〉）。所以這章的「居無求安」，恐怕不是不求「定」或「止」，而是求「心安」勝過外在的奢華。這裡從另外一個例子來看也會很清楚：孔子有次失望到想住到蠻荒的外國去，子路信以為真，就勸老師說那地方太過簡陋了，孔子理直氣壯用「精神勝利法」回答說：「君子居之，何陋之有？」（〈子罕14〉）所以「居無求安」應該呼應這種「君子居之何陋之有」的精神才對。後來唐朝劉禹錫還寫了一篇〈陋室銘〉，就這樣，立志成為君子的人好像就被「詛咒」過似的，都住不起好房子，遑論豪宅，而且都有「漏」的問題。都是當初孔老夫子一言不慎所害。「一言以為知（智），一言以為不知（智）」（〈子張25〉），「慎言」啊！老夫子！

前兩句講的是君子不追求食和住的物質面，下兩句則轉向孔門積極追求的道德和精神層面：「行」、「言」、「正道」。

「敏於事」的「敏」，通常都解成「迅速」。但是孔子也說過「欲速則不達」（〈子路17〉），所以恐怕解作「審也」（焦循），就是「審慎」會更好。毓老師愛說「慮深通敏」，也是採取「審慎」的意思。孔子強調過「敏於行」（〈里仁24〉）、「敏而好學」（〈公冶長15〉）、「敏以求之」（〈述而20〉），以及「敏則有功」（〈陽貨6〉和〈堯曰1〉）。這和前面出現過的「敬」和「慎」都是一樣的做事態度。所以孔子提倡「先行」不是子路那種「有勇無謀」型，而是「慎始成終」，「謀定而後動」。這一點子路跟在孔子身邊那麼久，從來就沒學會過。我們平常對事情不關心、沒研究，一旦要做事，也會茫然無頭緒。一句「敏於事」，就像「台上一分鐘，台下十年功」那樣看似容易卻艱難。

「敏於事」是講「行」，然後再講「言」，君子要「慎於言」，「而」還是當「能」字講。「慎言」是孔子經常強調的話（〈為政18〉和〈子張25〉）。毓老師也經常引用《易經．繫辭上》〈8〉來提醒弟子：「言行君子之樞機，樞機之發，榮辱之主也。言行，君子之所以動天地也，可不慎乎！」歷屆奉元弟子都聽到爛熟，而且幾乎人人會背。

至於為什麼要慎言，其他章節有進一步說明；有時和言談的對象有關：「可與言而不與之言，失人；不可與言而與之言，失言。知者不失人，亦不失言。」（〈衛靈公8〉）；有時和自己的內在情緒和人我關係的程度有關：「侍於君子有三愆：言未及之而言謂之躁，言及之而不言謂之隱，未見顏色而言謂之瞽。」（〈季氏6〉）。

特別在公開場合說話要得體，不能隨便，也是慎言的表現。不過，許多人「慎言」太過，就成了「不言」。他們大概認為「多說多錯，少說少錯，不說不錯」。這應該也是走了極端。

和「敏於事而慎於言」一樣的話是：「欲訥於言，而敏於行」（〈里仁24〉）。「敏於行」就是這裡的「敏於事」；「訥於言」就是「慎於言」。

最後是「就有道而正焉」。簡單說：就是跟人請教在道德修為上的「行」和「言」，有「改過遷善」（寡過、不貳過）的隱含意思。現在我們還說的「敬請指教」。這也就是在上章的難解的「因不失其親」我用這句話來當成「依經解經」的依據的原因。有趣的是：古人都避免去界定「道」。就連朱子都是在「道」字已出現過四次（〈學而2〉、〈學而11〉，和〈學而12〉），之後，才在這章說：「凡言道者，皆謂事物當然之理，人之所共由者也。」可是也被後人「吐槽」、「反嗆」說《論語》所說的「道」還有要不要改的問題，如果如朱子所說，就完全沒有改的必要才對。

至於「有道」，孔子有時拿來與「無道」相對照（〈顏淵19〉和〈季氏2〉），通常講的是禮樂制度完備，個人都思不出其位的一種烏托邦狀態；有時和此章一樣是指人（《禮記・禮器》〈26〉）；有時則是指一種方法（《禮記・中庸》〈22〉）。

做到了這些君子的條件之後，孔子才會表揚你，給個「好學」的標章。至於「好學」，孔子認為這是自己與眾不同的地方（〈公冶長28〉）；他認為這是許多德性的基礎（〈陽貨8〉）；他在回答魯哀公問哪位弟子「好學」時，提到顏回，並說出他「不遷怒」和「不貳過」（〈雍也3〉）兩種情緒和道德行為。這也是毓老師最愛徵引用來解釋「好學」或「學」的章節。如果從這些引文來看，「好學」都是強調「情緒管理」和「德行」，而不是後人強調的「讀書」或是「智力」。不過後面這種印象，也不是空穴來風，孔門弟子就說過可能引起誤會的話：子夏把「日知其所亡，月無忘其所能」當成「好學」（〈子張5〉）；孔子自己也說過「好學近乎知」（《禮記・中庸》〈21〉）。有一次子路甚至還用「何必讀書然後為學」來強辯，讓孔子氣到罵子路是個「佞者」（〈先進25〉）。子路的話確實是孔子平日的教誨沒錯，只是強詞奪理、斷章取義，讓孔子生氣。

後人用「書中自有黃金屋，書中自有顏如玉」來鼓勵人讀書，完全違背孔子的教誨。這種讀書是為了貯存「經濟資本」或「結婚資本」的「投資」比喻，固然可以勉勵人向學，但是學生如果沒有忘掉這些「誘人手段」，反而將其當成讀書的目的，那麼讀書這種「文化資本」最後轉換成「政治資本」，就會撈取更多的「經濟資本」和「情色資本」，風氣的敗壞就開始於當初誘人的宣傳。

讀到本章，能不令人擲書三嘆嗎？

附錄

《禮記》〈禮器26〉是故昔先王尚有德、尊有道、任有能；舉賢而置之，聚眾而誓之。

——〈中庸22〉凡事豫則立，不豫則廢。言前定則不跲，事前定則不困，行前定則不疚，道前定則不窮。在下位不獲乎上，民不可得而治矣；獲乎上有道：不信乎朋友，不獲乎上矣；信乎朋友有道：不順乎親，不信乎朋友矣；順乎親有道：反諸身不誠，不順乎親矣；誠身有道：不明乎善，不誠乎身矣。誠者，天之道也；誠之者，人之道也。誠者不勉而中，不思而得，從容中道，聖人也。誠之者，擇善而固執之者也。博學之，審問之，慎思之，明辨之，篤行之。有弗學，學之弗能，弗措也；有弗問，問之弗知，弗措也；有弗思，思之弗得，弗措也；有弗辨，辨之弗明，弗措也，有弗行，行之弗篤，弗措也。人一能之己百之，人十能之己千之。果能此道矣，雖愚必明，雖柔必強。

——〈21〉子曰：「**好學**近乎知，力行近乎仁，知恥近乎勇。

15

子貢曰：「貧而無諂，富而無驕，何如？」子曰：「可也。未若貧而樂，富而好禮者也。」子貢曰：「《詩》云：『如切如磋，如琢如磨。』其斯之謂與？」子曰：「賜也，始可與言詩已矣！告諸往而知來者。」

子貢請教孔子：「沒有錢財的人能夠不千方百計去討好別人；有錢財的人能夠不在人前擺出看不起人的嘴臉。老師，您怎麼評價這樣的人？」孔子回答說：「算是搆得上道德的初階了。不過，還不如沒有錢財的人還能夠進而熱中追求正道，有錢財的人還能夠進而愛好禮制。」子貢聽完（馬上領悟到）說：「《詩經》上說的：『如切如磋，如琢如磨』，大概就是老師說的意思吧？」孔子（很高興地）回答說：「賜啊！像你這樣（有反省能力的人）才是適合談論《詩經》的人啊！告訴你過去的事情，你就能推想到未來的事情。」

這章是子貢請教貧富的道德境界問題，孔子提醒他說的只是入門，還有更高的境界可以追尋。這章的「貧而樂」，有些版本作「貧而樂道」。

「可」——孔安國說是「未足多也」。

「貧」——《說文解字》說是「財分少也」，皇侃和邢昺都說是「乏財」。

「諂」——皇侃說是「非分橫求」，邢昺說是「佞說」，朱子說是「卑屈」，黃懷信說是「阿諛、巴結人」。

「富」——《說文解字》說是「備、厚」，皇侃說是「積蓄財帛」，邢昺說是「多財」。

「驕」——《說文解字》說是「馬高六尺為驕」，這裡是引申義。皇侃說是「陵上慢下」，朱子說是「矜肆」。

「切」——《爾雅》說：「骨，謂之切。」

「磋」——《爾雅》說：「象，謂之磋。」

「琢」——《爾雅》說：「玉，謂之琢。」

「磨」——《爾雅》說：「石，謂之磨。」

「諸」——孔安國和皇侃都說是「之」。

「往」——朱子說是「其所已言者」。

「來」——朱子說是「其所未言者」。

子貢問孔子的時候，大概不知道孔子說過：「貧而無怨難，富而無驕易」（〈憲問10〉）。孔子在這裡對比的是「貧而無怨（不是本章的「諂」）」和「富而無驕」。孔子的學生中，恐怕貧的人多，富的人少。子貢屬於後者，大概看到經濟狀況不好的人都會諂媚有錢人，以求得分自己一點好處，而他這個富人卻認為自己是不驕傲的，想讓孔子給表揚一下。所以就問孔子這樣的問題。

我們現在習慣「貧賤富貴」一起說，其實「貧」和「富」是指「經濟狀況」，「有錢沒錢」；「貴」和「賤」是指「社會地位」，上位者為貴，下位者為賤。不過「貴」和「賤」也有強烈的道德意涵。你在兩個字後面加個「人」就知道了（我這個當老師的人，不適合說出這樣的話來）。這樣將「貧富」或「貴賤」對舉，強調的是兩種階級之間的明顯差異。有時只是對比兩種人某些德行的強弱，可是那些德性其實並不是某種人或某種階級的專利。《論語》有時拿「貧賤」和「富貴」對舉（〈里仁5〉和〈泰伯13〉）。孟子也用這種對比說過一句很經典的話：「富貴不能淫，貧賤不能移，威武不能屈。此之謂大丈夫。」荀子也說過「士君子不為貧窮怠乎道。」他甚至還說到和此章類似的話：「貧窮而不約，富貴而不驕。」。其他儒家古籍中也都有類似的觀念表述：「富貴而知好禮，則不驕不淫；貧賤而知好禮，則志不懾」（《禮記・曲禮上》〈11〉）；子云：「小人貧斯約，富斯驕；約斯盜，驕斯亂。」「禮者，因人之情而為之節文，以為民坊者也。故聖人之制富貴也使民富不足以驕，貧不至於約，貴不慊於上，故亂益亡。」（《禮記・坊記》〈2〉）；子云：「貧而好樂，富而好禮，眾而以寧者，天下其幾矣。」（《禮記・坊記》〈3〉）。這些都可以看出孔門一貫以樂道和好禮的富貴貧賤之道。

「諂」和「驕」都是表現過當的德行。不過有時候用在君臣關係上則不是「過當」而是「不當」，看看下面的定義就知道：「事君遠而諫，則諂也；近而不諫，則尸利也。」（《禮記・表記》〈35〉）。《荀子・臣道》〈2〉說「從命而不利君謂之諂」。《論語》中也有兩處說到這種不該做而做的「諂」：「非其鬼而祭之，諂也。見義不為，無勇也。」（〈為政24〉）；「事君盡禮，人以為諂也。」（〈八佾18〉）。最後一句話充滿了孔子對於時人分不清「禮」和「諂」的感嘆和無奈。

「驕」也是孔門大忌，離孔門強調的「謙」的標準太遠，接近「滿」，也就是《三字經》最後四句話：「滿招損，謙受益。戒之哉，宜勉勵。」《論語》中孔子提到如果一個人有周公的美才，可是卻又驕又吝，就不看好這樣的人（〈泰伯11〉）；孔子也強調君子要「泰而不驕」（〈子路26〉），這也是他說的「五美」之一（〈堯曰2〉）；他提到「損者三樂」時，也把「樂驕樂」列為其中之一（〈季氏5〉）。在《禮記・中庸》〈28〉中，他也強調「居上不驕」，同時強調「忠信」取代「驕泰」，這樣才能得君子的大道。

順道一提，現在我們常把外國人說的「I am proud of you」，翻成「我為你感到驕傲」是不當的翻譯，應該是「我以你為榮」或是「與有榮焉」。「光榮」比「驕傲」好。

子貢以為用「貧而無諂，富而無驕」就可以表現自己的學習成果。沒想到，孔子回答說：「可也。」表示這只是過了道德門檻，還有很大的進步空間。沒有特別讚美的意思。孔子還提了個更高遠的目標：「貧而樂道，富而好禮。」

子貢顯然是不服輸的，想用自己的機智扳回一城。他沒有學「德性」門的兩位學長顏淵和仲弓在聽完孔子的教誨就說的：「某雖不敏，請事斯語矣！」（〈顏淵1—2〉），發誓「馬上去做」。然後退下去，私下好好反省，並且努力改過遷善。他的做法就是要表示自己的智慧獲得老師一席話的啟發，獲得了正能量。他當場就根據「詩言志」的傳統，吟誦了一首《詩經》〈淇奧1〉第一段中的「如切如磋，如琢如磨」來表達自己的志向。《爾雅・釋訓》〈89〉把「如切如磋」解釋為「道學」（說的是做學問的道理）。《禮記・大學》〈4〉除了借用之外，則把「如琢如磨」解釋成「自修」；《荀子・大略》則認為兩句話都講的是「學問」；《說苑・建本》〈9〉也引用這句話來呼應「學者所以反情治性盡才者也，親賢學問，所以長德也；論交合友，所以相致也」。總之，這句大家愛引用的話就是希望讀者在做人和問學兩方面都要秉持著「好還要更好」，「止於至善」的宗旨。

子貢這招「引詩言志」的方法，讓他敗部復活，獲得了和學弟子夏一樣的評語：「始可與言詩」（〈八佾8〉）。「告諸往而知來者」，就是「舉一反三」，智慧真受到啟發，或是他自己後來的自我評價說「聞一以知二」（〈公冶長9〉）。

這章的故事到此就結束了。

可是我們細細推敲一下：孔子這是在誇獎子貢嗎？還是敷衍他？不想再跟他這個「言語科」的學生說下去了？他們都很會說，聽來很累人。這當然是我的猜測。我的根據就是孔子有一次跟子貢在一起時說過「予欲無言」（〈陽貨19〉）。

孔門或是其他門派中，有些弟子都只想著「贏」，只想在師門爭當傳人或爭排名，卻沒想到要在生活中實踐老師的諄諄教誨。

如果子貢想「贏」，他想「贏」過誰？這章的孔門師生對話裡，是不是還有著「弦外之音」？如果「富而無驕」是子貢明指自己，那他認為的「貧而無諂」又暗指誰呢？稍微有點《論語》常識的人，大概就猜到非「孔門第一」的「顏淵」莫屬吧！因為顏淵「一簞食，一瓢飲，在陋巷。人不堪其憂，回也不改其樂」，所以子貢認為他「貧而無諂」，孔子則認為他的境界更高，是「貧而樂道」，跟孔子自己的境界一樣，而這個想「贏」的子貢仍停留在「富而無驕」而沒達到「富而好禮」的境界。

不過，真正諷刺的還在後頭。子貢這個自詡為「富而無驕」的人最後還是栽在另一個既「貧而無諂」且「安貧樂道」的學弟身上，而且還不是前面提過的「顏淵」。顏淵過世之後，子貢應該在孔門已經沒有敵手了。所以他忘了此章自己說過的「富而無驕」的教誨，做出了一件讓他後悔莫及的事情。

子貢的這個故事實在太過經典，所以很多兩漢時代的書籍都樂談這個「孔門弟子八卦」（《史記・仲尼弟子列傳》〈71〉、《史記・貨殖列傳》〈8〉、《韓詩外傳・卷一》〈9〉、《孔子家語・七十二弟子解》〈6〉、《莊子・雜篇・讓王》〈9〉和《列子・楊朱》〈5〉）。根據《史記・仲尼弟子列傳》〈71〉的記載：孔子過世之後，這個「言語科」的學長去探望連「德行科」都沒排上名的學弟原憲（孔門真是臥虎藏龍）。子貢這位學長就一身穿著，貴氣逼人，車馬前導，好不威風（這哪是「富而無驕」呢？大陸用語叫「顯擺」，台語叫「囂俳」（hiau-pai））。應該沒有帶禮物吧？老師不是交代「有錢了就要帶禮物給人家啊」（「富而好禮」的「笑」解）？安貧樂道的學弟穿著破爛邋遢出來見客，嚇到學長，還以為學弟病了。沒想到學弟搬出老師的教誨說，沒錢是貧，學道而不能行才是病，我是貧，不是病。讓子貢好生尷尬，沒想到自己才是嚴重「病」到要學弟來糾正，羞愧一輩子。可是想想，孔子有說過「就有道而正焉」，他只要學學顏淵「不貳過」，孔子在天之靈也會原諒他的。不是嗎？這樣就算沒勝過「顏淵」，也可以「打平」吧？

可惜那時候孔子已經過世了，沒法用考察另外一位「言語科」弟子宰予的方法來考察子貢：「始吾於人也，聽其言而信其行；今吾於人也，聽其言而觀其行。於『賜』與改是。」（改〈公冶長10〉）或者：「視其所以，觀其所由，察其所安。人焉廋哉？人焉廋哉？」（〈為政10〉）

孔門重「行」，強過於「言」。子貢的故事就是個教訓。

從以上的故事來看，貧富問題本質是文化素質的問題，不是有錢沒錢的經濟問題。再多的金錢也堆不出文化素質。還有，騙得了老師，騙不了學弟，自己沒學到師門精髓，別以為人家跟你一樣。師父領進門，修行在個人。

好一個「好禮、樂道、富貴如浮雲」的孔門真精神。

附錄

《孟子．滕文公下》〈7〉富貴不能淫，貧賤不能移，威武不能屈。此之謂大丈夫。

《荀子》〈修身5〉士君子不為貧窮怠乎道。

——〈君道3〉君子恭而不難，敬而不鞏，貧窮而不約，富貴而不驕，並遇變態而不窮，審之禮也。

《禮記》〈曲禮上11〉夫禮者，自卑而尊人。雖負販者，必有尊也，而況富貴乎？富貴而知好禮，則不驕不淫；貧賤而知好禮，則志不懾。

——〈坊記2〉子云：「小人貧斯約，富斯驕；約斯盜，驕斯亂。」禮者，因人之情而為之節文，以為民坊者也。故聖人之制富貴也使民富不足以驕，貧不至於約，貴不慊於上，故亂益亡。

——〈3〉子云：「貧而好樂，富而好禮，眾而以寧者，天下其幾矣。《詩》云：『民之貪亂，寧為荼毒。』」故制：國不過千乘，都城不過百雉，家富不過百乘。以此坊民，諸侯猶有畔者。

——〈中庸28〉大哉，聖人之道！洋洋乎發育萬物，峻極於天。優優大哉！禮儀三千，威儀三千，待其人然後行。故曰：苟不至德，至道不凝焉。故君子尊德性而道問學，致廣大而盡精微，極高明而中庸。溫故而知新，敦厚以崇禮。是故居上不驕，為下不倍；國有道，其言足以興，國無道，其默足以容。《詩》曰：「既明且哲，以保其身。」其此之謂與！

——〈大學14〉《秦誓》曰：「若有一个臣，斷斷兮無他技，其心休休焉，其如有容焉。人之有技，若己有之；人之彥聖，其心好之，不啻若自其口出。實能容之，以能保我子孫黎民，尚亦有利哉！人之有技，媢嫉以惡之；人之彥聖，而違之俾不通。實不能容，以不能保我子孫黎民，亦曰殆哉！」唯仁人放流之，迸諸四夷，不與同中國，此謂唯仁人為能愛人，能惡人。見賢而不能舉，舉而不能先，命也；見不善而不能退，退而不能遠，過也。好人之所惡，惡人之所好，是謂拂人之性，災必逮夫身。是故君子有大道，必忠信以得之，驕泰以失之。

《詩經．國風．衛風》〈淇奧1〉瞻彼淇奧、綠竹猗猗。有匪君子、**如切如磋**、**如琢如磨**。瑟兮僩兮、赫兮咺兮。有匪君子、終不可諼兮。

《禮記．大學》〈4〉《詩》云：「瞻彼淇澳，菉竹猗猗。有斐君子，**如切如磋**，**如琢如磨**。瑟兮僩兮，赫兮喧兮。有斐君子，終不可諠兮！」「**如切如磋**」者，道學也；「**如琢如磨**」者，自修也；「瑟兮僩兮」者，恂慄也；「赫兮喧兮」者，威儀也；「有斐君子，終不可諠兮」者，道盛德至善，民之不能忘也。《詩》云：「於戲前王不忘！」君子賢其賢而親其親，小人樂其樂而利其利，此以沒世不忘也。

《荀子．大略》〈80〉人之於文學也，猶玉之於琢磨也。《詩》曰：「**如切如磋**，**如琢如磨**。」謂學問也。

《說苑．建本》〈9〉周召公年十九，見正而冠，冠則可以為方伯諸侯矣。人之幼稚童蒙之時，非求師正本，無以立身全性。夫幼者必愚，愚者妄行；愚者妄行，不能保身，孟子曰：人皆知以食愈饑，莫知以學愈愚，故善材之幼者必勤於學問以修其性。今人誠能砥礪其材，自誠其神明，睹物之應，通道之要，觀始卒之端，覽無外之境，逍遙乎無方之內，彷徉乎塵埃之外，卓然獨立，超然絕世，此上聖之所遊神也。然晚世之人，莫能閒居心思，鼓琴讀書，追觀上古，友賢大夫；學問講辯日以自虞，疏遠世事分明利害，籌策得失，以觀禍福，設義立度，以為法式；窮追本末，究事之情，死有遺業，生有榮名；此皆人材之所能建也，然莫能為者，偷慢懈墮，多暇日之故也，是以失本而無名。夫學者，崇名立身之本也，儀狀齊等而飾貌者好，質性同倫而學問者智；是故砥礪琢磨非金也，而可以利金；詩書壁立，非我也，而可以厲心。夫問訊之士，日夜興起，厲中益知，以分別理，是故處身則全，立身不殆，士苟欲深明博察，以垂榮名，而不好問訊之道，則是伐智本而塞智原也，何以立軀也？騏驥雖疾，不遇伯樂，不致千里；干將雖利，非人力不能自斷焉；烏號之弓雖良，不得排檠，不能自任；人才雖高，不務學問，不能致聖。水積成川，則蛟龍生焉；土積成山，則豫樟生焉；學積成聖，則富貴尊顯至焉。千金之裘，非一狐之皮；臺廟之榱，非一木之枝；先王之法，非一士之智也。故曰：訊問者智之本，思慮者智之道也。中庸曰：「好問近乎智，力行近乎仁，知恥近乎勇。」積小之能大者，其惟仲尼乎！學者所以反情治性盡才者也，親賢學問，所以長德也；論交合友，所以相致也。《詩》云：「**如切如磋，如琢如磨**」，此之謂也。

《史記》〈仲尼弟子列傳71〉孔子卒，**原憲**遂亡在草澤中。**子貢**相衛，而結駟連騎，排藜藋入窮閭，過謝**原憲**。憲攝敝衣冠見**子貢**。**子貢**恥之，曰：「夫子豈病乎？」**原憲**曰：「吾聞之，無財者謂之貧，學道而不能行者謂之病。若憲，貧也，非病也。」**子貢**慚，不懌而去，終身恥其言之過也。

——〈貨殖列傳8〉子贛既學於仲尼，退而仕於衛，廢著鬻財於曹、魯之閒，七十子之徒，賜最為饒益。**原憲**不厭糟糠，匿於窮巷。**子貢**結駟連騎，束帛之幣以聘享諸侯，所至，國君無不分庭與之抗禮。夫使孔子名布揚於天下者，**子貢**先後之也。此所謂得埶而益彰者乎？

《韓詩外傳・卷一》〈9〉**原憲**居魯，環堵之室，茨以蒿萊，蓬戶甕牖，桷桑而無樞，上漏下濕，匡坐而絃歌。**子貢**乘肥馬，衣輕裘，中紺而表素，軒不容巷，而往見之。**原憲**楮冠黎杖而應門，正冠則纓絕，振襟則肘見，納履則踵決。**子貢**曰：「嘻！先生何病也！」**原憲**仰而應之曰：「憲聞之：無財之謂貧，學而不能行之謂病。憲、貧也，非病也。若夫希世而行，比周而友，學以為人，教以為己，仁義之匿，車馬之飾，衣裘之麗，憲不忍為之也。」**子貢**逡巡，面有慚色，不辭而去。**原憲**乃徐步曳杖，歌商頌而反，聲淪於天地，如出金石。天子不得而臣也，諸侯不得而友也。故養身者忘家，養志者忘身，身且不愛，孰能忝之。《詩》曰：「我心匪石，不可轉也；我心匪席，不可卷也。」

《孔子家語・七十二弟子解》〈6〉端木賜，字**子貢**，衛人。少孔子三十一歲，有口才著名，孔子每詘其辯。家富累千金，常結駟連騎，以造**原憲**。憲居蒿廬蓬戶之中，與之言先王之義，**原憲**衣弊衣冠，並日蔬食，衎然有自得之志。**子貢**曰：「甚矣！子如何之病也。」**原憲**曰：「吾聞無財者謂之貧，學道不能行者謂之病。吾貧也，非病也。」**子貢**慚。終身恥其言之過。**子貢**好販，與時轉貨，歷相魯衛而終齊。

《莊子・雜篇》〈讓王9〉**原憲**居魯，環堵之室，茨以生草，蓬戶不完，桑以為樞而甕牖，二室，褐以為塞，上漏下溼，匡坐而弦。**子貢**乘大馬，中紺而表素，軒車不容巷，往見**原憲**。**原憲**華冠縰履，杖藜而應門。**子貢**曰：「嘻！先生何病？」**原憲**應之曰：「憲聞之：『無財謂之貧，學而不能行謂之病。』今憲，貧也，非病也。」子貢逡巡而有愧色。原憲笑曰：「夫希世而行，比周而友，學以為人，教以為己，仁義之慝，輿馬之飾，憲不忍為也。」

《列子．楊朱》〈5〉楊朱曰：「原憲窶於魯，子貢殖於衛。原憲之窶損生，子貢之殖累身。」「然則窶亦不可，殖亦不可，其可焉在？」曰：「可在樂生，可在逸身。故善樂生者不窶，善逸身者不殖。」

16

子曰：「不患人之不己知，患不知人也。」

> 孔子說過：「不要憂慮長官（或別人）不知你、用你，要擔心的是自己知不知道對方是個可以共事的長官（或人）。」

本章是〈學而〉的最後一章，呼應〈學而1〉最後一句：「人不知而不慍，不亦君子乎？」孔子強調在人我（特別是君臣）關係中，自己的知人才是真正的關鍵所在，別人知不知己相對而言是不重要的。

「患」——《說文解字》說是「憂」，應該有著「憂患」、「擔心」、「煩惱」、「愁苦」等等意思。「患」和「忠」都和「心」有點關係：《春秋繁露・天道無二》〈1〉中就做這樣的區別：「古之人物而書文，心止於一中者，謂之忠；持二中者，謂之患。患，人之中不一者也。不一者，故患之所由生也。是故君子賤二而貴一。」

我認為「知」這個字，如果從自己出發，有「知行」的意思；如果從上位者來看，「知」就有「知用」或「知遇」的意思。兩種情況都不會只有「知道」這樣簡單的意思而已。

最常見的解釋都把這句話當成一般的情況來講，就說是不怕人家不知道我有才學有道德，就怕我自己不知道別人的才學和道德。

另一種解釋是將後半段解釋成「怕自己無才無能」，也就是強調要自我反省，鍛鍊自己成為可用之才：「不患無位，患所以立；不患莫己知，求為可知也」（〈里仁14〉）；「不患人之不己知，患其不能也」（〈憲問30〉）；「君子病無能焉，不病人之不己知也」（〈衛靈公19〉）；孔子有一次就問子路、曾晳、冉有、公西華四位弟子「別一天到晚苦嘆懷才不遇，有朝一日君王有知遇之恩，你要如何一展長才」（〈先進26〉）。就連不屬於儒家的管子都有「身不善之患，毋患人莫己知」（《管子．小稱》〈1〉）。這些段落都是要先求自己成才，才德相配，然後才有被重用的可能。否則，德不配位，或才不配位，都不會長久吧！

不過，孔子也不只是篤守著反躬自省的教誨，有時他也抱怨君王都不知用他，還有點酸溜溜地認為自己：「不怨天、不尤人。下學而上達。知我者，其天乎！」（〈憲問35〉）。孔子的這種「怨」也曾經在他在衛國敲打磬這種樂器時，被路過的人聽出來他的「莫己知」的抱怨和哀怨（〈憲問39〉）。

毓老師把這句話當成「為政之道」來解。所以，頭一句的「人」就是有位的當政者；下一句的「人」是「被任用的人」。所以這整句話就變成「不憂心有位之人不知自己之才，而是憂心萬一自己將來有位卻找不到人才可用」。換言之，就是提醒要先培養接班人。

另一種我認為比較合理、可以呼應「人不知而不慍」（〈學而1〉）的解釋就是：「不怕現在的當政者不知道我的賢能，所以沒有任用我；要怕我不了解這個居上位的當政者，是不是我可以信賴並替他服務的老闆」。換句話說，我是千里馬，這我有自知之明，老闆可能不清楚；可是老闆是不是伯樂，這我得先搞清楚。這是從下位來選擇要跟怎樣的上位的人共事。孔子強調「知人」（〈顏淵22〉），還特別提醒要「知言」才能知人（〈堯曰3〉），也都符合「良禽擇木而棲」的古訓。

現在的上班族，除了剛進社會的菜鳥之外，多少都被人管，也有人可管，這句話就更讓這樣的「管人兼人管」的人深省：我們不想讓自己覺得「懷才不遇」，我們也該讓我們的下屬不會有同樣的感覺和情況發生。這應該是同一個標準，而不是雙重標準。

可是下屬往往會認為老闆都偏向喜歡「奴才」而不喜歡「人才」；而老闆往往會想這些自以為是「人才」的人往往是「廢才」。更別提「妒才」的人的可怕心態。這也是「患不知人也」。

就算自己認定自己是「千里馬」，沒有「伯樂」也是白搭。韓愈早說過了。

可是，有多少「千里馬」會轉換成「伯樂」呢？

附錄

《春秋繁露・天道無二》〈1〉天之常道，相反之物也，不得兩起，故謂之一。一而不二者，天之行也。陰與陽，相反之物也，故或出或入，或右或左，春俱南，秋俱北，夏交於前，冬交於後，行而不同路，交會而各代理，此其文與？天之道，有一出一入，一休一伏，其度一也，然而不同意。陽之出，常懸於前而任歲事；陰之出，常懸於後而守空虛。陽之休也，功已成於上而伏於下；陰之伏也，不得近義而遠其處也。天之任陽不任陰，好德不好刑如是。故陽出而前，陰出而後，尊德而卑刑之心見矣。陽出而積於夏，任德以歲事也；陰出而積於冬，錯刑於空處也。必以此察之。天無常於物，而一於時。時之所宜，而一為之。故開一塞一，起一廢一，至畢時而止，終有複始於一。一者，一也。是於天凡在陰位者皆惡亂善，不得主名，天之道也。故常一而不滅，天之道。事無大小，物無難易。反天之道，無成者。是以目不能二視，耳不能二聽，手不能二事。一手畫方，一手畫圓，莫能成。人為小易之物，而終不能成，反天之不可行如是。是故古之人物而書文，心止於一中者，謂之忠；持二中者，謂之患。患，人之中不一者也。不一者，故患之所由生也。是故君子賤二而貴一。人孰無善？善不一，故不足以立身。常不一，故不足以臻功。《詩》云：「上帝臨汝，無二爾心。」知天道者之言也。

《管子．小稱》〈1〉管子曰：身不善之患，毋患人**莫己知**。丹青在山，民知而取之；美珠在淵，民知而取之。是以我有過為，而民毋過命。民之觀也察矣，不可遁逃。以為不善。故我有善，則立譽我；我有過，則立毀我。當民之毀譽也，則莫歸問於家矣。故先王畏民。操名從人，無不強也。操名去人，無不弱也。有天子諸侯，民皆操名而去之，則捐其地而走矣。故先王畏民。在於身者庸為利，氣與目為利。聖人得利而託焉，故民重而名遂。我亦託焉。聖人託可好，我託可惡。我託可惡，以來美名，又可得乎！我託可惡，愛且不能為我能也。毛嬙西施，天下之美人也，盛怨氣於面，不能以為可好。我且惡面，而盛怨氣焉。怨氣見於面，惡言出於口，去惡充以求美名，又可得乎？甚矣百姓之惡人之有餘忌也。是以長者斷之，短者續之，滿者洫之，虛者實之。

為政

•

第二

1

子曰：「為政以德，譬如北辰，居其所而眾星共之。」

孔子說過：「從政的領導人要私德和群德具備，而且要讓所有人和物都能夠盡性發展。這樣他在上位憑藉著他的領導能力，能讓在下位的人（也都像他一樣，恪盡職守），就像天上的星球各自在自己的軌道上環繞著北極星運行一樣，不會相互碰撞、井然有序。」

這是〈為政篇〉的開頭。篇名就是取孔子開頭說的「為政」兩個字而來的。有人認為篇名沒特別意義，陸德明和邢昺都認為「先學而後從政」是孔門的主旨，所以繼「學而」之後接「為政」。可是，如果我們從內容來看，「學而」並不都只是談論「學」，「為政」也不都是談論「從政」，所以這樣的安排，只有在兩篇的第一章還說得過去，其餘都是牽強附會。此篇共二十四章，沒有版本方面的差異。

這章的主旨強調要以德為政。不過，這個德應該不只是說到領導人的「私德」，還必須配合他的

「群德」，才能讓政治運行無礙。

「政」——朱子說「正也，所以正人之不正也」。戴望說是「天地四時人之政也」。

「為政」——黃懷信說是「行政、處理政事」。

「以」——黃懷信說是「用」。「德」——皇侃、邢昺和朱子都說是「得」，皇侃進一步說明：「言人君為政，當得萬物之性，故云以德也」，他還引用郭象的說法：「萬物得性謂之德」。邢昺也說「物得以生謂之德」。朱子引申說「行道而有得於心也」。戴望則別出心裁說是「五行之德」。黃懷信說是「恩德，喻善政」。

「譬」——邢昺說是「況」。「北辰」——皇侃說是「北極紫微星」，邢昺引用《爾雅》說是「北極」（應該是指「北極星」而不是今天的「北極」），而且還區分說「以其居天之中，故曰北極；以正四時，故曰北辰」。朱子也說是「北極，天之樞也」。戴望說是「北極璇機也」。

「所」——皇侃說「猶地也」。「居其所」——朱子說是「不動」。

「眾星」——皇侃說是「五星及二十八宿以下之星也」。

「共」——朱子說是「向」。黃懷信說是「拱，兩手合抱，引申謂環繞」。

孔子在《論語》中提過不少次「為政」：有一次有人問孔子為什麼不「為政」？孔子就說，從家族的孝悌做起，也算是「為政」（〈為政21〉），這是孔子將「為政」的範圍從一般人認知的公領域的「國政」延伸到少人注意的私領域的「家政」；有一次他勸誡季康子別靠著殺人來「為政」，應該用自己的德行去讓臣民心服口服，這樣上行下效才是為政之道（〈顏淵19〉）；有一次孔子回答子路請教如果衛國國君請孔子去治理衛國，「為政」的優位順序應該是「正名→言順→事成→禮樂興→刑罰中→民有所措」(〈子路3〉)。這些都可以和此章的「為政」相互呼應。

孔子在此章強調「為政以德」，這也算是孔子的一貫之道：孔子在回答季康子問政的時候，就回答過：「政者，正也。子帥以正，孰敢不正？」(〈顏淵17〉)；孔子相信用「德」和「禮」為政勝過用「政」和「刑」為政(〈為政3〉)。我們在〈學而5〉就學過的「道千乘之國，敬事而信，節用而愛人，使民以時」應該就是此章「為政以德」的具體展現。〈顏淵7〉孔子提到的「足食、足兵、民信」也是為政者應該追求的目標和步驟。

可是一般人都會將「為政以德」從當政者個人的道德來解釋，也就是「子帥以正，孰敢不正？」但是歷來的政治都有「君賢而臣不肖」的例外情況發生，這句話因此似乎就失去解釋的效力。有趣的是，皇侃的古注並不是從君王的私德角度出發，而是「當得萬物之性」，強調的是統治者要廣知被統治者的生活需要和現況，能夠讓大家盡情盡性發揮，這才是「為政以德」。這也就是《禮記．中庸》〈23〉所說的：「唯天下至誠，為能盡其性；能盡其性，則能盡人之性；能盡人之性，則能盡物之性；能盡物之性，則可以贊天地之化育；可以贊天地之化育，則可以與天地參矣。」這是一連串「讓所有人都能發揮所長」的蝴蝶效應，最後達到「天地人合一」的理想境界。

我們還可以把「德」當成「團隊精神」來看，「為政以德」是「為政團隊要能夠發揮團隊精神」，也就是孟子說的「賢者在位，能者在職」(《孟子．公孫丑上》〈4〉)，層層負責、充分授權，就像這裡所比喻的天體運行，順暢無礙。這比較能彰顯此章的意旨。

另外，還有一個本章是否是和道家「無為而治」的想法不謀而合的爭議。何晏率先引用包咸的說法：「德者無為」，皇侃也引用過注解《莊子》的郭象的說法，甚至朱子都說「為政以德，則無為而天下歸之」，以上總總解釋讓清代的毛奇齡痛加駁斥，特別強調「為政以德，正是有為」，還引用《禮記・哀公問》〈4〉：「〔魯哀〕公曰：『敢問何謂為政？』孔子對曰：『政者正也。君為正，則百姓從政矣。君之所為，百姓之所從也。君所不為，百姓何從？』」〔《大戴禮記・哀公問孔子》〈4〉文字大體相同〕其實，如果從我上一段的層層負責的解釋，就可以解決這個看似無為實有為的難題。

最後補充一則兩篇古代經典有趣的對比：《禮記・中庸》〈20〉中曾提到過「為政在人」，《孔子家語・哀公問政》〈1〉在幾乎完全一樣的文字中，多了一個字「為政在得人」，我覺得「人」和「得人」的一字之差，「後者」更符合本章的主旨。

良善的政治不能只靠當政者的善意和道德，要靠所有人都能在共同的目標下共同努力。當政者的道德固然重要，但只是一個好的開始，需要所有人的道德共襄盛舉才能有「德政」。「德政」與否，你我都有責任。

附錄

《孟子・公孫丑上》〈4〉孟子曰：「仁則榮，不仁則辱。今惡辱而居不仁，是猶惡溼而居下也。如惡之，莫如貴德而尊士，**賢者在位，能者在職**。國家閒暇，及是時明其政刑。雖大國，必畏之矣。《詩》云：『迨天之未陰雨，徹彼桑土，綢繆牖戶。今此下民，或敢侮予？』孔子曰：『為此詩者，其知道乎！能治其國家，誰敢侮之？』今國家閒暇，及是時般樂怠敖，是自求禍也。禍福無不自己求之者。《詩》云：『永言配命，自求多福。』《太甲》曰：『天作孽，猶可違；自作孽，不可活。』此之謂也。」

《禮記．中庸》〈20〉哀公問政。子曰：「文、武之政，布在方策，其人存，則其政舉；其人亡，則其政息。人道敏政，地道敏樹。夫政也者，蒲盧也。故**為政在人**，取人以身，修身以道，修道以仁。仁者人也，親親為大；義者宜也，尊賢為大。親親之殺，尊賢之等，禮所生也。在下位不獲乎上，民不可得而治矣！故君子不可以不修身；思修身，不可以不事親；思事親，不可以不知人；思知人，不可以不知天。天下之達道五，所以行之者三，曰：君臣也，父子也，夫婦也，昆弟也，朋友之交也，五者天下之達道也。知仁勇三者，天下之達德也，所以行之者一也。或生而知之，或學而知之，或困而知之，及其知之，一也；或安而行之，或利而行之，或勉強而行之，及其成功，一也。」

《孔子家語．哀公問政》〈1〉哀公問政於孔子，孔子對曰：「文武之政，布在方策。其人存，則其政舉；其人亡，則其政息。天道敏生，人道敏政，地道敏樹。夫政者，猶蒲盧也，待化以成。故**為政在於得人**。取人以身，修道以仁。仁者、人也，親親為大；義者、宜也，尊賢為大。親親之教，尊賢之等，禮所以生也。禮者、政之本也。是以君子不可以不修身；思修身，不可以不事親；思事親，不可以不知人；思知人，不可以不知天。天下之達道有五，其所以行之者三。曰：君臣也，父子也，夫婦也，昆弟也，朋友也。五者、天下之達道。智、仁、勇、三者，天下之達德也。所以行之者一也。或生而知之，或學而知之，或困而知之，及其知之一也。或安而行之，或利而行之，或勉強而行之，及其成功一也。」

2

子曰：「《詩》三百，一言以蔽之，曰『思無邪』。」

孔子說過：「《詩經》〔經過我刪定後剩下〕三百篇〔左右〕，簡單用一句話說，〔《詩經》〕裡面沒有不合於禮的想法。」

這章是孔子總論《詩經》的無邪特性。皇侃認為和上一章有關聯：「此章舉詩，證為政以德之事也。」邢昺也認為：「此章言為政之道在於去邪歸正，故舉《詩》要當一句以言之。」後來的注解者似乎都沒響應這種說法。

「《詩》三百」——孔安國、皇侃和邢昺說是「篇之大數」，皇侃說：「《詩》有三百五篇，此舉其全數也。」邢昺說得更仔細：「案今《毛詩》序凡三百一十一篇，內六篇亡，今其存者有三百五篇。」

「言」——邢昺說「古人以一句為一言」。「一言」，黃懷信說是「一句話」。

「蔽」——包咸、皇侃和邢昺都說「猶當也」，朱子說「猶蓋也」，黃懷信說是「遮蔽、蓋，引申為概括」，其實就是「概括來說」。

「思」——劉寶楠說是「心有所念能容之」，黃懷信說是「思想」；俞樾引用《項氏家說》的解釋，當作「語辭」，程樹德也同意此「發語辭」之說，也就是沒有實質意義的詞語。

「邪」——黃懷信說是「邪惡、不正」。「思無邪」——包咸說「歸於正也」，朱子引用程子的說法：「思無邪者，誠也」。

根據司馬遷的說法，在孔子之前，《詩》有三千餘篇，經過孔子刪除重複篇章，並且以合禮義與否當標準，剩下三百零五篇，都經過編曲可以吟唱（《史記．孔子世家》〈60〉）。班固也說古代有搜集詩的官員，用詩來考察民情，知道君王為政的得失，孔子「純取周詩，上采殷，下取魯，凡三百五篇」。可見這種孔子刪定《詩經》「三百五篇」的說法是淵遠流長的。除了這章簡稱的《詩》三百，孔子也提醒過：「如果會吟誦《詩經》三百篇，可是出使外國，卻無法完成外交使命，這樣就算記背的詩經篇數很多，又有什麼用呢？」（〈子路5〉）孔子習慣稱「《詩》三百」由此可見一斑。

在整本《論語》中，「一言以蔽之」只出現過這麼一次。不過，後來東漢的王充在《論衡》中就曾經引用過本章，表明自己寫《論衡》主旨：「也可以用一句話表示：『打擊假話和胡說。』（亦一言也，曰：「疾虛妄。」）。」

「思無邪」原來是出自《詩經．頌．魯頌》〈駉4〉中的話，並不是孔子原創。孔子是斷章取義借用了這句話。原詩分成四段，歌頌「駉駉牡馬」（雄大高壯的公馬），每一段的結尾之前都有「思無×」的話：「思無疆」（思慮深遠）、「思無期」（思慮深長）、「思無斁」（思慮不厭倦）和「思無邪」（思慮純正）。不管「思」字當「思想」或當「發語辭」解，重點都在於「無邪」。「無邪」就是「正」，就是「合於禮義」。

這也和孔子對《詩經》的重視是一貫的。《論語》中就有幾處孔子談論《詩經》的重要性：孔子建議弟子要學《詩經》，因為《詩經》可以「興」（發抒心情）、「觀」（考察民情）、「群」（團結人民）和「怨」（表達怨怒），從最切身的家庭中奉養雙親，一直到為君王服務，都十分適用，還可以多認識到鳥獸草木等等自然界的各種事物的名稱（〈陽貨9〉）。

另一個和《詩經》有關的故事如下：

有一天陳亢請問孔子的兒子伯魚說：「老師是不是有教過你什麼留了一手沒教給我們的東西？」伯魚回答說：「沒有啊！有一次我父親獨自站在庭院裡，我想躡手躡腳溜出去，被他看見了，就問我說：『學過《詩經》了嗎？』我回答說：『沒有』，他就說：『沒學過《詩經》，將來怎麼在外交場合說出適當的場面話？』我就回去學《詩經》。又有一次，我想躡手躡腳溜出去，又被他看見了，就問我說：『學過禮了嗎？』我回答說：『沒有』，他就說：『不學習禮，將來怎麼在社會立身呢？』我因此就回去學禮。就只有這兩樣可能跟大家不一樣吧！」陳亢聽完出來，就很高興地說：「我請問一個問題，卻得到三個答案，真是太幸運了。我不僅聽到了《詩經》和禮的重要，也因此知道原來有德的君子和兒子的關係是疏遠的。」（〈季氏13〉）

在《詩經》裡，孔子特別讚賞開頭第一篇的〈關雎〉，他說這一篇「表達了內心快樂卻不過分，描述了哀愁卻沒有傷害到自己的身體（〈八佾20〉）。孔子也對於魯國樂師在音樂的結束部分演奏關雎，也給予高度的讚許（〈泰伯15〉）。

孔門弟子在《論語》中也用過《詩經》的句子和孔子討論：子貢用過「如切如磋、如琢如磨」來回應孔子「貧而樂（道）」和「富而好禮」的教誨（〈學而15〉）；子夏用過「巧笑倩兮，美目盼兮，素以為絢兮」來請教孔子，經過孔子教誨，子夏悟到了「質先禮後」的道理（〈八佾8〉）；曾子則在死前還念念不忘「身體髮膚受之父母不敢毀傷」，引用了「戰戰兢兢，如臨深淵，如履薄冰」的詩句告誡弟子（〈泰伯3〉）。前兩位弟子適時適事引用《詩經》，還得到孔子「始可與言詩已矣」的誇讚。孔門教育中《詩經》的重要性就不言而喻了。

孔子也經常將《詩》和禮一起強調。他在誦《詩》和執行禮制的時候都用「雅言」（正式的言詞，官話）（〈述而18〉）；他也盛讚「興於《詩》、立於禮、成於樂」的君子氣象（〈泰伯8〉）。

因為《詩經》無邪，所以以「守正」和「為政以德」為職志的孔門弟子都學《詩經》。

孔門學《詩經》，可不是為了風花雪月啊！

附錄

《史記．孔子世家》〈60〉古者《詩》三千餘篇，及至孔子，去其重，取可施於禮義，上采契后稷，中述殷周之盛，至幽厲之缺，始於衽席，故曰：「〈關雎〉之亂以為〈風〉始，〈鹿鳴〉為〈小雅〉始，〈文王〉為〈大雅〉始，〈清廟〉為〈頌〉始。」三百五篇孔子皆弦歌之，以求合韶武雅頌之音。禮樂自此可得而述，以備王道，成六藝。

《漢書．藝文志》〈45〉《書》曰：「詩言志，哥詠言。」故哀樂之心感，而哥詠之聲發。誦其言謂之詩，詠其聲謂之哥。故古有采詩之官，王者所以觀風俗，知得失，自考正也。**孔子純取周詩，上采殷，下取魯，凡三百五篇**，遭秦而全者，以其諷誦，不獨在竹帛故也。漢興，魯申公為詩訓故，而齊轅固、燕韓生皆為之傳。或取《春秋》，采雜說，咸非其本義。與不得已，魯最為近之。三家皆列於學官。又有毛公之學，自謂子夏所傳，而河間獻王好之，未得立。

《論衡・佚文》〈10〉楊子雲作《法言》，蜀富人齎錢千萬，願載於書。子雲不聽：「夫富無仁義之行，圈中之鹿、欄中之牛也，安得妄載？」班叔皮續《太史公書》，載鄉里人以為惡戒。邪人枉道，繩墨所彈，安得避諱？是故子雲不為財勸。叔皮不為恩撓。文人之筆，獨已公矣！賢聖定意於筆，筆集成文，文具情顯，後人觀之，見以正邪，安且妄記？足蹈於地，跡有好醜；文集於禮志有善惡。故夫占跡以睹足，觀文以知情。「《詩》三百，一言以蔽之，曰：『思無邪。』」《論衡》篇以十數，亦一言也，曰：「疾虛妄。」

《詩經・頌・魯頌》〈駉4〉薄言駉者，有駰有騢，有驔有魚，以車祛祛。**思無邪**，思馬斯徂。

3

子曰：「道之以政，齊之以刑，民免而無恥；道之以德，齊之以禮，有恥且格。」

孔子說過：「治理人民如果只靠著治理者自身行得正，卻一律用刑罰約束人民，這樣的話，人民就只知道要想辦法或僥倖不要受到刑罰，而不會打心底有羞恥之心；如果以治理者的私德和群德來治理，並且一律以禮節來約束人民，這樣人民會打內心產生羞恥之心，而且會篤守正道。」

這章是孔子強調治國要以德禮為先，不要以政刑伺候人民，才能發揮長治久安的效果。有些版本的兩處「道」都作「導」。

「道」（音導）——皇侃說是「誘引」；邢昺說是「化誘」；朱子說是「引導，謂先之也」，也就是「以身作則」；戴望說是「教」；劉寶楠說是「教之」，解作「導引」亦通。

「政」——孔安國和邢昺都說是「法教」；皇侃說是「法制」；朱子說是「法制禁令」；戴望說是

「法治齊正」。

「齊」——皇侃說是「齊整之」；邢昺說是「齊整」；朱子說是「所以一之也」，也就是「一視同仁」。

「刑」——皇侃和邢昺都說是「刑罰」。

「免」——孔安國和邢昺都說是「苟免」；皇侃說「猶脫也」；戴望說「猶避也」。

「恥」——皇侃說是「恥辱」。

「德」——包咸和邢昺都說是「道德」；皇侃引郭象說是「得其性者也」。

「禮」——皇侃引郭象說是「體其情也」；朱子說是「制度品節」；戴望說是「六禮：冠、昏、喪、祭、鄉、相見」。

「格」——何晏和邢昺都說是「正」；朱子並列二說：一是「至」，後面補充說「至於善也」；一說是「正」；戴望認為「格」當作「恪」，是「敬」。

古注通常將「道之以政，齊之以刑」和「導之以德，齊之以禮」對舉，所以將「政」和「刑」做連結，「道之以政」就是負面的。可是在《論語》中，「政」並沒有這樣的意思，甚至在孔子回答季康子問政時，回答過：「政者，正也。子帥以正，孰敢不正？」（〈顏淵17〉），「政」反而是積極正面的意思。可是既然孔子說了「子帥以正，孰敢不正？」這章又說「道之以政，齊之以刑，民免而無恥」，不是自相矛盾嗎？為了解決這個問題，我認為孔子在此章的說法是要彌補〈顏淵17〉的不足，也就是說，治理者不能只注意到自己本身的「正」，這個「正」還要表現在以「禮（樂）〔或禮義〕」齊民，而不能靠「刑罰」。所以這裡的「道之以政」和「道之以德」應該是同樣的意思，都是當成立論的前提，只是「用刑齊民」和「用禮齊民」對於民的行為（守禮守法）和心態（羞恥感）不同的後果。先秦兩漢的文獻中有許多「刑」和「禮」對舉的文本，卻沒有「政」和「德」對舉的。下面引用的文獻中還有「政」和「刑」對舉的文本。這也算是一個支持我的說法的證據。

其他儒家經典中也有和這章大體上相互呼應的篇章：《禮記．緇衣》〈3〉中就記載孔子說過：「夫民，教之以德，齊之以禮，則民有格心；教之以政，齊之以刑，則民有遁心。」這章的「道」就是引文中的「教」，「民免而無恥」就是「民有遁心」，「有恥且格」就是「民有格心」。

不過，恐怕要特別注意的是：這章拿「刑」和「禮」對舉，強調後者比前者要重要，但是不表示不需要前者，只是兩者之間本末先後的問題。同樣的對比，有時以「禮樂」和「刑罰」的表述出現。子路曾經假設性地請教孔子：「如果衛國國君請您幫忙治理衛國，您的本末先後順序為何？」孔子就把本末先後講得很清楚，「正名→言順→事成→禮樂興→刑罰中→民有所措手足」（〈子路3〉）。這也很清楚把「興禮樂」放在「中刑罰」之前，並沒有要拋棄「刑罰」，專靠禮樂治世。此外，《禮記．緇衣》〈13〉中也提到過：「政之不行也，教之不成也，爵祿不足勸也，刑罰不足恥也。故上不可以褻刑而輕爵。」這也是提醒刑罰是「必要之惡」。

還有，就是我前面說過把「政」和「刑」對舉的文本，和此章也有極好的呼應：《孔子家語．刑政》〈1〉中，孔子認為可以南面的仲弓就請教過孔子：「至刑無所用政」和「至政無所用刑」，孔子也強調：「聖人之治化也，必刑政相參焉。太上以德教民，而以禮齊之。其次以政言導民，以刑禁之，刑不刑也。化之弗變，導之弗從，傷義以敗俗，於是乎用刑矣。顓五刑必即天倫，行刑罰則輕無赦。刑、侀也；侀、成也。壹成而不可更，故君子盡心焉。」這裡，證明了我說的「政」就是「德」

或是「禮」，而且「刑政相參」是聖人的治理所不能避免和偏廢的。

其他兩漢儒家文獻中「禮樂（或禮義）」和「刑罰」對舉的，也隨處可見，都表達此章的主旨；《大戴禮記・禮察》〈4〉中說：「以禮義治之者積禮義，以刑罰治之者積刑罰；刑罰積而民怨倍，禮義積而民和親。故世主欲民之善同，而所以使民之善者異。或導之以德教，或歐之以法令。導之以德教者，德教行而民康樂；歐之以法令者，法令極而民哀戚。哀樂之感，禍福之應也。」《大戴禮記・禮察》〈6〉承上而做出結論：「夫用仁義禮樂為天下者，行五六百歲猶存；用法令為天下者，十餘年即亡；是非明曜大驗乎？」強調的也是兩種制度可以造成不同的長期效果。

有些文獻甚至以「禮義（或禮樂）」和「刑罰」的不同比重，將治理分成三種狀況：《說苑・政理》〈1〉提出：「政有三品：王者之政化之，霸者之政威之，強者之政脅之，夫此三者各有所施，而化之為貴矣。夫化之不變而後威之，威之不變而後脅之，脅之不變而後刑之；夫至於刑者，則非王者之所得已也。是以聖王先德教而後刑罰，立榮恥而明防禁；崇禮義之節以示之，賤貨利之弊以變之；修近理內政橛機之禮，壹妃匹之際；則莫不慕義禮之榮，而惡貪亂之恥。其所由致之者，化使然也。」；《韓詩外傳・卷六》〈26〉的命名稍有不同，實質內容無差：「威有三術：有道德之威者、有暴察之威者，有狂妄之威者，此三威不可不審察也。何謂道德之威？曰：『禮樂則修，分義則明；舉措則時，愛利則刑；如是、則百姓貴之如帝王，親之如父母，畏之如神明；故賞不用而民勸，罰不加而威行，是道德之威也。』何謂暴察之威？曰：『禮樂則不修，分義則不明，舉措則不時，愛利則不刑，然而其禁非也暴，其誅不服也繁審，其刑罰而信，其誅殺猛而必，鬧如雷擊之，如牆壓之；百姓劫則致畏，怠則傲上，執拘則聚，遠聞則散，非劫之以刑勢，振之以誅殺，則無以有其下，是暴察之威也。』何謂狂妄之威？曰：『無愛人之心，無利人之事，而日為亂人之道，百姓讙譁，則從而放執於刑灼；不和人心，悖逆天理；是以水旱為之不時，年穀以之不升；百姓上困於暴亂之患，而下窮衣食之用，愁哀而無所告訴，比周憤潰以離上，傾覆滅亡可立而待，是狂妄之威也。夫道德之威成乎眾強，暴察之威成乎危弱，狂妄之威成乎滅亡。故威名同而吉凶之效遠矣，故不可不審察也。』」（《荀子．彊國》〈2〉的說法相似。）

孔門後學的荀子也將「禮義」和「刑罰」的對舉嵌入他的「性惡說」：「今誠以人之性固正理平治邪，則有惡用聖王，惡用禮義哉？雖有聖王禮義，將曷加於正理平治也哉？今不然，人之性惡。故古者聖人以人之性惡，以為偏險而不正，悖亂而不治，故為之立君上之埶以臨之，明禮義以化之，起法正以治之，重刑罰以禁之，使天下皆出於治，合於善也。是聖王之治而禮義之化也。今當試去君上之埶，無禮義之化，去法正之治，無刑罰之禁，倚而觀天下民人之相與也。若是，則夫彊者害弱而奪之，眾者暴寡而譁之，天下悖亂而相亡，不待頃矣。用此觀之，然則人之性惡明矣，其善者偽也」（《荀子．性惡》〈12〉）。荀子也認為刑罰之所以繁多是因為廢禮義的惡果。（《荀子．大略》〈12〉）相對於孟子對這個問題的緘默，荀子應該比孟子更像個「孔門好弟子」。

孔子也比較過在他之前和他當代的刑罰差異。他說：「古之刑省，今之刑繁。其為教，古有禮然後有刑，是以刑省；今無禮以教，而齊之以刑，刑是以繁。《書》曰：『伯夷降典，折民維刑』，謂下禮以教之，然後維以刑折之也。夫無禮則民無恥，而正之以刑，故民苟免。」（《孔叢子．刑論》〈1〉）。雖然談刑，可是斷不開禮。

最後順便提一下古代最為今人詬病的「禮」和「刑」和階級的關係：「禮不下庶人，刑不上大夫。」（《禮記・曲禮上》〈68〉）許多人察覺到這是上層階級的優越感，使得強調平等的民主時代的人討厭。平心而論，那時候只有貴族可以上學，他們強調的是「榮譽」（應該也是「知恥」）的教育，歐洲中古時代也是這樣，所以不必用刑，自己犯了錯就該知道要怎麼了斷。理論上如此，可是殘酷的史實，往往是「王子犯法，不必與庶民同罪」，所以老百姓才喜歡看包公那樣斬貪贓枉法的王公貴族的戲，過過乾癮。即便民主時代，強調「法律之前人人平等」，也還是不能讓人完全相信法律的平等沒有階級上的差異。

中國思想史上「刑」或「法」好像變成「法家」的專利，是儒家就不該碰。儒家棄走，這真是不懂孔老夫子的用心啊！

最後我提一個想法：如果把此章所說的「禮」（或禮樂或禮義）和「刑」（或「刑罰」）的對舉配合上公羊學的「三世說」來看，可以把前面引述到的古人觀念整理如下：只用禮樂治世（禮運）的時代是「太平世」；禮刑並用的是「昇平世」；只用刑罰治世的時代是「據亂世」。

孔門的「禮運」理想就在這個循序漸進的頂峰。

附錄

《禮記・緇衣》〈3〉子曰：「夫民，教之以德，齊之以禮，則民有格心；教之以政，齊之以刑，則民有遯心。故君民者，子以愛之，則民親之；信以結之，則民不倍；恭以蒞之，則民有孫心。《甫刑》曰：『苗民罪用命，制以刑，惟作五虐之刑曰法。是以民有惡德，而遂絕其世也。』」

《荀子》〈彊國2〉威有三：有**道德之威**者，有**暴察之威**者，有**狂妄之威**者，此三威者，不可不孰察也。**禮樂**則修，分義則明，舉錯則時，愛利則形。如是，百姓貴之如帝，高之如天，親之如父母，畏之如神明。故賞不用而民勸，**罰**不用而威行，夫是之謂**道德之威**。**禮樂**則不修，分義則不明，舉錯則不時，愛利則不形；然而其**禁暴**也察，其誅不服也審，其**刑罰**重而信，其誅殺猛而必，黭然而雷擊之，如牆厭之。如是，百姓劫則致畏，嬴則敖上，執拘則最，得閒則散，敵中則奪，非劫之以形埶，非振之以誅殺，則無以有其下，夫是之謂**暴察之威**。無愛人之心，無利人之事，而日為亂人之道，百姓讙敖，則從而執縛之，刑灼之，不和人**心**。如是，下比周賁潰以離上矣，傾覆滅亡，可立而待也，夫是之謂**狂妄之威**。此三威者，不可不孰察也。道德之威成乎安彊，暴察之威成乎危弱，狂妄之威成乎滅亡也。

——〈大略12〉水行者表深，使人無陷；治民者表亂，使人無失，禮者，其表也。先王以**禮義**表天下之亂；今廢禮者，是棄表也，故民迷惑而陷禍患，此**刑罰**之所以繁也。

《孔子家語．刑政》〈1〉仲弓問於孔子曰：「雍問**至刑**無所用**政**，**至政**無所用**刑**。**至刑**無所用**政**，桀、紂之世是也；**至政**無所用**刑**，成、康之世是也。信乎？」孔子曰：「聖人之治化也，必**刑政相參**焉。太上以**德**教民，而以**禮**齊之。其次以**政言**導民，以**刑**禁之，刑不刑也。化之弗變，導之弗從，傷義以敗俗，於是乎用**刑**矣。顓五**刑**必即天倫，行刑罰則輕無赦。**刑**、侀也；侀、成也。壹成而不可更，故君子盡心焉。」

《禮記．曲禮上》〈68〉禮不下庶人，刑不上大夫。

4

子曰：「吾十有五而志於學，三十而立，四十而不惑，五十而知天命，六十而耳順，七十而從心所欲，不踰矩。」

孔子說過：「我十五歲開始就立志要學（先王之道並且加以踐行），三十歲的時候能夠（用所學的先王之道）立身（於社會），四十歲的時候能夠做好情緒管理，五十歲的時候能夠知道自己有天命在身，六十歲的時候能夠將聽到的跟所學的配合來理解，七十歲的時候對於所學之道都能夠控制到內心的各種欲望，而且做出來的事情都不會違背應有的禮儀規範。」

這是孔子在七十歲左右時，對於自己一生求道的回顧。

「有」——劉寶楠說是「又」。「十有五」就是「十五」，皇侃和邢昺都說是「成童之歲」；戴望說是「入大學之年」；劉寶楠引用《尚書大傳》說：「十有三年始入小學……年二十入大學。」又說：「古以年十六為成人，則成童是十五。」

「志」——皇侃說是「在心之謂也」；朱子說「心之所之謂之志」；劉寶楠指出朱子的定義是引用《毛詩序》，並非朱子原創。「學」——朱子說是「大學之道」。

「立」——何晏說是「有所成立」；皇侃說是「所學經業成立也」；戴望和楊樹達都說是「立於禮」。

「惑」——皇侃說是「疑惑」。「不惑」，孔安國說是「不疑惑」；戴望說是「能別似」。

「命」——邢昺說是「天之所秉受者」；戴望認為是「天所教令、人所秉受、度命信也」。「天命」，皇侃說是「窮通之分也」；朱子說是「天道之流行而賦於物者，乃事物所以當然之故也」。「知天命」，劉寶楠認為是「知己為天所命，非虛生也。」

「順」——皇侃和邢昺都說是「不逆」。「耳順」，鄭玄說是「耳聞其言而知其微旨也」；朱子也是類似的解釋：「聲入心通，無所違逆，知之之至，不思而得也」；戴望則說是「見禮則知政，聞樂則知德；聽先王之法言，則知其德行」。

「從」——有的版本作「縱」；皇侃說「猶放也」；朱子說是「隨」；戴望說是「順」。

「踰」——皇侃說是「越」「矩」——馬融、皇侃和邢昺都說是「法」；朱子說是「法度之器，所以為方者也」。

這章不能算是孔子的回憶錄，因為他完全沒有提到《史記・孔子世家》中講到的家庭身世、夫妻小孩、當官、周遊列國、傳授絕學等等事蹟。雖然後來有些讀書人也覺得司馬遷的孔子傳記未必可靠。明代以後市面上流行《孔子聖跡圖》，是將孔子的故事用連環圖畫的方式畫出來，然後加以簡單的標題和文字描述，方便一般人認識「孔聖人」。不過，裡面有著孔子明白說過不喜歡的「怪力亂神」的主題。他老人家地下（或天上）有知一定氣死。現在有些孔廟都有「孔子聖跡圖」的浮雕。浙江衢州的孔氏南宗家廟就有，在左邊的牆上；南京的夫子廟則在大成殿內的牆上，還是彩色的浮雕。曲阜的孔廟曾經去過，不過沒注意到有沒有「孔子聖跡圖」。但是在賣紀念品的地方都有賣幾種不同樣式的《孔子聖跡圖》。要了解孔子的生平，這是一個很好的入門書。

孔子小時候的故事不多。他自己說過：「吾少也賤，故多能鄙事。」（〈子罕6〉）孔子的私淑弟子不知從哪兒得到消息說孔子小時候幫人管過帳（委吏），也幫人管過牛羊牲口（乘田）（《孟子・萬章下》〈14〉）。司馬遷《史記・孔子世家》〈4〉中第一次有孔子年齡記載是孔子十七歲時，孟釐子遺言交代兒子孟懿子要跟這位「年少好禮」的「聖人之後」學習。在這之前，孔子服母喪期滿想要去應徵季氏朝聘人才的事情，結果被陽虎（即陽貨）羞辱而未果（《史記・孔子世家》〈3〉）。「十五而志於學」應該也就是「志於道」，他說過「士志於道而恥惡衣惡食者，不足與議也」（〈里仁9〉），以及「志於道，據於德，依於仁，游於藝」（〈述而6〉），除了訓勉學生之外，多少也是他對年少時期自己的回憶。這應該也就是後來《孝經・開宗明義》〈1〉所說的「立身行道」吧？這是少年孔子開始確立自己人生觀的開始。重點在於「志」，《毛詩序》和朱子都說是「心之所之」（內心的志向），毓老師則喜歡王夫之的「心之所主」（心中有定見）的說法（不過至今我還沒查到王夫之這句話的出處）。

接著一下子就一跳跳過十五年，到「三十而立」。劉寶楠引用《漢書・藝文志》〈147〉說：古人一部經書要學三年，「五經」剛好要學十五年。在《論語》中，「立」字常常和「禮」字一起出現，例如「立於禮」（〈泰伯8〉）、「不學禮，無以立」（〈季氏13〉）和「不知禮，無以立也」（〈堯曰3〉）。這應該是孔子開始了「己立立人」和「己達達人」（〈雍也30〉）的宣揚先王之道的生涯。

「四十而不惑」，古人都說「惑」是「疑惑」。毓老師則別出心裁引用「棖也欲，焉得剛」（〈公冶長11〉）來說明「無欲則剛」，然後把此章的「不惑」解釋成「不惑於欲」。可是我從毓老師教誨的「依經解經」的方法來找《論語》中的「惑」，發現了兩則：「愛之欲其生，惡之欲其死。既欲其生，又欲其死，是惑也。」（〈顏淵10〉）以及「一朝之忿，忘其身，以及其親，非惑與？」（〈顏淵21〉）綜合來看，「惑」好像跟我們在人際關係上的情緒管理有關。他也主張「知（至）者不惑」（〈子罕29〉和〈憲問28〉），也就是能從理智面控制自己的情緒面。這應該是他強調自己「立身於禮」，能不計毀譽，學會了控制自己的情緒，堅持在自己選定的道路上前進。

「五十而知天命」的解釋非常多樣。《禮記・中庸》〈1〉開頭就說「天命之謂性」，所以理所當然的解釋，就是孔子在五十歲的時候能夠了解人性。有人認為孔子五十「樂天知命」，對事不強求。可是他老人家那時還沒開始周遊列國呢！有的根據「五十以學易，可以無大過矣」（有些人將「易」當成「亦」，見〈述而17〉）的話來解釋孔子五十歲開始讀易經，所以「知天命」。這是毓老師的解釋。我覺得應該是孔老夫子知道自己這一生有宣揚先王之道的使命在身，把這事當成他的天命，所以才開始周遊列國，希望能有明君的知遇，讓他能夠實踐他的禮運世界。這也是為什麼後來他遇到了各種災難和隱士們的譏諷，都還能夠抱持著樂觀心情的原因。走自己的路，讓別人去說吧！

「六十而耳順」是最麻煩的一句。古注是認為這代表聽了話就可以知道話中有話的「微旨」，這大概是官場講話，話中有話，才需要「翻譯機」吧？朱子的注也很玄：「聲入心通，無所違逆，知之之至，不思而得也。」我聽過有人開玩笑地說：耳順就是耳朵「背」了，誰罵你也聽不清了，就自由自在地活著。玩笑話似乎也有點道理。如果從孔子求道的過程來看，六十歲正是他周遊列國的期間

（孔子五十五歲到六十八歲），當時懷抱著崇高的理想，卻到處碰壁，碰到隱士們譏諷，被圍被困，讓弟子一度失去信心，開始質疑孔子的道不合時宜。這些風風雨雨和各種批評，孔子都能「耳順」待之，主要應該是他已經「心有所主」，這是他的天命，不會因為外人說三道四而動搖。

「七十而從心所欲不踰矩」這句話有「斷句」的爭議：一說應該仿效前面「四十而不惑」，「五十而知天命」、和「六十而耳順」的斷句方式，念成「七十而從心，所欲不踰矩」；一說是「七十而從心所欲，不踰矩」。雖然斷句不同，意思沒什麼差異。「從心所欲」這裡應該不是指飲食男女方面的「私欲」，而是「己立立人，已達達人」的「公欲」才符合孔老夫子晚年「禮運世界」的理想，也應該就是這裡所說的「矩」。這也是孔子當年「志於學」的最終目標。

孔子生前未能親身見到這個「矩」的實現。但是這個「公天下」的「矩」應該不只是孔子個人的「心之所欲」，未嘗不是也成了天下人的「心之所欲」。

附錄

《孟子・萬章下》〈14〉孟子曰：「仕非為貧也，而有時乎為貧；娶妻非為養也，而有時乎為養。為貧者，辭尊居卑，辭富居貧。辭尊居卑，辭富居貧，惡乎宜乎？抱關擊柝。孔子嘗為委吏矣，曰『會計當而已矣』。嘗為乘田矣，曰『牛羊茁壯，長而已矣』。位卑而言高，罪也；立乎人之本朝，而道不行，恥也。」

《史記》〈孔子世家4〉孔子年十七，魯大夫孟釐子病且死，誡其嗣懿子曰：「孔丘，聖人之後，滅於宋。其祖弗父何始有宋而嗣讓厲公。及正考父佐戴、武、宣公，三命茲益恭，故鼎銘云：『一命而僂，再命而傴，三命而俯，循墻而走，亦莫敢余侮。饘於是，粥於是，以餬余口。』其恭如是。吾聞聖人之後，雖不當世，必有達者。今孔丘年少好禮，其達者與？吾即沒，若必師之。」及釐子卒，懿子與魯人南宮敬叔往學禮焉。是歲，季武子卒，平子代立。

——〈3〉孔子要絰，季氏饗士，孔子與往。陽虎絀曰：「季氏饗士，非敢饗子也。」孔子由是退。

《漢書・藝文志》〈147〉古之學者耕且養，三年而通一藝，存其大體，玩經文而已，是故用日少而畜德多，三十而五經立也。

《孝經・開宗明義》〈1〉仲尼居，曾子侍。子曰：「先王有至德要道，以順天下，民用和睦，上下無怨。汝知之乎？」曾子避席曰：「參不敏，何足以知之？」子曰：「夫孝，德之本也，教之所由生也。復坐，吾語汝。身體髮膚，受之父母，不敢毀傷，孝之始也。立身行道，揚名於後世，以顯父母，孝之終也。夫孝，始於事親，中於事君，終於立身。《大雅》云：『無念爾祖，聿修厥德。』」

《禮記・中庸》〈1〉**天命之謂性**，率性之謂道，修道之謂教。道也者，不可須臾離也，可離非道也。是故君子戒慎乎其所不睹，恐懼乎其所不聞。莫見乎隱，莫顯乎微。故君子慎其獨也。喜怒哀樂之未發，謂之中；發而皆中節，謂之和；中也者，天下之大本也；和也者，天下之達道也。致中和，天地位焉，萬物育焉。

5

孟懿子問孝。子曰：「無違。」樊遲御，子告之曰：「孟孫問孝於我，我對曰『無違。』」樊遲曰：「何謂也？」子曰：「生事之以禮；死葬之以禮，祭之以禮。」

〔魯國當權家族之一孟氏家族的〕孟懿子請教孔子有關孝順的問題。孔子回答說：「不能違背。」〔孔子的學生〕樊遲〔有一天〕幫孔子駕馬車，孔子告訴他這件事，說：「孟孫氏問我孝順的問題，我告訴他說：『不要違背。』」樊遲〔聽了還不明白，就〕請問〔孔子〕說：「這話怎麼說呢？」孔子回答：「雙親還活著的時候要以禮奉事；雙親過世時，要以適當的禮來埋葬；以後每年祭祀雙親的時候，都要篤守適當的禮。」

這章的主旨是講孝道在雙親生前和死後的三個階段都不能違背禮。接下來三章也都談孝道。

「問孝」——皇侃說是「問於孔子為孝之法也」。

「違」——《說文解字》說是「離」。

「御」——皇侃說是「御車」。

這章提到兩個人，都得說明一下。不過，最該先講清楚的是魯國的「三桓」。所謂「三桓」是指魯桓公衍生出來的三派子孫：魯桓公共有四個兒子，嫡長子繼承王位成為魯莊公，嫡次子季友（子孫就是後來的季孫氏或季氏），庶長子慶父（子孫就是後來的孟孫氏、孟氏或仲孫氏），和庶次子叔牙（子孫就是後來的叔孫氏）的後人就成為真正掌握魯國政權的「三桓」。劉寶楠引用《白虎通德論．姓名篇》〈2〉的說法：「諸侯之子稱公子，公子之子稱公孫，公孫之子各以其王父字為氏。」說明這個和現代習俗差很大的道理。

孟懿子是慶父這一支脈的魯國大夫，姓仲孫名何忌。他姓「仲孫」，為什麼這裡又稱他為「孟懿子」？先說「孟」，根據《白虎通德論．姓名篇》〈22〉的說法，貴族的庶出長子都稱「孟」，再根據《說文解字》，「孟」有「長」的意思，他是魯桓公庶長子的後代，所以稱為「孟氏」。「懿」是諡號（諡號是古代貴族死後根據他生前的德行而給的一個名稱，後來都變成是歌功頌德的形式）。《逸周書．諡法解》〈1〉說：「溫柔聖善曰懿」和「柔克曰懿」。劉寶楠認為他是孔子弟子，可是後來孔子在魯國當官，他從中作梗，是「魯之賊臣」。所以《史記．仲尼弟子列傳》才沒有列出他的名字。這個孟懿子是我們在前一篇提到他父親孟釐子臨死前交代過要跟孔子學習的那個人（《史記．孔子世家》〈4〉）。皇侃就認為，魯國「三桓」「僭濫違禮」，所以孔子特別強調「無違禮」是有他對症下藥的用意在。

樊遲是孔子弟子，姓樊名須字子遲，魯國人，一說小孔子三十六歲（《史記．仲尼弟子列傳》〈94〉），一說小孔子四十六歲（《孔子家語．七十二弟子解》〈16〉）。他的資質和器識都不算太好，不過他三次請問過孔子「仁」的問題（〈雍也22〉、〈顏淵22〉和〈子路19〉），兩次「知」的問題（〈雍也22〉和〈顏淵22〉），孔子每次都給出了不同的答案，由此可見孔子不僅因材施教，還因情況不同而施教。

這章內容很簡單，卻引發了幾個問題：

首先，孔子為什麼不在回答孟懿子問的時候就一次說明白「無違」的具體內容就是「生，事之以禮；死，葬之以禮；祭之以禮」？邢昺認為，孔子的答案簡要，目的是要孟懿子去好好悟一悟。可是，顯然沒有效果。就連後來的皇侃在解釋「無違」時，也都沒看通上下文，而直接說「言行孝者每事須從，無所違逆」，開啟了中華孝道文化裡面「天下無不是的父母」的惡例，使得許多家庭暴力和虐待的行為假借「孝道」之名，「食古不化」之後，成為後人詬病的「吃人的禮教」。其他孝道的善行，也就不分青紅皂白地被一併拋棄殆盡。各位可以從現在的眼光再來看看「二十四孝」的故事，就可以看出問題所在。

在古注中，只有邢昺對於「生、死」之孝禮，有過比較詳細地說明：「生，事之以禮，謂冬溫、夏清、昏定、晨省」，也就是早晚要跟父母問安，季節變化要注意父母穿衣；「死，葬之以禮，謂為之棺槨衣衾而舉之，卜其宅兆而安措之之屬也」，也就是要替父母妥善地送終；「祭之以禮，謂春秋祭祀以時思之，陳其簠簋而哀戚之之屬也」，也就是父母過世後每年春秋兩季的祭祀和追思。

不過我們在〈學而4〉討論過曾子臨死前，還念念不忘「守禮」的故事：曾子在生命的最後剎那，兩個兒子曾元和曾申坐在他腳邊，同門樂正子春坐在床下。樂正子春發現曾子睡躺的席子是不合他的身分的，是「違禮」的行為，曾子先說是當朝權貴季孫氏的餽贈，可是真是不合禮制，就教曾元給換掉。曾元認為父親病重，不動恐怕比較好，真要換也要天亮再換。曾子堅持要死也要死得合乎禮制，就要換席。沒想到還沒換完，曾子就過世了（《禮記・檀弓上》〈18〉）。曾子一生「戰戰兢兢，如臨深淵，如履薄冰」（〈泰伯3〉）小心行事的展現，至死不忘無違禮制，但是他的兒子就不在乎這些了。

其次，為什麼孔子要告訴樊遲這件事？鄭玄的猜測是孟懿子一定不會了解「無違」的意思，可是他不好意思問孔子，便轉而問樊遲，所以孔子告訴樊遲就是等著孟懿子來問，讓樊遲轉告。皇侃還舉出一說，這也是孟懿子和樊遲關係好的緣故。我覺得如果孔子真如顏回說的「循循然善誘人」（〈子罕11〉），不是明講比較省事嗎？

孔子強調「辭達而已矣」（〈衛靈公41〉），這裡他老夫子應該反省一下！後人讀書也應該看完全篇，別斷章取義。

東漢的王充提到這一章時，認為孔子該跟孟懿子明說：「只有碰到水火災變的時候才可以違背禮來行事。」（《論衡・問孔》〈7〉）這也是對孔子說不明白和講不清楚的一種客氣建議吧！

這章問問題的是個父親，下一章他的兒子也問同一個問題。看看孔子怎麼回答。且聽下回分解。

附錄

《白虎通德論》〈姓名篇2〉所以有氏者何？所以貴功德，賤伎力。或氏其官，或氏其事。聞其氏即可知，其所以勉人為善也。或氏王父字何？所以別諸侯之後，為興滅國、繼絕世也。**諸侯之子稱公子，公子之子稱公孫，公孫之子各以其王父字為氏。故魯有仲孫、季，楚有昭**、屈原，齊有高國、崔立氏三，以知其為子孫也。王者之後二稱王子，兄弟立而皆封也。或曰王孫上稱王孫也。堯知命，表稷、契，賜生子、姓，皋陶典刑不表姓，言天任德遠刑。「禹姓姒氏，祖以德生。殷姓子氏，祖以玄鳥子也。周姓姬氏，祖以履大人跡生也。」

——〈22〉稱號所以有四何？法四時用事先後，長幼兄弟之象也，故以時長幼號曰伯、仲、叔、季也。伯者，長也，伯者子最長，迫近父也。仲者，中也。叔者，少也。季者，幼也。適長稱伯，伯禽是也。**庶長稱孟，以魯大夫孟氏**。

《史記》〈孔子世家4〉孔子年十七，魯大夫孟釐子病且死，誡其嗣懿子曰：「孔丘，聖人之後，滅於宋。其祖弗父何始有宋而嗣讓厲公。及正考父佐戴、武、宣公，三命茲益恭，故鼎銘云：『一命而僂，再命而傴，三命而俯，循墻而走，亦莫敢余侮。饘於是，粥於是，以餬余口。』其恭如是。吾聞聖人之後，雖不當世，必有達者。今孔丘年少好禮，其達者與？吾即沒，若必師之。」及釐子卒，懿子與魯人南宮敬叔往學禮焉。是歲，季武子卒，平子代立。

——〈仲尼弟子列傳94〉樊須字子遲。少孔子三十六歲。

《孔子家語・七十二弟子解》〈16〉樊須，魯人，字子遲。少孔子四十六歲，弱仕於季氏。

《禮記・檀弓上》〈18〉曾子寢疾，病。樂正子春坐於床下，曾元、曾申坐於足，童子隅坐而執燭。童子曰：「華而睆，大夫之簀與？」子春曰：「止！」曾子聞之，瞿然曰：「呼！」曰：「華而睆，大夫之簀與？」曾子曰：「然，斯季孫之賜也，我未之能易也。元，起易簀。」曾元曰：「夫子之病革矣，不可以變，幸而至於旦，請敬易之。」曾子曰：「爾之愛我也不如彼。君子之愛人也以德，細人之愛人也以姑息。吾何求哉？吾得正而斃焉斯已矣。」舉扶而易之。反席未安而沒。

《論衡・問孔》〈7〉孟武伯問孝，子曰：「父母，唯其疾之憂。」武伯善憂父母，故曰「唯其疾之憂」。武伯憂親，**懿子**違禮。攻其短，答武伯云「父母唯其疾之憂」對**懿子**亦宜言「唯水火之變乃違禮」。周公告小才敕，大材略。子游之大材也，孔子告之敕；懿子小才也，告之反略，違周公之志。攻懿子之短，失道理之宜，弟子不難，何哉！

6

孟武伯問孝。子曰：「父母唯其疾之憂。」

孟武伯請問〔孔子〕有關孝道的問題。孔子回答說：「父母親最擔心的是小孩生重病〔另解：小孩最擔心的是父母親生重病〕。」

這章講到孝道和疾病的關係。

孟武伯是前章孟懿子的長子，姓仲孫，名彘。「武」是他的謚號。根據《逸周書》〈謚法解1〉的說法，貴族生前有下面五種德行，可以獲贈「武」的謚號：「剛彊理直曰武。威彊叡德曰武。克定禍亂曰武。刑民克服曰武。夸志多窮曰武。」這裡的「伯」表示他是長子。在〈公冶長8〉中他還請問過孔子對子路和冉求兩個弟子是否為「仁」的評價。另外孟武伯在《孔子家語・七十二弟子解》〈40〉也比較過孔門年紀最小的兩位弟子叔仲會（小孔子五十歲）和孔璇（沒說明歲數，只說和叔仲會年紀相仿），他問孔子：「這兩位小朋友現在學，長大成人了還會記得嗎？」孔子回答說：「小的時候養成的習慣會像天性一樣，長大習慣了就自然而然了。」我們現在還說「習慣成自然」就是來自這個典故，和孟武伯的提問有關。

這章唯一需要解釋的是「疾」，《說文解字》說是「病」。

另外一個關鍵字在於「其」的意思，這是指示代名詞，意思是「他的」或「他們的」，就要看主詞是誰。

一種解釋指子女，特別是從人際關係上看，孟武伯是孟懿子的兒子，所以該從這個角度出發。東漢王充的《論衡．問孔》〈7〉就說：「武伯善憂父母」，不過我從先秦兩漢文獻中沒有找到相關的記載。這種解釋又分成兩說：一說是子女別讓父母擔心自己的疾病，有要保重自己身體的意思。馬融說：「言孝子不妄為非，唯有疾病然後使父母憂」；皇侃也說：「言人子欲常敬慎自居，不為非法，橫使父母憂也。若己身有疾，唯此一條非人所及，可測尊者憂耳，唯其疾之憂也。」邢昺綜合上面兩位的說法：「子事父母，唯其疾病然後可使父母憂之，疾病之外，不得妄為非法，貽憂於父母也。」《孝經．開宗明義》〈1〉就說過：「身體髮膚，受之父母，不敢毀傷，孝之始也。」這可以算是這種解釋的經典根據。

另一說是子女擔心父母親生病。戴望就說：「孝子於父母有疾，則致其憂。」

另一種解釋指父母，特別是指父母擔憂子女生病。朱子開啟這種解釋：「言父母愛子之心無所不至，唯恐其有疾病，常以為憂也。人子自不容於不謹矣，豈不可以為不孝乎？」不過他認為：「舊說人子能使父母不以其陷於不義為憂，而獨以其疾為憂，乃可謂孝。亦通。」

其實這兩種解釋的差異並不大，都是父母擔憂子女生病，只是多加了別讓父母擔憂，所以為人子女的要照顧好自己的身體。只有戴望說到子女擔憂父母親生病。這呼應《孝經・紀孝行》〈1〉中提到的孝子五種孝行中的「病則致其憂」。《禮記・曲禮上》〈55〉也說過：「父母有疾，冠者不櫛，行不翔，言不惰，琴瑟不御，食肉不至變味，飲酒不至變貌，笑不至矧，怒不至詈。疾止復故。」這可以補充這章孔子的說法。

所以「依經解經」，兩種說法都是適用的，甚至可以結合來看。如果「依經驗解經」，還未成家而為人子女的人擔心父母親年邁生病，以及成家以後為人父母而擔心自己子女生病的經驗，幾乎人人都有，這種親子之間的相互擔心是人之常情，孔子不可能不知道這樣的事情。所以這章的告誡應該不只是為為人子女孝道論說而已，也是提醒為人父母的人：大家都要好好照顧自己的身體，免得自己的親人擔心受怕。這才是孔子或孔門的孝慈互惠之道。

編《論語》的人特別將父子問孝的兩章放在上下文，顯然有深意：讓後人知道「孝」是雙向（父母→子女；子女→父母），而且是多面向的（接下來兩章還要講孝道）。

後人或者把孝道弄到連暴力和虐待都分不清，或者理直氣壯覺得父母只是一時「性」起而生我，無情也無義，所以子女不必講孝，都是沒有守著「孝的中庸之道」。

附錄

《逸周書・謚法解》〈1〉剛彊理直曰武。威彊叡德曰武。克定禍亂曰武。刑民克服曰武。夸志多窮曰武。

《孔子家語．七十二弟子解》〈40〉叔仲會，魯人，字子期。少孔子五十歲，與孔璇年相比，每孺子之。執筆記事於夫子，二人迭侍左右。**孟武伯**見孔子而問曰：「此二孺子之幼也於學，豈能識於壯哉？」孔子曰：「然。少成則若性也，習慣若自然也。」

《論衡．問孔》〈7〉**孟武伯**問孝，子曰：「父母唯其疾之憂。」武伯善憂父母，故曰「唯其疾之憂」。武伯憂親，懿子違禮。攻其短，答武伯云「父母唯其疾之憂」，對懿子亦宜言「唯水火之變乃違禮」。周公告小才敕，大材略。子游之大材也，孔子告之敕；懿子小才也，告之反略，違周公之志。攻懿子之短，失道理之宜，弟子不難，何哉！

《孝經》〈開宗明義1〉仲尼居，曾子侍。子曰：「先王有至德要道，以順天下，民用和睦，上下無怨。汝知之乎？」曾子避席曰：「參不敏，何足以知之？」子曰：「夫孝，德之本也，教之所由生也。復坐，吾語汝。**身體髮膚，受之父母，不敢毀傷，孝之始也**。立身行道，揚名於後世，以顯父母，孝之終也。夫孝，始於事親，中於事君，終於立身。《大雅》云：『無念爾祖，聿修厥德。』」

——〈紀孝行1〉子曰：「孝子之事親也，居則致其敬，養則致其樂，**病則致其憂**，喪則致其哀，祭則致其嚴。五者備矣，然後能事親。事親者，居上不驕，為下不亂，在醜不爭。居上而驕則亡，為下而亂則刑，在醜而爭則兵。三者不除，雖日用三牲之養，猶為不孝也。」

《禮記．曲禮上》〈55〉**父母有疾**，冠者不櫛，行不翔，言不惰，琴瑟不御，食肉不至變味，飲酒不至變貌，笑不至矧，怒不至詈。疾止復故。

7

子游問孝。子曰：「今之孝者，是謂能養。至於犬馬，皆能有養；不敬，何以別乎？」

> 子游請問〔孔子〕孝道。孔子這麼說：「現在人所謂的孝順，就是能夠奉養父母。可是自己家的狗和馬都是自己養的，如果沒有心存敬意，那麼〔養父母和養犬馬〕有什麼差別呢？」

這章強調「敬」是「孝」的根本。承續著前兩章講孝道。只是前兩章是兩位貴族父子提問，接下來是孔子弟子提問。

「養」的意義因發音不同而有異：念「樣」，是指子女奉養父母；念「仰」，是指父母教養子女。朱子說「養、飲食供奉也。犬馬待人而食，亦若養然」，強調的是子女奉養父母。

這裡的「至於犬馬，皆能有養」一句，邢昺整理出兩種解釋：一說是：「犬以守禦，馬以待勞，皆能有以養人者，但畜獸無知，不能生敬於人，若人唯能供養於父母而不敬，則何以別於犬馬乎？」

這其實是包咸和皇侃的看法；一說是：「人之所養，至於犬馬，同其飢渴，飲之食之，皆能有以養之也。但人養犬馬，資其為人用耳，而不敬此犬馬也。人若養其父母而不敬，則何以別於犬馬乎？言無以別。明孝必須敬也。」我覺得第二說比較合理，也和孟子的說法可以呼應：「餵食牠，但是不愛牠，這是對待豬；愛護牠，卻不尊敬牠，這是對待家畜；送禮之前就應該有恭敬的心。徒具外表形式而沒有內心真情的恭敬，君子千萬不能這樣拘泥於形式。」（《孟子．盡心上》〈37〉）《禮記．祭義》〈4〉也說：「君子生則敬養，死則敬享，思終身弗辱也」，都是強調「敬為孝本」。

子游是孔子弟子，姓言名偃，《孔子家語．七十二弟子解》〈9〉說是魯人，少孔子三十五歲，《史記．仲尼弟子列傳》〈49〉則說是吳人，少孔子四十五歲。他是孔門「文學雙傑」之一（另一位是子夏）（〈先進3〉）。

孔子先說「今之孝者」，這個開頭的「今」字隱含著和「古」相比較，雖然沒明白說出「古之孝者」是怎麼回事，但是從以下的回答中，可以推論出來是和「今之孝者」不同的。恐怕發人深省的是從孔子那個時代，帶有敬意的孝順已經十分罕見了，不是現代人的特色。所以現代人出錢奉養父母就已經算是孝順了，敬與不敬早就是苛求了。特別是現在阿茲海默症（俗稱「老年痴呆症」）的盛行，讓父母親和照顧的人都同受其苦，孝和敬的問題更是讓做子女的為難。相信有親身經驗的為人子女讀到前章和此章，更會感同身受。

我們在〈學而4〉曾經提過曾子奉養父母和曾子的子女奉養他的不同比較（《孟子．離婁上》〈19〉），也許也是促發孔子有這種感嘆的一個原因。這應該不是孔子自己對於伯魚孝行的感嘆，因為史料上並沒有這方面的記載啊！

順便說一下，相關的犬和馬的故事。孔子自己養過狗，狗死的時候他也請子貢將它用「席子」給埋了。那時候他窮，所以沒按規矩來；照規矩，應該要用壞掉的車傘蓋來埋（《孔子家語・子貢問》〈24〉）。所以孔子還是守著一般的習慣，對埋狗也是有著基本的「敬意」。

比較誇張的是《史記・滑稽列傳》〈6〉記載楚莊王的愛馬死掉以後，決定要用大夫之禮來埋葬。大臣都說不可以這樣啊，結果楚莊王怒了，說出「誰反對我就殺誰」的狠話，大家就安靜了。後來「優孟」出現，用反話說葬馬的葬禮要更隆重才對，讓楚莊王聽出了自己的錯誤，就聽從「優孟」的建議，把死馬的肉分給大臣，祭了人的「五臟廟」，來了一個「皆大歡喜」的結局。

現代不少人提倡「動物權」，恐怕對於動物的「敬」和「養」都會和人越來越接近，可能真會到「沒有區別」的地步。如果從「天地萬物一體」，都是「眾生」的一環，似乎能「敬」能「養」也不必去分「天地萬物」誰該比誰高的生存位階問題。特別是有些貓狗之類的「伴侶動物」（許多人已經不稱牠們「寵物」）已經像是「家人」，牠們甚至提供人的情感滿足和安慰的功能，更取代了家暴或情感疏離的夫妻或親子關係所無法提供的情感價值。這恐怕是孔子沒有預想到的發展。

這章蘊含著「敬」為互動雙方帶來的一種相互需要的心理和情感的價值。這也是一個沒有過時的切身問題。

附錄

《禮記・坊記》〈21〉子云：「小人皆能養其親，君子不敬，何以辨？」

《孟子・盡心上》〈37〉孟子曰：「食而弗愛，豕交之也；**愛而不敬**，獸畜之也。恭敬者，幣之未將者也。**恭敬而無實**，君子不可虛拘。」

《禮記・內則》〈48〉曾子曰：「孝子之養老也，樂其心不違其志，樂其耳目，安其寢處，以其飲食忠養之孝子之身終，終身也者，非終父母之身，終其身也；是故父母之所愛亦愛之，父母之所敬亦敬之，至於犬馬盡然，而況於人乎！」

《孔子家語・子貢問》〈24〉孔子之守狗死。謂子貢曰：「路馬死則藏之以帷，狗則藏之以蓋。汝往埋之。吾聞弊帷不棄，為埋馬也；弊蓋不棄，為埋狗也。今吾貧無蓋，於其封也，與之席，無使其首陷於土焉。」

《史記・滑稽列傳》〈6〉優孟，故楚之樂人也。長八尺，多辯，常以談笑諷諫。楚莊王之時，有所愛馬，衣以文繡，置之華屋之下，席以露床，啗以棗脯。馬病肥死，使群臣喪之，欲以棺槨大夫禮葬之。左右爭之，以為不可。王下令曰：「有敢以馬諫者，罪至死。」優孟聞之，入殿門。仰天大哭。王驚而問其故。優孟曰：「馬者王之所愛也，以楚國堂堂之大，何求不得，而以大夫禮葬之，薄，請以人君禮葬之。」王曰：「何如？」對曰：「臣請以彫玉為棺，文梓為槨，楩楓豫章為題湊，發甲卒為穿壙，老弱負土，齊趙陪位於前，韓魏翼衛其后，廟食太牢，奉以萬戶之邑。諸侯聞之，皆知大王賤人而貴馬也。」王曰：「寡人之過一至此乎！為之奈何？」優孟曰：「請為大王六畜葬之。以壟灶為槨，銅歷為棺，齎以薑棗，薦以木蘭，祭以糧稻，衣以火光，葬之於人腹腸。」於是王乃使以馬屬太官，無令天下久聞也。

《孟子・離婁上》〈19〉曾子養曾晳，必有酒肉。將徹，必請所與。問有餘，必曰：「有。」曾晳死，曾元養曾子，必有酒肉。將徹，不請所與。問有餘，曰：「亡矣。」將以復進也。此所謂養口體者也。若曾子，則可謂養志也。事親若曾子者，可也。

8

子夏問孝。子曰：「色難。有事弟子服其勞，有酒食先生饌，曾是以為孝乎？」

〔孔子弟子〕子夏請問孔子孝道該如何做。孔子這麼說：「〔為人子女〕要能根據父母的臉色變化而〔隨時隨地都保持〕和顏悅色〔來侍奉雙親〕是很難做到的。〔可是，〕如果雙親有需要幫忙做事的時候，當子女的能夠幫上忙，有吃喝的食物先讓雙親吃喝，難道這就算是孝道嗎？」

這章輪到另外一位弟子請問孔子孝道。

「色」——皇侃說是「父母顏色也，言為孝之道必須承順父母顏色」。「色難」，包咸說是「承順父母顏色乃為難也」；朱子說是「事親之際，惟色為難也」。

「有事」——皇侃說是「役使之事也」。

「弟子」——皇侃說是「為人子弟者也」。

「服」——皇侃說是「執持」；戴望說是「任」；劉寶楠引用《說文解字》說「用」，引用《爾雅・釋詁》〈36〉說是「事」。

「勞」——皇侃說是「勞苦」；劉寶楠引用《說文解字》說是「劇」，又引用《爾雅・釋詁》〈72〉說是「勤」。

「食」——朱子說是「飯」。

「先生」——馬融、皇侃、邢昺和朱子都說是「父兄」；戴望和劉寶楠都說是「長者」。

「饌」——馬融說是「飲食之也」，邢昺說是「飲食」。

「曾」——皇侃和朱子都說「猶嘗也」；邢昺說「猶則也」。

子夏問孝道在子游之後出現，應該有著師門弟子長幼順序的意涵在內。如果是根據《孔子家語・七十二弟子解》〈9〉的年齡記載，子游就比子夏大九歲；但是根據《史記・仲尼弟子列傳》〈49〉，子游比子夏小一歲；不過，司馬遷也是先談子游再談子夏。子游和子夏同列名孔門的「四科十哲」的「文學」（不是今天所講的「文學」）中（〈先進3〉），而且身後都一起躋身在孔廟大成殿裡。有趣的是：孔門「德行」列了四個人，卻都沒人向孔子問孝。倒是「德行四傑」中的閔子騫被孔子誇過「孝哉」（〈先進5〉），其他三位都被認為有「德行」，但都沒有「孝行」的記載。讓我想到孔門的「德行」難道和「孝」無關嗎？可是有子不是說過「孝弟也者，其為仁之本與」（〈學而2〉）（或者毓老師後來簡稱的「孝為德本」）？這又是為什麼？

孔老夫子這裡也是從孝的難處說起。「色難」的主詞有兩解：一解認為是「父母」，意思就是「兒女要看父母的臉色來行孝道」，朱子之前的古注都這麼主張；一解認為是「子女」，意思就是

「兒女侍奉父母的臉色」。從來沒有人從雙方的臉色互動來解，真是奇怪。古代父母和天地同樣有權威，所以要看父母的臉色行孝是很自然的解釋，很多古裝戲中父母也以這樣的臉色來展現自己的權威，做子女的很少敢抗命。不孝的罪名是擔待不起的啊！可是等父母年老時，子女對待老年父母的臉色也就成為另一個「色難」的問題。孟子早就說過曾子對待自己的父親曾晳就是面面俱到，被孟子誇為是「養志」，而曾子的兒子曾元侍奉曾子時，就一代不如一代，被孟子嘆為「養口體」（《孟子・離婁上》〈19〉）。《禮記・祭義》〈11〉中也呼應這章的說法：「孝子之有深愛者，必有和氣；有和氣者，必有愉色；有愉色者，必有婉容。孝子如執玉，如奉盈，洞洞屬屬然，如弗勝，如將失之。嚴威儼恪，非所以事親也，成人之道也。」《呂氏春秋・孝行覽》〈孝行7〉也說到：「養有五道：修宮室，安床笫，節飲食，養體之道也。樹五色，施五采，列文章，養目之道也。正六律，龢五聲，雜八音，養耳之道也。熟五穀，烹六畜，龢煎調，養口之道也。龢顏色，說言語，敬進退，養志之道也。此五者，代進而厚用之，可謂善養矣。」這又比這章所說的更擴大了孝子養親的範圍。

從現代社會的情況看，「色難」應該是對父母和子女的雙向要求，也就是說，父母和子女彼此都應該在非言語的溝通上「和顏悅色」，並且在言語互動上「好聲好氣」。這是雙方都應該有的警覺。不然，如果子女一副不耐煩的模樣，就算幫父母做事和給飯吃，父母怎麼高興得起來呢？脾氣壞一點的父母恐怕會出聲說：「不想做就拉倒，別給老子（或老娘）顏色（或臉色）看！」脾氣好一點的恐怕會自卑地覺得「自己活著真是子女的累贅，不如早點走掉算了」！老人自殺的悲劇恐怕都有著這樣的心理。

如果碰到有阿茲海默症的父母，面對已經不能自主控制行為和表情的父母，做子女的真能感覺到

「色難」的困境。這時候如果沒有朋友或是社會制度（醫療收容或日間照護）的幫忙，恐怕會產生比「色難」更大的問題。這不是「強顏歡笑」可以解決的問題。

將這一章和上一章比較起來看，「色難」和「敬」同樣都講「發自內心的真誠感受配合了外在禮節的約束」，也就是《禮記・中庸》〈1〉所說的「中和」：「喜怒哀樂之未發謂之中，發而皆中節謂之和」，強調子女盡孝要在心裡和行為上表現出「內外合一」，免得被罵「豬八戒照鏡子，裡外不是人」。

對於孔子在這四章中「問同而答異」，皇侃引用三國時代王弼（二二六－二四九）的解釋是「或考其短，或矯其失，或成其志，或說其行」；朱子引用程子的說法：「告懿子，告眾人也；對武伯者，以其人多可憂之事；子游能養而或失於敬，子夏能直義而或少溫潤之色。各因其才知高下與所失而告之，故不同也。」這也是孔子「因材施教」的具體展現。

順便提一下，子夏和子游這兩個問孝的孔門弟子曾經鬥過嘴，從其中可以看出子夏對門人的訓練方式好像是這裡的「有事弟子服其勞」，可是子游認為這是枝微末節，完全沒有掌握孔門主旨（〈子張12〉）。而這兩位前輩的弟子又都被荀子罵為「賤儒」（《荀子・非十二子》〈17〉）：「正其衣冠，齊其顏色，嗛然而終日不言，是子夏氏之賤儒也；偷儒憚事，無廉恥而耆飲食，必曰君子固不用力：是子游氏之賤儒也。」好像荀子也認為兩位都沒掌握到孔門要旨。所以，讓我不禁懷疑：「孔門要旨」到底是什麼呢？誰才算真得「孔門真傳」呢？

孔子這章說「曾是以為孝乎？」顯然是不同意這樣就是「孝」。那怎樣才是呢？孔子也許該說清楚。會不會大家都掌握不到「孔門要旨」，正是因為孔子從來都沒說清楚呢？

下一章，這個能掌握孔門要旨的人要登場了！

附錄

《孟子．離婁上》〈19〉孟子曰：「事孰為大？事親為大；守孰為大？守身為大。不失其身而能事其親者，吾聞之矣；失其身而能事其親者，吾未之聞也。孰不為事？事親，事之本也；孰不為守？守身，守之本也。曾子養曾皙，必有酒肉。將徹，必請所與。問有餘，必曰『有』。曾皙死，曾元養曾子，必有酒肉。將徹，不請所與。問有餘，曰『亡矣』。將以復進也。此所謂養口體者也。若曾子，則可謂養志也。事親若曾子者，可也。」

《禮記．祭義》〈11〉孝子之有深愛者，必有和氣；有和氣者，必有愉色；有愉色者，必有婉容。孝子如執玉，如奉盈，洞洞屬屬然，如弗勝，如將失之。嚴威儼恪，非所以事親也，成人之道也。

《禮記．中庸》〈1〉天命之謂性，率性之謂道，修道之謂教。道也者，不可須臾離也，可離非道也。是故君子戒慎乎其所不睹，恐懼乎其所不聞。莫見乎隱，莫顯乎微。故君子慎其獨也。喜怒哀樂之未發，謂之中；發而皆中節，謂之和；中也者，天下之大本也；和也者，天下之達道也。致中和，天地位焉，萬物育焉。

《荀子．非十二子》〈17〉弟陀其冠，神禫其辭，禹行而舜趨：是子張氏之賤儒也。正其衣冠，齊其顏色，嗛然而終日不言，是子夏氏之賤儒也。偷儒憚事，無廉恥而耆飲食，必曰君子固不用力：是子游氏之賤儒也。彼君子則不然：佚而不惰，勞而不侵，宗原應變，曲得其宜，如是然後聖人也。

9

子曰：「吾與回言終日，不違如愚。退而省其私，亦足以發。回也，不愚。」

> 孔子這麼說過：「我跟顏回說了一整天話，〔他〕一句話都不回應，像個傻子。等他回去，〔我〕觀察他的私下行為，發現他對我的教誨能有所應用發揮。〔這樣看來，〕顏回並不是個傻子。」

這章是孔門第一的顏回初登場。孔子對他的第一印象並不太好。

這段話有個「斷句」的問題：一種是「吾與回言，終日不違，如愚。」；一種是「吾與回言終日，不違，如愚。」儘管「斷句」不同，意思卻沒有不同。

「終日」——劉寶楠說是「竟日」。

「違」——劉寶楠說是「有所違難也」；「不違」，孔安國說是「無所怪問」；邢昺說「猶怪問也」；朱子說是「意不相背，有聽受而無問難也」；戴望說是「言其聽而弗問，若幼者也」；劉寶楠說是「似不解夫子之言」。

「愚」——皇侃說是「不達之稱」，邢昺說是「無智之稱」。「如愚」，戴望說是「容貌如愚然」。

「退」——戴望說是「還、歸」。

「省」——皇侃說是「視」。

「私」——朱子說是「燕居獨處，非進見請問之時」；「其私」，皇侃說「謂顏私與諸朋友談論也」；戴望說是「與二三子群居時也」。

「發」——皇侃說是「發明義理」；朱子說是「發明所言之理」；戴望說是「明」。

顏回，字子淵，也被稱為顏淵，魯國人，小孔子三十歲（《孔子家語・七十二弟子解》〈1〉和《史記・仲尼弟子列傳》〈3〉）。據說他二十九歲頭髮就全白了，三十一歲過世（不過，如果真是小孔子三十歲，又在孔子七十二歲過世的前兩年過世（西元前四八一年），年齡應該是四十左右才對；如果三十一歲過世是正確的，那麼他就小孔子四十歲左右）。他算是孔門第一弟子，列名「孔門四科」中「德行」第一位，也是孔子最鍾愛的弟子。孔子曾經說過：「自從顏回進到我的門下，同學之間的感情都越來越好。」（《孔子家語・七十二弟子解》〈1〉和《史記・仲尼弟子列傳》〈6〉），可見他在孔門中的地位也是深受同學的愛戴。孟子時代的公孫丑，甚至聽說過有人稱他和冉牛及閔子騫都是「具體而微」的孔子（《孟子・公孫丑上》〈2〉）。可是這麼一位重要的孔門弟子為什麼要到這一章才現身，《論語》的編輯者在想什麼呢？

這則可能是孔子剛認識顏回，不太了解這個學生的狀況，所以跟他說了一整天的話，可是卻沒見這個學生答腔。雖然孔子沒有多描述顏回的聽講狀況，我們可以從經驗上推論，他大概是認真的聽著，恐怕像個傻子一樣有著聞道而喜的微笑〔令人聯想到「迦葉尊者」聽佛陀說法而拈花微笑的典故〕，求知若渴，沒有分神，也沒打瞌睡〔聯想到宰予「晝寢」的故事〕，是一個老師可以想像得到的最認真學習的學生（〈先進4〉）。可是，這樣只聽不問，是老師都會覺得不對勁，心中起疑：「這個新同學是不是個傻子？」能這樣懷疑，當然就可以證明孔子還不認識顏回。天長日久之後，孔子有一天就感嘆顏回的好學不惰（〈子罕20〉）。可惜，顏回這種不問問題的狀態被後代學子都學到十分，所以都不愛問問題，怕同學笑，怕老師罵，難道就不怕自己學不到老師要教的深意嗎？

可是這也不能全怪學生。看看古注把「不違」當成「無所怪問」，就會讓同學怕因為被認為自己的問題是「怪問」，望而卻步。這樣的古注，實在讓人產生不了正能量，應當捨棄。我剛到美國念研究所，學到的第一件事就是沒有什麼「笨問題」，「要發問才表示您在努力學習」，「要發問才表示您有學習」，「不發問就是沒有學習」。這還真是和中華文化「不發問才是尊重老師」的精神大相逕庭。當學生的時候怕沒念書被老師發現，就都躲著不敢發問，以顏回為榜樣。當了老師，喜歡上也承傳了美國老師的作風。可是學生還是「不問如愚」。後來鼓勵他們用匿名的方式書面提問，總算有點效果。後來我有關愛情的演講也多從聽眾提出匿名書面問題當成整場的進行方式，效果一直不錯。

孔子大概也不喜歡學生不發問，所以看到顏回的「不違」，就覺得他「如愚」（像個「傻子」）。「如」只是外表看起來像，並不真「是」。用英文表述的話，「如」是「as if」，「是」是「is」。其實，閱人無數的孔子大概也猜到顏回是個「大智若愚」的學生。

孔子真正評過「愚」的弟子，是跟顏回同年齡的「高柴」（〈先進18〉）。他也曾拿「上智」和「下愚」對舉，說明這兩種人都一樣「不移」（很難改變）（〈陽貨3〉）。可是他還是強調要「學」才能除

「蔽」，在〈陽貨8〉中他跟子路提到的「六言六蔽」中就有「好仁不好學，其蔽也愚」一句話，大概就是說「如果不學的話，光有善心待人，也只是個濫好人」吧？這個「愚」不是「智力」方面的，而是「道德」方面的。這部分孔子還比較過古今人「愚」的不同（〈陽貨16〉）。另外還有一層是「外在行為方面的愚」，他就用「明貶暗褒」的方式說過「甯武子」：「甯武子邦有道則知，邦無道則愚。其知可及也，其愚不可及也」（〈公冶長21〉）。這也是「大智若愚」。外在情勢不對，我們姓孫的祖先（孫臏）也裝瘋賣傻來度過險惡的環境。「裝瘋賣傻」是比「愚」還要更低的境界吧！有時候被逼到看似絕境，其實別有天地。

「退而省其私」，沒有主詞，應該還是連著上面的「吾」來說的，所以應該是「孔子」在公開場合以外偷偷「省」察顏回的表現，而不是顏回自己回去反「省」。「私」，朱子解釋是「燕居獨處，非進見請問之時」。可是自己獨處的話，怎麼「亦足以發」（可以發揮所學）？誰看到了？應該是顏回私下和同門相處之時可以發揮老師的教誨，和學長們切磋琢磨，和大家共勉才對吧？顏回是孔門中的凝著劑，這個第一名不是孤高自賞而被同門討厭的那種第一名。

由於以上的考察，孔子的結論是「回也，不愚」。那麼，「不愚」的人被看成「如愚」，真正「愚」的人又是誰呢？孔子是不是在這裡自嘲了一下？我好像可以看到孔子嘴角得意地上揚。這也是為什麼後來魯哀公（〈雍也3〉）和季康子（〈先進7〉）同樣問到「弟子孰為好學」時，孔子都哀傷地說「有顏回者好學」。他回想起這位「不遷怒、不貳過」的弟子當初的「不違如愚」，真是感傷的回憶啊！

這章是孔子對顏回的第一印象，而這個「不違如愚」的顏回對老師則有著極高的崇敬：「仰之彌高，鑽之彌堅；瞻之在前，忽焉在後。夫子循循然善誘人，博我以文，約我以禮。欲罷不能，既竭吾才，如有所立卓爾。雖欲從之，末由也已。」（〈子罕11〉）。師生之間的感情融洽，於此可見一斑。而身為學弟的曾子對於這位讓孔門門人關係越來越融洽的學長也有著美好的回憶：「以能問於不能，以多問於寡；有若無，實若虛，犯而不校，昔者吾友嘗從事於斯矣。」（〈泰伯5〉）這真是孔門的最美氣象。

孔子喜歡顏回，所以跟顏回一說話就是一整天。對比之下，孔子有次對子貢說過「予欲無言」。孔子這樣對學生，一個和他講不停，一個卻不想和他講。這其中如果不是偶然，就大有文章。

孔子是怎麼考察顏回，或是其他學生的呢？且聽下章分解。

附錄

《孔子家語・七十二弟子解》〈1〉顏回，魯人，字子淵。少孔子三十歲，年二十九而髮白，三十一，早死。孔子曰：「自吾有回，門人日益。」回以德行著名，孔子稱其仁焉。

《史記・》〈仲尼弟子列傳3〉顏回者，魯人也，字子淵。少孔子三十歲。——〈6〉回年二十九，發盡白，蚤死。孔子哭之慟，曰：「自吾有回，門人益親。」

《孟子・公孫丑上》〈2〉〔公孫丑曰：〕「昔者竊聞之：子夏、子游、子張皆有聖人之一體，冉牛、閔子、顏淵則具體而微。敢問所安。」

10

子曰：「視其所以，觀其所由，察其所安。人焉廋哉？人焉廋哉？」

孔子說過：「先看看他怎麼做事，再仔細看看他的做事動機，最後仔細查考他做這些事的結果是否能讓自己和別人都安心。〔這樣考察下來，〕他還有什麼可以隱藏的呢？他還有什麼可以隱藏的呢？」

這章是孔子教學生怎麼了解一個人。這章可能就是延續著上一章孔子觀察顏回私下的言行以及教學多年的經驗所傳授的「心法」。

「視」——《說文解字》說「瞻」；《爾雅．釋詁》〈89〉的同義字有「監，瞻，臨，涖，頫，相」；《釋名．釋姿容》〈26〉說是「是也，察是非也」；皇侃說是「直視」。

「其」——皇侃說是「其彼人也」，也就是所觀察的那個人。

「以」——何晏、皇侃和邢昺都說是「用」；朱子說是「為」。

「觀」——《說文解字》說是「諦視」；《爾雅・釋言》〈17〉說是「觀，示也」；皇侃說是「廣瞻」。

「由」——何晏和邢昺都說是「經」；皇侃說是「經歷」；朱子說是「從」或「行」。

「察」——《爾雅・釋詁》〈130〉：「察，審也」；《說文解字》：「察，覆也」；皇侃說是「心懷忖測之也」和「沉吟用心忖度之也」。

「安」——皇侃說是「意氣歸向之也」，朱子說是「所樂也」。

「焉」——皇侃和邢昺都說是「安」；朱子說是「何」。

「廋」——孔安國、皇侃、邢昺和朱子都說是「匿」。

孔子在這裡提到了三個由淺入深的層次：「視」→「觀」→「察」。我們現在「視察」和「觀察」都合用習慣了，恐怕一時難「察」其中的奧妙所在。

「視」和「觀」的區別見於《春秋穀梁傳》〈隱公五年〉：「常視曰視，非常曰觀。」「視」強調眼睛看得到的當下狀況；「觀」則要進一步考量眼前看不到的這個人的過去經歷；「察」更是進一步要考察更隱微的價值觀或終極關懷之所在。古注大體上都注意到三個層次是由淺入深的階序。蔣伯潛總結得很好：「先看他所做的事的善惡；更進一步，詳觀他做這件事的因由；再進一步，細察做了這件事的他是否安心樂意。」不過，他這裡只強調「行」，沒有提到「言」，有點可惜。也許因為上一章記載顏淵不講話，所以孔老夫子也只好「觀行」而無法「聽言」。

有時，孔子只用「察」一個字來綜合表達這裡「視→觀→察」的三個步驟：他在〈衛靈公28〉就強調：「眾惡之，必察焉；眾好之，必察焉。」當政者還是要有一個清楚明白的理性判斷（也就是

「察」），不可只靠大多數民意辦事，這可以避免現代民主社會的不理性民粹主義。

有時，孔子「察」和「觀」並舉，也是綜合表達此處的三種過程：他在回答子張問「達」的意思的時候，就回答過其中要「察言而觀色」（〈顏淵20〉），不能只聽別人說的話就相信。他自己也承認，剛開始的時候他就是「聽其言而信其行」，後來碰到了孔門言語科的宰我之後，發現這樣是行不通的，所以提醒自己和告誡學生要「聽其言而觀其行」（〈公冶長10〉），要言行一併考量才是識人的比較周全的辦法。後來《禮記．禮器》〈25〉又補充「欲察物而不由禮」也是行不通的，也就是要考察這人的行為是否符合社會規範。這和孔子重視「禮」的精神是一脈相承的。另外，《禮記．喪服四制》〈12〉也說：「仁者可以觀其愛焉，知者可以觀其理焉，強者可以觀其志焉。禮以治之，義以正之，孝子弟弟貞婦，皆可得而察焉」，這更是明白說出觀察不同人物德行的指標。

另外一個問題就是「視」→「觀」→「察」的對象，分別是「以」、「由」、「安」。

古人都認為是從外表的行為到內心世界的不同順序，也就是從看得到的地方去推測看不到的地方。我覺得應該是從一個人做事來觀察他的「初心」（動機或理由）和行為結果的考量。特別是「安」，皇侃認為是「意氣歸向之」，朱子說是「所樂也」，似乎都只有個人修身的考量，而沒有孔子說的「仁者安仁」（〈里仁2〉）、「老者安之」（〈公冶長26〉）或者是「修己安人」和「修己以安百姓」（〈憲問42〉）這種更大的懷抱。所以，這裡的「安」，不僅要能「己安」，也要「人安」，「天下安」；要自己好，也要別人好。這也是德國二十世紀初期社會學家韋伯強調「心志倫理」（強調行為的純正動機）和「責任倫理」（強調可預見的社會後果）的分野，特別是管理眾人之事的人要肩負起「責任倫理」。這章的「安」，似乎也暗合這樣的想法。

最後一句的「人焉廋哉」就更沒有疑義。孔子連說兩遍，並不是老人愛嘮叨，而是耳提面命，除了教學生觀人術之外，也期許學生不要「沒有偏要裝成有」，可以自欺，但欺騙不了人的。「人之視己如見其肺肝然」（《禮記．大學》〈3〉），別人早將你看透了，只有你自己還不知道。

孔子的私淑弟子孟子也有和他偶像不同的觀人法：除了聽話，還要配合上看「眼睛（所發出的眼神）」，這個西方人稱為「靈魂之窗」的所在。孟子說：「沒有比眼神更能看出一個人。眼神不會掩蓋心中擁有的惡念；如果心中存有正念，眼神就是明亮的；如果胸中沒有正念，眼神就是躲閃的。聽一個人說的話，再配合上看他的眼神，這樣他的心意是沒法躲藏的。」（《孟子．離婁上》〈15〉）最後一句顯然是學他的偶像孔子說的話，只不過孔子講兩遍，自稱「不得已才好辯」的孟子只講了一遍。最詳盡的恐怕要算是周公的觀人術，因為文字太長了，各位可以參考附錄中的《逸周書．官人解》。

毓老師以前也教我們三國時期劉劭的《人物志》和曾國藩（一八一一—一八七二）的《冰鑑》，希望同學將來做人做事都學會識人，才能擔當重責大任。我自認器小，不會用上，就沒好好學。現代美國心理學家艾克曼（Paul Ekman）更利用臉部肌肉的牽動知識來探究人說話或是表情和他的內心真意之間的關係。這應該是更細緻、更科學的觀人術。不過，再怎麼科學的觀人術，都會有讓人看走眼的時候。有些人的內心複雜程度，恐怕不是那麼容易被看穿的。

話說回來，我們只要內心存著修己安人的正道，別人內心如何，恐怕也不必去計較吧？

最後順便提一下，孔子對宰我的「千古罵名」，讓當學生的人常誤以為孔子極度討厭這個學生到不想和他共處一室。所以每次我讓學生去參觀孔廟時，都要學生找一下到底「宰我」的神位被放在哪裡？讓學生知道，老師就算罵學生，也不代表老師不想再見到你，老師還是希望把學生帶在身邊，再以身教試試看。孔子大概也是服膺我常說的「一日為師，終身服務」。難怪被尊為「萬世師表」！大哉孔子！

附錄

《禮記》〈禮器25〉君子曰：無節於內者，觀物弗之察矣。欲察物而不由禮，弗之得矣。故作事不以禮，弗之敬矣。出言不以禮，弗之信矣。故曰：「禮也者，物之致也。」

——〈喪服四制12〉仁者可以觀其愛焉，知者可以觀其理焉，強者可以觀其志焉。禮以治之，義以正之，孝子弟弟貞婦，皆可得而察焉。

——〈大學3〉所謂誠其意者，毋自欺也，如惡惡臭，如好好色，此之謂自謙，故君子必慎其獨也！小人閑居為不善，無所不至，見君子而後厭然，掩其不善，而著其善。**人之視己，如見其肺肝然**，則何益矣！此謂誠於中，形於外，故君子必慎其獨也。曾子曰：「十目所視，十手所指，其嚴乎！」富潤屋，德潤身，心廣體胖，故君子必誠其意。

《孟子．離婁上》〈15〉孟子曰：「存乎人者，莫良於眸子。眸子不能掩其惡。胸中正，則眸子瞭焉；胸中不正，則眸子眊焉。聽其言也，觀其眸子，人焉廋哉？」

《大戴禮記．文王官人》〈20〉聽其聲，處其氣，考其所為，觀其所由，察其所安；以其前占其後，以其見占其隱，以其小占其大。此之謂『視中』也。

《逸周書．官人解》〈1〉王曰：「嗚呼！大師，朕維民務官，論用有徵，觀誠考志，視聲觀色，觀隱揆德，可得聞乎？」周公曰：「亦有六徵。嗚呼！乃齊以揆之。一曰富貴者觀其有禮施，貧賤者觀其有德守，嬖寵者觀其不驕奢，隱約者觀其不懾懼，其少者觀其恭敬好學而能悌，其壯者觀其廉潔務行而勝私，其老者觀其思慎彊，其所不足而不踰。父子之閒觀其孝慈，兄弟之閒觀其和友，君臣之閒觀其忠惠，鄉黨之閒觀其信誠。省其居處，觀其義方，省其喪哀，觀其貞良，省其出入，觀其交友，省其交友，觀其任廉。設之以謀以觀其智，示之以難以觀其勇，煩之以事以觀其治，臨之以利以觀其不貪，濫之以樂以觀其不荒，喜之以觀其輕，怒之以觀其重，醉之酒以觀其恭，從之色以觀其常，遠之以觀其不二，昵之以觀其不狎，復徵其言以觀其精，曲省其行以觀其備，此之謂觀誠。二曰方與之言以觀其志，志殷以淵，其氣寬以柔，其色儉而不諂，其禮先人，其言後人，見其所不足，曰日益者也。好臨人以色，高人以氣，賢人以言，防其所不足，發其所能，曰日損者也。其貌直而不止，其言正而不私，不飾其美，不隱其惡，不防其過，曰有質者也。其貌曲媚，其言工巧，飾其見物，務其小證，以故自說，曰無質者也。喜怒以物而色不變，煩亂以事而志不淫，深導以利而心不移，臨攝以威而氣不卑，曰平心而固守者也。喜怒以物而心變易，煩亂以事而志不治，導之以利而心遷移，臨攝以威而氣慄懼，曰鄙心而假氣者也。設之以物而數決，敬之以卒而度應，不文而辯，曰有慮者也。難決以物，難說以言，守一而不可變，困而不知止，曰愚依人也。營之以物而不誤，犯之以卒而不懼，置義而不可遷，臨之貨色而不過，曰果敢者也。易移以言，志不能固，已諾無決，曰弱志者也。順予之弗為喜，非奪之弗為怒，沈靜而寡言，多稽而險貌，曰質靜者也。屏言而弗顧，自順而弗讓，非是而彊之，曰妒誣者也。微而能發，察而能深，寬順而恭儉，溫柔而能斷，果敢而能屈，曰志治者也。華廢而誣，巧言令色，皆以無為有者也。此之謂考志。三曰誠在於中，必見諸外，以其聲，處其氣，氣初生物，物生有聲，聲有剛柔清濁，好惡咸發於聲。心氣華誕者，其聲流散，心氣順信者，其聲順節，心氣鄙戾者，其聲醒醜，心氣寬柔者，其聲溫和。信氣中易，義氣時舒，知氣簡備，勇氣壯力。聽其聲，處其氣，考其所為，觀其所由，以其前，觀其後，以其顯，觀其隱，以其小，占其大，此之謂視聲。四曰民有五氣，喜、怒、欲、懼、憂。喜氣內蓄，雖欲隱之，陽喜必見，怒氣內蓄，雖欲隱之，陽怒必見，欲氣、懼氣、憂悲之氣，皆隱之，陽氣必見。五氣誠於中，發形於外，民情不可隱也。喜色猶然以出，怒色薦然以侮，欲色嫗然以愉，懼色薄然以下，憂悲之色瞿然以靜。誠智必有難盡之色，誠仁必有可尊之色，誠勇必有難懾之色，誠忠必有可新之色，誠潔必有難污之色，誠靜必有可信之色。質浩然固以安，偽蔓然亂以煩，雖欲改之，中色弗聽，此之謂觀色。五曰民生則有陰有陽，人多隱其情，飾其偽，以攻其名。有隱於仁賢者，有隱於智理者，有隱於文藝者，有隱於廉勇者，有隱於忠孝者，有隱於交友者，如此，不可不察也。小施而好德，小讓而爭大，言願以為質，偽愛以為忠，尊其得以攻其名，如此，隱於仁賢者也。前總唱功，慮誠弗及，佯為不言，內誠不足，色示有餘，自順而不讓，措辭而不遂，此隱於智理者也。動人以言，竭而弗終，問則不對，佯為不窮，貌而有餘，假道而自順，因之□*初，窮則託深，如此，隱於文藝者也。□言以為廉，矯厲以為勇，內恐外誇，亟稱其說，以詐臨人，如此，隱於廉勇者也。自事其親而好以告人，飾其見物，不誠於內，發名以事親，自以名私其身，如此，隱於忠孝者也。比周以相譽，知賢可徵而左右不同而交，交必重己，心悅而身弗近，身近而實不至，懼不盡，見於眾而貌克，如此，隱於交友者也。此之謂觀隱。六曰言行不類，終始相悖，外內不合，雖有假節見行，曰非誠質者也。言忠行夷，爭靡及私，施弗求多，情忠而寬，貌莊而安，曰有仁者也。事變而能治，效窮而能達，措身立方而能遂，曰有知者也。少言以行，恭儉以讓，有知而言弗發，有施而心弗德，曰謙良者也。微忽之言，久而可復，幽閒之行，獨而弗克，其行亡如存，曰順信者也。貴富恭儉而能施，嚴威有禮而不驕，曰有德者也。隱約而不懾，安樂而不奢，勤勞而不變，喜怒而有度，曰有守者也。直方而不毀，廉潔而不戾，彊立而無私，曰有經者也。虛以待命，不召不至，不問不言，言不過行，行不過道，曰沈靜者也。忠愛以事親，驩以敬之，盡力而不固，敬以安之，曰忠孝者也。合志而同方，共其憂而任其難，行忠信而不疑，跡隱遠而不舍，曰交友者也。志色辭氣，其入人甚俞，進退工故，其與人甚巧，就人甚速，叛人甚易，曰位志者也。飲食以親，貨賄以交，接利以合，故得望譽征利而依隱於物，曰貪鄙者也。質不斷，辭不至，少其所不足，謀而不已，曰偽詐者也。言行亟變，從容克易，好惡無常，行身不篤，曰無誠者也。少知而不大決，少能而不大成，規小物而不知大倫，曰華誕者也。規諫而不類，道行而不平，曰竊名者也。故曰事阻者不夷，時□者不回，面譽者不忠，飾貌者不靜，假節者不平，多私者不義，揚言者寡信，此之謂揆德。」

＊編注：□為原典闕文，下同。

11

子曰：「溫故而知新，可以為師矣。」

孔子說過：「對古人的智慧懷有溫情（和敬意），就能夠增長我們面對新事物時該有的智慧，這樣（以古人智慧啟發我們現代人的智慧）才算得上是師道啊！」

這章講的是為師之道。

「溫」——何晏和邢昺都說是「尋」；皇侃說是「溫燖」，也說兼有「尋繹」和「燖煖」之義；朱子說是「尋繹」；黃式三說是「燂（音錢）溫也」，又補充說：「凡物將寒而重熱之」；戴望說「猶畜也」。

「故」——皇侃說是「所學已得之事也」；朱子說是「舊所聞」；黃式三說是「古也，已然之跡」；戴望說是「古昔之事」。

「新」——皇侃說是「及時所學新得者也」；朱子說是「今所得」；黃式三說是「今也，當時之事」；戴望說是「新王之法」。

《論語》中「溫」字單獨出現過不少次，但都是指態度上的，沒有古人強調的「重溫」的意思（〈學而10〉、〈述而38〉、〈季氏10〉和〈子張9〉），所以我才大膽地認為是一種對「故」的「溫情與敬意」（錢穆先生《國史大綱》序中語）的態度，也就是毓老師一直強調的今人對古人智慧應有的態度。

《論語》中出現「故」時，多半當副詞用，是「因此」的意思。不過和這裡顯然無關。有人將死去的人稱為「故人」，可是「故人」也有「老朋友」的意思，並不一定指死去的人。否則，唐朝孟浩然的〈過故人莊〉的「故人具雞黍，邀我至田家」就有《聊齋誌異》的氛圍了。民初章炳麟（章太炎）的《國故論衡》，應該也是指中華固有的學問，而應該沒有「死學問」的涵義才是吧！

「新」的意思很清楚。毓老師就一直強調「與時偕行」的重要性。他最常講的一句話就是：「因不失其新」（〈學而13〉本作「因不失其親」，毓老師覺得「新」比較有正能量），也常引用《禮記．大學》〈6〉中的「苟日新，日日新，又日新」；「周雖舊邦，其命惟新」；「君子無所不用其極」這幾句話（毓老師常將「君子無所不用其極」和「無入而不自得」（《禮記．中庸》〈14〉）一起講，好像這兩句話天生是一對的。這兩句也都是很有正能量的話，我年輕時聽來就一直覺得應該自強不息）。

《論語》中將「故」和「新」對舉的，只有此章。古注的解釋也有著明顯的「新故不同」。唐朝的李翱就認為孔子稱讚子貢的「告諸往而知來者」（〈學而15〉）就是溫故知新。皇侃則認為此章搭配〈子張5〉：「月無忘其所能」是「溫故」，「日知其所亡」是「知新」。劉寶楠則認為「人於所學能時習之」（〈學而1〉）就是「溫故」。

漢朝的注釋家都認為「溫故而知新」是講「要知古，也要知今」這樣的歷史和當代意識並重。

「故」就是「古」，「已然之跡」；「新」就是「今」，「當時之事」。

皇侃則不採用這種古今歷史說，而轉向自己的學習歷程。朱子遵循皇侃的路線。蔣伯潛一九四一年出版的《語譯廣解四書讀本》（毓老師愛用版本）則用中西文化來分別解釋「故」和「新」：「在今日言之，則我國固有之文化道德為『故』，世界各國日新月異之事物哲理為『新』。」這些多少都反映出時代背景的因素。我覺得毓老師常說的「以古人智慧啟發我們智慧」，就是「溫故而知新」的最佳注解。

「可以為師矣」的「可以」是指「到達門檻，但還有努力的空間」。《論語》中的「師」常常指的是當時的「樂師」。「師」當成「老師」的意思大概只有〈述而22〉的「三人行，必有我師焉」；〈衛靈公36〉「當仁不讓於師」；和〈子張22〉的「夫子焉不學？而亦何常師之有？」。

孟子也指出許多人的毛病都是太愛給人當老師提意見：「人之患在好為人師」（《孟子．離婁上》〈23〉）。

被朱子列為《四書》的《禮記．中庸》〈28〉也提過「溫故而知新」，不過不是講「師」，是「君子」的幾種德性之一：「君子尊德性而道問學，致廣大而盡精微，極高明而中庸。溫故而知新，敦厚以崇禮」，特別是在「溫故而知新」之外，還要「敦厚以崇禮」。這是孔子想法的更完整說明。

東漢王充的《論衡》也數度感嘆當時的儒生已經不能「溫故而知新」，所以無資格稱得上是個「師」（〈謝短7〉、〈別通6〉和〈正說19〉）。他認為當時的儒生都只知其一：「夫知古不知今，謂之陸沉……夫知今不知古，謂之盲瞽。」這樣的人是絕不能為人師的。可是，試想想，這難道是東漢時期儒生的問題而已嗎？

我的「論語日記」從古注出發，參酌前輩的看法和毓老師的教誨，然後配合當代事務的考察，這也有著「溫故而知新」的意思！至於為師與否，就不敢說了！

最後提醒一下，孔子對「師生」的關係討論不多，孟子說的「五倫」（父子、夫婦、長幼、君臣、朋友），也缺少「師生」這一倫。這是相當可惜的。有興趣多了解古人對於師道的討論，可以參考附錄中《禮記》〈學記〉和《荀子》中對於「師」的討論。我一直認為荀子比孟子更能掌握到孔門的精神。許多段落讓我讚嘆古人的智慧真是值得學習。

附錄

《禮記》〈大學6〉湯之盤銘曰：「苟日新，日日新，又日新。」《康誥》曰：「作新民。」《詩》曰：「周雖舊邦，其命惟新。」是故**君子無所不用其極**。

——〈中庸14〉君子素其位而行，不願乎其外。素富貴，行乎富貴；素貧賤，行乎貧賤；素夷狄，行乎夷狄；素患難，行乎患難：**君子無入而不自得焉**。在上位不陵下，在下位不援上，正己而不求於人，則無怨。上不怨天，下不尤人。故君子居易以俟命，小人行險以徼幸。」

——〈28〉大哉，聖人之道！洋洋乎發育萬物，峻極於天。優優大哉！禮儀三百，威儀三千，待其人然後行。故曰：苟不至德，至道不凝焉。故君子尊德性而道問學，致廣大而盡精微，極高明而中庸。**溫故而知新**，敦厚以崇禮。是故居上不驕，為下不倍；國有道，其言足以興，國無道，其默足以容。《詩》曰：「既明且哲，以保其身。」其此之謂與！

《論衡》〈謝短7〉秦則前代也，漢國自儒生之家也。從高祖至今朝幾世？歷年訖今幾載？初受何命？復獲何瑞？得天下難易孰與殷、周？家人子弟學問歷幾歲，人問之曰：「居宅幾年，祖先何為？」不能知者，愚子弟也。然則儒生不能知漢事，世之愚蔽人也。溫故知新，可以為師，古今不知，稱師如何？

——〈別通6〉夫孔子之門，講習五經，五經皆習，庶幾之才也。顏淵曰：「博我以文。」才智高者，能為博矣。顏淵之曰「博」者，豈徒一經哉？我不能博五經，又不能博眾事，守信一學，不好廣觀，無**溫故知新**之明，而有守愚不覽之闇，其謂一經是者，其宜也。開戶內日之光，日光不能照幽；鑿窗啟牖，以助戶明也。夫一經之說，猶日明也；助以《傳書》，猶窗牖也。百家之言，令人曉明，非徒窗牖之開、日光之照也。是故日光照室內，道術明胸中。開戶內光，坐高堂之上，眇升樓臺，窺四鄰之廷，人之所願也。閉戶幽坐，向冥冥之內，穿壙穴臥，造黃泉之際，人之所惡也。夫閉心塞意，不高瞻覽者，死人之徒也哉！

——〈正說19〉夫《論語》者、弟子共紀孔子之言行，勑記之時甚多，數十百篇，以八寸為尺，紀之約省，懷持之便也。以其遺非經，傳文紀識恐忘，故以但八寸尺，不二尺四寸也。漢興失亡。至武帝發取孔子壁中古文，得二十一篇，齊、魯二，河間九篇，三十篇。至昭帝女讀二十一篇。宣帝下太常博士，時尚稱書難曉，名之曰傳；後更隸寫以傳誦。初，孔子孫孔安國以教魯人扶卿，官至荊州刺史，始曰《論語》。今時稱《論語》二十篇，又失齊、魯、河間九篇。本三十篇，分布亡失；或二十一篇。目或多或少，文讚或是或誤。說《論語》者，但知以剝解之問，以纖微之難，不知存問本根篇數章目。**溫故知新**，可以為師；今不知古，稱師如何？

——〈謝短3〉夫儒生之業，五經也。南面為師，旦夕講授章句，滑習義理，究備於五經，可也。五經之後，秦、漢之事無不能知者，短也。**夫知古不知今，謂之陸沉**，然則儒生、所謂陸沉者也。五經之前，至於天地始開、帝王初立者，主名為誰，儒生又不知也。夫知今不知古，謂之盲瞽。五經比於上古，猶為今也。徒能說經，不曉上古，然則儒生、所謂盲瞽者也。

《荀子》〈儒效6〉孫卿曰：「其為人上也，廣大矣！志意定乎內，禮節修乎朝，法則度量正乎官，忠信愛利形乎下。行一不義，殺一無罪，而得天下，不為也。此君子義信乎人矣，通於四海，則天下應之如讙。是何也？則貴名白而天下治也。故近者歌謳而樂之，遠者竭蹶而趨之，四海之內若一家，通達之屬莫不從服。夫是之謂人師。《詩》曰：『自西自東，自南自北，無思不服。』此之謂也。夫其為人下也如彼，其為人上也如此，何謂其無益於人之國也！」

——〈24〉故人無師無法而知，則必為盜，勇則必為賊，云能則必為亂，察則必為怪，辯則必為誕；人有師有法，而知則速通，勇則速畏，云能則速成，察則速盡，辯則速論。故有師法者，人之大寶也；無師法者，人之大殃也。人無師法，則隆性矣；有師法，則隆積矣。而師法者，所得乎積，非所受乎性。性不足以獨立而治。性也者，吾所不能為也，然而可化也。積也者，非吾所有也，然而可為也。注錯習俗，所以化性也；並一而不二，所以成積也。習俗移志，安久移質。並一而不二，則通於神明，參於天地矣。

——〈致士8〉師術有四，而博習不與焉：尊嚴而憚，可以為師；耆艾而信，可以為師；誦說而不陵不犯，可以為師；知微而論，可以為師；故師術有四，而博習不與焉。水深而回，樹落則糞本，弟子通利則思師。《詩》曰：「無言不讎，無德不報。」此之謂也。

比較被忽略的孔門另一支脈傳人荀子，也有不少對於「師」的討論。請參考：

——〈修身10〉禮者，所以正身也，師者，所以正禮也。無禮何以正身？無師吾安知禮之為是也？禮然而然，則是情安禮也；師云而云，則是知若師也。情安禮，知若師，則是聖人也。故非禮，是無法也；**非師，是無師也**。**不是師法，而好自用**，譬之是猶以盲辨色，以聾辨聲也，舍亂妄無為也。故學也者，禮法也。**夫師、以身為正儀，而貴自安者也**。《詩》云：「不識不知，順帝之則。」此之謂也。

——〈禮論5〉禮有三本：天地者，生之本也；先祖者，類之本也；**君師者，治之本也**。無天地，惡生？無先祖，惡出？無君師，惡治？三者偏亡，焉無安人。故禮、上事天，下事地，尊先祖，而隆君師。是禮之三本也。

——〈大略76〉**言而不稱師謂之畔，教而不稱師謂之倍**。倍畔之人，明君不內，朝士大夫遇諸塗不與言。

——〈89〉**國將興，必貴師而重傳**，貴師而重傳，則法度存。國將衰，**必賤師而輕傳**；賤師而輕傳，則人有快；人有快則法度壞。

《禮記》〈學記9〉**君子既知教之所由興，又知教之所由廢，然後可以為人師也**。故君子之教喻也，道而弗牽，強而弗抑，開而弗達。道而弗牽則和，強而弗抑則易，開而弗達則思；和易以思，可謂善喻矣。

——〈11〉君子知至學之難易，而知其美惡，然後能博喻；能博喻然後能為師；**能為師然後能為長；能為長然後能為君**。**故師也者，所以學為君也**。是故**擇師不可不慎也**。《記》曰：「三王四代唯其師。」此之謂乎！

——〈12〉**凡學之道，嚴師為難**。**師嚴然後道尊，道尊然後民知敬學**。是故君之所不臣於其臣者二：當其為尸則弗臣也，當其為師則弗臣也。大學之禮，雖詔於天子，無北面；所以尊師也。

——〈13〉**善學者，師逸而功倍，又從而庸之；不善學者，師勤而功半，又從而怨之。**善問者，如攻堅木，先其易者，後其節目，及其久也，相說以解；不善問者反此。善待問者，如撞鐘，叩之以小者則小鳴，叩之以大者則大鳴，待其從容，然後盡其聲；不善答問者反此。此皆進學之道也。

——〈14〉**記問之學，不足以為人師。**必也聽語乎，力不能問，然後語之；語之而不知，雖舍之可也。

12

子曰：「君子不器。」

孔子說過：「君子不能像個器（要有公天下，生生不息的志向）。」

本章正文只有「君子不器」四個字，是《論語》極簡章之一。文字簡單，意思卻不簡單。

這章關鍵字就是「器」：古注多半從「物」的觀點入手，強調「用」。包咸說：「器者各周其用，至於君子，無所不施」；皇侃說是「給用之物也」；邢昺說是「物象之名」；朱子雖也強調「器者各適其用而不能相通」，引申說是人的「才藝」；戴望例外，強調的是「器」的「容量」，引申說是「施物而窮，容物有限」，也就是「有容乃大」。

以上兩種古注，哪個才是這個「器」字的真解？缺乏孔子說話的脈絡：對誰說、為何說、是用「嚴肅模式」還是「幽默模式」？而想嘗試可破解此句的密碼，我覺得是不可能的。前輩們大概都是用猜的，我當然也不例外，但是猜也有好壞之別。

我們就從「依經解經」的辦法來嘗試找出路。

子貢曾經問過孔子對自己的看法，孔子回答說：「你就是個器。」子貢繼續問：「我是什麼器啊？」孔子說：「你就是個祭祀時不可或缺的祭器瑚璉」（〈公治長4〉）。在這段話裡，看不出「器」有負面的意思，否則子貢在聽到孔子說他是「器」之後應該覺得受辱而「氣」，而不會追問自己是什麼「器」來自取其辱，而且孔子回答子貢是個祭器，算是恭維。所以就算子貢像個器，也不是貶抑他。各位可以想一想，本章和〈公治長4〉兩章的前後關係到底如何才好？我認為孔子是用「幽默模式」和子貢開玩笑。您看不出孔子看著弟子往自己挖的坑跳下去後得意一笑的樣子嗎？

孔子在〈八佾22〉批評「管仲之器小哉」，弟子可能沒聽明白，就換個方式請教孔子管仲是否「儉」，孔子提出管仲奢侈的證明反駁。弟子又問管仲是否知「禮」，孔子又提出管仲只想著跟齊國國君一樣的待遇，反駁管仲知禮之說。從這個「儉」和「禮」的說法，可以反證出孔子覺得管仲的「小器」是因為管仲都是為了私利而沒有想到「己立立人」和「己達達人」。所以到了管仲能夠「九合諸侯，不以兵車」，以天下人的生死為念，孔子就轉而誇獎他的「仁」德〈憲問16〉，這種以天下興亡為念的胸懷，應該就是「君子不器」的最佳範例。揚雄就說過「先自治而後治人之謂大器」（《揚子法言・先知卷第九》〈11〉），也是同樣意思。所以「器」有大小，並不是壞事。

另外，孔子也說過君子在「使人」時，應該採行「器之」的辦法（〈子路25〉），應該就是「讓人做他擅長或合適的工作」。換句話說，就是「因才任事」。可見此處的「器」也不是壞的意思。

孔子還說過到現在都還在用的話：「工欲善其事，必先利其器」（〈衛靈公10〉）。這句話到現在都還是文具的最佳廣告詞。有器才能善事，「器」是功臣，也不是壞事。

《禮記．學記》〈2〉也有「玉不琢，不成器；人不學，不知道（《三字經》把最後一個「道」改成「義」，許多讀經班的小朋友都琅琅上口）」。「成器」也是一個正面積極的目標。《易經．繫辭上》〈11〉上也說：「備物致用，立成器以為天下利，莫大乎聖人。」也是將「器」當成是「利天下」的工具，是「聖人」才具有的能力。所以不管是「君子不器」或「君子器」，都要以利天下為君子的己任才是。

如果對照《禮記．學記》〈17〉中說的「君子曰：大德不官，大道不器，大信不約，大時不齊。察於此四者，可以有志於學矣。」所以「志於學」的人要注意到「大道不器」，搭配上此章說的「君子不器」或是上引的「立成器以為天下利」，顯然君子要學的是為「天下利」的「大道」。再配合上「惟天為大，惟堯則之」（《孟子．滕文公上》〈4〉）的說法，「君子不器」和「大道不器」就是君子要「法天」或「則天」，特別是要效法上天的「尚公」和「生生不息」。這大概接近孔子此章的真義。

最後一個值得一提的有趣發現是西漢的賈誼（西元前二〇〇—前一六八年）曾經以「能否行道」和「能言與否」界定過「器」、「用」和「實」三個概念：「士能言道而弗能行者謂之器，能行道而弗能言者謂之用，能言之能行之者謂之實。」（《新書．卷九》〈大政下6〉）賈誼強調「能言道而不能行謂之器」和我們在〈學而15〉提到過的子貢拜訪原憲時，原憲說過的「學道而不能行謂之病」幾乎如出一轍。這些都和孔子經常強調的「言行合一」的觀念是一致的。這樣說來，「君子不器」就是要「能言能行」、「即知即行」、「言行合一」。這和下一章是一樣的意思。

這一章可以看成和下面兩章合為一體成為「君子三章」。且看下回分解！

附錄

《禮記・學記》〈2〉 玉不琢，**不成器**；人不學，不知道。是故古之王者建國君民，教學為先。

《兌命》曰：「念終始典於學。」其此之謂乎！

《孟子・滕文公上》〈4〉 孔子曰：『大哉堯之為君！**惟天為大，惟堯則之**，蕩蕩乎民無能名焉！君哉舜也！巍巍乎有天下而不與焉！』堯舜之治天下，豈無所用其心哉？亦不用於耕耳。

《易經・繫辭上》〈11〉 易有太極，是生兩儀，兩儀生四象，四象生八卦，八卦定吉凶，吉凶生大業。是故，法象莫大乎天地，變通莫大乎四時，縣象著明莫大乎日月，崇高莫大乎富貴；備物致用，**立成器以為天下利**，莫大乎聖人；探賾索隱，鉤深致遠，以定天下之吉凶，成天下之亹亹者，莫大乎著龜。

13

子貢問君子。子曰：「先行，其言而後從之。」

子貢請教老師君子最重要該做的事。孔子回答說：「（凡事）先做，該說的話（做了）再說。」

這章是孔子回應子貢請教君子的要務。定州竹簡版沒有「而後」兩字。此章可以有兩種斷句法：一是「先行，其言而後從之」；一是「先行其言，而後從之」。不過縱然斷句有不同，全句大意並無差異。這章也沒有難懂需要解釋的字。

這一章可以承接上一章的「君子不器」，也開啟下一章「君子」和「小人」的對比，我們可以將這三章稱為「君子三章」。

君子有時指「有位者」，就是治理階層；有時指「有德者」，就是道德高尚的人。前者是當時世襲制度下的「官二代」；後者則是孔子平民教育的目標。所以弟子來學，總想知道「君子」的具體做法。這章可能就是有這樣的背景。

此章子貢問君子，應該不是問「君子是什麼意思」，而是「要學做一位君子，首要該做是什麼？」所以孔子才強調「行」比「言」更重要。他說過「君子欲訥於言，而敏於行」（〈里仁24〉）；他也說過：「君子恥其言而過其行。」（〈憲問27〉）

有關「君子」有很多可以說的，為什麼孔子要對子貢這麼說？有古人大概就從子貢列名孔門「言語科」，而猜想孔子是針對子貢只重視「言」而「對症下藥」，這叫「藥病說」，也就是說孔子針對弟子的個別問題加以調教。這段話看起來可以解釋，其他的場合，像孔子對顏淵的教誨，就很難說有類似的「針對性」。所以，所謂的孔子因材施教衍生出來的「藥病說」是有解釋上的限度，不可不察。

孔子雖然強調「行」重於「言」，但是他強調更重要的是「言行並重」，最怕的是只有「言」，沒有「行」，或是更差的，兩樣皆缺的「言行『病』重」。孔子強調要「慎言」和「慎行」，如此「言寡尤，行寡悔，祿在其中矣」（〈為政18〉）；他也說過「君子名之必可言也，言之必可行也。君子於其言，無所苟而已矣」（〈子路3〉）；他從弟子宰我的行徑而將以往習慣的「聽其言而信其行」轉變為「聽其言而觀其行」（〈公冶長10〉）；他告誡子張，要「言忠信」和「行篤敬」，才可以行遍天下（〈衛靈公6〉）；他教導弟子要終身謹行的一句話：「己所不欲，勿施於人」（〈衛靈公24〉）。

不過，在非常時期，孔子也強調言行要通權達變，不可墨守成規：他認為在非常時期還「言必信，行必果」，這是不知變通的小人做法，並不是很高的道德境界（〈子路20〉）；他也指出在政治上軌道時，行為和言論都要守正；政治不上軌道的時候，行為仍然要守正，但是說話可以變通（〈憲問3〉）。

孟子也繼承了孔子的這種權變思想：「大人者，言不必信，行不必果，惟義所在。」（《孟子・離婁下》〈39〉）言和行都要有「義」的終極考量。

荀子也這麼說過：「口能言之，身能行之，國寶也。口不能言，身能行之，國器也。口能言之，身不能行，國用也。口言善，身行惡，國妖也。治國者敬其寶，愛其器，任其用，除其妖。」（《荀子・大略》〈51〉）這是更細緻地將孔子對言行之間的關係分成「國寶」、「國器」、「國用」和「國妖」四種不同的層次。

《禮記》的編輯者也提過君子有「三患」和「五恥」，也和言行有關：「三患」分別是「未之聞，患弗得聞也；既聞之，患弗得學也；既學之，患弗能行也」；「五恥」中的前二恥則分別是「居其位，無其言，君子恥之；有其言，無其行，君子恥之」（《禮記・雜記下》〈122〉）。《禮記・中庸》〈13〉也提到要「言顧行、行顧言」；又說：「君子動而世為天下道，行而世為天下法，言而世為天下則。」（《禮記・中庸》〈30〉），最高的標準是要讓「見而民莫不敬，言而民莫不信，行而民莫不說」（《禮記・中庸》〈32〉）。《禮記・緇衣》中還有不少類似的說法：「大人不倡游言。可言也，不可行。君子弗言也；可行也，不可言，君子弗行也。則民言不危行，而行不危言矣」（〈緇衣7〉）；「言必慮其所終，而行必稽其所敝；則民謹於言而慎於行」（〈緇衣8〉）；「言從而行之，則言不可飾也；行從而言之，則行不可飾也。故君子寡言，而行以成其信，則民不得大其美而小其惡」（〈緇衣24〉）。《禮記・儒行》〈5〉中也說：「言必先信，行必中正。」以上都是孔門或儒家對於言行一貫的想法。

毓老師經常掛在嘴邊的話，同門幾乎聽到都可以琅琅上口的一段是：「言行君子之樞機，樞機之發，榮辱之主也。言行，君子之所以動天地也，可不慎乎！」（這句話不僅出自《易經・繫辭上》〈8〉，也可見於《說苑・談叢》〈45〉和《說苑・君道》〈4〉）。

根據司馬遷《史記・太史公自序》〈16〉的記載，孔子自己說：「我欲載之空言，不如見之於行事之深切著明也。」他的老師董仲舒在《春秋繁露・俞序》也提到這句話，用字略有不同：「以為見之空言，不如行事博深切明。」所以，孔子不只是要求弟子，自己也是「行先言後」的踐行者。

許多古注都認為此章雖然明說的是君子，其實暗指小人並不如此。這種「君子」和「小人」的對照，《論語》共有十七章，下章就正式開始了。

附錄

《禮記》〈雜記下122〉君子有三患：未之聞，患弗得聞也；既聞之，患弗得學也；既學之，患弗能行也。君子有五恥：居其位，無其言，君子恥之；有其言，無其行，君子恥之；既得之而又失之，君子恥之；地有餘而民不足，君子恥之；眾寡均而倍焉，君子恥之。

——〈中庸13〉庸德之行，庸言之謹，有所不足，不敢不勉，有餘不敢盡；言顧行，行顧言，君子胡不慥慥爾！

——〈30〉君子動而世為天下道，行而世為天下法，言而世為天下則。遠之則有望，近之則不厭。

——〈32〉見而民莫不敬，言而民莫不信，行而民莫不說。是以聲名洋溢乎中國，施及蠻貊；舟車所至，人力所通，天之所覆，地之所載，日月所照，霜露所隊；凡有血氣者，莫不尊親，故曰配天。

——〈緇衣7〉子曰：「王言如絲，其出如綸；王言如綸，其出如綍。故大人不倡游言。可言也，不可行。君子弗言也；可行也，不可言，君子弗行也。則民言不危行，而行不危言矣。《詩》云：『淑慎爾止，不愆於儀。』」

——〈8〉子曰：「君子道人以言，而禁人以行。故言必慮其所終，而行必稽其所敝；則民謹於言而慎於行。《詩》云：『慎爾出話，敬爾威儀。』《大雅》曰：『穆穆文王，於緝熙敬止。』」

——〈19〉子曰：「言有物而行有格也；是以生則不可奪志，死則不可奪名。故君子多聞，質而守之；多志，質而親之；精知，略而行之。《君陳》曰：『出入自爾師虞，庶言同。』《詩》云：『淑人君子，其儀一也。』」

——〈24〉子曰：「言從而行之，則言不可飾也；行從而言之，則行不可飾也。故君子寡言，而行以成其信，則民不得大其美而小其惡。《詩》云：『自圭之玷，尚可磨也；斯言之玷，不可為也。』《小雅》曰：『允也君子，展也大成。』《君奭》曰：『昔在上帝，周田觀文王之德，其集大命於厥躬。』」

——〈儒行5〉儒有居處齊難，其坐起恭敬，言必先信，行必中正，道塗不爭險易之利，冬夏不爭陰陽之和，愛其死以有待也，養其身以有為也。其備豫有如此者。

《易經．繫辭上》〈8〉**言行君子之樞機，樞機之發，榮辱之主也。言行，君子之所以動天地也，可不慎乎！**

《說苑》〈君道4〉陳靈公行僻而言失，泄冶曰：「陳其亡矣！吾驟諫君，君不吾聽而愈失威儀。夫上之化下，猶風靡草，東風則草靡而西，西風則草靡而東，在風所由而草為之靡，是故人君之動不可不慎也。夫樹曲木者惡得直景，人君不直其行，不敬其言者，未有能保帝王之號，垂顯令之名者也。《易》曰：『夫君子居其室，出其言善，則千里之外應之，況其邇者乎？居其室，出其言不善，則千里之外違之，況其邇者乎？言出於身，加於民；行發乎邇，見乎遠。**言行君子之樞機，樞機之發，榮辱之主，君子之所以動天地，可不慎乎？**』天地動而萬物變化。《詩》曰：『慎爾出話，敬爾威儀，無不柔嘉。』此之謂也。今君不是之慎而縱恣焉，不亡必弒。」靈公聞之，以泄冶為妖言而殺之，後果弒於徵舒。

——〈談叢45〉口者，關也；舌者，機也。出言不當，四馬不能追也。口者，關也；舌者，兵也；出言不當，反自傷也。言出於己，不可止於人；行發於邇，不可止於遠。**夫言行者君子之樞機，樞機之發，榮辱之本也，可不慎乎？**故蒯子羽曰：「言猶射也。栝既離弦，雖有所悔焉，不可從而追已。」《詩》曰：「白珪之玷，尚可磨也，斯言之玷，不可為也。」

14

子曰：「君子周而不比，小人比而不周。」

孔子說過：「君子對待人是一視同仁，大公無私；小人則要看關係，私相授受。」

這是〈為政〉「君子三章」的最後一章，也是《論語》中用「君子」和「小人」對舉的十七章的首發。（〈里仁11〉、〈16〉、〈雍也13〉、〈述而37〉、〈顏淵16〉、〈子路23〉〈25〉〈26〉、〈憲問6〉〈23〉、〈衛靈公2〉〈21〉〈34〉、〈季氏8〉〈陽貨4〉〈23〉。）

這章的兩個關鍵字是「周」和「比」。「周」——孔安國、皇侃和邢昺都說是「忠信」；朱子說是「普遍」；戴望說是「至也、遍也。周者往而還反，終而復始，若日月行度然」。「比」——孔安國、皇侃和邢昺都說是「阿黨」；朱子說是「偏黨」；戴望說是「近」。

清朝王引之在《經義述聞》中獨排眾議，引用諸多古書的注解，說明「周」與「比」就有

「親」、「密」、「合」的意思，主要分別是「以義合者周也，以利合者比也」。《論語》中的「周」多半都當朝代講，除了「君子周急不繼富」（〈雍也4〉）例外。這時「周」當「補不足」（朱子）或「救」（戴望）解。古注的「忠信」應該是「周」的引申義。「比」除了作「比較」解之外，並沒有不好的意思。孔子說過：「君子之於天下也，無適也，無莫也，義之與比。」（〈里仁10〉）是君子要拿「義」當成「心中的一把尺」。《易經》也有「比」卦，是「輔佐」的意思，也是正面的。

「君子」和「小人」的對比通常是從「社會地位」來看：在上位的或當政的，就是「君子」，在下位的或不當政的，就是「小人」，這種用法沒有道德評斷的意涵；有時從「德性」高低來分：德性高者為「君子」，低者為「小人」，這種用法多半就有強烈的道德判斷在內。有時「君子」指是尊稱，「小人」則是罵人的話。到現在我們都喜歡被稱為「君子」，討厭被稱為「小人」或「偽君子」。《論語》中的〈陽貨25〉將「女子」拿來和「小人」相提並論，讓很多女性十分生氣，認為孔子歧視女性而杯葛讀《論語》，可見連和「小人」一詞沾上邊的都可能引起「公憤」。其實這句話的「小人」並沒有和「君子」對舉，應該沒有道德的意涵，可能只是指「小孩」。不過先說一下，看這章請多注意不常被引用的後段，孔子強調的應該是：「不要太近，也不要太遠」而要保持「中庸之道」。如果對照《禮記・中庸》〈2〉孔子說的：「君子中庸，小人反中庸。君子之中庸也，君子而時中；小人之中庸也，小人而無忌憚也」，更可以看出，「中庸之道」的適用者就不只是「女子」和「小人」，對「君子」也一樣吧！

從社會學的觀點來看，君子和小人如果用社會地位來區分，那君子和小人就分別是一種角色要求和角色行為；如果從道德高低來分，就算是一種人格特質。如果能「周而不比」，那就算是「君子之行」，不管是否有「君子之位」，換句話說就是從「社會地位的小人」轉換成為「道德高尚的君子」；反之，如果「君子」做出「比而不周」之行，就是從「社會地位的君子」淪為「道德低下的小人」。

《論語》雖然有十七章對比「君子」和「小人」，卻都是零星舉例，沒有做有系統地整理。如果從人我關係來看，「周而不比」的君子之行強調的是一種一視同仁的公平對待彼此，而「比而不周」則是要看「關係」（親疏、遠近、利害）來待人處事（「有關係就沒關係，沒關係就有關係」；社會學前輩費孝通先生曾經提出過「差序格局」的概念來描述這種中華文化的特殊現象）。二十世紀的美國社會學家帕森思（Talcott Parsons, 1902-1979）就在他早期著作中指出人際互動的開始，行動者需要從幾個層次考量一些他所謂的「模式變項」（Pattern variables）：「情感（投入）或情感中立」（Affectivity vs. Affectivity-neutrality）、「廣泛或狹隘」（Diffuseness vs. Specificity）、「普遍主義和特殊主義」（Universalism vs. Particularism）、「庇蔭繼受或自己努力」（Ascription vs. Achievement），以及「考量集體或考慮個人」（Collectivity orientation vs. Self orientation）。這也可以幫助我們思索本章的「周」和「比」的對立，其實是一種多層次角色行為的選擇，而不是一種單一向度的命定論。也正是因為這是一種行動者的主動「選擇」，所以孔子告誡子夏：「女（汝）為君子儒，無為小人儒」（〈雍也13〉）。他也說：「我欲仁，斯仁至矣。」（〈述而30〉）這些都是孔子要激發弟子的主動向上向善的心志和行為的明證。

自稱是孔子私淑弟子的孟子卻很少有「君子」和「小人」的對舉，大概只有〈離婁上1〉和〈離婁下50〉，而荀子則有相當多的篇幅都在討論這種對舉（詳見附錄）。這件事也是一個很有趣的「孔門傳人」對比。也因為孟荀兩人對孔子思想傳承的差異，我常常為荀子抱屈。

附錄

《孟子》〈離婁上1〉**君子**犯義，**小人**犯刑。

——〈離婁下50〉孟子曰：「**君子**之澤五世而斬，**小人**之澤五世而斬。予未得為孔子徒也，予私淑諸人也。」

《禮記》〈檀弓上32〉子張病，召申祥而語之曰：「**君子**曰終，**小人**曰死；吾今日其庶几乎！」

——〈禮運29〉故禮之於人也，猶酒之有糵也，**君子**以厚，**小人**以薄。

——〈樂記32〉故曰：樂者樂也。**君子**樂得其道，**小人**樂得其欲。以道制欲，則樂而不亂；以欲忘道，則惑而不樂。

《荀子・樂論》〈7〉故曰：樂者、樂也。**君子**樂得其道，**小人**樂得其欲；以道制欲，則樂而不亂；以欲忘道，則惑而不樂。

《說苑・修文》〈35〉故曰樂者樂也。**君子**樂得其道，**小人**樂得其欲，以道制欲，則樂而不亂；以欲忘道，則惑而不樂。

《禮記》〈坊記11〉**君子**約言，**小人**先言。

——〈中庸2〉仲尼曰：「**君子**中庸，**小人**反中庸。**君子**之中庸也，**君子**而時中；**小人**之中庸也，**小人**而無忌憚也。」

——〈14〉**君子**居易以俟命，**小人**行險以徼幸。

——〈33〉**君子**之道，闇然而日章；**小人**之道，的然而日亡。

——〈表記44〉**君子**之接如水，**小人**之接如醴；**君子**淡以成，**小人**甘以壞。

——〈47〉子曰：「**君子**不以色親人；情疏而貌親，在**小人**則穿窬之盜也與？」

——〈緇衣16〉**小人**溺於水，**君子**溺於口。

——〈20〉子曰：「唯**君子**能好其正，**小人**毒其正。」

——〈大學3〉所謂誠其意者，毋自欺也，如惡惡臭，如好好色，此之謂自謙，故**君子**必慎其獨也！**小人**閑居為不善，無所不至，見**君子**而後厭然，掩其不善，而著其善。人之視己，如見其肺肝然，則何益矣！此謂誠於中，形於外，故**君子**必慎其獨也。曾子曰：「十目所視，十手所指，其嚴乎！」富潤屋，德潤身，心廣體胖，故**君子**必誠其意。

——〈4〉**君子**賢其賢而親其親，**小人**樂其樂而利其利。

《荀子》〈勸學13〉**君子**之學也，入乎耳，著乎心，布乎四體，形乎動靜。端而言，蝡而動，一可以為法則。**小人**之學也，入乎耳，出乎口；口耳之間，則四寸耳，曷足以美七尺之軀哉！古之學者為己，今之學者為人。**君子**之學也，以美其身；**小人**之學也，以為禽犢。故不問而告謂之傲，問一而告二謂之囋。傲、非也，囋、非也；**君子**如嚮矣。

——〈修身1〉**君子**隆師而親友，以致惡其賊。好善無厭，受諫而能誡，雖欲無進，得乎哉！**小人**反是：致亂而惡人之非己也；致不肖而欲人之賢己也；心如虎狼，行如禽獸，而又惡人之賊己也。

——〈5〉志意修則驕富貴，道義重則輕王公；內省而外物輕矣。傳曰：「**君子**役物，**小人**役於物。」此之謂矣。

——〈不苟3〉**君子**能亦好，不能亦好；**小人**能亦醜，不能亦醜。**君子**能則寬容易直以開道人，不能則恭敬繜絀以畏事人；**小人**能則倨傲僻違以驕溢人，不能則妒嫉怨誹以傾覆人。故曰：**君子**能則人榮學焉，不能則人樂告之；**小人**能則人賤學焉，不能則人羞告之。是**君子小人**之分也。

——〈6〉君子小人之反也：君子大心則敬天而道，小心則畏義而節；知則明通而類，愚則端愨而法；見由則恭而止，見閉則敬而齊；喜則和而理，憂則靜而理；通則文而明，窮則約而詳。小人則不然：大心則慢而暴，小心則淫而傾；知則攫盜而漸，愚則毒賊而亂；見由則兑而倨，見閉則怨而險；喜則輕而翾，憂則挫而懾；通則驕而偏，窮則棄而儑。傳曰：「君子兩進，小人兩廢。」此之謂也。

——〈榮辱2〉快快而亡者、怒也，察察而殘者、忮也，博而窮者、訾也，清之而俞濁者、口也，豢之而俞瘠者、交也，辯而不說者、爭也，直立而不見知者、勝也，廉而不見貴者、劌也，勇而不見憚者、貪也，信而不見敬者、好剸行也。此小人之所務，而君子之所不為也。

——〈4〉凡鬥者，必自以為是，而以人為非也。己誠是也，人誠非也，則是己君子，而人小人也；以君子與小人相賊害也，憂以忘其身，內以忘其親，上以忘其君，豈不過甚矣哉！

——〈9〉材性知能，君子小人一也；好榮惡辱，好利惡害，是君子小人之所同也；若其所以求之之道則異矣：小人也者，疾為誕而欲人之信己也，疾為詐而欲人之親己也，禽獸之行而欲人之善己也；慮之難知也，行之難安也，持之難立也，成則必不得其所好，必遇其所惡焉。故君子者，信矣，而亦欲人之信己也；忠矣，而亦欲人之親己也；修正治辨矣，而亦欲人之善己也；慮之易知也，行之易安也，持之易立也，成則必得其所好，必不遇其所惡焉。是故窮則不隱，通則大明，身死而名彌白。小人莫不延頸舉踵而願曰：「知慮材性，固有以賢人矣。」夫不知其與己無以異也。則君子注錯之當，而小人注錯之過也。故孰察小人之知能，足以知其有餘，可以為君子之所為也。譬之越人安越，楚人安楚，君子安雅。是非知能材性然也，是注錯習俗之節異也。仁義德行，常安之術也，然而未必不危也；汙僈突盜，常危之術也，然而未必不安也。故君子道其常，而小人道其怪。

——〈10〉人之生固**小人**，無師無法則唯利之見耳。人之生固**小人**，又以遇亂世，得亂俗，是以小重小也，以亂得亂也。**君子**非得埶以臨之，則無由得開內焉。今是人之口腹，安知禮義？安知辭讓？安知廉恥隅積？亦呥呥而噍，鄉鄉而飽已矣。人無師無法，則其心正其口腹也。今使人生而未嘗睹芻豢稻粱也，惟菽藿糟糠之為睹，則以至足為在此也，俄而粲然有秉芻豢稻粱而至者，則瞲然視之曰：此何怪也？彼臭之而嗛於鼻，嘗之而甘於口，食之而安於體，則莫不棄此而取彼矣。今以夫先王之道，仁義之統，以相群居，以相持養，以相藩飾，以相安固邪。以夫桀跖之道，是其為相縣也，幾直夫芻豢稻粱之縣糟糠爾哉！然而人力為此，而寡為彼，何也？曰：陋也。陋也者，天下之公患也，人之大殃大害也。故曰：仁者好告示人。告之、示之、靡之、儇之、鈆之、重之，則夫塞者俄且通也，陋者俄且僩也，愚者俄且知也。是若不行，則湯武在上曷益？桀紂在上曷損？湯武存，則天下從而治，桀紂存，則天下從而亂。如是者，豈非人之情，固可與如此，可與如彼也哉！

——〈非十二子10〉多言而類，聖人也；少言而法，**君子**也；多言無法，而流湎然，雖辯，**小人**也。

——〈儒效25〉故人知謹注錯，慎習俗，大積靡，則為**君子**矣。縱情性而不足問學，則為**小人**矣；為**君子**則常安榮矣，為**小人**則常危辱矣。凡人莫不欲安榮而惡危辱，故唯**君子**為能得其所好，**小人**則日徼其所惡。

——〈王制3〉〈致士2〉傳曰：「治生乎**君子**，亂生乎**小人**。」

——〈富國6〉**君子**以德，**小人**以力。

——〈臣道8〉恭敬、禮也；調和、樂也；謹慎、利也；鬥怒、害也。故**君子**安禮樂利，謹慎而無鬥怒，是以百舉而不過也。**小人**反是。

——〈致士9〉賞不欲僭，刑不欲濫。賞僭則利及**小人**，刑濫則害及**君子**。

——〈天論9〉天不為人之惡寒也輟冬，地不為人之惡遼遠也輟廣，**君子**不為**小人**之匈匈也輟行。天有常道矣，地有常數矣，**君子**有常體矣。**君子**道其常，而**小人**計其功。

——〈10〉**君子**敬其在己者，而不慕其在天者；**小人**錯其在己者，而慕其在天者。**君子**敬其在己者，而不慕其在天者，是以日進也；**小人**錯其在己者，而慕其在天者，是以日退也。故**君子**之所以日進，與**小人**之所以日退，一也。**君子小人**之所以相縣者，在此耳。

——〈正論38〉故**君子**可以有埶辱，而不可以有義辱；**小人**可以有埶榮，而不可以有義榮。有埶辱無害為堯，有埶榮無害為桀。義榮埶榮，唯**君子**然後兼有之；義辱埶辱，唯**小人**然後兼有之。是榮辱之分也。

——〈性惡2〉今人之化師法，積文學，道禮義者為**君子**；縱性情，安恣睢，而違禮義者為**小人**。

——〈16〉凡人之性者，堯舜之與桀跖，其性一也；**君子**之與**小人**，其性一也。今將以禮義積偽為人之性邪？然則有曷貴堯禹，曷貴**君子**矣哉！凡貴堯禹**君子**者，能化性，能起偽，偽起而生禮義。然則聖人之於禮義積偽也，亦猶陶埏而為之也。用此觀之，然則禮義積偽者，豈人之性也哉！所賤於桀跖**小人**者，從其性，順其情，安恣睢，以出乎貪利爭奪。故人之性惡明矣，其善者偽也。

——〈20〉曰：可以而不可使也。故**小人**可以為**君子**，而不肯為**君子**；**君子**可以為**小人**，而不肯為**小人**。**小人君子**者，未嘗不可以相為也，然而不相為者，可以而不可使也。

——〈大略104〉多言而類，聖人也；少言而法，**君子**也；多言無法，而流湎然，雖辯，**小人**也。

——〈子道5〉孔子曰：「由志之！吾語汝：奮於言者華，奮於行者伐，色知而有能者，**小人**

也。故**君子**知之曰知之，不知曰不知，言之要也；能之曰能之，不能曰不能，行之至也。言要則知，行至則仁；既知且仁，夫惡有不足矣哉！」

——〈7〉子路問於孔子曰：「**君子**亦有憂乎？」孔子曰：「**君子**其未得也，則樂其意，既已得之，又樂其治。是以有終生之樂，無一日之憂。**小人**者其未得也，則憂不得；既已得之，又恐失之。是以有終身之憂，無一日之樂也。」

《說苑》〈敬慎31〉**君子**敬以成其名，**小人**敬以除其刑。

——〈權謀1〉**君子**之權謀正，**小人**之權謀邪。

——〈談叢35〉**君子**行德以全其身，**小人**行貪以亡其身，相勸以禮，相強以仁，得道於身，得譽於人。

——〈53〉**君子**之言寡而實，**小人**之言多而虛；**君子**之學也，入於耳，藏於心，行之以身；**君子**之治也，始於不足見，終於不可及也。**君子**慮福弗及，慮禍百之，**君子**擇人而取，不擇人而與，**君子**實如虛，有如無。

——〈54〉**君子**有其備則無事；**君子**不以愧食，不以辱得；**君子**樂得其志，**小人**樂得其事；**君子**不以其所不愛，及其所愛也。

——〈雜言16〉**君子**好樂為無驕也，**小人**好樂為無懾也。

——〈26〉子路問孔子曰：「**君子**亦有憂乎？」孔子曰：「無也。**君子**之修其行未得，則樂其意；既已得，又樂其知。是以有終生之樂，無一日之憂。**小人**則不然，其未之得則憂不得，既已得之又恐失之。是以有終身之憂，無一日之樂也。」

——〈52〉**君子**居人間則治，**小人**居人間則亂。

——〈修文2〉夏后氏教以忠，而**君子**忠矣；**小人**之失野，救野莫如敬，故殷人教以敬，而**君子**

敬矣。**小人**之失鬼，救鬼莫如文，故周人教以文，而**君子**文矣。**小人**之失薄，救薄莫如忠，故聖人之與聖也，如矩之三雜，規之三雜，周則又始，窮則反本也。

——〈40〉**君子**執中以為本，務生以為基，故其音溫和而居中，以象生育之氣也。憂哀悲痛之感不加乎心，暴厲淫荒之動不在乎體，夫然者，乃治存之風，安樂之為也。彼**小人**則不然，執末以論本，務剛以為基，故其音湫厲而微末，以象殺伐之氣。和節中正之感不加乎心，溫儼恭莊之動不存乎體，夫殺者乃亂亡之風，奔北之為也。

《韓詩外傳》〈卷二1〉華元曰：「吾聞**君子**見人之困則矜之，**小人**見人之困則幸之……」

——〈卷九14〉傳曰：**君子**之聞道，入之於耳，藏之於心，察之以仁，守之以信，行之以義，出之以遜，故人無不虛心而聽也。**小人**之聞道，入之於耳，出之於口，苟言而已，譬如飽食而嘔之，其不惟肌膚無益，而於志亦戾矣。

《大戴禮記》〈曾子立事21〉可言而不信，寧無言也。**君子**終日言，不在尤之中；**小人**一言，終身為罪。

——〈曾子疾病4〉與**君子**游，苾乎如入蘭芷之室，久而不聞，則與之化矣；與**小人**游，貸乎如入鮑魚之次，則與之化矣；是故，**君子**慎其所去就。

——〈5〉與**君子**游，如長日加益，而不自知也；與**小人**游，如履薄冰，每履而下，幾何而不陷乎哉？吾不見好學盛而不衰者矣，吾不見好教如食疾子者矣，吾不見日省而月考之其友者矣！吾不見孜孜而與來而改者矣！」

《中論・修本》〈5〉**君子**自強其所重以取福，**小人**日安其所輕以取禍。

《孔子家語》〈顏回9〉顏回問於孔子曰：「**小人**之言，有同乎**君子**者，不可不察也。」孔子曰：「**君子**以行言，**小人**以舌言。故**君子**於為義之上，相疾也，退而相愛；**小人**於為亂之上，相愛也，退而相惡。」

——〈子路初見9〉孔子曰：「**君子**以其所不能畏人，**小人**以其所不能不信人。故**君子**長人之才，**小人**抑人而取勝焉。」

《莊子》〈內篇〉〈大宗師6〉天之**小人**，人之**君子**；人之**君子**，天之**小人**也。

——〈外篇〉〈駢拇3〉天下盡殉也。彼其所殉仁義也，則俗謂之**君子**；其所殉貨財也，則俗謂之**小人**。其殉一也，則有**君子**焉，有**小人**焉；若其殘生損性，則盜跖亦伯夷已，又惡取**君子小人**於其間哉？

——〈外篇〉〈山木5〉**君子**之交淡若水，**小人**之交甘若醴；**君子**淡以親，**小人**甘以絕。彼無故以合者，則無故以離。

——〈雜篇〉〈盜蹠2〉**小人**殉財，**君子**殉名。

15

子曰：「學而不思則罔，思而不學則殆。」

孔子說過：「只學了古人的智慧而不反思怎樣啟發自己的智慧，這樣是徒勞無功的；只靠著自己的智慧而不學習參酌古人已有的智慧，這樣是會累死自己的。」

孔子在這章強調的是要學思並重。

「學」——黃式三說是「如博學詳說之學，謂讀書也」。

「罔」——皇侃說是「誣罔」；戴望說「猶罔罔無知貌」。

「殆」——戴望說是「反誠」，又解釋說「徒思不習六藝之事，則不誠無物，故殆」；劉寶楠參酌古注認為既可以通「怠」，也可以解釋為「疑」；程樹德則主張「疑」是正解。

孔子拿「學」和「思」對舉來說明兩者應該並重，否則執著其一，會有流弊。這和孔子單獨談「學」和「思」的情況會有不同，沒有兩相比較，只是強調「學」或「思」的重要性。所以不能一概而論。如果要更挑剔，這裡也沒有提到前面一直強調的「行」的重要性。所以，不能將這裡的話看成一個總結，只是一個特殊狀況的說明。千萬不能忘掉「行」的最優先性。

我們大致可以從「學」和「思」的對舉推敲出來：「學」經常是以他人的經驗或智慧為對象，至少還沒變成自己的經驗和智慧，有時是經驗方面的知識，有時是道德方面的判斷和行事。「思」就是一個把「學」當成對象，考慮將他人的經驗或智慧變成自己一部分的過程，會形成自己道德判斷和行事根據的過程。

孔子把「學」放在「思」前面是有他的道理的。孔子也說過：「吾嘗終日不食，終夜不寢，以思，無益，不如學也」（〈衛靈公31〉），從這段話看來，「空想」不如「實學」。「思」要以「學」做基礎，才「有益」（有收穫）。有趣的是其他兩本古籍也有提到幾乎一模一樣的話，其中一本說是孔子說的（《大戴禮記．勸學》〈4〉），一本沒說（《荀子．勸學》〈4〉）。另外《說苑．建本》〈12〉也引到類似的話：「吾嘗幽處而深思，不若學之速。」不過這句話說是孔子的孫子「子思」所說的。要不是這裡忘了說是引述孔子的話，就是這話早已烙印在孔家的基因中，所以子思說的時候並不知道爺爺已經說過類似的話了。

孔子弟子子夏也曾經秉承師說，強調過：「博學而篤志，切問而近思，仁在其中矣。」（〈子張6〉）除了「學」和「思」之外，還強調「志」和「問」，這都是發揮師說的最佳例證。

《禮記．中庸》〈22〉中有一章說得更完整：「博學之，審問之，慎思之，明辨之，篤行之。有弗學，學之弗能，弗措也；有弗問，問之弗知，弗措也；有弗思，思之弗得，弗措也；有弗辨，辨之弗明，弗措也，有弗行，行之弗篤，弗措也。人一能之己百之，人十能之己千之。果能此道矣，雖愚必明，雖柔必強。」這裡不僅只有「學」和「思」兩項，而是更完整的五個步驟：學→問→思→辨→行。這也是對此章最完整的補充。

很可惜，後代的科舉考試和現在學校的考試，都只強調「學」，而不強調「問」、「思」，遑論強調「行」。真要有學生「學思並用」，恐怕也都和考試有關，或和未來的「職業生涯」有關，而沒有學到或想到其他的「生」：更切身的「生活」和「生命」，甚至是所有人共同生命之所繫的「生態」。

如此說來，「學」和「思」就算是如此章所說的並重，如果還是狹隘地只想到「生涯」問題而忽略了其他層面的「生」，恐怕就算是解決了「罔」和「殆」，還會有「Die」的危險。

附錄

《荀子・勸學》〈4〉吾嘗終日而思矣，不如須臾之所學也。

《大戴禮記・勸學》〈4〉孔子曰：「吾嘗終日思矣，不如須臾之所學。」

《說苑・建本》〈12〉子思曰：學所以益才也，礪所以致刃也，吾嘗幽處而深思，不若學之速；吾嘗跂而望，不若登高之博見。故順風而呼，聲不加疾而聞者眾；登丘而招，臂不加長而見者遠。故魚乘於水，鳥乘於風，草木乘於時。

《韓詩外傳・卷六》〈9〉子曰：「不學而好思，雖知不廣矣；學而慢其身，雖學不尊矣。不以誠立，雖立不久矣；誠未著而好言，雖言不信矣。美材也，而不聞君子之道，隱小物以害大物者，災必及身矣。」《詩》曰：「其何能淑，載胥及溺。」

《荀子．勸學》〈13〉君子之學也，入乎耳，著乎心，布乎四體，形乎動靜。端而言，蝡而動，一可以為法則。小人之學也，入乎耳，出乎口；口耳之間，則四寸耳，曷足以美七尺之軀哉！古之學者為己，今之學者為人。君子之學也，以美其身；小人之學也，以為禽犢。故不問而告謂之傲，問一而告二謂之囋。傲，非也，囋，非也；君子如嚮矣。

16

子曰：「攻乎異端，斯害也已！」

1. 孔子說過：「攻擊和自己不一樣的說法，就是有害的啊！」
2. 孔子說過：「攻擊和自己不一樣的說法，才能讓禍害停止！」
3. 孔子說過：「研究和自己不同的說法，這是有害的啊！」

這章表達了孔子對於異端的態度。不過前輩對這章有很不同的解釋。有些版本在這句話最後還有一個「矣」字，不影響整句的文意。

「攻」——皇侃、何晏和朱子都異口同聲說是「治」，就是「研究」。程樹德用「依經解經」的方法指出「攻」字在「小子鳴鼓而攻之」（〈先進17〉）和「攻其惡，勿攻人之惡」（〈顏淵21〉）這兩處的說法中，都當「攻伐」解。

「異端」的說法雖多，意思差不多：鄭玄說是：「異端之技」；何晏說是「不同歸者」；皇侃說是六籍正典之外的「雜書」;邢昺說是「諸子百家之書」;朱子則引用別人的說法說是「非聖人之道」;戴震說是「小道」(〈子張4〉);程樹德說是「異端雖訓為執兩端,而義實可通於雜學」。蔣伯潛引用馬一浮「依經解經」的方法,從「端」字入手,發現《四書》中說到「端」有幾種用法:一是「執其兩端」(《禮記》〈中庸6〉),一是「我叩其兩端」(〈子罕8〉),一是「攻乎異端」,這些「端」都是有「兩端」的意思,若是攻其「異之一端」,則有害;還須求其「同之一端」,這樣就算是諸子百家,也都有「同的一端」。所以不能攻擊異端。這也是一說。

「害」——《說文解字》:「傷。」

「已」——一說「止」;一說「也已」連讀,虛詞。

這句話最常見的溫和說法是:「如果你去研究經典之外的諸子和雜書,這是有害於走正道的!」更具攻擊性的說法就是:「我們要去攻擊那些異端邪說,我們主張的道理才會昌明,才能消滅這些禍害。」這種解釋不是沒有根據。孔子在〈衛靈公40〉就說過「道不同,不相為謀」,這是很多原來是朋友或同門的人在割袍斷義時常會引用的經典台詞;《禮記.中庸》〈11〉子曰:「素隱行怪,後世有述焉,吾弗為之矣」;甚至私淑孔子的孟子也宣稱:「我亦欲正人心,息邪說,距詖行,放淫辭,以承三聖者;豈好辯哉?予不得已也」(《孟子.滕文公下》〈14〉)。這些「正/邪」、「正統/異端」、「正道/外(歪、邪)道」之分,都強化了知識或立場的門戶之見(或「山頭主義」),有著「非我族類,其心必異」的「排外情結」。我認為,這是「思想鎖國」的典型思考方式。漢朝從董仲舒獨尊儒術之後,「孔學」變成「儒學」,就是中華思想越走越狹隘,故步自封,在故紙堆中打轉,而不能「與時俱進」,甚至不能「飛龍在天」的重要原因。這完全是一種「消耗能量」和「原地踏步」的「自我感覺良好」落伍思維。

從另外一方面來看，孔子年少時期就「無常師」（〈子張22〉），常常「就有道而正焉」（〈學而14〉），也因為這樣而被孟子稱為「集大成」（《孟子・萬章下》〈10〉）。這麼一個沒有門戶之見的孔子，怎麼會教人只要信我，別信其他人，「黨同伐異」，甚至把其他人妖魔化成「異端」？所以，秉持著對孔子這樣的信念，這句話就該解釋成「攻擊不同的思想流派是有害的」。換句話說，「兼容並包」才是「王道」。這樣的解釋也可以找到經典根據：《禮記・中庸》〈31〉就說過：「萬物並育而不相害，道並行而不相悖」；《易經・繫辭下》〈5〉也說過：「天下同歸而殊塗，一致而百慮」；《韓詩外傳・卷六》〈6〉也有：「辯者、別殊類，使不相害；序異端，使不相悖」；《漢書・司馬遷傳》〈4〉中也保留這種「百家爭鳴，百花齊放」的寬容心態。總之，這種解釋都符應現代「尊重差異、多元並重」的精神。

毓老師主張後面一種具有「正能量」的解釋。所以他教書的內容是只要能啟發我們智慧的古書都教。不管是在早期的「天德黌舍」或是一九八七年台灣解除戒嚴之後改名的「奉元書院」，老師教書的內容都不限於傳統的「儒學」，完全是仿效孔子那種「集大成」的教學內容：除了第一年所有門人都要先聽完《四書》，然後才可以進階到「五經」（《詩》、《書》、《禮》、《春秋》、《易經》）或是「諸子」（《孫子》、《老子》、《莊子》、《荀子》、《管子》、《商君書》、《春秋繁露》（或簡稱《董子》））等，特別是許多人愛學的《易經》，都是要有《四書》的基礎之後才能學的。後來毓老師稱這樣兼容並包的集大成學問為「夏學」。他還把「夏學拯世」的理想，寫在對聯上：

以夏學奧質
尋拯世真文

我將上下聯兩個起首的字分別嵌入為「奉元」兩字，意思好像也通：

奉夏學奧質
元拯世真文

當然，也可能有同門會以為我是大逆不道，連老師的對聯都敢改。不過，請靜下心來想想老師說的：「攻乎異端，斯害也已。」

附錄

《禮記》〈中庸11〉子曰：「**素隱行怪，後世有述焉，吾弗為之矣**。君子遵道而行，半途而廢，吾弗能已矣。君子依乎中庸，遁世不見知而不悔，唯聖者能之。」──〈31〉仲尼祖述堯、舜，憲章文、武；上律天時，下襲水土。辟如天地之無不持載，無不覆幬，辟如四時之錯行，如日月之代明。**萬物並育而不相害，道並行而不相悖**，小德川流，大德敦化，此天地之所以為大也。

《易經．繫辭下》〈5〉易曰：「憧憧往來，朋從爾思。」子曰：「天下何思何慮？**天下同歸而殊塗，一致而百慮**，天下何思何慮？」

《韓詩外傳．卷六》〈6〉天下之辯，有三至五勝，而辭置下。**辯者、別殊類，使不相害；序異端，使不相悖**；輸公通意，揚其所謂，使人預知焉，不務相迷也。是以辯者不失所守，不勝者得其所求，故辯可觀也。夫繁文以相假，飾辭以相悖，數譬以相移，外人之身，使不得反其意，則論便然後害生也。夫不疏其指而弗知，謂之隱；外意外身，謂之諱；幾廉倚跌，謂之移；指緣謬辭，謂之苟；四者所不為也，故理可同睹也。夫隱諱移苟，爭言競為而後息，不能無害其為君子也，故君子不為也。《論語》曰：「君子於其言，無所苟而已矣。」《詩》曰：「無易由言，無曰苟矣。」

《漢書．司馬遷傳》〈4〉易大傳曰：「**天下一致而百慮，同歸而殊塗**。」夫陰陽、儒、墨、名、法、道德，此務為治者也，直所從言之異路，有省不省耳。嘗竊觀陰陽之術，大詳而眾忌諱，使人拘而多畏，然其序四時之大順，不可失也。儒者博而寡要，勞而少功，是以其事難盡從，然其敘君臣父子之禮，列夫婦長幼之別，不可易也。墨者儉而難遵，是以其事不可遍循，然其彊本節用，不可廢也。法家嚴而少恩，然其正君臣上下之分，不可改也。名家使人儉而善失真，然其正名實，不可不察也。道家使人精神專一，動合無形，澹足萬物，其為術也，因陰陽之大順，采儒墨之善，撮名法之要，與時遷徙，應物變化，立俗施事，無所不宜，指約而易操，事少而功多。儒者則不然，以為人主天下之儀表也，君唱臣和，主先臣隨。如此，則主勞而臣佚。至於大道之要，去健羨，黜聰明，釋此而任術。夫神大用則竭，形大勞則敝；神形蚤衰，欲與天地長久，非所聞也。

17

子曰：「由！誨女知之乎？知之為知之，不知為不知，是知也。」

孔子說過：「由啊！我教導你的你真的懂嗎？懂就要說懂，不懂就要說不懂，這樣才能真正增長知識。」

這是孔子教誨子路的話，要他誠實面對自己的知和不知。這是子路在《論語》的初登場。「由」是孔子稱呼弟子仲由，他姓仲，名由，字子路，《論語》有時稱他為「季路」（〈公治長26〉、〈先進3〉、〈先進12〉和〈季氏1〉），卞（或作「弁」）人，小孔子九歲（《孔子家語．七十二弟子解》〈8〉和《史記．仲尼弟子列傳》〈19〉）。〈仲尼弟子列傳20〉說他：「性鄙，好勇力，志伉直，冠雄雞，佩豭豚，陵暴孔子。孔子設禮稍誘子路，子路後儒服委質，因門人請為弟子。」〈七十二弟子解8〉則說他：「有勇力才藝，以政事著名。為人果烈而剛直，性鄙而不達於變通，仕衛為大夫，遇蒯聵與其子輒爭國，子路遂死輒難。孔子痛之曰：『自吾有由，而惡言不入於耳。』」。兩種記載似乎有正反不同的評價。不管怎樣，他列名孔門四科中的「政事」（〈先進3〉），在孔廟大成殿中可以看到他的牌位。

「誨」——《說文解字》說是「曉教」；皇侃說是「教」。

「女」——是「汝」，就是「你」。

「誨汝知之乎」的「知」，清朝的俞樾說此字當讀成「志」，就是「記住」。戴望也有同樣的說法，只是最後的「是知也」，戴望認為當作「智」解。

這句話一般都認為很清楚，沒歧義。由於這段出現了六個「知」字，講快了好像繞口令或是講相聲，很多人幾乎是一學就會，但都是口耳之學，日常生活中卻很少看到切實實踐的人。

《論語》言簡意賅，都沒提及發生這件事情的時間和來龍去脈。在《荀子・子道》〈5〉、《說苑・雜言》〈25〉和《韓詩外傳・卷三》〈31〉中卻都把這句話當成孔子初見子路時說的。孔子提到「知之為知之，不知為不知」是「言之要（重點）」，「能之曰能，不能曰不能」是「行之至（目標）」，講話掌握重點就是「智」，行動達到目標就是「仁」，這樣就可以行遍天下。這裡還是延續孔門「言行並重」的傳統。

此外，《荀子・儒效》〈21〉和《韓詩外傳・卷五》〈5〉都將「知之為知之，不知為不知」當成是「雅儒者」的德行。這些都可以補充本章論述的不完整。

請注意，孔子每次碰到子路都忍不住要幽他一默。他們倆雖為師生，但年齡相近，有著孔門裡沒人能比的「開玩笑關係」（Joking relationship）。這是國外人類學家研究的成果，認為一個社會中不是所有人都可以相互開玩笑的，通常能開玩笑的人都是受到社會文化的規約。孔子有時也開自己的玩笑（自嘲）。這些是以往的人都以「嚴肅模式」來看《論語》所看不到的「孔門悅樂」。

這句話是孔子希望子路能夠誠實面對自己的學習，能夠分辨「知之」和「不知」，才會在知識上長進。這是從學生的觀點來反省的立場。如果改從老師教學的立場來反省，怎樣才能讓同學分辨「知之」和「不知」也是重要課題。考試的原意就在於確認學生學習後的狀況。老師了解到學生的「不知」，就可以下手改善自己的教學方法，學生也會從「不知」而改往「知之」的境界。不過，能根據學生情況而調整的老師固然有，恐怕往往看到學生的「不知」之後，只想到譴責學生不努力的老師居多。學生的「不知」在這種情況下恐怕就更因為畏懼老師的譴責而更加「不知」。當老師後，我聽過一句話：「沒有教不會的學生，只有不會教的老師」。每每想到這句話，就讓我嚇出一身冷汗。

子路經過孔子這麼教誨之後，並沒有徹底根絕這個「不知強說為知」的老毛病。有一次師徒兩人討論一個假設性的問題：如果衛靈公知遇孔子，孔子的施政優先順序。孔子就先說了：先要「正名」，子路聽完大笑孔子迂腐。孔子就回罵子路「放肆」（這就是兩人的「開玩笑關係」）後，就又說了一句類似的話：「君子於其所不知，蓋闕如也」，說白了就是「不懂就不要說，沒人把你當啞巴！」然後就將治國的優先順序仔細說了一遍，最後又再強調「君子於其言，無所苟而已矣。」這都跟這裡的「知之為知之，不知為不知，是知也」是相關的（〈子路3〉）。這樣看來，子路真是不如顏淵的「不貳過」（〈雍也3〉），就算有孔子耳提面命，還是積習難改。

那麼，如果從反躬自省的角度來看，這個當時以「博學多聞」著稱的孔子又有什麼「不知」之處呢？

細數之下，還真不少。

有人問孔子「禘」這種禮是怎麼一回事，孔子說不知道，而且還說，不只他不知道，全天下也沒幾個人知道（〈八佾11〉）。我好奇的是，他既然不知道，怎麼會知道沒幾個人知道？這他又是怎麼知道的？

還有，經常有人要聘用孔子的弟子，所以打聽這些弟子是否稱得上「仁」。由於「仁」在孔子心目中是高標準，所以他會誇獎弟子的其他才能，可是他卻不輕易稱許弟子是具有「仁德」。這種「不知」其實蘊含著完全不同卻又不方便說出來的價值觀（〈公冶長5〉和〈公冶長8〉），有點像在回答民意測驗時回答「不知道」，其實往往不是「真的不知道」，只是不想講或不方便講。這種「不知道」很困擾做民意調查的學者。

他也「不知」子路好奇而問過「死」的事，他認為不應該本末倒置，連「生」的事情都還沒搞清楚，怎麼就想去搞清楚「死」的事（〈先進12〉）。

他還認為自己絕對不是「不知而作」的人，他都是靠多聞從善而得知（〈述而28〉）。如果有「鄙夫」來請教他，他雖然「不知」，但是他用「叩其兩端而竭焉」的方法來「求知」（〈子罕8〉）。

他並不認為「知之」的境界高，他認為還有更高境界的「好之」和「樂之」（〈雍也20〉）。他喜歡承認的「不知」是他自述中說的「發憤忘食，樂以忘憂，不知老之將至云爾」（〈述而19〉）。

《論語》的最後一篇，特別編選了孔子說的三種「不能不知的事物」：「不知命，無以為君子也。不知禮，無以立也。不知言，無以知人也。」（〈堯曰3〉）這些如果學到最後還「不知」，《論語》就白學了。只好重來！

附錄

《荀子・子道》〈5〉子路盛服而見孔子，孔子曰：「由，是裾裾何也？昔者江出於岷山，其始出也，其源可以濫觴，及其至江之津也，不放舟，不避風，則不可涉也。非維下流水多邪？今女衣服既盛，顏色充盈，天下且孰肯諫女矣！子路趨而出，改服而入，蓋猶若也。孔子曰：「由志之！吾語汝：奮於言者華，奮於行者伐，色知而有能者，小人也。故君子**知之曰知之，不知曰不知**，言之要也；能之曰能之，不能曰不能，行之至也。言要則知，行至則仁；既知且仁，夫惡有不足矣哉！」

《說苑・雜言》〈25〉子路盛服而見孔子。孔子曰：「由，是襜襜者何也？昔者江水出於岷山；其始也，大足以濫觴，及至江之津也，不方舟，不避風，不可渡也，非唯下流眾川之多乎？今若衣服甚盛，顏色充盛，天下誰肯加若者哉？」子路趨而出，改服而入，蓋自如也。孔子曰：「由，記之，吾語若：賁於言者，華也，奮於行者，伐也。夫色智而有能者，小人也。故君子**知之為知之，不知為不知**，言之要也；能之為能，不能為不能，行之至也。言要則知，行要則仁；既知且仁，夫有何加矣哉？由，《詩》曰：『湯降不遲，聖教日躋。』此之謂也。」

《韓詩外傳・卷三》〈31〉傳曰：子路盛服以見孔子。孔子曰：「由，疏疏者何也？昔者，江於汶，其始出也，不足以濫觴；及其至乎江之津也，不方舟，不避風，不可渡也，非其眾川之多與！今汝衣服其盛，顏色充滿，天下有誰加汝哉！」子路趨出，改服而入，蓋揖如也。孔子曰：「由志之，吾語汝；夫慎於言者不譁，慎於行者不伐。色知而有長者，小人也。故君子**知之為知之**，不知為不知，言之要也；能之為能之，不能為不能，行之要也。言要則知，行要則仁，既知且仁，又何加哉！」《詩》曰：「湯降不遲，聖敬日躋。」

《荀子・儒效》〈21〉其言行已有大法矣，然而明不能齊法教之所不及，聞見之所未至，則知不能類也；**知之曰知之，不知曰不知**，內不自以誣，外不自以欺，以是尊賢畏法而不敢怠傲：是雅儒者也。

《韓詩外傳・卷五》〈5〉法先王，一制度，言行有大法，而明不能濟法教之所不及、聞見之所未至，**知之為知之，不知為不知**，內不自誣，外不誣人，以是尊賢敬法，而不敢怠傲焉，是雅儒者也。

《孔子家語・子路初見》〈1〉子路見孔子，子曰：「汝何好樂？」對曰：「好長劍。」孔子曰：「吾非此之問也。徒謂以子之所能，而加之以學問，豈可及乎？」子路曰：「學豈益也哉？」孔子曰：「夫人君而無諫臣則失正，士而無教友則失聽。御狂馬不釋策，操弓不反檠。木受繩則直，人受諫則聖，受學重問，孰不順哉？毀仁惡士，必近於刑。君子不可不學。」子路曰：「南山有竹，不揉自直，斬而用之，達於犀革。以此言之，何學之有？」孔子曰：「括而羽之，鏃而礪之，其入之不亦深乎？」子路再拜曰：「敬而受教。」

18

子張學干祿。子曰：「多聞闕疑，慎言其餘，則寡尤；多見闕殆，慎行其餘，則寡悔。言寡尤，行寡悔，祿在其中矣。」

子張要學著當個政治人物去服務人民〔或「求多福之道」〕。孔子告誡他說：「多聽別人說的話，詳加對比，然後謹慎回應，就會產生判斷是非的能力，這樣就不會搞不清楚狀況而說出讓自己將來後悔出錯的話。多方考察別人的行為，以作為自己行為的效法或警惕，這樣就不會做出讓自己後悔的事。〔自己的〕說話少犯錯，〔自己的〕行為少悔恨，這樣就可以當個政治人物去服務人民了〔或「這就是多福之道」〕。」

本章是孔子談「言」、「行」和「祿」之間的關係。這章是孔子弟子子張的初登場。

「干」——鄭玄和戴望都說是「求」。

「祿」——《說文解字》和《爾雅》都說是「福」；鄭玄說是「祿位」；朱子說是「仕者之奉」；

黃式三說是「仕者之事」；戴望說「食禀為祿，祿之為言，福也」。

「干祿」——多半解釋是「學怎麼當官」，但是俞樾獨排眾議，認為是學《詩經》〈旱麓〉篇（參見附錄），而不是求祿位之法。可是黃懷信從孔子的回答看來，認為不妥。我也同意。

「多聞」和「多見」——戴望別出心裁從公羊學的「三世」觀念（所傳聞世、所聞世和所見世）來解釋，前者是「所傳聞世」和「所聞世」，後者是「所見世」。多聞「闕」疑，黃懷信認為是「己所未聞之言」。

「疑」——皇侃說是「疑惑之事」；朱子引用呂氏說「疑者所未信」；黃懷信說是「己尚未明之語」。

「餘」——劉寶楠說是「足」。慎言「其餘」，皇侃說是「謂所心不疑者也」；黃懷信認為是「闕、疑之餘，己所不闕、不疑者」。慎行「其餘」，皇侃說是「謂自所錄非危殆之事也」；黃懷信認為是「不『闕』不『殆』之事」。

「寡」——皇侃說是「少」。

「尤」——包咸和皇侃都說是「過」；朱子引用程子說「罪自外至者也」。

「殆」——包咸、皇侃、邢昺和戴望都說是「危」；朱子引用呂氏說「殆者所未安」；黃懷信說是「危殆之事」。

「悔」——皇侃說是「恨」；朱子引用程子說「理自內出者也」；黃懷信說是「悔恨」。

子張是孔子弟子，姓顓孫，名師，字子張，陳國人，少孔子四十八歲（《孔子家語・七十二弟子解》〈11〉和《史記・仲尼弟子列傳》〈56〉），是《論語》孔子弟子中年紀最小的一位。他顏值很高，穿著打扮也很講究，可是在孔門中的人際關係不怎樣，「孔子門人友之而不敬」（〈七十二弟子解11〉）。子游和曾子都說過他很難相處（〈子張15〉和〈子張16〉）。孔子也說過他「能莊不能同」（《說苑・雜言》〈21〉、《孔子家語・六本》〈12〉、《列子・仲尼》〈4〉）。值得注意的是，子張在《論語》的十八章中都出現過，出現率占所有弟子的第四名。可是這位「第四名」並未列名「孔門四科」（德行、言語、政事、文學）中，雖然《孟子・公孫丑上》〈2〉中將他和子夏、子游同列「皆有聖人之一體」。更令我咋舌的是《荀子》卻把以上這三位孟子稱為「皆有聖人之一體」的成員，都稱為「賤儒」（《荀子・非十二子》〈17〉）。孟、荀之間的評價怎麼會差這麼遠？這難道是孔門內的什麼我們所不知道的恩怨情仇嗎？《韓非子》〈顯學〉則在孔子死後的八個儒家門派中，只提到「子張氏之儒」，其他「四科十哲」都沒上榜。這難道又是韓非在「挑撥」孔門是非，還是當時就真是只有「子張氏之儒」傳下來了？所以《論語》中子張才會出現這麼多次？那「孔門四科」呢？「學統」就絕了嗎？這是「史之闕文」？還是我「孤陋寡聞」？

有些版本，如《史記》〈仲尼弟子列傳〉「學」作「問」。從文義上看，應該是「問」，而不是「學」。

「祿」至少有兩種解釋：一是「祿位」，或是「仕者之奉」（薪資），一是「福」，這是上段所提的《詩經》引文中的意思。大部分古注傾向第一種解釋，孔子說過「三年學，不至於穀，不易得也」（〈泰伯12〉），似乎就是此章的注腳。可是當時的字書，如《說文解字》和《爾雅》則做第二種解釋。從孔子的回答來看，怎麼說都通。另外，孔子也說過君子只要能一心學道，不在乎物質條件，能這樣學，「祿在其中矣」（〈衛靈公32〉）。和這章的結論是相同的。

孔子經常強調自己要先有本事，才能有機會被重用：他說過：「不患無位，患所以立；不患莫己知，求為可知也」（〈里仁14〉）；他又說過：「不患人之不己知，患其不能也」（〈憲問30〉）；同樣的話他也說過：「君子病無能焉，不病人之不己知也。」（〈衛靈公19〉）毓老師也常強調「需要則有用」，提醒年輕人要有專門的才能，才能在社會上有立身之地。

此外，孔子很重視「多聞」，他宣稱自己「多聞擇其善者而從之」（〈述而28〉），而且也把「多聞」當成是三種好朋友（友直、友諒、友多聞）中的一種特質（〈季氏4〉）。

本章的主旨還是在「言」和「行」。孔子是從人我互動的關係來回答，看看別人，想想自己。這也符合社會學家所說「我們的自我是從人際互動中產生並且調整的」。所以這裡是從「聽別人說話」反省到「自己該怎麼說話」，「看別人做事」反省到「自己該怎麼做事」。換句話說，以別人當成借鏡。

孔子先提「自己聽別人講話」之後反省到「別人怎麼聽自己講話」，所以第一句話就是「多聽別人說的話，詳加對比，然後謹慎回應，就會產生判斷是非的能力，這樣就不會搞不清楚狀況而說出讓自己將來後悔出錯的話」。這是說話的部分。

接下來是外顯行為。「自己先看到別人怎麼做」，然後再想到自己應該怎麼做，也就是「多方考察別人的行為，以作為自己行為的效法或警惕，這樣就不會做出讓自己後悔的事」。

這裡的「疑」和「殆」，以及「尤」和「悔」應該都是同義字。還有這裡的「尤」和「悔」都強調「寡」，而不是「絕」，可見只能盡量去做，無法根除。孔子這裡真是符合人性的建議。

子張有一次大概是知道師門強調「先行後言」，所以就只問「行」，可是孔子並不只從「行」來回答，而是兼答了「行」（行篤敬）與「言」（言忠信）兩方面，可見「先行後言」固然首要，但是「言行並重或合一」恐怕才是孔門上乘（〈衛靈公6〉）。子張為了時時刻刻提醒自己，還把「言忠信」和「行篤敬」寫在衣帶上。

毓老師也再三引用孔子下面這句話，讓學生多多謹言慎行：「言行，君子之樞機，樞機之發，榮辱之主也。言行，君子之所以動天地也，可不慎乎？」（《易經．繫辭上》〈8〉、《說苑．君道》〈4〉和《說苑．談叢》〈45〉）。

本章強調的是自己先在「言」和「行」下功夫，就算現在沒有得「祿」，「祿」總有一天會找上門。這種「反求諸己」是孔子一貫的主張和做法。

當政者的言行更要謹慎。這就是下一章的主旨。

附錄

《說苑．雜言》〈21〉子夏問仲尼曰：「顏淵之為人也，何若？」曰：「回之信，賢於丘也。」曰：「子貢之為人也，何若？」曰：「賜之敏，賢於丘也。」曰：「子路之為人也，何若？」曰：「由之勇，賢於丘也。」曰：「子張之為人也，何若？」曰：「師之莊，賢於丘也。」於是子夏避席而問曰：「然則四者何為事先生？」曰：「坐，吾語汝。回能信而不能反，賜能敏而不能屈，由能勇而不能怯，**師能莊而不能同**。兼此四子者，丘不為也。夫所謂至聖之士，必見進退之利，屈伸之用者也。」

《孔子家語．六本》〈12〉子夏問於孔子曰：「顏回之為人奚若？」子曰：「回之信賢於丘。」曰：「子貢之為人奚若？」子曰：「賜之敏賢於丘。」曰：「子路之為人奚若？」子曰：「由之勇賢於丘。」曰：「子張之為人奚若？」子曰：「師之莊賢於丘。」子夏避席而問曰：「然則四子何為事先生？」子曰：「居！吾語汝。夫回能信而不能反，賜能敏而不能詘，由能勇而不能怯，**師能莊而不能同**。兼四子者之有以易吾，弗與也。此其所以事吾而弗貳也。」

《列子．仲尼》〈4〉子夏問孔子曰：「顏回之為人奚若？」子曰：「回之仁賢於丘也。」曰：「子貢之為人奚若？」子曰：「賜之辯賢於丘也。」曰：「子路之為人奚若？」子曰：「由之勇賢於丘也。」曰：「子張之為人奚若？」子曰：「師之莊賢於丘也。」子夏避席而問曰：「然則四子者何為事夫子？」曰：「居！吾語汝。夫回能仁而不能反。賜能辯而不能訥，由能勇而不能怯，**師能莊而不能同**。兼四子之有以易吾，吾弗許也，此其所以事吾而不貳也。」

《孟子．公孫丑上》〈2〉昔者竊聞之：子夏、子游、**子張**皆有聖人之一體，冉牛、閔子、顏淵則具體而微。

《荀子．非十二子》〈17〉弟陀其冠，神禫其辭，禹行而舜趨：是**子張氏之賤儒**也。正其衣冠，齊其顏色，嗛然而終日不言、是子夏氏之賤儒也。偷儒憚事，無廉恥而耆飲食，必曰君子固不用力：是子游氏之賤儒也。彼君子則不然：佚而不惰，勞而不侵，宗原應變，曲得其宜，如是然後聖人也。

《韓非子．顯學》〈1〉自孔子之死也，有**子張**之儒，有子思之儒，有顏氏之儒，有孟氏之儒，有漆雕氏之儒，有仲良氏之儒，有孫氏之儒，有樂正氏之儒。

《詩經．大雅．文王之什》〈旱麓〉（或〈旱麓〉）

瞻彼旱麓，榛楛濟濟。豈弟君子，**干祿**豈弟。

瑟彼玉瓚，黃流在中。其弟君子，福祿攸降。
鳶飛戾天，魚躍於淵。豈弟君子，遐不作人。
清酒既載，騂牡既備。以享以祀，以介景福。
瑟彼柞棫，民所燎矣。豈弟君子，神所勞矣。
莫莫葛藟，施於條枚。豈弟君子，求福不回。

《詩經．大雅．生民之什》〈假樂〉

假樂君子，顯顯令德。宜民宜人，受祿於天。保右命之，自天申之。
干祿百福，子孫千億。穆穆皇皇，宜君宜王。不愆不忘，率由舊章。
威儀抑抑，德音秩秩。無怨無惡，率由群匹。受福無疆，四方之綱。
之綱之紀，燕及朋友。百辟卿士，媚於天子。不解於位，民之攸塈。

19

哀公問曰：「何為則民服？」孔子對曰：「舉直錯諸枉，則民服；舉枉錯諸直，則民不服。」

魯哀公請教孔子：「我要怎麼做，人民才會心服口服的完全服從？」孔子回答說：「您應該任用正直的官員來矯正不正直的官員，這樣人民就會心服口服，完全服從您；您如果任用不正直的官員來干擾正直的官員，這樣人民就不會心服口服的完全服從您。」

這章是魯哀公請教孔子讓人民心服口服的服從之道。

「何為」——劉寶楠說是「何所為之」。

「服」——劉寶楠引用古注發現大約有三種意思：「從也、畏也、為之任使也」。

「舉」——劉寶楠引用古注發現有兩種意思：「對舉、舉用」。

「直」——皇侃說是「正直之人」，劉寶楠認為是「正」。

「錯」——包咸、皇侃和邢昺都說是「置」；朱子說是「舍置」；鄭玄和戴望都認為是「投、投於下位」。劉寶楠認為「措」是「正字」，「錯」是假借字。

「諸」——朱子說是「眾」。

「枉」——皇侃說是「委曲邪佞之人」，劉寶楠認為是「邪」。

「哀公」是魯哀公，名將（許多古注都作「蔣」），西元四九四年在魯定公過世後即位，「哀」是他死後的「諡號」。根據《逸周書》〈諡法解〉：「蚤孤短折曰哀。恭仁短折曰哀」。邢昺認為是第二種意思。在《論語》中他還出現過四次，請教過宰我有關「社」的意思（〈八佾21〉），還有請教有子（有若）抽稅的問題（〈顏淵9〉）。在其他先秦兩漢古籍中，還有更多他請教孔子各種政治問題的記載（例如：《荀子．哀公》、《大戴禮記．哀公問》）。孔子死後，他還送了一幅「輓聯」：「天不遺耆老，莫相予位焉，嗚呼哀哉！尼父！」（老天爺連這麼一位老人都不留給我，讓我失去輔相我的人，真是悲痛至極啊！孔老啊！）（《禮記．檀弓上》〈115〉）也算有情有義。只是子貢不滿他不能在孔子生前知遇孔子，只送這幅「輓聯」（《史記．孔子世家》〈77〉和《孔子家語．終記解》〈2〉中的文字略異）。

魯國三桓當政，哀公的權力其實是被架空的，所以哀公也有其「悲哀」之處。他這裡要請教孔子「民服」的治國問題，看似是個關懷老百姓的賢君，實則掩飾了他對下屬奪權的無可奈何。孔子顯然知道這個問題，所以答案是要「任用賢能」，造成「風行草偃」的效果，這樣才是老百姓的最大福利。可是要「清君側」除去「三桓」嗎？反正按禮按法來說，「三桓」都是「亂政」，難道不要「撥亂反正」嗎？孔子沒這麼說。

「民」和「人」不同：前者是一般人，後者是貴族。這裡說的是一般人要怎麼讓他們「服從」，其實魯哀公也應該問一問「三桓」這樣的人要怎麼「收服」。「服」，古注都以為是「從」、「畏」、「為之任使」等類似的意思，其實不應該忘掉「心悅誠服」這樣更高的標準。也就是打心底佩服主事官員的才能，而主動服從領導，不是迫於威脅和壓力而表面服從。可是，魯哀公這裡想問的，只是一般專制君王關心的「怎樣能讓老百姓乖乖聽話，不犯上也不作亂」。

「對曰」是「下對上」的用語。魯哀公再怎麼樣昏庸，還是孔子的「老闆」，這是孔子「守禮」之處。有一次孔子明知魯哀公早已大權旁落，還是很慎重沐浴後上朝去告陳成子弒君的狀，魯哀公很無奈地說：「你去跟三桓說吧！」孔子也依君命去見三桓，當然也沒有結果。「知其不可而為」且「守禮」的孔子不得不一直說：「以吾從大夫之後，不敢不告也。」（〈憲問21〉）這些都是隱藏在正文背後的故事。

「舉直錯諸枉」是本章的重點。

一種常見說法就是「任用有德有能的人，罷黜無德無能的人」，也就是「選賢與能」，這樣老百姓就會心服口服；如果讓小人當道，賢人退隱，那老百姓就不會服氣。劉寶楠就認為這和孔子主張的「尊賢而容眾之德，似不相合」。我覺得有道理。在〈子張3〉中，子張轉述了孔子「尊賢而容眾」和「嘉善而矜不能」，完全沒有要排除異己的意思。

另一種說法是任用有德有能的人「穿插在」無德無能的人之間，這樣「直的人」就可以透過言教和身教影響到「枉的人」。我覺得這和孔子說的「三人行，必有我師焉」（〈述而22〉）以及「尊賢而容眾，嘉善而矜不能」（〈子張3〉）才是一貫的。不然，把「枉的人」趕走而不是感化，不是讓他們去危害其他的人？正本清源在於讓「枉」的人能夠變「直」，才能徹底根除禍害吧？

我們可以用「依經解經」的方式來看哪種解比較貼近孔子的原意。《論語》中記載了孔門中資質偏低的弟子樊遲三次向孔子「問仁」的經驗（〈雍也22〉、〈顏淵22〉和〈子路19〉）。其中有一次問仁，孔子極簡回答：「愛人」；問知（智），孔子又極簡回答：「知人」。弄得這個本來資質就不高的弟子一頭霧水。孔子就換一種方式解釋：「舉直錯諸枉，能使枉者直」，就說明了「舉直錯諸枉」不是要把「枉者」趕走，而是要「使枉者直」。可是這個道理，樊遲還是沒懂。同一個問題老師都回答了兩次，樊遲也不好意思再問下去，就退下去問資質比較高但年紀比他小八歲的子夏。子夏聽完，大聲稱讚老師說的真是極富啟發性，就自作解人，以古人的故事舉例給樊遲聽：「舜即位以後，從百姓中選出了皋陶這個賢能的人，其他無德無能者就走避他鄉。湯上台也一樣，任用了伊尹，其他無德無能者也都走避他鄉。」可是子夏這種說法，顯然不是「能使枉者直」而是「能使枉者遠」。子夏這樣的解釋雖然離孔子的教誨甚遠，但他後來當老師就是這樣教學生的：「可者與之，不可者拒之」（〈子張3〉）。荀子罵「子夏氏之賤儒」會是因為這種孤高自賞的高姿態嗎？

另外，孔子在聽到樊遲想學種田和種菜時，就強調居上位的人重視「禮」、「義」、「信」比學種田和種菜要來得重要。孔子認為居上位的人如果重視「義」，那麼老百姓就不敢「不服」（〈子路4〉）（很可惜！有人誤以為這段是孔子看不起種菜的人，真是讀書不讀整篇的惡果。），這裡的「義」是「宜」，不是死板板遵守禮法，而是能考慮到「人性」，這樣會讓人心服口服。

孔子在〈季氏4〉提到「益者三友」時，「友直」就是其中一個標準。如果自己「直」，可以讓朋友也「直」；如果自己不「直」，也可以透過「直」友來讓自己變「直」，「就有道而正焉」（〈學而14〉）也是同樣的道理。另外，孔子也在一次和「葉（音社）公」的對答中比較了兩個人鄉黨中對於

「直」的做法的差異。這段非常精彩（〈子路18〉）。留到下篇一起討論。

有關為政之道，孔子說了不少。這裡只提到「舉直錯諸枉」，我倒覺得也可以補充孔子自己說過的：「其身正，不令而行；其身不正，雖令不從」（〈子路6〉）。這也可以在《禮記．中庸》〈20〉中獲得更完整的佐證：哀公問政。子曰：「文、武之政，布在方策，其人存，則其政舉；其人亡，則其政息。人道敏政，地道敏樹。夫政也者，蒲盧也。故為政在人，取人以身，修身以道，修道以仁。仁者人也，親親為大；義者宜也，尊賢為大。親親之殺，尊賢之等，禮所生也。在下位不獲乎上，民不可得而治矣！故君子不可以不修身；思修身，不可以不事親；思事親，不可以不知人；思知人，不可以不知天。」

我們從下一章的「舉善而教不能」也可看出端倪，且聽下回分解。

附錄

《禮記．檀弓上》〈115〉魯哀公誄孔丘曰：「天不遺耆老，莫相予位焉，嗚呼哀哉！尼父！」

《史記．孔子世家》〈77〉哀公誄之曰：「旻天不弔，不慭遺一老，俾屏余一人以在位，煢煢余在疚。嗚呼哀哉！尼父，毋自律！」子貢曰：「君其不沒於魯乎！夫子之言曰：『禮失則昏，名失則愆。失志為昏，失所為愆。』生不能用，死而誄之，非禮也。稱『余一人』，非名也。」

《孔子家語．終記解》〈2〉哀公誄曰：「昊天不弔，不慭遺一老，俾屏余一人以在位。煢煢余在疚，於乎！哀哉！尼父無自律。」子貢曰：「公其不沒於魯乎？夫子有言曰：『禮失則昏，名失則愆。失志為昏，失所為愆。』生不能用，死而誄之，非禮也；稱一人，非名。君兩失之也。」

《史記．孔子世家》〈57〉魯哀公問政，對曰：「政在選臣。」季康子問政，曰：「舉直錯諸枉，則枉者直。」康子患盜，孔子曰：「苟子之不欲，雖賞之不竊。」然魯終不能用孔子，孔子亦不求仕。

《禮記．中庸》〈20〉哀公問政。子曰：「文、武之政，布在方策，其人存，則其政舉；其人亡，則其政息。人道敏政，地道敏樹。夫政也者，蒲盧也。故為政在人，取人以身，修身以道，修道以仁。仁者人也，親親為大；義者宜也，尊賢為大。親親之殺，尊賢之等，禮所生也。在下位不獲乎上，民不可得而治矣！故君子不可以不修身；思修身，不可以不事親；思事親，不可以不知人；思知人，不可以不知天。天下之達道五，所以行之者三，曰：君臣也，父子也，夫婦也，昆弟也，朋友之交也，五者天下之達道也。知仁勇三者，天下之達德也，所以行之者一也。或生而知之，或學而知之，或困而知之，及其知之，一也；或安而行之，或利而行之，或勉強而行之，及其成功，一也。」

20

季康子問：「使民敬、忠以勸，如之何？」子曰：「臨之以莊則敬，孝慈則忠，舉善而教不能，則勸。」

季康子請問孔子：「要怎麼樣才能做到讓人民在服勞役時能夠表現出他們的敬、忠還有勸？」孔子回答說：「面對人民讓他們服勞役的時候態度要莊重誠懇，那麼人民就會展現誠敬，能替他顧慮到他對家中長輩和小輩的孝和慈的問題時，他就會盡心盡力去做，找一些大家都稱讚的有能力的善人當領導來教導那些不會的人，這樣大家都會互相勉勵。」

這章是孔子回答季康子使民之道。

「臨」——皇侃說「謂以高視下也」，劉寶楠說是「視」。

「以」——劉寶楠整理古注有兩種意思：「與」、「而」。

「莊」——包咸和皇侃都說是「嚴」；朱子說是「容貌端嚴」。

「孝」——戴望說是「養老之事」，劉寶楠也引用古注表達類似的意思。

「慈」——戴望說是「恤人為慈」，劉寶楠也認為是「下慈於民」。

這章季康子排在前章魯哀公之後，透露出編排者還是有著尊卑長幼的儒家秩序情結（香港社會學家張德勝用語）。這裡講的是身居上位的人該如何「使民」。「使民」在〈學而5〉曾經出現過「使民以時」，是指「要求老百姓服勞役」，這裡不太看得出來這樣的意思，所以許多人都當「治理人民」來看待。

「季康子」是魯哀公在朝掌權的大臣，是季孫氏，名肥（現在已經沒人敢替小孩取這樣的名字了吧！），「康」是他的諡號。根據《逸周書．諡法解》〈1〉說：「淵源流通曰康。豐年好樂曰康。安樂撫民曰康。令民安樂曰康。」邢昺認為他符合第三項，劉寶楠未置可否，但漏列第一項。他自己失禮僭位，上梁不正下梁歪，所以對於「使民」的問題相當苦惱。老百姓對於他「使民」顯然也不樂意配合，所以說他諡號是正面的「康」，實在讓我覺得費解。

連同這次，季康子總共向孔子請教過六次：他請教過孔子對於子路和冉求的評價（〈雍也8〉），也請教過弟子中誰最為好學（〈先進7〉）；他曾經送藥給孔子，不過孔子謙稱自己不懂藥性，所以不敢吃（〈鄉黨11〉）；他跟孔子請教過為政之道（〈顏淵17〉和〈顏淵19〉），也向孔子請教過「防盜」的方法（〈顏淵18〉）；他也很懷疑地問過孔子衛靈公無道，為何還能維繫政權（〈憲問19〉）。

季康子問的是如何才能做到「使民三事」：「敬」、「忠」、「勸」。

「敬」字已經出現在〈學而5〉「敬事而信」，和「孝敬父母」〈為政7〉：「不敬，何以別乎？」兩則中。對事對人（自己、朋友和家人）都要抱持「敬」的態度，和「慎」、「謹」、「敏」（慮深通敏）是一樣的意思。

「忠」字也不陌生，在〈學而4〉「為人謀而不忠乎？」、〈學而8〉「主忠信」都出現過，是「盡心盡力」或「盡己」的意思，不是「無條件服從」，為人「賣命」的那種封建時代提倡的「忠君」道德。

「勸」不是「勸告」，而是有「勸勉而且獎勵或鼓勵」的雙重涵義。古人有「勸農桑」，現代日本有「勸業銀行」，用的還是這種古義。我覺得是固然有著治理者的獎勵和鼓勵，未嘗沒有人民之間的相互勉勵，為了大家的共利而去從事勞役。

使民要敬，就必須「臨之以莊」。「莊」應該和「君子不重則不威」（〈學而8〉）的「威」是一樣的意思。如果在上位做做樣子，滿口仁義道德，這樣從來都不能贏得下屬的尊敬。這不是千古不變的道理嗎？可惜，許多上位者受了這種封建時代古人的「誤解」，當起官來以為穿著打扮、出入名車就可以彰顯官威（其實是「狐假虎威」），形成了這種裝模作樣的「官場文化」。孔子說過的「斗筲之人」（〈子路20〉），就是他對這種人的評價吧！不過這只是第一件。

第二件要「使民忠」，就必須當君上的人自己做到「孝慈」。「孝」已經在《論語》中出現多次了，以前多半指的是「家」中的下對上的關係，在此章則轉換成「鄉黨」或「國」甚至「天下」領域的事。這句話，讓身處帝王專制時代的「儒」（注意：不是人字旁！）家先將「忠」轉換成「國領域」的道德，然後再把原來「家領域」的「孝慈」轉換成「國領域」的「忠」，藉這個「偷天換日」的舉動，就出現了「求忠臣必於孝子之門」的違反親情至上的意識形態。各位想想，孔子在聽到「葉（音社）公」很驕傲地宣稱自己國家的為人子，在父親偷人家羊這種小事上都會「大義滅親」時，只是很淡定地說，我們家鄉的人和貴國不一樣，「父為子隱，子為父隱，直在其中矣！」（〈子路18〉）真是一方水土一方人，文化不同。這裡，孔子沒教人「大義滅親」。孟子在回答桃應的假設性問題「舜為天子，皋陶為士」，舜的父親瞽瞍若是殺了人，該怎麼辦？皋陶的職責所在當然應該將瞽瞍繩之以法。可是舜雖然貴為天子，怎麼說他在瞽瞍面前總是改變不了血緣關係的「兒子」，孟子認為「兒子」的角色行為要高過「天子」的角色行為，所以「舜」就應該放棄君位，背著瞎了眼的父親跑到天涯海角，善盡自己做「兒子」的責任，而且不能戀棧君位（《孟子．盡心上》〈35〉）。在這裡，孔孟都認為沒有「角色衝突」的問題，因為答案很清楚：親情高於法律。孔孟都沒教人「移孝作忠」這種「貽笑大方」的說法。

西方源頭希臘流傳下來的故事就不一樣。蘇格拉底被判了死刑，弟子中有人安排好可以偷渡國外，蘇格拉底堅守法律不走，因為「惡法亦法」，他的死最終可以證明自己是無辜的（參見《柏拉圖對話錄》中的〈克力同篇〉）。這裡對照起來和孔孟思想不同，可是蘇格拉底這樣做何嘗不是孔孟所謂的「捨生取義」？這樣看來，東西聖人的想法又沒有我們想像的這麼不同了。

所以，「孝慈則忠」，也應該是君王以身作則在自己家中力行「孝慈」，老百姓才會「上行下效」，忠於謀事任職。或者，居上位的人能在讓人民服勞役的時候，幫人民想到怎樣安排好他家中老小的各項生活事宜。家中老小的事情安排妥當，人民去幫政府從事勞役也才能安心做好。

讀聖賢書，就是要在這些同異處深細用心。

最後我們可以想想：一件事需要「勸勉獎勵」，顯然「使民」不是一件老百姓樂意的事。孔子的建議是「舉善而教不能」，有正面的「勸勉獎勵」，了解老百姓「不能」的難處所在，主動幫他們解決這方面的問題，並讓大家認同這種以「善」為終極目標，這樣大家就會欣然從事「使民」的事情。因為這變成了「大家的事」，而不是「別人的事」。如果只是威脅，動不動以法令相逼，那就是「虐民」(〈堯曰2〉)或「棄民」(〈子路30〉)。這是以「共利共榮」(雙贏)相許，不是「你死我活」的「生存競爭」。

這一章固然和上一章的「舉直錯諸枉」有先後呼應的效果，但是仔細想想和《禮記・大學》〈1〉的「三綱」(明明德、新(親)民、止於至善)未嘗沒有密切的關聯：「臨之以莊則敬」是不是「在明(自己的)明德」，「孝慈則忠」是不是「在新(親)民」，「舉善而教不能」是不是「止於至善」？

另外，季康子也不懂孔子的軼事：季康子曾經請教孔子的弟子子游，拿鄭國子產之死人民的反應熱烈和孔子死後人民的反應平平來對比，懷疑魯國人愛孔子顯然不如鄭國人愛子產之深。子游反駁說：「子產對老百姓的恩惠像是一攤水，浸在水裡就可以存活，不在就會死；孔子對百姓的恩惠就像一場及時雨，人人都能享受到，可是誰也不知道感恩。(《說苑・貴德》〈15〉)

季康子也許不懂，但是你讀了《論語》，你應該懂的！

附錄

《孟子》〈盡心上35〉桃應問曰：「舜為天子，皐陶為士，瞽瞍殺人，則如之何？」孟子曰：「執之而已矣。」「然則舜不禁與？」曰：「夫舜惡得而禁之？夫有所受之也。」「然則舜如之何？」曰：「舜視棄天下，猶棄敝蹤也。竊負而逃，遵海濱而處，終身訢然，樂而忘天下。」

《禮記．大學》〈1〉大學之道，在**明明德**，在**親民**，在**止於至善**。知止而后有定，定而后能靜，靜而后能安，安而后能慮，慮而后能得。物有本末，事有終始，知所先後，則近道矣。

《說苑》〈貴德15〉**季康子**謂子游曰：「仁者愛人乎？」子游曰：「然。」「人亦愛之乎？」子游曰：「然。」康子曰：「鄭子產死，鄭人丈夫舍玦珮，婦人舍珠珥，夫婦巷哭，三月不聞竽琴之聲。仲尼之死，吾不聞魯國之愛夫子奚也？」子游曰：「譬子產之與夫子，其猶浸水之與天雨乎？浸水所及則生，不及則死，斯民之生也必以時雨，既以生，莫愛其賜，故曰：譬子產之與夫子也，猶浸水之與天雨乎？」

——〈政理42〉孔子見**季康子**，康子未說，孔子又見之，宰予曰：「吾聞之夫子曰：『王公不聘不動。』今吾子之見司寇也少數矣。」孔子曰：「魯國以眾相陵，以兵相暴之日久矣，而有司不治，聘我者孰大乎？」於是魯人聞之曰：「聖人將治，何以不先自為刑罰乎？」自是之後，國無爭者。孔子謂弟子曰：「違山十里，蟪蛄之聲猶尚存耳，政事無如膺之矣。」古之魯俗，塗里之間，羅門之羅，收門之魚，獨得於禮，是以孔子善之夫塗里之間，富家為貧者出；羅門之羅，有親者取多，無親者取少；收門之漁，有親者取巨，無親者取小。

《孔子家語．子路初見》〈3〉孔子為魯司寇，見**季康子**，康子不悅，孔子又見之。宰予進曰：「昔予也常聞諸夫子曰：『王公不我聘，則弗動。』今夫子之於司寇也，日少而屈節數矣。不可以已乎？」孔子曰：「然。魯國以眾相陵，以兵相暴之日久矣。而有司不治，則將亂也。其聘我者，孰大於是哉！」魯人聞之，曰：「聖人將治，何不先自遠刑罰。」自此之後，國無爭者。孔子謂宰予曰：「違山十里，蟪蛄之聲，猶在於耳，故政事莫如應之。」

《史記．孔子世家》〈55〉其明年，冉有為季氏將師，與齊戰於郎，克之。**季康子**曰：「子之於軍旅，學之乎？性之乎？」冉有曰：「學之於孔子。」**季康子**曰：「孔子何如人哉？」對曰：

「用之有名；播之百姓，質諸鬼神而無憾。求之至於此道，雖累千社，夫子不利也。」康子曰：「我欲召之，可乎？」對曰：「欲召之，則毋以小人固之，則可矣。」而衛孔文子將攻太叔，問策於仲尼。仲尼辭不知，退而命載而行，曰：「鳥能擇木，木豈能擇鳥乎！」文子固止。會**季康子**逐公華、公賓、公林，以幣迎孔子，孔子歸魯。

21

或謂孔子曰：「子奚不為政？」子曰：「《書》云：孝乎！『惟孝友於兄弟，施於有政。』是亦為政，奚其為『為政』？」

有人批評孔子說：「您為什麼不從政呢？」孔子回答說：「孝啊！《書經》上是這麼說的：『孝順父母之餘也要和兄弟（姊妹）和睦相處，然後再以這樣「孝友家庭」的基礎去為政。』這就是『為政』的真義，不是您說的那種才是『為政』。」

這一章是孔子對於「為政」別出心裁的解釋。

「或」——邢昺說是「有一人，亡其姓名」。

「奚」——皇侃和邢昺都說是「何」。

「政」——皇侃說是「居官南面」。

「孝」——皇侃說是「善父母」。

「友」——皇侃和朱子都說是「善兄弟」。

「於」——皇侃說是「於」。

「惟孝」——皇侃說是「惟令盡於孝也」。

「施」——皇侃和邢昺都說是「行」；戴望說是「陳」。

這裡也承續著前一章的第二句「孝慈則忠」把「家」和「國」兩個領域的同與異換一種方式表述。另外在〈為政1〉我們也談論過「為政」，各位有空可以慢慢回去「溫故」，可以「知新」。

這件事情，朱子認為是發生在魯定公初年孔子四十歲左右，還沒有當魯國「司寇」（五十二歲）之前的事；劉寶楠則認為是孔子周遊列國返回魯國之後魯哀公十一年（西元前四八四年），孔子六十八歲的事情。這事情並沒有定論，但是不妨礙整句話的意思。

「或」是指「有人」。沒有指名道姓，可能是弟子疏漏，也可能是不知名的外人。問的問題很重要，是誰問的卻不重要。他稱孔子為「子」，應該不是孔門弟子。孔門弟子在別人面前稱呼老師為「夫子」，像〈學而10〉子貢答子禽問孔子時，雙方都說「夫子」。這是《論語》中說話的規矩。

這句話好像問得孔子好生尷尬。「為政」除了主觀的意願和能力之外，還要有客觀的機會配合才行啊！難道這個問話的人真的不知道孔子就算要「為政」，也必須有上位者知遇在先才行。沒有「伯樂」賞識，就算是「千里馬」又奈何？唐朝「文啟八代之衰」的韓愈曾寫文章談過這種「懷才不遇」的事。還是這個人要測驗孔子是否相信自己的所教，就從孔子的回答中來考察孔子對於「為政」的「言」與「行」。

依照孔子的睿智，他在回答這個問題時，應該已經知道這個問話人的心思。孔子曾經在跟師襄子學鼓琴時，就從學習中反覆考察，最後連作曲者是誰都可以推測出來（《史記·孔子世家》〈34〉、《韓詩外傳·卷五》〈7〉和《孔子家語·辯樂解》〈1〉）。就憑用心深細這點，我相信孔子的答案絕對不是隨便說說的場面話。

孔子在〈為政1〉就說過「為政以德」，〈子路3〉也還有更細的執行步驟：正名→言順→事成→禮樂興→刑罰中→民有所措手足。這裡再說，沒重複前面的話，是因材施教，也表示這個問題有很多種思考的方向，不是一次說得清楚的。

孔子的回答先引用《書經》或稱為《尚書》中的話來回答。也許是因為對方問的是「為政」這種政治議題，所以孔子就用古代的「政治寶典」來應答。

接下來就是「斷句」問題。古代沒有標點符號，所以我們後人如果不查回原書，就不知道孔子的回答哪些是引用《尚書》的話，還是整句都是。所以，有些書就把「孝乎惟孝，友於兄弟，施於有政」當成是《尚書》的話，這是從漢唐以來就有的斷句法。可是，查回《尚書·君陳》〈1〉，只有「惟孝友於兄弟，克施有政」這樣的話。最後一句「克施有政」和孔子這裡說「施於有政」略有不同。可能是版本不同的問題，也可能孔子記錯了。根據這裡，孔子說到《書》云之後，應該先讚嘆了一聲「孝乎」，然後才開始引用原文，如此這般，斷句就應該是「子曰：《書》云：孝乎！『惟孝友於兄弟，施於有政』」，引用完《書經》的話，孔子又繼續說：「是亦為政，奚其為『為政』？」

孔子引用《尚書》的話就是毓老師生前提倡「孝友家庭」的典故出處之一（另外在〈學而2〉和《孝經·開宗明義章》〈1〉）。

孔子在這裡的想法體現出「政治領域」是「家庭領域」的擴充和延伸，「家為國本」，所以能

「齊家」，就自然能「治國」，甚至「平天下」。可是，歷史事實也出現過不能「齊家」，卻能「治國」的例子（「平天下」的例子幾乎沒有），有些男性政治人物並沒有做好「兒子」、「丈夫」和「父親」的角色，卻可以是盡責的「政治人物」。這就是社會學中所說的「角色衝突」，不同領域的身分要求會讓當事人有著左右為難的困境。當這種角色衝突的情況出現時，當事人道德優位順序的選擇就顯得特別重要：要當孝子？還是當賢君？這就是上章討論過的「舜的困境」。當然，在帝王專制時代，忠君至上，沒有讓當事人有困境和選擇的空間。

現在的人有選擇，不同的選擇，就會有不同的後果和不同的責任承擔。真碰到了角色衝突，您會怎麼選擇？

附錄

《史記・孔子世家》〈34〉孔子學鼓琴師襄子，十日不進。師襄子曰：「可以益矣。」孔子曰：「丘已習其曲矣，未得其數也。」有間，曰：「已習其數，可以益矣。」孔子曰：「丘未得其志也。」有間，曰：「已習其志，可以益矣。」孔子曰：「丘未得其為人也。」有間，〔曰〕有所穆然深思焉，有所怡然高望而遠志焉。曰：「丘得其為人，黯然而黑，幾然而長，眼如望羊，如王四國，非文王其誰能為此也！」師襄子辟席再拜，曰：「師蓋云文王操也。」

《韓詩外傳・卷五》〈7〉孔子學鼓琴於師襄子而不進。師襄子曰：「夫子可以進矣！」孔子曰：「丘已得其曲矣，未得其數也。」有間，曰：「夫子可以進矣！」曰：「丘已得其數矣，未得其意也。」有間，復曰：「夫子可以進矣！」曰：「丘已得其人矣，未得其類也。」有間，曰：「邈然遠望，洋洋乎！翼翼乎！必作此樂也，默然思，戚然而悵，以王天下，以朝諸侯者，其惟文王乎？」師襄子避席再拜曰：「善！師以為文王之操也。」孔子持文王之聲，知文王之為人。師襄子曰：「敢問何以知其文王之操也？」孔子曰：「然。夫仁者好偉，和者好粉，智者好彈，有慇懃之意者好麗。丘是以知文王之操也。」

《孔子家語．辯樂解》〈1〉孔子學琴於師襄子。襄子曰：「吾雖以擊磬為官，然能於琴。今子於琴已習，可以益矣。」孔子曰：「丘未得其數也。」有間，曰：「已習其數，可以益矣。」孔子曰：「丘未得其志也。」有間，曰：「已習其志，可以益矣。」孔子曰：「丘未得其為人也。」有間，曰。孔子有所繆然思焉，有所睪然高望而遠眺，曰：「丘迨得其為人矣。黮而黑，頎然長，曠如望羊，掩有四方，非文王其孰能為此？」師襄子避席葉拱而對曰：「君子聖人也！其傳曰：《文王操》。」

《尚書．君陳》〈1〉王若曰：「君陳，惟爾令德孝恭。**惟孝友於兄弟**，克施有政。命汝尹茲東郊，敬哉！昔周公師保萬民，民懷其德。往慎乃司，茲率厥常，懋昭周公之訓，惟民其乂。我聞曰：『至治馨香，感於神明。黍稷非馨，明德惟馨爾。』尚式時周公之猷訓，惟日孜孜，無敢逸豫。凡人未見聖，若不克見；既見聖，亦不克由聖，爾其戒哉！爾惟風，下民惟草。圖厥政，莫或不艱，有廢有興，出入自爾師虞，庶言同則繹。爾有嘉謀嘉猷，則入告爾后於內，爾乃順之於外，曰：『斯謀斯猷，惟我后之德。』嗚呼！臣人咸若時，惟良顯哉！」

《孝經．開宗明義》〈1〉仲尼居，曾子侍。子曰：「先王有至德要道，以順天下，民用和睦，上下無怨。汝知之乎？」曾子避席曰：「參不敏，何足以知之？」子曰：「**夫孝，德之本也**，教之所由生也。復坐，吾語汝。身體髮膚，受之父母，不敢毀傷，孝之始也。立身行道，揚名於後世，以顯父母，孝之終也。夫孝，始於事親，中於事君，終於立身。《大雅》云：『無念爾祖，聿修厥德。』」

22

子曰：「人而無信，不知其可也。大車無輗，小車無軏，其何以行之哉？」

孔子說過：「一個人要是不守信用，這個人真不知道怎麼可以在社會上生存下去。就像大小車輛缺少了關鍵的零件，就無法駕駛行走了啊！」

這章的主旨很清楚，就是講「信」，只是不清楚這是在什麼場合對誰說的。在之前的〈學而〉篇中，就出現過六次提到「信」，其中三則是孔子說的（〈學而5〉、〈學而6〉和〈學而8〉），另外三則分別是曾子（〈學而4〉）、子夏（〈學而7〉）和有子（〈學而13〉）說的。本章是〈為政〉篇第一次，也是唯一一次，講到「信」。

孔子用當時大家顯然都知道的車上的「輗」（音尼）和「軏」（音月）來譬喻「信」的重要性。可是，孔子沒想到這個適合當時說明的例子，並不適合我們這個時代。因此，舉例也得「與時俱進」。這在漢代就已經是問題了。

最早的何晏注解就引用包咸的詳細解釋：「大車，牛車。輗，轅端橫木，以縛軛。小車，駟馬車。軏者，轅端上曲鉤衡。」後來的各家古注也都差不多繞著這個解釋稍加損益，了無新意。《說文解字》解釋「輗」，意思和這裡說的差不多，卻沒有解釋「軏」。對我這個沒看過古代牛車的現代人來說，這樣的解說跟沒有解說是差不多的。如果有圖解會比較好，但這樣可能就苛求古人了。不過，話再說回來，如果真有圖解本，《論語》可能會有趣多了。反正這兩樣東西是古代牛車或馬車很重要的結構要素，沒有的話，車就散了，更別提要負重行遠。

最後一句話「其何以行之哉」中的「行」，是一語雙關，是說車子不能上路，人沒「信」（信用、信譽、信用卡、微信）也別在社會上混。

有關君臣之間的「信」，孔子強調過「民無信不立」（〈顏淵7〉）；「上好信，則民莫敢不用情」（〈子路4〉）；「篤信好學，守死善道」（〈泰伯13〉）；「信則人任焉」（〈陽貨6〉）或「信則民任焉」（〈堯曰1〉）；弟子子夏也承傳師說：「君子信而後勞其民，未信則以為厲己也；信而後諫，未信則以為謗己也」（〈子張10〉）。

有關朋友之間的「信」，孔子把「朋友信之」（〈公冶長26〉）當成他的理想，他的「教學四要」裡也強調「信」（〈述而25〉），提醒「不億不信」（〈憲問31〉）是不好的；要「信以成之」（〈衛靈公18〉），才是君子之行。

至於師生之間也要講信，不過連孔子都曾以輕信宰予的話感到後悔，後來對人的信任轉而更加謹慎：從「聽其言而信其行」轉變成「聽其言而觀其行」（〈公冶長10〉）。

國與國之間的「信」也很重要。《新序・節士》〈13〉中就說了這麼一個引用到本章的故事：齊國國君攻打魯國，要魯國拿出「岑鼎」這個寶物作為和平的條件。沒想到魯國國君卻用其他的鼎來頂替，齊國認為他不守信用，身為魯國官員的柳下惠也認為魯君這樣是不守信用的，就強調了「信之於人，重矣，猶輿之輗軏也」，然後就引用了這章的話。

總之，「信」先有「言」，然後以「行」證「言」，如果「言行合一」就是「信」。「信」適用的範圍很廣，幾乎貫穿所有的生活場域。朋友之間、君臣之間、親友之間、夫妻之間、親子之間都是不可或缺的。這也是對自己的一種承諾、一種自己的生活態度，以及一種對自我的期許。

不過這是一般性的說法。進一步來說，如果光是「信」而不知變通，那就是「諒」，古人喜歡提的「尾生之信」就是個不知變通而死在橋下的惡例。孔子和他的私淑弟子孟子都不贊同。在〈子路20〉中，「言必信，行必果」竟然被稱為「硜硜然小人哉」，《孟子．離婁下》〈39〉孟子曰：「大人者，言不必信，行不必果，惟義所在。」讓孔門入門者大吃一驚：這孔門賣的什麼膏藥？這門的人都不講信用嗎？難道「信」是對「小人」講的，「大人」不來這套？當然不是。

「信」也要能「唯變所適」，那就到達了「義」的更高境界。有子這麼說過（〈學而13〉）。剛剛引用的孟子那段也是師承這種說法。換句話說，就是不管進退存亡都不能失守正道（《易經．乾卦》〈文言24〉）。

可是，孔子在講到「益者三友」時，有提到「友諒」一項，如果「諒」不如「信」，「信」又不如「義」，那麼孔子為什麼不說「友義」呢？

「依經解經」有時會碰到這種前後矛盾的說法。我們要注意什麼時候是一般性的說法，什麼時候又是對舉的說法，什麼時候又是進階性的說法。這些層次恐怕會隨著自己年齡和經驗的增長而獲得不同的感悟。這也是每次讀《論語》會有不同感悟的原因，一種經典和自己經驗的不斷交流互動。

回頭想想，這麼簡單的道理，恐怕又是對樊遲這種層次的人說的。這種人歷代都有。我們未被啟發時，也都有個樊遲在我們心中。讀《論語》，讓我們的樊遲變成孔子。

附錄

《新序・節士》〈13〉齊攻魯，求岑鼎，魯公載他鼎往，齊侯不信而反之，以為非也，使人告魯君，柳下惠以為是，因請受之，魯君請於柳下惠，柳下惠對曰：「君子欲以為岑鼎也，以免國也，臣亦有國於此，破臣之國，以免君之國，此臣所難也。」魯君乃以真鼎往。柳下惠可謂守信矣，非獨存己之國也，又存魯君之國。信之於人，重矣，猶輿之**輗軏**也。故孔子曰：「大車無**輗**，小車無**軏**，其何以行之哉！」此之謂也。

《易經・乾卦》〈文言24〉「亢」之為言也，知進而不知退，知存而不知亡，知得而不知喪。其**唯聖人乎！知進退存亡而不失其正者，其唯聖人乎！**

23

子張問：「十世可知也？」子曰：「殷因於夏禮，所損益，可知也；周因於殷禮，所損益，可知也；其或繼周者，雖百世可知也。」

子張請問孔子：「十個世代以後的事情是現在可以知道的嗎？」孔子回答說：「殷商的禮制是從夏禮，視實際需要而布新或除舊，都是可以知道的；周禮又是根據殷商的禮制而除舊布新的，同理，也是可以知道的；就算將來周朝的繼承者所使用的禮制，也會根據實際需要而除舊布新，就算是一千年以後的情形，也還是遵循同樣的道理。」

本章講的是孔子自稱政治變革時「禮」的「損益」是可知的。問題是：孔子沒說他自己是怎麼知道這些「損益」，讓後生得用猜的。老師上課還是講清楚比較好。

「世」——朱子說是「易姓受命為一世」；戴望說是「易姓之事也」；劉寶楠引用《說文解字》說：「三十年為一世。」皇侃說「十世」是「十代」。這裡講「十世」應該是個大略的說法。

子張只是問「十世可知也？」，並沒有明說什麼方面的事。這可能是記載者寫得簡略，否則如果我現在被問到：「一百年以後的事情我們還會知道嗎？」我大概以為這個人是要談「穿越」之類的事。我又不是穿越來穿越去的教授，我怎麼知道。可是孔子畢竟是孔子，就從「禮制」的承傳來回答。

「損」是「減少」，「益」是「增加」。這也是《易經》中的兩個卦，也反映出這是日常生活的重要面向。

孔子顯然知道子張的問題所在，所以他用「三代」（夏、殷〔商〕、周）「禮」的承傳來回答，這大概就是毓老師說的「因不失其新」吧？

《論語》中還有其他提到「三代損益」的部分：一次是孔子回答顏淵問「為邦」〔就是「治國」〕時回答過：「曆法要用夏朝的，車子要用殷商的，服儀要用周朝的。」（〈衛靈公11〉）。不過，孔子也悲嘆過：「夏禮，我可以說個大概，可是現在夏朝後裔所居住的杞國已經不奉行這樣的禮制了；殷商之禮我也可以說個大概，可是殷商後人所居住的宋國也不奉行這樣的禮制了。這都是因為歷史記載和懂這方面的老人都不在了的關係，如果都在，我就能驗證我所說的是否是實際存在過的情況。」（〈八佾9〉）也有略為不同的記載：「我可以說個大概的夏朝禮制，可是杞國已經看不到了；我要學習殷商的禮制，宋國還保存了；我學習周朝的禮制，現在派上用場了，我要遵從周朝的禮制。」（《禮記・中庸》〈30〉）宰我也曾經在魯哀公問「社」的演變時，說道：「夏后氏用松樹來當社的標誌，殷人用柏樹，周人以栗樹。」（〈八佾21〉）這些都注意到與時俱進的損益之道。

孔子本人對於「禮」是十分用心深細的，所以他是當時著名的「知禮達人」。他身處周朝，熟悉周禮，除了看古代典籍和請教老人（兩項合起來叫「文獻」）相關的知識之外，也親自去相關地方考察相關的禮制。孔子年輕時曾經到周朝的都城去拜見老子問禮（《史記‧孔子世家》〈6〉和〈老子韓非列傳2〉）。《禮記‧禮運》〈4〉也有類似的記載。在這之前，孟釐子臨終之前就囑咐自己的小孩要跟孔子學禮（〈孔子世家4〉）。這個「知禮達人」竟然在到太廟時，像個不懂的大外行，每項禮制都問得十分清楚，讓人懷疑他是否真的知禮，可是孔子認為這才是重視禮制的表現（〈八佾15〉）。〈禮運4〉也記載過子夏（言偃）請問孔子：「老師您這麼重視禮制，可以跟我說說嗎？」孔子回答說：「我想了解夏朝的禮制，就到杞國去，可是發現沒有留下文獻的證據，也沒有老人知道這方面的事情，只有夏朝曆法還傳下來了。我想了解殷商的禮制，所以到宋國去，也是一樣沒有歷史記載和存活老人知道這些事，只得到了流傳下來的母系社會的制度。現在我也只能從這兩項來了解這兩個時代。」

孔子這裡講的應該是「禮」和「時代」的關係。「禮」是因為人情的需要而設立的規範。荀子假定「人性本惡」，所以要用禮來約束人的行為，使人走向正道（《荀子‧性惡》〈2〉）；司馬遷也考察三代損益，發現「緣人情而制禮，依人性而作儀，其所由來尚矣。」（《史記‧禮書》〈1〉）。《禮記‧喪服四制》〈1〉也說：「凡禮之大體，體天地，法四時，則陰陽，順人情，故謂之禮」。後來禮變得越來越繁複，離人民的生活越來越遠，就失去了禮的本意。

除了考慮人情的普遍需要不會因時而變之外，也要考慮到因時而變的因素。這種「變」和「不變」是「禮」能永續的重要現象。孔子其實很強調對於傳統要「因時制宜」，不能「食古不化」：「生存在今天，卻用古人的辦法生活。這樣的話，一定會有災難發生的！」（《禮記‧中庸》〈29〉）這也是毓老師上課經常強調的一句話。諷刺的是，儒家思想後來竟然成為了保守思想的代表。要是孔子知道，一定會很生氣吧！

總結來說，我們在「現代」要怎麼對待「傳統」，其實也是一種「損益平衡」的選擇，個人的部分我們容易決定，國家或全人類的部分，可能就要從大家共同的「人性」需要以及避免人性傷人的「禮制」來入手，雙管齊下。能這樣，也許真是「十世可知也」！如果不是，恐怕我們人類也沒有「十世」可以期待。

附錄

《禮記・中庸》〈30〉子曰：「吾說**夏禮**，杞不足徵也。吾學**殷禮**，有宋存焉；吾學**周禮**，今用之，吾從周。」王天下有三重焉，其寡過矣乎！上焉者雖善無徵，無徵不信，不信民弗從；下焉者雖善不尊，不尊不信，不信民弗從。故君子之道本諸身，徵諸庶民，考諸三王而不繆，建諸天地而不悖，質諸鬼神而無疑，百世以俟聖人而不惑。質諸鬼神而無疑，知天也；百世以俟聖人而不惑，知人也。是故君子動而世為天下道，行而世為天下法，言而世為天下則。遠之則有望，近之則不厭。《詩》曰：「在彼無惡，在此無射，庶幾夙夜，以永終譽！」君子未有不如此而蚤有譽於天下者也。

《史記》〈孔子世家6〉魯南宮敬叔言魯君曰：「請與孔子適周。」魯君與之一乘車，兩馬，一豎子俱，**適周問禮**，**蓋見老子云**。辭去，而老子送之曰：「吾聞富貴者送人以財，仁人者送人以言。吾不能富貴，竊仁人之號，送子以言，曰：『聰明深察而近於死者，好議人者也。博辯廣大危其身者，發人之惡者也。為人子者毋以有己，為人臣者毋以有己。』」孔子自周反於魯，弟子稍益進焉。

——〈老子韓非列傳2〉**孔子適周，將問禮於老子**。老子曰：「子所言者，其人與骨皆已朽矣，獨其言在耳。且君子得其時則駕，不得其時則蓬累而行。吾聞之，良賈深藏若虛，君子盛德容貌若愚。去子之驕氣與多欲，態色與淫志，是皆無益於子之身。吾所以告子，若是而已。」孔子去，謂弟子曰：「鳥，吾知其能飛；魚，吾知其能游；獸，吾知其能走。走者可以為罔，游者可以為綸，飛者可以為矰。至於龍，吾不能知其乘風雲而上天。吾今日見老子，其猶龍邪！」

——〈孔子世家4〉孔子年十七，魯大夫孟釐子病且死，誡其嗣懿子曰：「孔丘，聖人之後，滅於宋。其祖弗父何始有宋而嗣讓厲公。及正考父佐戴、武、宣公，三命茲益恭，故鼎銘云：『一命而僂，再命而傴，三命而俯，循墻而走，亦莫敢余侮。饘於是，粥於是，以餬余口。』其恭如是。吾聞聖人之後，雖不當世，必有達者。今孔丘年少好禮，其達者與？吾即沒，若必師之。」及釐子卒，**懿子與魯人南宮敬叔往學禮焉**。是歲，季武子卒，平子代立。

《禮記．禮運》〈4〉言偃復問曰：「夫子之極言禮也，可得而聞與？」孔子曰：「我欲觀夏道，是故之杞，而不足徵也；吾得夏時焉。我欲觀殷道，是故之宋，而不足徵也；吾得坤乾焉。坤乾之義，夏時之等，吾以是觀之。」

《荀子．性惡》〈2〉古者聖王**以人性惡**，以為偏險而不正，悖亂而不治，**是以為之起禮義，制法度，以矯飾人之情性而正之，以擾化人之情性而導之也**，始皆出於治，合於道者也。

《史記．禮書》〈1〉太史公曰：洋洋美德乎！宰制萬物，役使群眾，豈人力也哉？余至大行禮官，**觀三代損益，乃知緣人情而制禮，依人性而作儀，其所由來尚矣**。

《禮記》〈中庸29〉子曰：「愚而好自用，賤而好自專，**生乎今之世，反古之道。如此者，災及**

其身者也。」非天子，不議禮，不制度，不考文。今天下車同軌，書同文，行同倫。雖有其位，苟無其德，不敢作禮樂焉；雖有其德，苟無其位，亦不敢作禮樂焉。

24

子曰：「非其鬼而祭之，諂也。見義不為，無勇也。」

孔子說過：「不是自己過世的祖先還去祭拜，這是〔不該有的〕諂媚的行為；看到該做的事情卻不去做，這是〔不該有的〕怯弱行為。」

這是〈為政〉的最後一篇，乍看之下，把這兩件事拿來一起談，有點怪異。同樣是沒有脈絡，不知道是為何和為誰這麼說。孔子的弟子中，有人是「狂派」（太過），有些是「狷派」（不及），這裡的教訓是要大家走「不過也無不及」的「中庸之道」吧？

「鬼」——《說文解字》鬼：「人所歸為鬼」；鄭玄說：「人神曰鬼。」「非其鬼」——朱子說是「非其所當祭之鬼」；劉寶楠引《祭法》說「人死為鬼」，又引《爾雅・釋訓》〈123〉說「鬼之為言歸也」。

「諂」——皇侃說是「橫求」；朱子說是「求媚」；戴望說是「佞」。

「義」——孔安國和皇侃都說是「所宜為」；邢昺說「宜」。

大體上這兩句話可以當成「不該做而做」和「該做而不做」的舉例，也就是行為的分際。孔子這裡是舉大家日常生活熟悉的例子，沒有太多抽象的或理論上的陳述。

先說「不該做而做的」：「非其鬼而祭之」的「其」是指「自己的」；「鬼」只是「歸」的意思，人「死」了；我們說「回老家」就是這樣的意思。所以「鬼」其實就是自己過世的祖先，沒有現在這種讓人毛骨悚然的意涵〔毓老師上課說過，「神」就是生前有遺德在民者，也不是那些超自然的存在〕。除了本章只提「鬼」之外，《論語》中往往是「鬼神」並舉的：孔子認為君上能「敬鬼神而遠之」，是「知」（智）的表現（〈雍也22〉）；孔子也誇獎過大禹自己吃得不講究，卻對鬼神很尊敬（〈泰伯21〉）；子路問過孔子事鬼神之事，孔子也回答：「未能事人，焉能事鬼？」（〈先進12〉）提醒弟子要知道生人比鬼神的優位順序要重要，不要本末倒置了。他要人過理性的生活，遠離巫術迷信的世界。

孔子很強調對於父母生前要孝順，死後要慎終追遠，祭祀不絕。他認為國君要注重的四件事情是：「民、食、喪、祭」（〈堯曰1〉）；強調孝順父母不能違背禮制：「生事之以禮，死葬之以禮、祭之以禮」（〈為政5〉）；強調祭祀要像被祭祀的對象在現場那樣，否則祭祀就是做個樣子罷了（〈八佾12〉）；這種對祭祀的慎重心情，就是要役使人民做公共勞動時同樣的心情，才不會讓人民抱怨（〈顏淵2〉）。弟子子張也強調過「祭思敬」（〈子張1〉）。要祭祀，就要有發自內心的虔敬之心。

再說「該做而不做的」：「見義不為，無勇也。」這裡的意思很清楚，「勇」不是黑道那種「刀光劍影」、「逞凶鬥狠」，而是「做該做的事」，英文說Do the right thing。孔子也說過：「當仁不讓於師」（〈衛靈公36〉），不僅該做，還要搶著做，搶在老師之前做給老師看，不要再拘泥於尊卑長幼的秩序。這是孔子對於「行」與「不行」的分際，以及「仁」和「義」的變通之道，是人都該「知道」。

孔子有很多對於「義」的討論：他強調過「義之與比」（〈里仁10〉），也就是拿「義」當成是判斷一件事情該做與否的標準；他也認為君子和小人的差別之一就在於「義利之辨」（〈里仁16〉），他自認為「不義而富且貴，於我如浮雲」（〈述而16〉），也要人「見利思義」（〈憲問12〉）或「見得思義」（〈季氏10〉和〈子張1〉）或「義然後取」（〈憲問13〉）；君子的特徵就是「義以為質」（〈衛靈公18〉）；他讚美子產的時候也說過他「使民也義」（〈公冶長16〉）；他也認為「務民之義」，應該讓人民學會「敬鬼神而遠之」（〈雍也22〉）；「上好義，則民莫敢不服」（〈子路4〉）；他也強調要改過遷善，所以擔心「聞義不能徙」（〈述而3〉），所以要人「徙義」（「改過遷善」）（〈顏淵10〉）；他認為一個「達人」，應該要能「質直而好義」（〈顏淵20〉），不能講話「言不及義」（〈衛靈公17〉），要「義以為上」（〈陽貨23〉），目標是「行義以達其道」（〈季氏11〉）或「行其義也」（〈微子7〉）。以上都是孔子對於「義」的再三致意，可見其重要性。

孔子在此章強調「勇」，認為「勇者不懼」（〈子罕29〉）是君子之道，可是自己沒做到（〈憲問28〉），但是他也常常提醒「勇」需要加以節制：「勇而無禮則亂」（〈泰伯2〉），所以他厭惡「勇而無禮者」（〈陽貨24〉），而且「好勇疾貧，亂也」（〈泰伯10〉），還有「好勇不好學，其蔽也亂」（〈陽貨8〉）、「君子有勇而無義為亂，小人有勇而無義為盜」（〈陽貨23〉）；「仁者必有勇，勇者不必有仁」（〈憲問4〉）。他也批評過子路「好勇過我，無所取材」（〈公治長7〉）。所以「見義而為」才是孔子心目中的「真勇」。

孔子在這裡並沒有明白說出人名和事件，留下了不少好事者可以發揮的想像空間。邢昺認為：「非其鬼而祭之」指的是「魯哀公不能討伐弒君的陳成子」（〈憲問21〉），劉寶楠卻認為：「非其鬼而祭之」指的是「季氏旅於泰山」（〈八佾6〉）；「見義不為」就是冉有為季氏家臣，明知老闆違反禮法去「旅於泰山而不能救」。這也算是「依經解經」的範例。

大家都教自己的小孩不要「見義勇為」——當然不是說這樣的行為不對，而是這樣的行為往往會替自己惹來不必要的麻煩，所以通常老師鼓勵「見義勇為」的話，會被家長「別多管閒事」的警告給抵消掉。這就是社會學家說的社會生活中常見的「規範」和「反規範」。

如果我們碰到別人不幸時，不能見義勇為，那輪到我們遭遇不幸時，又怎能期望別人能「見義勇為」呢？

這樣看來，社會的道德是靠少數「傻子」撐起來的。鬼神可以明鑑。

八佾

•

第三

1

孔子謂季氏：「八佾舞於庭，是可忍也，孰不可忍也？」

1. 孔子批評季氏：「在自己的家廟前庭院裡跳起〔只有君王才有資格跳的〕八佾舞，如果臣子可以容忍這種〔僭越禮制的〕事情，還有什麼〔僭越禮制的〕事不能被容忍？」
2. 孔子批評季氏：「在自己的家廟前庭院裡跳起〔只有君王才有資格跳的〕八佾舞。這種〔僭越禮制的〕事情〔季氏〕都做得出來，還有什麼〔僭越禮制的〕事情是他做不出來的呢？」

從現在開始我們進入〈八佾篇〉，本篇總共二十六章。一般來說，《論語》的篇名是選取第一章的頭幾個字來命名的，這篇的篇名並不是排在比較前面的幾個字「季氏」而是「八佾」。皇侃認為：「此不標『季氏』而以『八佾』命篇者，深責其惡，故書其事以標篇也。」清代翟灝不同意這樣的說法，因為篇名並不是孔子自訂的，所以沒有褒貶在內。此外，第十六篇就叫「季氏」，這又要如何解釋？他認為這是為了避免和後面篇名重複的權宜做法。可是，從編輯邏輯上來看，應該本篇稱為「季氏」，後面第十六篇才應該避開和此處篇名重複而改名才是。這顯然不是個重要的問題，所以沒什麼人願意花時間來討論這件「小事」。各位也就姑妄聽之。

《論語》的編排順序一般來說是沒有什麼特定的意義，但是皇侃和邢昺都喜歡從其中找出一些編者的「深意」。邢昺就在此篇開頭說：「前篇論為政。為政之善，莫善禮樂。禮以安上治民，樂以移風易俗，得之則安，失之則危，故此篇論禮樂得失也。」

這章的主旨在於批評季氏違背禮制。

「謂」——皇侃說是「評論之辭也」，劉寶楠引用《廣雅・釋詁》說是「說」。

「季氏」——皇侃說是「魯之上卿」；朱子說是「魯大夫季孫氏」。

「佾」——馬融說是「列」；皇侃說是「行列」；朱子說是「舞列」。

「忍」——《說文解字》和戴望都說是「能」；皇侃說「猶容耐也」；朱子說是「容忍」；劉寶楠引《廣雅・釋言》解作「耐」。

「孰」——馬融和皇侃都說是「誰」。

這節的最開始不是和其他篇一樣的套語「子曰」，而是「孔子謂季氏」。根據皇侃的說法，「謂」是「評論」，而評論有「對面而言」和「遙相稱評」（背後批評）。孔子這裡應該是在背後評論季氏，而不是當面指陳。《論語》中「謂」字出現時，如果是當面說的，「謂」就當「對著某人說」解（如〈為政21〉），如果是背後說的，就當「評論」解（如〈公冶長1〉）。

別小看這裡「當面說」或「背後說」的差別。如果是「當面說」，孔子就真是實踐自己說過的「見義勇為」；如果是「背後說」（皇侃這麼主張的），那該聽的人不是聽不到嗎？

此外，相關的還有「季氏」是誰的問題。《論語》中「季氏」出現過七次（〈八佾1〉、〈八佾6〉、〈雍也9〉、〈先進17〉、〈子路2〉、〈季氏1〉和〈微子3〉），如果「季氏」早已過世，孔子也只能「背後說」；如果還活著，那麼「當面說」和「背後說」就又回到前面的疑惑上。古注對於「季氏」是哪一位的說法不一：馬融說是「季桓子」；之後的皇侃、邢昺和朱子都支吾其詞；劉寶楠引證《漢書》〈劉向傳〉的說法，認為應該是指「季平子」（季桓子的祖父），程樹德也附議。不過，「八佾舞於庭」恐怕不會只是一個人的做法，而是某一位「季氏」（季桓子？）先開始，後面的「季氏」就理所當然地繼承下來。

「八佾」的「佾」是一種八個人排成一列的單位。「八佾」就要用上八八六十四個人，「六佾」用六八四十八人，「四佾」依此類推。根據《春秋穀梁傳・隱公五年》〈4〉和《春秋公羊傳・隱公五年》〈5〉的共同記載都是：「天子八佾，諸公六佾，諸侯四佾。」有歧異解釋的部分是「一佾」是否都是「八人」？也就是說「六佾」是四十八人還是三十六人，這原來沒有定論。目前看來都是採「八人」的解釋（《白虎通德論・卷二》〈禮樂6〉）。魯國因為是周公兒子伯禽的封地，而周公又是周朝功臣，所以周天子特別恩賜魯國可以用天子八佾之樂（《禮記・祭統》〈33〉）。可是「季氏」是「魯臣」而非「魯君」，照理是沒有跳八佾舞的資格，這個沒資格的人竟然在自己家廟的庭院上跳起了「八佾舞」，根本就是「僭越禮法」！這樣「亂了套」，怎麼會是重視「禮樂制度」的孔子看得下去而默不吭聲的事呢？

所以孔子哀嘆說：「是可忍也，孰不可忍也？」「是」是「此」，白話說就是「這樣的事情」。至於「忍」字歷來有兩種解釋：一種是對季氏以外遵守禮法的人來說的，就當「容忍」解，正如「巧言亂德，小不忍則亂大謀」（〈衛靈公27〉）中的「忍」字一樣。另外一種是對「季氏」說的，朱子說是「忍為」，就是「狠下心做出來」。我猜想，孔子應該不是當他面說的（孔子為什麼不跑去說給季氏聽呢？），意思就變成：「這樣僭越禮法的事情他都狠心做得出來，那還有什麼事情是他狠心做不出來的呢？」或許孔子在此用「忍」的「雙關語」，罵到所有相關的「犯（禮之）人」和一干不作為「共犯」。

對這句話的了解，似乎也反映了解讀者對於孔子的先入為主觀念。如果把孔子當人，在缺乏更明確的歷史資料佐證的情況下，很難不懷疑：孔子除了罵之外，自己又做了什麼呢？上一章的結尾說：「見義不為，無勇也。」（〈為政24〉）連起來讀，不是有點諷刺嗎？「先行，其言而後從之」（〈為政13〉），這又是誰說的呢？顯然有前人跟我有同樣的疑問，可是「尊孔先行」，所以推論這話可能是「孔子還未仕時」所說的。那就更有趣了，如果「未仕」時敢說，「既仕」以後就噤若寒蟬了嗎？孔子因為弟子宰予的關係，把對人從「聽其言而信其行」改為「聽其言而觀其行」（〈公治長10〉），我們是不是也要以同樣的標準來檢驗他老人家呢？還是我們也要為尊敬的孔老夫子避諱一下呢？

最後，回到「季氏」來，有關他的故事還多著呢，往往還會扯到孔門弟子。《韓詩外傳》〈卷十14〉就記載：「季氏為無道，僭天子，舞八佾，旅泰山，以雍徹，孔子曰：『是可忍也，孰不可忍也？』然不亡者，以冉有、季路為宰臣也。」這麼說來，孔門是助紂為虐呢？還是撥亂反正？

這一章開啟了我們怎樣的智慧呢？

下一章孔子還得為僭越禮制而生氣，等著瞧吧！

附錄

《白虎通德論．卷二》〈禮樂6〉天子八佾，諸侯四佾，所以別尊卑。樂者陽也，故以陰數。法八風、六律、四時也。八風、六律者，天氣也，助天地成萬物者也，亦猶樂，所以順氣，變化萬民，成其性命也。故《春秋公羊傳》曰：「天子八佾，諸公六佾，諸侯四佾。」《詩》曰：「大夫士，琴瑟御。」八佾者何謂也，佾者列也，以八人為行，列八八六十四人也。諸公六六為行；諸侯四四為行。諸公謂三公、二王后。大夫士，北面之臣，非專事子民者也，故但琴瑟而已。

《禮記．祭統》〈33〉昔者，周公旦有勛勞於天下。周公既沒，成王、康王追念周公之所以勛勞者，而欲尊魯；故賜之以重祭。外祭，則郊社是也；內祭，則大嘗禘是也。夫大嘗禘，升歌《清廟》，下而管《象》；朱干玉戚，以舞《大武》；八佾，以舞《大夏》；此天子之樂也。康周公，故以賜魯也。子孫纂之，至於今不廢，所以明周公之德而又以重其國也。

2

三家者以雍徹。子曰：「『相維辟公，天子穆穆』，奚取於三家之堂？」

魯國實際的治理者是仲孫、叔孫和季孫三家魯桓公的後代。他們在宗廟祭禮結束時，使用了〈雍〉這個國君才可以歌唱的音樂。孔子批評說：「（這個曲子的歌詞中有著）『助祭的衰衰諸公站兩旁，主祭的天子嚴肅居中央』，這三家都沒想想自己的身分（根本沒有助祭的諸侯和二王之後，自己又不是天子）能歌唱這樣的曲目嗎？這真是一無可取啊！」

這段話不好懂。主要是典故多。這裡承接前一章，還是孔子對於僭越禮制的批判。

「三家」——馬融和皇侃都說是「仲孫、叔孫、季孫」。

「雍」——馬融說是「《周頌》〈臣工〉篇名」；皇侃只說是「《詩》篇名」。

「徹」——皇侃說是「天子祭竟欲徹祭饌，則使樂人先歌〈雍〉詩以樂神，後乃徹祭器」；朱子說是「祭畢而收其俎也」。

「相」——皇侃、邢昺、朱子和戴望都說是「助」；黃懷信說是「主持祭禮的人」。

「維」——邢昺說是「辭」；劉寶楠說是「語助詞」。

「辟」——皇侃說「猶諸侯也」。

「公」——皇侃說是「二王之後」。

「辟公」——邢昺將皇侃的說法合併，說是「諸侯及二王之後」；朱子說是「諸侯」；戴望說是「百辟諸侯也」。

「穆穆」——包咸和邢昺都說是「天子之容貌」，皇侃說是「敬」；朱子說是「深遠之意，天子之容也」；戴望說是「和」。

「奚」——皇侃說是「何」。

「三家」是魯國的「三桓」，也就是「仲孫、叔孫、季孫」。劉寶楠解釋：這三家都是魯桓公的後代，季氏是長子，所以在家中立了桓公的家廟，然後讓他的兄弟「叔孫」和「仲孫」都承認這樣的宗法地位，所以從氏族來看，這就是「桓族三家」。

「雍」是《詩經．頌．周頌》〈臣工之什〉的詩篇名稱。古注都作「雍」，可是我回查《詩經》，都寫成「雝」。這是天子祭拜祖廟完畢之後要撤收祭品的時候唱誦的詩歌。如果用「依經解經」的方法來搜尋這個「雍」字，《論語》只有這處是這個意思，其他都是孔子弟子仲弓的字。

「徹」在這裡是指祭典結束撤收祭品。有的版本寫成「撤」。這個字在〈顏淵9〉中還出現過一次，不過不是同樣的意思，而是指「抽十分之一稅」的特別意思，和這裡的意思完全不一樣。綜上兩則的情況來看，古書中的一字多義也不是不常見的現象。這是讀古書也要「唯變所適」的一個例證。

孔子看到三家這種僭越禮法的情況，當然很痛心，引用了這首〈雝〉裡的話「相維辟公，天子穆穆」，來諷刺這首樂曲和所要歌頌的人物與情境其實是不搭的。

「三家」「僭越禮法」，明明自己連第二級的「諸侯」身分都沒有（充其量只是第三階的「卿」），更沒有天子在場，竟然也唱誦這樣的內容，這些人在唱誦這樣的歌曲內容時，難道自己都不覺得慚愧羞恥嗎？

三家顯然沒注意到這些細節。反正「權貴之家」自古「官大學問大」，他們要怎麼做，恐怕連孔子都說不動吧？

附錄

《詩經・頌・周頌》〈臣工之什〉〈雝〉有來雝雝，至止肅肅。**相維辟公，天子穆穆**。於薦廣牡，相予肆祀。假哉皇考，綏予孝子。宣哲維人，文武維后。燕及皇天，克昌厥後。綏我眉壽，介以繁祉。既右烈考，亦右文母。

3

子曰：「人而不仁，如禮何？人而不仁，如樂何？」

孔子說過：「人要是沒有仁德為底蘊，就算有禮制也拿他沒辦法！人要是沒有仁德當底蘊，就算是有樂制也會拿他沒辦法的！」

這章強調禮樂制度要有仁德之人才能徹底達成理想目標。這恐怕也是接續著前面對於「季氏」和「三家」僭越禮制的批評。

本章就三個關鍵字：仁、禮、樂。主旨也很清楚，說的就是「禮」和「樂」都要以「仁」做基礎。所以，最終的關鍵就落在「仁」這個概念上。其實，這裡提到的三項少了另外一項「義」，這四項齊全才是另一種意義的「孔門四科」，或者是顏淵問過孔子的「成人之行」（《說苑．辨物》〈1〉和《孔子家語．顏回》〈3〉）。孔子也強調過治國要禮、義、學、仁、樂並重，他用耕種和飲食來比喻其間的關係：「治國不以禮」，好像耕田沒有用工具；「為禮不本於義」，就像耕地卻沒有播種；「為義而不講之以學」，就像播種而沒有翻土施肥；「講之於學而不合之以仁」，就像翻土施肥而沒有收成；「合之以仁而不安之以樂」，就像有收成而捨不得吃；「安之以樂而不達於順」，就好像吃了卻不長肉（《禮記・禮運》〈30〉）。這些說法都可以補充本章的簡略。

雖然這裡完全沒提到人名和場合。可是皇侃的注早就認為這章說的還是「季氏」：「季氏僭濫王者禮樂，其既不仁，則奈此禮樂何乎？」王夫之反對這種說法：「僭者，非其所可用之禮樂，失在禮樂。此失在仁不仁，則雖其可用之禮樂，而私欲錮蔽之人，傲慢乖戾，氣息已成，則與禮樂全不相應，有文無情，終不成禮樂也。」可是，不正是因為「季氏」這樣的人「不仁」，才會濫用禮樂，禮樂已經無法約束他們行仁，徒然成為供人觀賞的展演而已？

這裡的「而」當「若是」解，不當「能」字解。

「仁」在《論語》中出現了一百多次，許多人希望找出這其中的共同點來給它下個定義，但都很難讓所有人信服。我最近閱讀一些和「全球倫理」相關的文獻，發現有些觀點可以挪用到這裡：這些世界級的宗教和哲學家坐在一起開過好幾次會議，總結了世界上各文明和主要宗教最低的共同接受原則，只有兩項——一個是「人道原則」：把人當人看，要尊重不同性別、種族、宗教、文化的人的信仰價值等等；一個是「恕道原則」：積極來說是「己立立人，己達達人」，消極來說是「己所不欲，勿施於人」。我覺得這兩項原則很清楚表明了孔子說的「仁」。說白了，也就是一種「修己安人」這樣理想的人際關係。孔子這方面的思想是歷久彌新的。

《詩經》開頭的第一篇，從男女關係開始，就講到這種「仁—禮—樂」三位一體的關係，是我的本行「愛情社會學」的老祖宗：

關關雎鳩，在河之洲。窈窕淑女，君子好逑。
參差荇菜，左右流之。窈窕淑女，寤寐求之。
求之不得，寤寐思服。悠哉悠哉，輾轉反側。
參差荇菜，左右采之。窈窕淑女，琴瑟友之。
參差荇菜，左右芼之。窈窕淑女，鍾鼓樂之。

雖然歷來的解說對於君子是否最後求到了淑女有不同的解釋，但是一致的看法是不管求到與否，都要以禮樂相待，這樣才是一個做人（仁）的起點。換句話說，一個仁人，就算是追求伴侶，也不會被自己的欲念控制，而會以禮樂節制自己的欲念。能從人類的「男女」關係有禮樂制度的節制，才能繼「天地→萬物→男女」之後，接著有「夫婦→父子→君臣→上下→禮義」的正向連鎖反應（《易經．序卦》〈30〉）。

《禮記．樂記》〈10〉也表明禮樂對於治理人民的互補作用：「樂者為同，禮者為異。同則相親，異則相敬，樂勝則流，禮勝則離。合情飾貌者禮樂之事也。禮義立，則貴賤等矣；樂文同，則上下和矣；好惡著，則賢不肖別矣。刑禁暴，爵舉賢，則政均矣。仁以愛之，義以正之，如此，則民治行矣。」同一章節後來還說：「聖人作樂以應天，制禮以配地。禮樂明備，天地官矣。」（《禮記．樂記》〈17〉）所以，重視「禮樂」就是「天人合一」的表現，「仁人」的人，也正是「天地之心」。

「不仁者」不只是「禮」和「樂」的問題，也有「不能久處約（貧窮）」和「不能常處樂（快樂）」

的問題，既不能「安仁」，也不能「利仁」（〈里仁2〉）。

孔子經常強調人對於禮樂制度的主體性和主動性：他對顏淵說過：「為仁由己，而由人乎哉？」（〈顏淵1〉）；也說過：「人能弘道，非道弘人。」（〈衛靈公29〉）另外，他也說過和此章類似的話：「制度在禮，文為在禮，行之，其在人乎！」（《禮記・仲尼燕居》〈7〉和《孔子家語・論禮》〈1〉）。

學做人，就從學著自己做個「仁人」開始。

附錄

《說苑・辨物》〈1〉顏淵問於仲尼曰：「**成人之行何若**？」子曰：「**成人之行**達乎情性之理，通乎物類之變，知幽明之故，睹遊氣之源，若此而可謂成人。既知天道，行躬以**仁義**，飭身以**禮樂**。夫仁義禮樂**成人之行也**，窮神知化德之盛也。」

《孔子家語・顏回》〈3〉顏回問於孔子曰：「成人之行若何？」子曰：「達於情性之理，通於物類之變，知幽明之故，覩游氣之原，若此可謂成人矣。既能成人，而又加之以**仁義禮樂**，成人之行也，若乃窮神知禮，德之盛也。」

《易經・序卦》〈30〉有天地然後有萬物，**有萬物然後有男女**，有男女然後有夫婦，有夫婦然後有父子，有父子然後有君臣，有君臣然後有上下，有上下然後禮義有所錯。

《禮記・仲尼燕居》〈7〉子曰：「**制度在禮，文為在禮，行之，其在人乎！**」

《孔子家語・論禮》〈1〉子曰：「古之人與？上古之人也。達於禮而不達於樂，謂之素；達於樂而不達於禮，謂之偏。夫夔達於樂不達於禮，是以傳於此名也。古之人也。**凡制度在禮，文**

為在禮，行之其在人也！」

《禮記》〈禮運30〉故治國不以禮，猶無耜而耕也；為禮不本於義，猶耕而弗種也；為義而不講之以學，猶種而弗耨也；講之於學而不合之以仁，猶耨而弗獲也；合之以仁而不安之以樂，猶獲而弗食也；安之以樂而不達於順，猶食而弗肥也。

——〈樂記10〉樂者為同，禮者為異。同則相親，異則相敬，樂勝則流，禮勝則離。合情飾貌者禮樂之事也。禮義立，則貴賤等矣；樂文同，則上下和矣；好惡著，則賢不肖別矣。刑禁暴，爵舉賢，則政均矣。仁以愛之，義以正之，如此，則民治行矣。

——〈17〉天高地下，萬物散殊，而禮制行矣。流而不息，合同而化，而樂興焉。春作夏長，仁也；秋斂冬藏，義也。仁近於樂，義近於禮。樂者敦和，率神而從天，禮者別宜，居鬼而從地。故聖人作樂以應天，制禮以配地。禮樂明備，天地官矣。

——〈仲尼燕居3〉子貢退，言游進曰：「敢問禮也者，領惡而全好者與？」子曰：「然。」「然則何如？」子曰：「郊社之義，所以仁鬼神也；嘗禘之禮，所以仁昭穆也；饋奠之禮，所以仁死喪也；射鄉之禮，所以仁鄉黨也；食饗之禮，所以仁賓客也。」

——〈儒行18〉溫良者，仁之本也；敬慎者，仁之地也；寬裕者，仁之作也；孫接者，仁之能也；禮節者，仁之貌也；言談者，仁之文也；歌樂者，仁之和也；分散者，仁之施也；儒皆兼此而有之，猶且不敢言仁也。其尊讓有如此者。

《孔子家語．儒行解》〈18〉夫溫良者，仁之本也；慎敬者，仁之地也；寬裕者，仁之作也；遜接者，仁之能也；禮節者，仁之貌也；言談者，仁之文也；歌樂者，仁之和也；分散者，仁之施也。儒皆兼而有之，猶且不敢言仁也；其尊讓有如此者。

《禮記．聘義》〈12〉子貢問於孔子曰：「敢問君子貴玉而賤玟者何也？為玉之寡而玟之多與？」

孔子曰：「非為玟之多故賤之也、玉之寡故貴之也。夫昔者君子比德於玉焉：溫潤而澤，仁也；縝密以栗，知也；廉而不劌，義也；垂之如隊，禮也；叩之其聲清越以長，其終詘然，樂也；瑕不掩瑜、瑜不掩瑕，忠也；孚尹旁達，信也；氣如白虹，天也；精神見於山川，地也；圭璋特達，德也。天下莫不貴者，道也。《詩》云：『言念君子，溫其如玉。』故君子貴之也。」

4

林放問禮之本。子曰：「大哉問！禮，與其奢也，寧儉；喪，與其易也，寧戚。」

林放請教孔子禮的根基何在。孔子回答說：「這真是個好問題啊！禮啊，與其強調奢華，不如儉省一點；（舉例來說，像）喪禮啊，與其太過於儉省，不如內心保有哀戚之情。」

這裡還是延續著前面三章談「禮」。

「林放」沒被列入孔子弟子，古注也只說他是「魯人」，沒有其他資料。可是這個不知是誰的人，問了一個孔子誇獎為「大哉問」的「禮之本」問題，因此留名千古。

孔子的回答用的是「比較法」，甚至是用「層層說明法」，而不是「直說」「禮之本」。孔子用「禮」和「喪」兩個層面來回答。先從一般的「禮」而言，「儉」比「奢」重要；再從「禮」中的「喪禮」來舉例，說明「戚」（哀戚之情）比「易」重要。

其他古籍也有類似的記載。子路說他曾聽老師說過：「喪禮，與其哀不足而禮有餘也，不若禮不足而哀有餘也。祭禮，與其敬不足而禮有餘也，不若禮不足而敬有餘也。」（《禮記·檀弓上》〈56〉）引文強調的「哀」和「敬」符合此章的「戚」，而「禮」則是此章所謂的「奢」和「易」。

在一般情況下，謹守「中庸之道」的孔子其實會強調「不要太過或不及」。根據「物有本末，事有終始。知所先後，則近道矣」（《禮記·大學》〈1〉）的原則，孔子還是從「兩害相權取其輕」的角度，給了林放「禮之本」的答案：「奢」是太過，「儉」是不及，兩者相較，「儉」比較之下更接近「禮之本」，大家也容易做得到。如果堅守孔子教誨的「儉」，恐怕在喪禮方面會留於過於「易」（簡易）（也是和「儉」同樣的意思），這時候心中能有哀戚之情才是「禮之本」，大家也容易做得到。麻煩的是，如果連那點哀戚之情都沒有，那麼就算徒具形式，也就是「禮之末」了吧？這不就是上一章講的「人而不仁」（〈八佾3〉）的狀況嗎？

《禮記》有些記載就強調一些身體上變化和外在的儀式：守喪的人，身體要因為哀傷而比平常瘦弱，可是眼睛和耳朵的功能還是和平常一樣。出到房門外不走死者平常走的階梯，走到屋外也不走死者平常走的門。守喪的人，頭和身體有受傷才沐浴，生病了才能吃肉喝酒，病一旦好了就要停止。如果因為哀傷而病倒，就是對上下輩的人做出不好的榜樣。五十歲以上的人，可以不要哀傷過度到傷害身體，六十歲的人也一樣，七十歲以上的人只要身上披麻就好，可以照常喝酒吃肉，不過都要在屋裡。（《禮記·曲禮上》〈64〉）。這像是居喪的行為守則。

我比較喜歡的是〈禮運28〉中提到的禮：「所以養生送死事鬼神之大端也。所以達天道順人情之大竇也。」〈禮運27〉提到五種禮：飲食、冠昏、喪祭、射御、朝聘。此章所說的喪祭之禮，只是五種禮之一。

本章其實意思也很清楚。可是歷來的注解在說明「易」這個字時，讓讀者如墜五里霧中。包咸先說：「易，和易也。」皇侃和邢昺都無異議。朱子改成「易，治也。」楊樹達解作「慢易」。我覺得應該就是「儉」的同義字。只是轉換另外一個層次來說。

在《禮記》裡，也提過幾次「禮之本」，〈禮器2〉中說：「忠信，禮之本」並且拿來和「義理」這個「禮之文」對舉；東漢王符（八五？—一六三？）《潛夫論．交際》〈10〉則認為「恭者、禮之本也」，都和此章的重視內心真實感受的理念吻合。〈昏義3〉中也根據《易經》〈序卦〉的「天地↓萬物↓男女↓夫婦↓父子↓君臣」這樣的演化順序，而把昏（婚）禮當成「禮之本」，和前面提到的「五禮」（飲食、冠昏、喪祭、射御、朝聘）的優位順序有關。這些雖然不是孔子的回答，但是也有參考價值。

從這裡可以看出，孔子當時就已經有人在「禮」方面是走「奢華風」，這不是現代資本主義興起之後才有的現象。很多人忽略了「禮之本」在於內心的真實感受，而誤以為只要排場大、面子夠，就是「禮」。

恐怕孔子這裡沒有提到的一個「禮」的問題就是「繁瑣」，這是過度奢華的後果，也是墨子不滿儒家「厚葬」的重要原因。

孔子強調的是禮制要能表達出內心的真實感受，這就是上一章說的「仁」；真有這些感受，喪禮的一切規定才是生者對於死者的感恩和懷念。

附錄

《禮記》〈檀弓上56〉子路曰：「吾聞諸夫子：**喪禮**，與其哀不足而禮有餘也，不若禮不足而哀有餘也。**祭禮**，與其敬不足而禮有餘也，不若禮不足而敬有餘也。」

——〈大學1〉大學之道，在明明德，在親民，在止於至善。知止而后有定，定而后能靜，靜而后能安，安而后能慮，慮而后能得。**物有本末，事有終始，知所先後，則近道矣**。

——〈曲禮上64〉居喪之禮，毀瘠不形，視聽不衰。升降不由阼階，出入不當門隧。居喪之禮，頭有創則沐，身有瘍則浴，有疾則飲酒食肉，疾止復初。不勝喪，乃比於不慈不孝。五十不致毀，六十不毀，七十唯衰麻在身，飲酒食肉，處於內。

——〈禮運28〉故禮義也者，人之大端也，所以講信修睦而固人之肌膚之會、筋骸之束也。所以養生送死事鬼神之大端也。所以達天道順人情之大竇也。故唯聖人為知禮之不可以已也，故壞國、喪家、亡人，必先去其禮。

——〈27〉是故夫禮，必本於大一，分而為天地，轉而為陰陽，變而為四時，列而為鬼神。其降曰命，其官於天也。夫禮必本於天，動而之地，列而之事，變而從時，協於分藝，其居人也曰養，其行之以貨力、辭讓：飲食、冠昏、喪祭、射御、朝聘。

——〈2〉先王之立禮也，有本有文。忠信，**禮之本也**；義理，禮之文也。無本不立，無文不行。

——〈昏義3〉敬慎、重正，而後親之，禮之大體，而所以成男女之別，而立夫婦之義也。男女有別，而後夫婦有義；夫婦有義，而後父子有親；父子有親，而後君臣有正。故曰：昏禮者，**禮之本也**。

《潛夫論．交際》〈10〉《詩》云：「德輶如毛，民鮮克舉之。」世有大男者四，而人莫之能行也，一曰恕，二曰平，三曰恭，四曰守。夫恕者，仁之本也，平者，義之本也，恭者，禮之本也，守者，信之本也。四本並立，四行乃具，四行具存，是謂真賢。四本不立，四行不成，四行無一，是謂小人。

5

子曰：「夷狄之有君，不如諸夏之亡也。」

1. 孔子說過：「中原以外文化程度較低的夷狄邦國，就算是有國君領導，也無法和沒有國君領導、文化程度高的中原國家相比。」
2. 孔子說過：「中原以外文化程度較低的夷狄國家，如果有國君出來領導，〔禮樂備至，〕就會勝過自以為文化程度較高卻沒有國君領導的中原邦國。」

這章是對比夷狄和諸夏在有君與否時的差別。原文語意模糊，可以做完全相反的解釋。這句話看起來也是很簡單的，雖然沒談到「禮」，但是其實暗含在其中。古注幾乎都從「禮義」的角度來解釋。這是從上下文的脈絡來解經。

光從字面文句來看，孔子將「夷狄」對比「諸夏」，前者有君不如後者沒有。何晏、皇侃、邢昺三人的注解都異口同聲說「諸夏，中國也」，其中皇侃補充說：「夏，大也。」

《說文解字》：「夏，中國之人也。」三人都很有默契地沒解釋「夷狄」。「亡，無也」，也是異口同聲。但是整句的解釋卻分成完全相反的兩派，後來各家解釋也是擇善而從。

皇侃認為這裡是誇獎「夷狄反而比中國有禮」：「言中國所以尊於夷狄者，以其名分定而上下不亂也。周氏既衰，諸侯放恣，禮樂征伐之權不復出自天子，反不如夷狄之國尚有尊長統屬，不至如我中國之無君也。」朱子引程子的說法，基本上也是採這種解釋。

邢昺則是「諸夏至上論」，認為就算沒君，也比夷狄有君要強：「言夷狄雖有君長而無禮義，中國雖偶無君，若周、召共和之年，而禮義不廢。」

孟子特別重視這種「夏尊夷卑」的民族大義：「吾聞用夏變夷者，未聞變於夷者也」（《孟子．滕文公上》〈4〉），他也舉例說：「舜是東夷人，周文王是西夷人，可是這樣的『夷人』，最後也能成為『東聖和西聖』。」（《孟子．離婁下》〈29〉）可見所謂的「夷人」可以因為對於文明的貢獻而成聖。孟子基本上認為政治應該從「京師」開始，再先後推廣到「諸夏」和「夷狄」（《說苑．指武》〈6〉）。這種由內而外的說法，也在《春秋繁露．王道》〈4〉、《春秋公羊傳．成公十五年》〈13〉等處可以見到。

董仲舒在《春秋繁露．竹林》〈1〉就以原來是諸夏的晉因棄守禮義變為夷狄，而原為夷狄的楚卻因篤守禮義變為君子之國。王充在《論衡．別通》〈17〉也說過：「諸夏之人所以貴於夷狄者，以其通仁義之文，知古今之學也。」所以「禮義制度」（也就是文化）的有無才是區分「夷夏」的關鍵。

《春秋》也特別重視這種別內外的夏、夷大義。除了表示「內其國而外諸夏，內諸夏而外夷狄」的三個先後層次之外，也強調這種區分不是地理或政權上，而是「通仁義之文，知古今之學」這種文化上的區分，不是誰的終身專利：誰有文化（禮樂），誰就是「諸夏」；誰沒文化（禮樂），誰就是「夷狄」。

有同門記得毓老師上到這一段時問同學：「你們看過夷狄嗎？我就是夷狄。」老師這麼說，是因為他是滿人，不是漢人。現在想想這還真不是一句笑話而已。如果我們今天這些漢人還得跟滿人學中華經典，那麼「斯文」何在？這樣一來，誰又是「夷狄」？誰又是「諸夏」？這笑話恐怕不是毓老師的自嘲，而是對我們這些執迷於民族觀念的學生的當頭棒喝！

孔子曾經當子路之面說過想到「九夷」去，子路提醒老師「那地方物質條件簡陋」，孔子卻很有信心地說：「有君子去，物質條件差一點又怎樣？」言外之意是「文化條件會變好」（〈子罕14〉）。王充認為子路懷疑的正是「連華夏都做不到這些簡單的事情」，更何況到「夷狄」去做同樣的事情有多難啊！（《論衡・問孔》〈40〉）可是孔子相信的是「人能弘道」（〈衛靈公29〉），夷狄之國接受了諸夏文化，就脫離夷狄而變成諸夏。《易經・賁卦》〈彖辭〉：「觀乎人文，以化成天下。」這就是最早「文化全球化」的概念。「文化全球化」的現象，有的主張「你跟我學就對了」，有的主張「相互學習，一起進步」，這也是我在愛情社會學給學生的八字箴言：「平等對待，共同奮鬥」。道理相通。

毓老師希望讓夏學遍地開花，形成「華夏天下」，這也吻合「文化全球化」的理念。他曾經有個「華夏學菀（注意，不是「苑」）」的理想和匾額，大概是他主張「夏學」的先行想法。這和大家熟知的「國學」或「儒學」不在同一個層次。簡單說，夏學回到人類（不只是中國人而已）最原初的理想，修己安人、尚公（天下為公、公平、公正、公開），兼容並包（不排除異己），文化雙融（榮）或多融（榮）、生生不息。

我覺得回到「夏學」這個話題，應該提到一個故事。毓老師曾經多次在不同場合問過：「什麼是學生？」我也被問過好幾次，都不知道答案。老師只提示：「學生」就是「學」這個「生」。所以要進一步問：什麼是「生」？然後就沒再講下去了（也許只是我沒聽到）。對於這個「毓門大哉問」，許多同門也先後在著作或演講中有過自己的看法。

我自己多年來的體悟有很多層次：

一是「生態」，要學到我們和天地萬物是一體的。因此，我覺得〈大學〉講的「格物」並不是去「研究物」，而是了解我們和萬物一體。善待萬物，人類和萬物才能共生並且永續發展。

二是「生命」，要了解我們身為「眾生」也有別於「眾生」，是因為我們有個此世的使命，不能渾渾噩噩度過每一天，辜負這趟「生命之旅」。所以大家要日新又新，行健不息。如此活出生命的意義，讓「做生意」有除經濟層次以外更深層的心靈的內涵。大家在「生意興隆」之外，也都還能體會到「生意盎然」。

三是「生活」，要懂得謹慎小心度過每一天。要學會面對處理食、衣、住、行、人際關係等等一切日常生活事務，好問好察，像舜和孔子一樣，學道不倦。特別是學會「男女」相處之道，進而學會「夫婦」和「親子」，以及其他「人際關係」之道。

四是「生涯」，要以「志業」擇業，而不只是為了「討生活」、「混飯吃」或「穩定」而找職業。可惜現在大學裡都專注在這一種「生」，讓學「生」的眼界和格局變小。大家都變成「小器之人」。

五是「生生不息」，生態有保護，生命有目標，生活有方向，生涯有發展，承傳不斷。人法地、地法天、天法道，道法自然。

我為了提醒自己是奉元門生和這個生字的多層意義，曾經以下文八個字自勉，現在寫在這裡，也和大家共勉：

奉元一生

一生奉元

每逢孔子誕辰，我都特別感念毓老師（以及生命中其他老師）的教誨之恩。「興雖不敏，請事斯語矣！」

附錄

《孟子・離婁下》〈29〉孟子曰：「舜生於諸馮，遷於負**夏**，卒於鳴條，東**夷**之人也。文王生於岐周，卒於畢郢，西**夷**之人也。地之相去也，千有餘里；世之相後也，千有餘歲。得志行乎中國，若合符節。先聖後聖，其揆一也。」

《說苑・指武》〈6〉內治未得，不可以正外，本惠未襲，不可以制末，是以春秋先京師而後**諸夏**，先諸華而後**夷狄**。及周惠王，以遭亂世，繼先王之體，而強楚稱王，諸侯背叛，欲申先王之命，一統天下。不先廣養京師，以及**諸夏**，**諸夏**以及**夷狄**，內治未得，忿則不料力，權得失，興兵而征強楚，師大敗，撙辱不行，大為天下笑。幸逢齊桓公以得安尊，故內治未得不可以正外，本惠未襲，不可以制末。

《春秋繁露》〈竹林1〉《春秋》之常辭也，不予**夷狄**而予**中國**為禮，到之戰，偏然反之，何也？曰：《春秋》無通辭，從變而移。今晉變而為**夷狄**，楚變而為君子，故移其辭以從其事。

——〈王道4〉親近以來遠，未有不先近而致遠者也。故內其國而外**諸夏**，內**諸夏**而外**夷狄**，言自近者始也。

《春秋公羊傳．成公十五年》〈13〉《春秋》內其國而外**諸夏**，內**諸夏**而外**夷狄**。王者欲一乎天下，曷為以外內之辭言之？言自近者始也。

《論衡．別通》〈17〉**諸夏**之人所以貴於**夷狄**者，以其通仁義之文，知古今之學也。如徒作其胸中之知以取衣食，經歷年月，白首沒齒，終無曉知，**夷狄**之次也。觀夫蜘蛛之經絲以罔飛蟲也，人之用作，安能過之？任胸中之知，舞權利之詐，以取富壽之樂，無古今之學，蜘蛛之類也。含血之蟲，無餓死之患，皆能以知求索飲食也。

——〈問孔40〉問之曰：孔子欲之九夷者，何起乎？起道不行於中國，故欲之九夷。夫中國且不行，安能行於**夷狄**？「**夷狄**之有君，不若**諸夏**之亡。」言**夷狄**之難、**諸夏**之易也。不能行於易，能行於難乎？

《易經．賁卦》〈彖辭〉賁，亨，柔來而文剛，故亨。分剛上而文柔，故小利有攸往。天文也；文明以止，人文也。觀乎天文，以察時變；**觀乎人文，以化成天下**。

6

季氏旅於泰山。子謂冉有曰：「女弗能救與？」對曰：「不能。」子曰：「嗚呼！曾謂泰山，不如林放乎？」

〔實際掌握魯國國政的〕季氏〔僭越禮制，不是天子，甚至不是諸侯，卻〕要去祭拜泰山。孔子問冉有說：「你不能跟季氏諫諍說這事違反禮制，不能做嗎？」冉有回答說：「我沒這個分量啊！」孔子感嘆地說到：「嗚呼！泰山〔之神〕真的不如林放〔知道怎樣才是禮的根本，而享受這樣不合禮制的祭典〕嗎？」

本章是孔子弟子冉有的初登場，一個讓人印象不好的出場。

冉有姓冉名求，字子有，小孔子二十九歲（《孔子家語・七十二弟子解》〈7〉和《史記・仲尼弟子列傳》〈16〉），也就是大顏淵一歲。他排在「孔門四科」中的「政事」，排名在子路前面（〈先進3〉），不知道是什麼原因。他出現在《論語》十五章中，出現次數排名第五。他和子路一起當季氏的「宰」。這章應該就是發生在這個時期的記載。

「旅」——馬融、鄭玄、朱子都說是一種祭典，劉寶楠引用《玉篇》說應該作「祣」，才是祭典，劉寶楠自己認為《古論》作「臚」，因為和「旅」的音近，所以通用。顏師古、邢昺和戴望都把「旅」當「陳」解，但也是講祭祀時的各種擺設。從上下文來看，似乎當成「祭典」比較合情合理。根據《禮記》〈王制28〉「天子祭天下名山大川：五岳視三公，四瀆視諸侯。諸侯祭名山大川之在其地者」的禮法，季氏是傳統爵位的「卿」，連諸侯都排不上，哪有資格祭「泰山」？所以「季氏旅於泰山」是「非禮」的行為。

「子謂冉有」的「謂」——沒有〈八佾1〉「孔子謂季氏」的「謂」那種評論的意思，「子謂某某曰」多個「曰」就有著「孔子對學生或晚輩說話」的意思：「子謂子貢曰」（〈公治長9〉）、「子謂仲弓曰」（〈雍也6〉）、「子謂子夏曰」（〈雍也13〉）、「子謂顏淵曰」（〈述而11〉），和「子謂伯魚曰」（〈陽貨10〉）。相反地，對孔子跟長輩或上司說話就是「對曰」。

「女弗能救與?」——「女」，是「汝」，就是「你」。「救」，是「諫止」（皇侃），或是「救其陷於僭竊之罪」（朱子）。冉有是季氏家臣，君上失禮，應該加以「諫止」才算盡責。

冉有簡答「不能」，也不知有沒有試過。不過根據《論語》中有關冉有的記載，他是個容易畫地自限（〈雍也12〉），也是一個比較保守內向，需要多被鼓勵的人（〈先進22〉），也深深覺得自己的治理能力不足（〈先進26〉），孔子也因為他幫著季氏「聚斂」而呼籲弟子「可以鳴鼓而攻之」（〈先進17〉），還有因為季氏要找藉口討伐顓臾這個地方，冉有和子路也拿季氏沒辦法，讓孔子大為惱火（〈季氏1〉）。其實，真要去勸止，孔子去跟季氏說應該比弟子去說更有分量。弟子的「不能」，只是反映出上司的

「權（全）能」，弟子也只能扛起「無能」的黑鍋。

孔子應該也深知其中的無奈，所以才失望到嘆息地說：「難道泰山還不如林放？」這樣從字面上看來有點費解的話。何晏引用包咸的解釋是：「神不享非禮。林放尚知問禮，泰山之神反不如林放耶？欲誣而祭之也。」邢昺在包咸的解釋之後，又多加了幾句：「言泰山之神必不享季氏之祭。若其享之，則是不如林放也。」這些人都替「泰山之神」代言。朱子的解釋方向略有不同：「言神不享非禮，欲季氏知其無益而自止，又進林放以勵冉有也。」朱子還引用范氏的話猜測孔子心意：「冉有從季氏，夫子豈不知其不可告也？然而聖人不輕絕人，盡己之心，安知冉有之不能救，季氏之不可諫也？既不能正，則美林放以明泰山之不可誣，是亦教誨之道也。」我覺得簡單的解釋就是：「泰山之神難道會因為你的祭拜就糊里糊塗保佑你？難道祂比林放還不知道『禮之本』在於自己的虔誠向道守禮的心意嗎？」

一直到現在，人們為了求福避禍，求神問卜還是最常見的手段。可是不從修身做起、而奢望神明保佑，難道神明像這些人一樣不長眼，看不見他們的胡作非為，只要稍加賄賂、說說好聽話，就會繼續縱容這樣的人橫行鄉里，為惡人間？人都看得到，比人類高超的神明怎會看不到呢？從「自欺欺人」一躍而「自欺欺神」，真是白長腦袋。孔子曾經說過：「獲罪於天，無所禱也。」（〈八佾13〉）這些沒腦袋的人大概無法理解吧！

補充一下，孔子在此雖然感嘆於冉求的「不能」，可是他對冉求並不是只有負面評價：他在回答孟武伯問到冉求是否有仁德時，雖然沒肯定他的仁德，卻認為他可以治理「千室之邑，百乘之家，可使為之宰也」（〈公冶長8〉）；季康子問起冉求是否可以從政時，孔子也說「求也藝」，從政難不倒他

（〈雍也8〉和〈憲問12〉），他雖然認為冉有是個「具臣」，凡事聽命於君上，但是還是有著「不殺自己的父親和君上」的道德底線（〈先進24〉）。此外，孔子旅居衛國時，是冉有遊說季孫氏，提醒不能重用孔子的才能，自己國家的人才卻白白讓給外國，實在是不明智的，這樣季氏才報請魯哀公，用重金聘請孔子回魯國（《孔子家語．儒行解》〈1〉）。顯然冉求也比此章所敘述的要有長足的進步。魯哀公十一年（西元前四八四年），齊國攻打魯國，冉求和樊遲兩位孔門弟子承擔起保衛魯國的軍事責任，將進攻的齊軍擊退（《春秋左傳．哀公十一年》〈2〉）。冉求事後謙稱自己的軍事才能是從孔子那兒學來的（《孔子家語．正論解》〈2〉）。

在《大戴禮記．衛將軍文子》〈6〉還讚美他：「恭老恤孤，不忘賓旅，好學省物而不懃，是冉求之行也。孔子因而語之曰：『好學則智，恤孤則惠，恭老則近禮，克篤恭以天下，其稱之也，宜為國老。』」（《孔子家語．弟子行》〈1〉文字略異）

從這些文獻看來，《論語》對冉求的記載顯然是不夠全面的，特別是他後來的許多功績。可見讀《論語》也要多小心：「戒慎乎其所不睹，恐懼乎其所不聞。」（《禮記．中庸》〈1〉）

附錄

《孔子家語．儒行解》〈1〉孔子在衛。冉求言於季孫曰：「國有聖人，而不能用，欲以求治，是猶卻步而欲求及前人，不可得已。今孔子在衛，衛將用之。**己有才而以資鄰國，難以言智也**。請以重幣延之。」季孫以告哀公，公從之。孔子既至，舍哀公館焉。公自阼階，孔子賓階，升堂立侍。

《春秋左傳．哀公十一年》〈2〉十一年，春，齊為鄎故，國書、高無平，帥師伐我，及清。季孫謂其宰冉求曰：「齊師在清，必魯故也，若之何？」求曰：「一子守，二子從，公禦諸竟。」季孫曰：「不能。」求曰：「居封疆之間。」季孫告二子，二子不可。求曰：「若不可，則君無出。一子帥師，背城而戰，不屬者，非魯人也。魯之群室眾於齊之兵車，一室敵車，優矣，子何患焉？」二子之不欲戰也宜，政在季氏。當子之身，齊人伐魯而不能戰，子之恥也大。不列於諸侯矣！」季孫使從於朝，俟於黨氏之溝。武叔呼而問戰焉。對曰：「君子有遠慮，小人何知？」懿子強問之，對曰：「小人慮材而言，量力而共者也。」武叔曰：「是謂我不成丈夫也。」退而蒐乘。孟孺子洩帥右師，顏羽御，邴洩為右。冉求帥左師，管周父御，樊遲為右。季孫曰：「須也弱。」有子曰：「就用命焉。」季孫之甲七千，冉有以武城人三百為己徒卒，老幼守宮，次於雩門之外。五日，右師從之。公叔務人見保者而泣曰：「事充政重，上不能謀，士不能死，何以治民？吾既言之矣，敢不勉乎！」師及齊師戰於郊。齊師自稷曲，師不踰溝。樊遲曰：「非不能也，不信子也，請三刻而踰之。」如之，眾從之。師入齊軍，右師奔，齊人從之。陳瓘，陳莊，涉泗。孟之側後入以為殿，抽矢策其馬曰：「馬不進也。」林不狃之伍曰：「走乎？」不狃曰：「誰不如？」曰：「然則止乎？」不狃曰：「惡賢？」徐步而死。師獲甲首八十，齊人不能師。宵諜曰：「齊人遁。」冉有請從之三，季孫弗許。孟孺子語人曰：「我不如顏羽，而賢於邴洩。子羽銳敏，我不欲戰而能默，洩曰：『驅之。』」公為與其嬖僮汪錡乘，皆死，皆殯。孔子曰：「能執干戈以衛社稷，可無殤也。」冉有用矛於齊師，故能入其軍。孔子曰：「義也！」

《孔子家語．正論解》〈2〉齊國書伐魯，季康子使冉求率左師禦之，樊遲為右。「非不能也，不信乎。請三刻而踰之。」如之，眾從之。師入齊軍。「齊軍遁。」冉有用戈，故能入焉。孔子聞之，曰：「義也。」既戰，季孫謂冉有曰：「子之於戰，學之乎？性達之乎？」對曰：「學之。」季孫曰：「從事孔子，惡乎學？」冉有曰：「**即學之孔子也。夫孔子者大聖，無不該，文武竝用兼通。求也適聞其戰法，猶未之詳也。**」季孫悅。樊遲以告孔子，孔子曰：「季孫於是乎可謂悅人之有能矣。」

《大戴禮記・衛將軍文子》〈6〉恭老恤孤，不忘賓旅，好學省物而不懃，是冉求之行也。孔子因而語之曰：「好學則智，恤孤則惠，恭老則近禮，克篤恭以天下，其稱之也，宜為國老。」

《孔子家語・弟子行》〈1〉強乎武哉！文不勝其質，恭老卹幼，不忘賓旅，好學博藝，省物而勤也，是冉求之行也。孔子因而語之曰：『好學則智，卹孤則惠，恭則近禮，勤則有繼，堯舜篤恭，以王天下。』其稱之也，曰：『宜為國老。』

《禮記・中庸》〈1〉天命之謂性，率性之謂道，修道之謂教。道也者，不可須臾離也，可離非道也。是故君子**戒慎乎其所不睹，恐懼乎其所不聞**。莫見乎隱，莫顯乎微。故君子慎其獨也。喜怒哀樂之未發，謂之中；發而皆中節，謂之和；中也者，天下之大本也；和也者，天下之達道也。致中和，天地位焉，萬物育焉。

7

子曰：「君子無所爭，必也射乎！揖讓而升，下而飲，其爭也君子。」

孔子說過：「有德有位的君子平常是不跟別人爭東搶西的，唯有在履行射禮的時候！（履行射禮）開始之前要先讓對方，然後才自己登上射箭的台子上，射完箭之後大家要一起喝杯酒，表示大家射箭是為了君子之爭。」

本章談的是君子的「爭」和「讓」的問題，並且以「六藝」（禮、樂、射、御、書、數）中的「射」為例。全章的文意十分清楚，甚至很有畫面，幾乎不需再用白話解釋。全句就是以禮讓約束射爭，看似說「爭」，其實要你「不爭」。

這裡的君子應該是指有位的貴族，因為只有他們才能接受「六藝」的教育，這是貴族的特權。後來孔子把「君子」的意義轉到「有德者」。這樣「位德轉移」之後，舉例還是一樣的。

「射」在這裡不只是一種技藝，或是西方人類學家說的「身體的技藝」。它所要求的不僅是身體上各相關部位的配合，而且射者在心理上，以及和別人競技的一種社會行為，更要遵守相關的禮儀規範的文化行為。所以「射」是不可以小覷的事〔詳見《禮記．射義》〕。《禮記．中庸》〈15〉也記載孔子說過類似的話：「射有似乎君子，失諸正鵠，反求諸其身。」《孟子．公孫丑上》〈7〉也有一段和此章呼應的話：「仁者如射，射者正己而後發。發而不中，不怨勝己者，反求諸己而已矣。」這和《禮記．射義》中的說法類似：「射者，仁之道也。射求正諸己，己正然後發，發而不中，則不怨勝己者，反求諸己而已矣。孔子曰：『君子無所爭，必也射乎！揖讓而升，下而飲，其爭也君子。』」這種「正己而後發」和「不怨勝己者」都是「射禮」的一部分。

此外《論語》還有四處提到「射」，說明「射」的幾個原則：例如「射不主皮」（射箭不是為了要射穿靶子）（〈八佾16〉）、「弋不射宿」（不能射殺停在樹上的鳥）（〈述而27〉）；一次是達巷黨人誇獎孔子「博學而無所成名」，孔子幽默地回答自已要以「射」還是「御」成名，最後決定選擇「御」好了（〈子罕2〉），隱含著「御天下」的潛台詞；一次是南宮适提到后羿雖然以射箭聞名〔傳說他射下了九個太陽〕，最後被跟他學射箭的學生逢蒙給弄死（〈憲問5〉和《孟子．離婁下》〈52〉），可見光會「射」而已身無德無禮，還是不能保障自已的生命。

孔子除了強調「君子矜而不爭」之外，也強調「群而不黨」（〈衛靈公22〉）。這些都是逆著「爭勝」和「人不為己，天誅地滅」的時代潮流，這顯然不是資本主義時代才有的「罪惡」或「生活習慣」。與其直接談大家不愛聽的「不爭」，不如談大家愛聽的「爭」，然後引到孔子「禮讓」的訴求。這是「因勢利導」的教學方法。

至於「讓」，孔子強調的是「禮讓為國」（〈里仁13〉和〈先進26〉）和「讓天下」（〈泰伯1〉）這樣公天下的大事。這其實也暗含著以人的「以天下蒼生」為念的「賢能」而不是「官二代」的「世襲身分」，也就是後天努力的結果，而不是祖先的庇蔭身分，當成是治理天下的共主。子貢就誇獎過孔子是「溫、良、恭、儉、讓」（〈學而10〉）而得以與聞國政的。

其實除了「射」之外，君子還是有所「不爭讓」的事情：「當仁不讓於師」（〈衛靈公36〉），對團體或天下人有利的事情就應該搶著做，連傳統上要求尊師重道的順序都可以打破，為的就是要做對自己和別人有共利的事。

所以，不管是爭還是讓，君子都是以公益為念，以天下蒼生為念。這才是孔子理想中的君子。這不也就是現代強調的「為人民服務」的「公僕」嗎？

附錄

《禮記・射義》

古者諸侯之射也，必先行燕禮；卿、大夫、士之射也，必先行鄉飲酒之禮。故燕禮者，所以明君臣之義也；鄉飲酒之禮者，所以明長幼之序也。

故射者，進退周還必中禮，內志正，外體直，然後持弓矢審固；持弓矢審固，然後可以言中，此可以觀德行矣。

其節：天子以《騶虞》為節；諸侯以《貍首》為節；卿大夫以《采蘋》為節；士以《采蘩》為節。《騶虞》者，樂官備也，《貍首》者，樂會時也；《采蘋》者，樂循法也；《采蘩》者，樂不失職也。是故天子以備官為節；諸侯以時會天子為節；卿大夫以循法為節；士以不失職為節。故明乎其節之志，以不失其事，則功成而德行立，德行立則無暴亂之禍矣。功成則國安。故曰：射者，所以觀盛德也。

是故古者天子以射選諸侯、卿、大夫、士。射者，男子之事也，因而飾之以禮樂也。故事之盡禮樂，而可數為，以立德行者，莫若射，故聖王務焉。

是故古者天子之制，諸侯歲獻貢士於天子，天子試之於射宮。其容體比於禮，其節比於樂，而中多者，得與於祭。其容體不比於禮，其節不比於樂，而中少者，不得與於祭。數與於祭而君有慶；數不與於祭而君有讓。數有慶而益地，數有讓而削地。故曰：射者，射為諸侯也。是以諸侯君臣盡志於射，以習禮樂。夫君臣習禮樂而以流亡者，未之有也。

故《詩》曰：「曾孫侯氏，四正具舉；大夫君子，凡以庶士，小大莫處，御於君所，以燕以射，則燕則譽。」言君臣相與盡志於射，以習禮樂，則安則譽也。是以天子制之，而諸侯務焉。此天子之所以養諸侯，而兵不用，諸侯自為正之具也。

孔子射於矍相之圃，蓋觀者如堵牆。射至於司馬，使子路執弓矢，出延射曰：「賁軍之將，亡國之大夫，與為人後者不入，其餘皆入。」蓋去者半，入者半。又使公罔之裘、序點，揚觶而語，公罔之裘揚觶而語曰：「幼壯孝弟，耆耋好禮，不從流俗，修身以俟死，者不？在此位也。」蓋去者半，處者半。序點又揚觶而語曰：「好學不倦，好禮不變，旄期稱道不亂，者不？在此位也。」蓋僅有存者。

射之為言者繹也，或曰舍也。繹者，各繹己之志也。故心平體正，持弓矢審固；持弓矢審固，則射中矣。故曰：為人父者，以為父鵠；為人子者，以為子鵠；為人君者，以為君鵠；為人臣者，以為臣鵠。故射者各射己之鵠。故天子之大射謂之射侯；射侯者，射為諸侯也。射中則得為諸侯；射不中則不得為諸侯。

天子將祭，必先習射於澤。澤者，所以擇士也。已射於澤，而後射於射宮。射中者得與於祭；不中者不得與於祭。不得與於祭者有讓，削以地；得與於祭者有慶，益以地。進爵絀地是也。

故男子生，桑弧蓬矢六，以射天地四方。天地四方者，男子之所有事也。故必先有志於其所有事，然後敢用穀也。飯食之謂也。

射者，仁之道也。射求正諸己，己正然後發，發而不中，則不怨勝己者，反求諸己而已矣。

孔子曰：「**君子無所爭，必也射乎！揖讓而升，下而飲，其爭也君子。**」

孔子曰：「射者何以射？何以聽？循聲而發，發而不失正鵠者，其唯賢者乎！若夫不肖之人，則彼將安能以中？」

《詩》云：「發彼有的，以祈爾爵。」祈，求也；求中以辭爵也。酒者，所以養老也，所以養病也；求中以辭爵者，辭養也。

8

子夏問曰：「『巧笑倩兮，美目盼兮，素以為絢兮。』何謂也？」子曰：「繪事後素。」曰：「禮後乎？」子曰：「起予者商也！始可與言詩已矣。」

子夏請教孔子說：「（詩經裡面說到過）『笑起來真美，看人的眼神也迷人，不必上妝就已經很漂亮了！』這段話是什麼意思呢？」孔子回答說：「就像畫畫，都是從素面的紙開始的。」子夏（受到啟發說）：「（所以，）禮是後天才發展出來的嗎？」孔子（很高興地）回答說：「商啊！你這句話真是啟發了我啊！要像這樣才能夠和你正經地討論詩經啊！」

這章是弟子子夏問詩，卻得到有關禮的啟發，讓當老師的孔子很高興。

子夏說的話，〈學而7〉和〈為政8〉都各出現過一次。子夏，姓卜名商，小孔子四十四歲。他和小他一歲的子游雙雙列名「孔門四科」中的「文學科」。在《論語》二十篇中，他出現了二十次，頻率是弟子中的第三名。

子夏引的「巧笑倩兮，美目盼兮」兩句，出自《詩經》〈碩人〉第二段。「倩」，馬融、皇侃和邢昺都說是「笑貌」，同語反覆，朱子說是「好口輔」，劉寶楠進一步解釋「輔者，頰也。人笑則口頰必張動也」，所以也是說笑的臉部動作，真不如說是「笑得很迷人」；「盼」，馬融、皇侃和邢昺都說是「動目貌」，朱子說「目黑白分也」，真不如說是「眼神很迷人」。這兩句是形容美女巧笑和顧盼的眼神。「素以為絢兮」並不在這首詩裡，朱子以為是「逸詩」。「素」是「樸質白色」，朱子說是「粉地，畫之質也」；「絢」是「華麗彩色」，馬融、皇侃和邢昺都說「文貌」，朱子說是「采（今作「彩」）色，畫之飾也」都不算清楚。這句話的意思應該是「沒有色彩就是最美麗的色彩」。

我感到奇怪的是，這首詩描寫一個樸實無華的美麗女孩，她的一顰一笑，回眸顧盼，打動了寫詩人的心，意思很清楚，為什麼身為「文學科」的子夏還要問孔子這首詩是什麼意思？當然，有一派解詩的人認為這些情詩並不能從字面來解釋，而是在歌頌后妃之德。皇侃和邢昺兩位都認為這裡就是歌詠美麗的莊姜，她是衛侯的夫人卻不被衛侯所愛，衛人就寫出這樣的詩句來憐憫她。

孔子的回答卻跳脫了原先「笑」與「盼」的問題，只針對第三點回答「繪事後素」。後人對這句話有兩種截然相反的解釋：一種是「彩繪先於素描」，何晏引用鄭玄之說：「凡繪畫先布眾（采）色，然後以素分布其間，以成其文，喻美女雖有倩盼美質，亦須禮以成之。」皇侃和邢昺都採用這種古說。一種是「素先於彩繪」，朱子獨排眾議引用〈考工記〉的「繪畫之事後素功」，說：「謂先以粉地為質，而後施五采，猶人有美質然後可加文飾。」朱子沒有特別說到「文飾」就是「禮」。劉寶楠後來做了這樣的解釋連結。程樹德認為朱子引用《周禮．冬官考工記》〈62〉的話，不如引用《禮記．禮器》〈34〉的「君子曰：甘受和，白受采；忠信之人，可以學禮。苟無忠信之人，則禮不虛道。是以得其人之為貴也」來得恰當。

根據下面子夏說的「禮後乎？」孔子讚嘆曰：「起予者商也！始可與言詩」來看，「禮」應該指的是後於「素」的事。所以，鄭玄（和孔安國）的說法恐怕有錯，朱子的解釋是對的。那麼，在「禮」之前的又是什麼？這大概就是〈八佾4〉林放問的「禮之本」吧？或是上一段引用的「忠信」吧！

最後孔子讚嘆子夏的舉一反三，所以說「起予者商也」，「起」是「啟發」，「予」是我，指孔子自己，「商」是子夏的字。所以像在〈學而15〉稱讚子貢那樣，也稱讚子夏「始可與言詩」。子貢和子夏成為《論語》中兩位被孔子稱讚可以談詩的弟子。不同的是子貢因孔子教誨的啟發而引用了詩，而子夏因引詩而受到啟發。詩的先後作用不同，啟發則一。這就是〈述而38〉「子溫而厲」（孔子為人溫和而且講話鼓勵人）的例證。

孔子在此用繪畫先後的比喻，子夏引申了悟到「禮的本末先後」問題上。「素」為本為先，也就是林放問「禮之本」時，孔子強調的「簡」和「戚」都先於「奢」和「易」。

很可惜孔子跳過了《論語》在此第一次談到「笑」的部分，失去了後生對於「笑」給予更多關注的機會，造成大家都習慣從「嚴肅模式」來看孔子的陋習。

《論語》蘊藏了很多樂趣，諸君不妨「另眼相待」，就能得宋儒愛討論的「孔顏樂處」。

附錄

《詩經．國風．衛風》〈碩人〉

碩人其頎，衣錦褧衣。齊侯之子，衛侯之妻，東宮之妹。邢侯之姨，譚公維私。

手如柔荑，膚如凝脂。領如蝤蠐，齒如瓠犀，螓首蛾眉，**巧笑倩兮，美目盼兮**。

碩人敖敖，說於農郊。四牡有驕，朱幩鑣鑣。翟茀以朝，大夫夙退，無使君勞。

河水洋洋，北流活活。施罛濊濊，鱣鮪發發。葭菼揭揭，庶姜孽孽，庶士有朅。

9

子曰：「夏禮，吾能言之，杞不足徵也；殷禮，吾能言之，宋不足徵也。文獻不足故也，足則吾能徵之矣。」

孔子說過：「夏朝的禮制我能說個大概，但是夏朝後代居住的杞這個地方的人，並沒有完整保存夏朝的禮制；殷商的禮制我也能說個大概，但是殷商後人居住的宋這個地方，並沒有完整保存殷商的禮制。這些都是因為典籍失傳，又失去懂禮的傳人的緣故，如果上述這些都有，我就可以確證所學的和流傳下來的是否一致。」

這章談三代禮的傳承，因為典籍不完整和失去傳人，所以很難得到確證。這是孔子對於禮崩樂壞之時，無法回到禮制的源頭得到確證的一種悲嘆。

這裡談的是夏和商兩代禮的失傳，以及「言」和「徵」的關聯。本章呼應〈為政23〉子張問：「十世可知也？」子曰：「殷因於夏禮，所損益，可知也；周因於殷禮，所損益，可知也；其或繼周者，雖百世可知也。」孔子在彼處說「可知」，此處卻說「文獻不足徵之矣」，一個主題，兩樣心情。

本章提到的「杞」——是周武王封夏朝後人東婁公的地方；「宋」是分封殷商後人微子的地方。我們現在熟知的成語中都還流傳著「後（周）朝對前（夏、商）朝人的愚笨諷刺」，如「『杞』人憂天」（《列子・天瑞》〈13〉）是諷刺杞人，「揠苗助長」（《孟子・公孫丑上》〈2〉）和「守株待兔」（《韓非子・五蠹》〈1〉）都是「宋人」鬧的笑話。這是很早「政治笑話」的濫觴。

這裡「文獻」的意思也和現在的用法不同。現在所說的「文獻」都是指書面的記載，可是這裡要分開看：文，「文章」（皇侃），「典籍」（朱子），「典冊」（劉寶楠）指的是書面的記載；獻，「賢」（何晏引鄭玄、皇侃、朱子），「秉禮之賢士大夫」（劉寶楠），指的是像孔子這種「通曉歷史文化的達人」。

「徵」——「成」（何晏引包咸、皇侃和邢昺），「證」（朱子），就是「證明」。

孔子在這裡感嘆有關夏和商二代的禮，他能說得頭頭是道，可是卻無法在實際生活中找到典籍和傳人來證明。這是孔子深沉的哀嘆。特別對照〈為政23〉說的「可知」，這裡的「不可徵」更顯示出禮的損益只能「載之空言」，而無法「見諸行事」。

孔子對夏商之禮的「失徵」，也不是完全沒有正面的收穫。在《禮記・禮運》〈4〉中，子游（就是言偃）問過孔子有關禮的問題，孔子的回答幾乎和此相同，不同處在於他參訪杞國時得了「夏朝曆法」（夏時），參訪宋國時得到了商朝《易經》的版本，是以「坤乾」為首，而不是後世習知的「乾坤」，正好反映出殷商的主流是女性社會。這也是「二代」之禮的損益結果。

孔子在這幾章都感嘆禮崩樂壞，「信而好古」（〈述而1〉）的孔子就算是希望回歸到三代的禮制，在沒人可問、沒書記載的情況下，也莫可奈何。總不能造假亂說一通吧！還好他能抓住「禮之本」，順著人情來制定禮樂，這樣才能讓禮在人間運行，大同世界也才有曙光。

後來司馬遷寫《史記》中的〈禮書1〉時說到：「太史公曰：洋洋美德乎！宰制萬物，役使群眾，豈人力也哉？余至大行禮官，觀三代損益，乃知緣人情而制禮，依人性而作儀，其所由來尚矣。」很能發揮孔子對於人性和禮之間關係的看法。

近代把「禮教」說成「吃人的禮教」，真是孔子始料未及的事。現在沒了「禮教」，社會上不還是「吃人」嗎？問題恐怕出在把「禮制」太過「形式化」，失去了「緣人情而制禮，依人性而作儀」的初心吧！

附錄

《列子．天瑞》〈13〉杞國有人，憂天地崩墜，身亡所寄，廢寢食者。又有憂彼之所憂者，因往曉之，曰：「天，積氣耳，亡處亡氣。若屈伸呼吸，終日在天中行止，奈何憂崩墜乎？」其人曰：「天果積氣，日月星宿不當墜邪？」曉之者曰：「日月星宿，亦積氣中之有光耀者，只使墜，亦不能有所中傷。」其人曰：「奈地壞何？」曉者曰：「地積塊耳，充塞四虛，亡處亡塊。若躇步跐蹈，終日在地上行止，奈何憂其壞？」其人舍然大喜，曉之者亦舍然大喜。長廬子聞而笑之曰：「虹蜺也，雲霧也，風雨也，四時也，此積氣之成乎天者也。山岳也，河海也；金石也，火木也，此積形之成乎地者也。知積氣也，知積塊也，奚謂不壞？夫天地，空中之一細物，有中之最巨者。難終難窮，此固然矣；難測難識，此固然矣。憂其壞者，誠為大遠；言其不壞者，亦為未是。天地不得不壞，則會歸於壞。遇其壞時，奚為不憂哉？」子列子聞而笑曰：「言天地壞者亦謬，言天地不壞者亦謬。壞與不壞，吾所不能知也。雖然，彼一也，此一也。故生不知死，死不知生；來不知去，去不知來。壞與不壞，吾何容心哉？」

《孟子・公孫丑上》〈2〉宋人有閔其苗之不長而揠之者，芒芒然歸。謂其人曰：『今日病矣，予助苗長矣。』其子趨而往視之，苗則槁矣。天下之不助苗長者寡矣。以為無益而舍之者，不耘苗者也；助之長者，揠苗者也。非徒無益，而又害之。

《韓非子・五蠹》〈1〉宋人有耕田者，田中有株，兔走，觸株折頸而死，因釋其耒而守株，冀復得兔，兔不可復得，而身為宋國笑。今欲以先王之政，治當世之民，皆守株之類也。

《禮記・禮運》〈4〉言偃復問曰：「夫子之極言禮也，可得而聞與？」孔子曰：「我欲觀夏道，是故之杞，而不足徵也；吾得夏時焉。我欲觀殷道，是故之宋，而不足徵也；吾得坤乾焉。坤乾之義，夏時之等，吾以是觀之。」

10

子曰：「禘自既灌而往者，吾不欲觀之矣。」

孔子說過：「禘這種祭禮，從一開始的獻酒完畢，將酒灑在地上，讓神享用的儀式之後，〔就亂了章法，〕我就不忍心看下去了！」

本章和下章〈八佾11〉都是講「禘」這種已經失禮的祭典。「禘」是一種重大的祭禮（《爾雅・釋天》〈43〉），祭拜的是自己的先祖（《禮記・喪服小記》〈9〉、《禮記・大傳》〈1〉）：孔安國說是古代天子祭拜太祖以下的列祖列宗的大祭，只是他用的是「禘（音帝）祫（音俠）之禮」，他說：「禘祫之禮為序昭穆也，故毀廟之主及群廟之主皆合食於太祖〔「太祖」就是自己宗族的始祖，第一代祖先〕」；許慎（《說文解字》、《說苑・修文》〈26〉）、皇侃和邢昺都說是五年一次的祭禮，還說：「禘者，諦也，謂審諦昭穆也。」邢昺補充說這樣才不會亂了昭穆的秩序。皇侃在上引的孔安國說明之後，補充說明後來的儀式：「未陳列主之前，王與祝入太祖廟室中，以酒獻尸（以活人充當祭拜的對象），尸以祭灌於地以求神。求神竟而出堂，列定昭穆，備成祭禮。」朱子引用趙伯循的說法，意思大略相同。《禮記．王制》〈27〉說是夏天的宗廟之祭。簡言之，有新一代的先人過世，其他祖先的神主牌位就都得往太祖那方向按昭穆順序進一級。

為了了解這樣的禮法，恐怕我們得先了解什麼是「昭穆」。根據《大陸版辭源》的說法：「古代宗法制度，宗廟或墓地的輩次排列，以始祖居中。二世、四世、六世，位於始祖的左方，稱昭；三世、五世、七世位於右方，稱穆；用來分別宗族內部的長幼、親疏和遠近〔同《禮記．祭統》〈20〉〕。《周禮．春官．小宗伯》：『辨廟祧之昭穆』。後來泛指家族的輩分。晉．陶潛《陶淵明集（一）》〈贈長沙公詞序〉：『長沙公於余同族，祖同出大司馬，昭穆既遠，以為路人。』」這大概就是「慎終追遠」中的「追遠」，對於歷代「列祖列宗」的禮敬。

至於「灌」是「禘」禮儀式的一部分，是將祭祀用的酒灑在地上，目的是希望歷代祖先享用。古注都說「求神」或「降神」。

根據《禮記．祭統》〈33〉的說法，因為當初周公旦對於創建周朝的勛勞，所以在周公過世之後，周成王和周康王為了感念他的勛勞，特別賜予魯國可以舉辦這樣的大祭。

孔子在《禮記．禮運》〈9〉中曾經感嘆，因為周幽王和周厲王時代已經禮樂崩壞，所以也無法考察周朝當初的禮制，只好退而求其次以魯國所保存的周代禮制當成觀察的對象。可是魯國實行的禘禮也不合禮制，所以魯國這些周公後代的子孫也沒承傳當初制禮作樂的心意，讓孔子傷心到說：「於呼哀哉！」

孔子並沒有明說具體的細節，可是古來的注解（孔安國、皇侃和邢昺）都很肯定地說是魯君不守禮法。因為魯閔公和魯僖公是兄弟相承君位，卻例同父子，各為昭穆。本來兄弟的昭穆應該有所不同，是所謂的「兄弟異昭穆」。像魯君這樣的做法，豈不是「亂了套」？孔子這樣遵守禮法的人，怎麼會看得下去呢？也許這就是「為尊者諱」的孔子所不願明說的理由吧！

孔子一直強調「明乎郊社之義、嘗禘之禮，治國其如指諸掌而已乎！」（《禮記．仲尼燕居》〈3〉、《孔子家語．論禮》〈1〉和《禮記．中庸》〈19〉）就是一種文明秩序的表現。

可是，就是沒人懂！

附錄

《爾雅．釋天》〈43〉春祭曰祠，夏祭曰礿，秋祭曰嘗，冬祭曰蒸，祭天曰燔柴，祭地曰瘞薶，祭山曰庪縣，祭川曰浮沈，祭星曰布，祭風曰磔，是禷是禡，師祭也，既伯既禱，馬祭也，**禘，大祭也**，繹，又祭也，周曰繹，商曰肜，夏曰復胙。

《禮記》〈喪服小記9〉王者禘其祖之所自出，以其祖配之，而立四廟。庶子王，亦如之。

——〈大傳1〉禮：不王不禘。王者禘其祖之所自出，以其祖配之。諸侯及其大祖，大夫士有大事，省於其君，干祫，及其高祖。

《說文解字》禘：諦祭也。從示帝聲。《周禮》曰：「五歲一禘。」

《說苑．修文》〈26〉春祭曰祠，夏祭曰禴，秋祭曰嘗，冬祭曰烝；春薦韭卵，夏薦麥魚；秋薦黍豚，冬薦稻鴈。三歲一祫，五年一禘；祫者，合也；禘者，諦也。祫者大合祭於祖廟也，禘者諦其德而差優劣也。聖主將祭，必潔齋精思，若親之在；方興未登，偶偶憧憧，專一想親之容貌彷彿，此孝子之誠也。四方之助祭，空而來者滿而反，虛而至者實而還，皆取法則焉。

《禮記》〈王制27〉天子、諸侯宗廟之祭：春曰礿，夏曰禘，秋曰嘗，冬曰烝。

——〈祭統20〉夫祭有**昭穆**，**昭穆**者，所以別父子、遠近、長幼、親疏之序而無亂也。是故，有事於大廟，則群**昭**群穆咸在而不失其倫。此之謂親疏之殺也。

——〈33〉昔者，周公旦有勛勞於天下。周公既沒，成王、康王追念周公之所以勛勞者，而欲尊魯；故賜之以重祭。外祭，則郊社是也；內祭，則大嘗禘是也。夫大嘗禘，升歌《清廟》，下而管《象》；朱干玉戚，以舞《大武》；八佾，以舞《大夏》；此天子之樂也。康周公，故以賜魯也。子孫纂之，至於今不廢，所以明周公之德而又以重其國也。

——〈禮運9〉孔子曰：「於呼哀哉！我觀周道，幽、厲傷之，吾舍魯何適矣！魯之郊禘，非禮也，周公其衰矣！杞之郊也禹也，宋之郊也契也，是天子之事守也。故天子祭天地，諸侯祭社稷。」

——〈仲尼燕居3〉子貢退，言游進曰：「敢問禮也者，領惡而全好者與？」子曰：「然。」「然則何如？」子曰：「郊社之義，所以仁鬼神也；**嘗禘之禮，所以仁昭穆也**；饋奠之禮，所以仁死喪也；射鄉之禮，所以仁鄉黨也；食饗之禮，所以仁賓客也。」子曰：「明乎郊社之義、嘗禘之禮，**治國其如指諸掌而已乎**！是故，以之居處有禮，故長幼辨也。以之閨門之內有禮，故三族和也。以之朝廷有禮，故官爵序也。以之田獵有禮，故戎事閑也。以之軍旅有禮，故武功成也。是故，宮室得其度，量鼎得其象，味得其時，樂得其節，車得其式，鬼神得其饗，喪紀得其哀，辨說得其黨，官得其體，政事得其施；加於身而錯於前，凡眾之動得其宜。」

《孔子家語．論禮》〈1〉孔子閒居，子張、子貢、言游侍。論及於禮，孔子曰：「居！汝三人者。吾語汝以禮周流無不遍也。」子貢越席而對曰：「敢問如何？」子曰：「敬而不中禮，謂之野；恭而不中禮，謂之給；勇而不中禮，謂之逆。」子曰：「給奪慈仁。」子貢曰：「敢問何以為中禮者？」子曰：「禮乎！夫禮所以制中也。」子貢退。言游進曰：「敢問禮也，領惡而全好者與？」子曰：「然。」子貢問：「何也？」子曰：「郊社之禮，所以仁鬼神也；**禘嘗之禮，所以仁昭穆也**；饋奠之禮，所以仁死喪也；射饗之禮，所以仁鄉黨也；食饗之禮，所以仁賓客也。明乎郊社之義、**禘嘗之禮，治國其如指諸掌而已**。是故居家有禮，故長幼辯；以之閨門有禮，故三族和；以之朝廷有禮，故官爵敘；以之田獵有禮，故戎事閑；以之軍旅有禮，故武功成。是以宮室得其度，鼎俎得其象，物得其時，樂得其節，車得其軾，鬼神得其享，喪紀得其哀，辯說得其黨，百官得其體，政事得其施。加於身而措於前，凡眾之動，得其宜也。」

《禮記．中庸》〈19〉子曰：「武王、周公，其達孝矣乎！夫孝者：善繼人之志，善述人之事者也。春、秋修其祖廟，陳其宗器，設其裳衣，薦其時食。宗廟之禮，所以序昭穆也；序爵，所以辨貴賤也；序事，所以辨賢也；旅酬下為上，所以逮賤也；燕毛，所以序齒也。踐其位，行其禮，奏其樂，敬其所尊，愛其所親，事死如事生，事亡如事存，孝之至也。郊社之禮，所以事上帝也；宗廟之禮，所以祀乎其先也。明乎郊社之禮、**禘嘗之義，治國其如示諸掌乎！**」

11

或問禘之說。子曰：「不知也。知其說者之於天下也，其如示諸斯乎！」指其掌。

> 有人請教孔子禘禮。孔子回答說：「這我可不知道。全天下知道禘禮是怎麼回事的人啊，就好像這樣吧！」〔孔子〕就用手指了指自己的手掌。

本章承接上章，仍舊是談「禘」這種禮。

讀完上章，可能有人還是不知道「禘」禮是怎麼一回事。如果有這種疑惑，千萬不要不好意思。孔子那時候的人也搞不清楚，所以有人就求教於當時堪稱「人肉維基百科」（或百度）的孔子。以博學多聞著稱的孔子自己都說「不知道」，難道是「真的不知道」嗎？還是有「難言之隱」？朱子就認為：「聖人於此，豈真有所不知也哉？」我認為，如果孔子真不知道，前一章所引用的古書提到的「禘（或嘗禘之）禮」不就是亂說一通嗎？這些後人都說得出來，孔子怎麼會不知道呢？這就是高深莫測的「不知道」語意學。

孔安國以降的注釋家都認為這是「為魯君諱」，也就是對魯君給予禮貌上的尊重，因為不能說魯君失禮的事，所以用「不知道」來搪塞。孔子有過「為君上諱」的前例：〈述而31〉記載孔子回答陳司敗問「昭公知禮乎？」時，雖然沒說「不知道」，但同樣秉持著「為尊者諱」的原則，做了「與事實不相符的回答」。後來被人反駁，孔子也樂於承認自己的錯誤。

「指其掌」是個有特定時空意義的「身體語言」，先秦兩漢文獻中也都有類似的「指諸掌」（《禮記・仲尼燕居》〈3〉和《孔子家語・論禮》〈1〉）或「示諸掌」（《禮記・中庸》〈19〉）的說法。包咸就說這表示「易了也」，朱子說「明且易也」，意思是再明白不過的事，誰都知道，不必多說。

古代流傳下來的成語有「易如反掌」，和此「指其掌」不同。現在美國人流傳到世界的「擊掌」也和此處的「指其掌」沒有關聯。

我們現在表達「不知道」的身體語言往往是「聳聳肩」再加上「兩手一攤」，臉上一副「我也沒辦法」的表情，大概對方就知道意思了。如果現在你還用「指其掌」，看看別人怎麼反應吧！

孔子此處大概也具體實踐了他教誨子路的「知之為知之，不知為不知，是知也」（〈為政17〉）吧！

12

祭如在，祭神如神在。子曰：「吾不與祭如不祭。」

> 祭拜就好像祭拜的對象還活著的時候一樣，祭拜對人類有貢獻的神，也要用恭敬感恩的心祭拜，好像他們都還活著一樣。孔子說過：「我不贊成那種祭祀時沒有恭敬和感恩的心，徒有一個形式的祭典，這樣還不如沒有祭典。」

這是孔子講鬼神祭拜學。

第一句的問題通常不大，比較有爭議的在第二句。

祭是大事（〈堯曰1〉）。「祭如在」，就是「事死如事生」，特別是對自己的亡父亡母和列祖列宗。孔子沒明說有神沒神，要恭敬得真像有個神在那處接受你的祭拜一樣。不能空有祭拜的儀式，沒有恭敬的心。「如」就是英文的「as」；相對的是「是」，英文的「is」。

毓老師常說，「神」是一般百姓對於有功德流傳世間的人過世之後的尊稱。弟子記載孔子平常不太談「怪、力、亂、神」，和這裡的解釋剛好矛盾。

第二句有斷句的問題。一般都作「吾不與祭，如不祭」，從包咸開始的解釋都是：「孔子如果有事或生病無法親自參加祭典，雖然有人代為祭拜，但是很難表達出孔子的肅敬之心，那就跟沒有祭拜一樣。」這種解釋強調的是祭拜時重要的是「肅敬之心」。可是孔子是「真的」沒有親自祭拜，是請人代理的啊！為什麼還要說「好像」沒有祭拜？

另一種斷句法是「吾不與，祭如不祭」，其中「與」有「贊同」的意思，和前者斷句法「與」是「參與」不同。「祭如不祭」是和前面「祭神如神在」的語法一致的。整句的意思就是「我不贊同祭拜的時候祭拜者沒有誠敬之心，這樣就等於沒有祭拜一樣。這樣的解釋似乎比較合理。孔子不只是講自己的祭拜，也提醒所有祭拜的人要有恭敬的心。

孔子從「祭如在」，引申到「祭神如神在」。然後翻轉說，我不贊成「祭如不祭」，也就是「祭如不在」的意思。雖然孔子沒明白說出背後的道理，但是「依脈絡解經」，可以推論出來他強調祭拜者的敬肅之心是「祭之本」。所以「祭如在」是在「心中」存在，要靠著外在的祭拜儀式，才更能彰顯內心的敬肅之心。這點搭配〈為政5〉說的「祭之以禮」，更可彰顯「緣人情而制禮，依人性而作儀」（《史記．禮書》〈1〉）。子張後來說「祭思敬」（〈子張1〉），以及孔子說過的：「喪禮，與其哀不足而禮有餘也，不若禮不足而哀有餘也。祭禮，與其敬不足而禮有餘也，不若禮不足而敬有餘也。」（《禮記．檀弓上》〈56〉及《孔子家語．曲禮子貢問》〈26〉）都可以說是得到孔子祭禮的神髓。

其他古籍中也強調這種「祭思敬」的重要性：《禮記．祭統》〈1〉記載：「凡治人之道，莫急於禮。禮有五經，莫重於祭。夫祭者，非物自外至者也，自中出生於心也；心怵而奉之以禮。是故，唯賢者能盡祭之義。」《禮記・少儀》〈25〉說：「祭祀主敬。」《禮記・祭統》〈27〉說：「其祭也敬。祭敬則竟內之子孫莫敢不敬矣。是故君子之祭也，必身親蒞之；有故，則使人可也。雖使人也，君不失其義者，君明其義故也。其德薄者，其志輕，疑於其義，而求祭；使之必敬也，弗可得已。祭而不敬，何以為民父母矣？」《禮記・檀弓下》〈141〉說：「唯祭祀之禮，主人自盡焉爾；豈知神之所饗，亦以主人有齊敬之心也。」

董仲舒在《春秋繁露・祭義》〈1〉中也發揮同樣的看法，並且引用此章為證：「君子之祭也，躬親之，致其中心之誠，盡敬潔之道，以接至尊，故鬼享之。享之如此，乃可謂之能祭。祭者，察也，以善逮鬼神之謂也。善乃逮不可聞見者，故謂之察。吾以名之所享，故祭之不虛，安所可察哉！祭之為言際也與？祭然後能見不見。見不見之見者，然後知天命鬼神。知天命鬼神，然後明祭之意。明祭之意，乃知重祭事。孔子曰：『吾不與祭，如不祭。祭神如神在。』重祭事，如事生。故聖人於鬼神也，畏之而不敢欺也，信之而不獨任，事之而不專恃。恃其公，報有德也；幸其不私，與人福也。」這也都是傳承孔子強調以「敬」為「祭之本」。

不過孔子強調的「祭」是有「該祭」和「不該祭」的區別：〈為政24〉中說過：「非其鬼而祭之，諂也」；《禮記・曲禮下》〈119〉也說：「凡祭，有其廢之莫敢舉也，有其舉之莫敢廢也。非其所祭而祭之，名曰淫祀。淫祀無福。天子以犧牛，諸侯以肥牛，大夫以索牛，士以羊豕。支子不祭，祭必告於宗子」。

後代中國人清明祭祖是孔子讚許的，但是「逢廟必拜」，會讓孔子搖頭嘆息。

附錄

《孔子家語．曲禮子貢問》〈26〉子游問喪之具，孔子曰：「稱家之有亡焉。」子游曰：「有亡惡乎齊？」孔子曰：「有也，則無過禮；苟亡矣，則斂手足形。還葬，懸棺而封。人豈有非之者哉？故夫喪亡，與其哀不足而禮有餘，不若禮不足而哀有餘也。**祭禮，與其敬不足而禮有餘，不若禮不足而敬有餘也。**」

13

王孫賈問曰：「與其媚於奧，寧媚於竈，何謂也？」子曰：「不然，獲罪於天，無所禱也。」

〔衛國的大臣〕王孫賈請問孔子說：「〔有一句古話說〕『與其求媚於西南角的神，不如求媚於竈神來得有用』，這話是什麼意思呢？」孔子〔正氣凜然地〕回答他說：「這話不對！違犯了禮制不容之事，祈禱什麼神都是沒用的。」

本章可以看出孔子應對時不卑不亢的機智和堅定不移的立場。

王孫賈是衛國的大夫，是管軍隊的（〈憲問19〉）。這應該是孔子到衛國時的事情。

「媚」——皇侃和邢昺都說是「趣向」；朱子說是「親順」；黃懷信說是「獻媚、討好」。

「奧」和「竈」——指屋內的兩個地方，也還有各自引申的意思：「奧」是「內」，是「西南角」，孔安國引申說是「近臣」，《禮記・禮器》〈17〉說是「老婦之祭也」；「竈」，皇侃說是「人家為飲食之處」，邢昺說是：「飲食之所由」，意思相同，孔安國引申是「執政」，朱子另作「祭祀」解：「五祀之一，夏所祭也。凡祭五祀，皆先設主而祭於其所，然後迎尸而祭於奧，略如祭宗廟之儀。如祀竈則設主於竈陘，祭畢而更設饌於奧以迎尸也。故時俗之語因以奧有常尊而非祭之主，竈雖卑賤而當時用事，喻自結於君，不如阿附權臣也。」俞樾就認為王孫賈說的「奧」是指衛君，「竈」是指自己。

古來的注解都認為王孫賈這麼說，是讓孔子了解到王孫賈在衛國具有舉足輕重的關鍵地位，希望孔子能求媚自己，以在衛國謀得一官半職。古注也都認為「與其媚於奧，寧媚於竈」，是當時流行的話，王孫賈拿這句話好像是請教孔子，其實是暗示孔子要靠自己才能上達衛君知遇。

古注都沒解釋「罪」。劉寶楠引用《墨子．經上》〈37〉說：「辠〔罪的古字〕，犯禁也。」又引用《說文解字》說：「辠，犯法也。」〔根據許慎的說法，因為「辠」字容易和「皇」字混淆，所以才改為「罪」，這字原意是「捕魚竹網」的意思。〕看來恐怕是比「違禮」要嚴重多的事情。

這裡的「天」——孔安國說是「君」，朱子說是「理」，有的說是「天神」。如果把「天」解作「君」，皇侃就認為，孔子這句話是表明：「明天神無上，王尊無二，言當事尊，卑不足媚。」邢昺也是同樣的解釋。這種解釋好像在說孔子認為要尊也得尊衛君，有種「你算老幾？」的意味。朱子因為把「天」解作「理」，所以整句的解釋就是：「逆理則獲罪於天矣，豈媚於奧竈所能禱而免乎？」

「禱」——根據《說文解字》：「告事求福也。」

這段話的表面意義很清楚，但是言外之意涉及到當時衛國的政權結構時，就有不同「對號入座」的引申。首先，因為王孫賈是衛國管軍事的權臣，又問了孔子這樣有強烈暗示意味的話，所以王孫賈應該是暗示孔子自己有辦法幫他走衛君的後門。皇侃、邢昺、朱子和劉寶楠都是這樣主張。程樹德引證的古人說法中有不同的解讀：一種認為「奧」是指衛君的寵幸「南子」。這裡的「奧」是「內」，日本人的「大奧」就是中國人的「大內」。另一說認為「奧」應該是指當時的權臣「彌子瑕」，王孫賈算不上「權臣」。綜合了各家的說法，程樹德最後認為：「奧」暗指「南子」，「竈」則指「彌子瑕」。他還替「王孫賈」平反：「賈在衛國並非權臣，孔子且稱其有治軍旅之才，而注疏家意欲以陽貨待之，不可解也。」

其實孔子對於「禱」的態度是很明確的。晚年孔子病得十分嚴重，門人子路就替他「禱」。孔子並沒有特別相信「禱」的實際效用（〈述而35〉）。所以他在這裡說「禱」沒用，強調人得要有理性的知識，如果一個人不慎做非法的事或是生病，這時要靠的是自己平日的修養，不是出了事，找個「外面的力量」就可以解決的。

現在有些人學古籍不想按部就班從《論語》開始，而一開始就想學《易經》，其主要目的是為了自己能夠趨福避禍，完全不管修身養德，大概也和這裡的「求媚奧竈」是同樣的心理。

可是，孔子不是早說了：「獲罪於天。」平日不修身，做了壞事才想趨吉避凶學《易經》，這樣也是沒用的。

附錄

《禮記·禮器》〈17〉孔子曰：「臧文仲安知禮！夏父弗綦逆祀，而弗止也。燔柴於奧，夫奧者，老婦之祭也，盛於盆，尊於瓶。」

14

子曰：「周監於二代，郁郁乎文哉！吾從周。」

孔子說過：「周朝繼承著夏和商兩代的禮制，文化鼎盛！我會以周朝的禮樂文明當成一個〔未來大同世界的〕榜樣。」

這章是誇獎周朝文化的鼎盛。

這章也是拿夏、商、周三代對比。沒說夏和商前二代如何，只說了「周」如何好。大部分古注也都含糊帶過，沒說「夏」和「商」是什麼狀況。

「監」——《說文解字》：「監，臨下也」；孔安國說是「視」，朱子也仿效。如果從上下文來看，這裡的「監」就是〈為政23〉說過的「因」和「損益」。

「二代」就是周以前的「商（殷）」和「夏」。

「郁郁乎」——皇侃說是「文章明著也」；朱子說是「文盛貌」；劉寶楠說是「文章貌」。這顯然不是我們現在說的「文章」，而應該是指「興盛的樣子」。

「文」是本章的關鍵字。古人說的「文章」（孔安國、皇侃）或「禮法文章」（邢昺），應該就是我們今天所說的「文明」或「文化」的意思。也就是毓老師經常強調的「經天緯地謂之文」。

「從」——是「從而行之」（邢昺）。孔子以「周」的「禮樂」為尚。

朱子認為，孔子在這裡延續了前面說過的「三代」的「因」和「損益」的關係，說明周代且「因」且「損益」了「二代」的「禮法」或「禮樂」，而特別勝出。王夫之說得更清楚：「殷尚質，既忠而又盡其質；周尚文，既忠質而又盡其文。商非廢夏之忠，周非廢二代之忠質。監二代之忠質，『監』者，以二代之忠質監觀自之得失也。『文』是周所尚，非贊詞。『郁郁』乃贊其文之有本而盛，所以體忠質之精義而盡其節文，故其文『郁郁乎』，非浮華之易盡也。」

這章看來敘述簡單，毓老師認為這是孔子第一階段的想法：還想以周代的禮樂文明為理想。之後孔子開始發展自己的想法，不再以周代的禮樂文明為目標，所以說：「甚矣吾衰也！久矣吾不復夢見周公。」（〈述而5〉）最後孔子放棄了「家天下」的「小康世界」的堅持而提出「天下為公」的「大同世界」理想藍圖，所以他說：「吾其為東周乎？」（〈陽貨5〉）這是孔子思想的「三變」。這應該是毓老師繼承公羊學派學說的結果。

如果是這樣，「吾從周」只是要以周朝的禮樂文明當成基礎來建立理想中的大同世界，而不是像一般人認為孔子「保守」。孔子恐怕想的真是毓老師所說的「因不失其新」（參見〈學而13〉）。所以孔子的「大同世界」當然也是「郁郁乎文哉」。

15

子入大廟，每事問。或曰：「孰謂鄹人之子知禮乎？入大廟，每事問。」子聞之曰：「是禮也。」

孔子到了魯國的周公廟，（負責祭拜典禮，）每件事情都會請教別人。有人就說了：「誰說這個鄹人叔梁紇的兒子懂得禮制？（他好像什麼都不懂，）擔任祭禮還問東問西的。」孔子聽到以後謹慎地回答說：「這種謹慎的態度，正是對待禮制該有的態度。」

這章明白記載孔子在魯國當官助祭太廟「問禮」時，遭到旁人的質疑以及孔子的答覆。〈鄉黨14〉只記載了前面一句。

「大廟」是「太廟」，是「祭拜先祖的廟」，魯國是周公兒子伯禽的封地，所以魯國的太廟就是指「周公廟」。現在山東曲阜還保留著「周公廟」。這裡說「入大廟」不是說他去廟裡參觀，而是他參與協助祭拜周公的大典。（我二〇一三年三月去參訪了「顏（回）廟」，因為時間的關係，沒再往前去參訪「周公廟」，也就是這裡提到的「大廟」，真是可惜！」

孔子因為「每事問」，被某些人認為「對於祭禮一無所知」，不像傳說中那樣「博學多能」。所以這些人就很瞧不起他，稱他為「鄹人之子」。這個典故是因為孔子的父親叔梁紇曾在「鄹」當過官。孔子聽到這樣的評論，幽默地說：「這才是對待祭禮該有的恭敬謹慎態度啊！」因為古字肯定句尾的「也」和疑問句尾的「耶」相通，所以俞樾和戴望都把孔子的回答當成反問句：「難道你們做的這些儀式是合乎祭禮的嗎？」言外之意諷刺這些人才是真正不知禮的人。

孔子「每事問」，他自己雖然沒講明原因，可是從孔安國以來的古注都一致認為是表示慎重，董仲舒也承襲這種解釋（《春秋繁露．郊事對》〈1〉）。這和他說的「使民如承大祭」（〈顏淵2〉）是他的一貫之道。另外也有著〈八佾12〉提到的「祭思敬」（〈子張1〉）的基本心態。

也有人持不同的看法。東漢王充就認為孔子初次進入太廟，因為不知而問，特別表明他不是「生而知之者」。黃懷信的表述很清楚：「蓋孔子雖有知禮之名，而太廟畢竟未嘗進入，首次入之，必有新鮮之感，故每事問。不知而問，故曰是禮也，不必是慎。」

這也許是孔子第一次「劉姥姥進大觀園」的「無知之問」，也可以說是面對一個「失禮」社會所展現的無奈的幽默智慧。兩種孔子形象展現了不同面貌。

我認為這件事也可以當成孔子自述「我非生而知之者，好古，敏以求之者也」（〈述而20〉）的例證。「敏求」大概也是基於這裡的「每事問」。

我們應該在不懂或不確定的時候要學著問，學問、問學交織共進，問得多，就可以學得多，做起事來自己的心態和方法也比較踏實。如果怕被人笑而不敢問，到時候出了紕漏，恐怕聽到的不只是嘲笑聲吧！

附錄

《春秋繁露．郊事對》〈1〉仲舒對曰：「……鶖非梟，梟非鶖也。臣聞**孔子入太廟，每事問**，慎之至也。」

《論衡．知實》〈11〉**子入太廟，每事問**。不知故問，為人法也。孔子未嘗入廟，廟中禮器，眾多非一，孔子雖聖，何能知之？：「以嘗見，實已知，而復問，為人法？」孔子曰：「疑思問。」疑乃當問邪？實已知，當復問，為人法，孔子知五經，門人從之學，當復行問，以為人法，何故專口授弟子乎？不以已知五經復問為人法，獨以已知太廟復問為人法，聖人用心，何其不一也？以孔子入太廟言之，聖人不能先知，十也。

16

子曰：「射不主皮，為力不同科，古之道也。」

孔子說過：「射箭的目的不在於貫穿用皮革做的箭靶才算，〔能射中即可，〕因為每個人的體力和氣力不同，這是古代射箭的基本原則。」

這章講的是古代「禮、樂、射、御、書、數」所謂「六藝」中的「射禮」，暗諷著孔子當時人已經不知「射禮」的根本。

馬融就說：「射有五善焉：一曰和志，體和；二曰和容，有容儀；三曰主皮，能中質；四曰和頌，合〈雅〉〈頌〉；五曰興武，與舞同。天子三侯，以熊虎豹皮為之，言射者不但以中皮為善，亦兼取和容也。為力，力役之事。亦有上中下設三科焉，故曰不同科。」馬融的「五善說」源自《周禮・地官司徒》〈91〉所說的「鄉射之禮」。總而言之，除了「主皮」之外，「和」〔和志、和容、和頌〕和「興武」也都是「射箭」或「射禮」的主要目的。

「皮」是指用皮革做的箭靶。「射不主皮」是說「射禮的重點不在貫穿箭靶的皮革，而在射中即可」。

「科」——《說文解字》說：「科，程也。」《廣雅・釋言》說：「科，條也。科，品也。」「為力不同科」，是說「因為每個人的氣力程度不同，不可一概而論」。

這裡說「古之道」，是「以古諷今」，我們可以逆推回去「今之射道」就是「射主皮」和「為力同科」。

白話來說，古代人射箭強調的是射中就好，不是一定要射穿用皮做的箭靶，此外，除了「主皮」之外，還有其他「四善」，當時人都忘記了。而且古人還因為個人體力狀況將射手分成三等，因力量材，不是不管體力狀況都採用同一套標準。孔子引用古代的射禮，諷刺當時完全喪失了射禮的基本精神〔射禮之本〕，徒具形式。

這也是孔子的幽默，帶了點哀傷，可是很多人不懂。

《論語》中還有其他兩處提到「射」：一是我們提過〈八佾7〉中的：「君子無所爭，必也射乎！揖讓而升，下而飲，其爭也君子。」一是即將出場的〈述而27〉中所說的：「子釣而不綱，弋不射宿。」後者表現孔子雖然「射」，但還是不射停在樹上的鳥，這是他的堅持。反對殺生的人當然不會贊成孔子這裡的選擇。

最後提一下《禮記・射義》對於「射禮」所說的十個重點：

一、因社會階級不同而有異。「諸侯」行的是「燕禮」，「卿、大夫、士」行的是「鄉飲酒禮」。這些都是為了表明君臣長幼等尊卑之禮。

二、射禮要考慮內心和身體的正直，然後才有機會射中箭靶。這裡看的是射手的德行和身體技藝。

三、觀射手之「節」，這也是因社會階級而異。懂得「立節」，射手才能從修身到齊家、治國、平天下。

四、「射」是男子之事，還要搭配「禮樂」。

五、「射」和「祭」以及兩者和各社會階級之間的關係。諸侯每年要選「射士」皆受天子的考驗，不僅比其「容體」和「節」，也因此看出他對於「禮」「樂」的嫻熟與否，來決定他是否夠資格參與皇家祭典。

六、孔子曾經以「射禮」來層層選拔人才，經過三層考驗後，最後選出最適當的人才。

七、「射」的引申含義有「繹」（抒發）或「舍」（捨棄）。有「社會階層奮鬥的目標」的涵義。

八、天子在祭典之前，要在水上射箭，目地在於以此擇士。

九、生男子要向天地四方「射箭」，表明「男子志在四方」的意思。

十、表明「射者，仁之道也。射求正諸己，己正然後發，發而不中，則不怨勝己者，反求諸己而已矣。孔子曰：「君子無所爭，必也射乎！揖讓而升，下而飲，其爭也君子。」孔子曰：「射者何以射？何以聽？循聲而發，發而不失正鵠者，其唯賢者乎！若夫不肖之人，則彼將安能以中？」

附錄

《孟子》〈公孫丑上7〉孟子曰：「仁者如射，射者正己而後發。發而不中，不怨勝己者，反求諸己而已矣。」

——〈離婁下52〉逢蒙學射於羿，盡羿之道，思天下惟羿為愈己，於是殺羿。孟子曰：「是亦羿有罪焉。」公明儀曰：「宜若無罪焉。」曰：「薄乎云爾，惡得無罪？鄭人使子濯孺子侵衛，衛使庾公之斯追之。子濯孺子曰：『今日我疾作，不可以執弓，吾死矣夫！』問其僕曰：『追我者誰也？』其僕曰：『庾公之斯也。』曰：『吾生矣。』其僕曰：『庾公之斯，衛之善射者也，夫子曰「吾生」，何謂也？』曰：『庾公之斯學射於尹公之他，尹公之他學射於我。夫尹公之他，端人也，其取友必端矣。』庾公之斯至，曰：『夫子何為不執弓？』曰：『今日我疾作，不可以執弓。』曰：『小人學射於尹公之他，尹公之他學射於夫子。我不忍以夫子之道反害夫子。雖然，今日之事，君事也，我不敢廢。』抽矢扣輪，去其金，發乘矢而後反。」

——〈萬章下10〉孟子曰：「伯夷，聖之清者也；伊尹，聖之任者也；柳下惠，聖之和者也；孔子，聖之時者也。孔子之謂集大成。集大成也者，金聲而玉振之也。金聲也者，始條理也；玉振之也者，終條理也。始條理者，智之事也；終條理者，聖之事也。智，譬則巧也；聖，譬則力也。由射於百步之外也，其至，爾力也；其中，非爾力也。」

——〈告子上20〉孟子曰：「羿之教人射，必志於彀；學者亦必志於彀。大匠誨人，必以規矩；學者亦必以規矩。」

《禮記》〈檀弓下180〉工尹商陽與陳棄疾追吳師，及之。陳棄疾謂工尹商陽曰：「王事也，子手弓而可。」手弓。「子射諸。」射之，斃一人，韔弓。又及，謂之，又斃二人。每斃一人，掩其目。止其御曰：「朝不坐，燕不與，殺三人，亦足以反命矣。」孔子曰：「殺人之中，又有禮焉。」

——〈中庸15〉子曰：「射有似乎君子，失諸正鵠，反求諸其身。君子之道，辟如行遠必自邇，辟如登高必自卑。《詩》曰：『妻子好合，如鼓瑟琴；兄弟既翕，和樂且耽。宜爾室家，樂爾妻帑。』」子曰：「父母其順矣乎！」

——〈昏義4〉夫禮始於冠，本於昏，重於喪、祭，尊於朝、聘，和於射、鄉：此禮之大體也。

《周禮．地官司徒》〈91〉退而以鄉射之禮五物詢眾庶，一曰和，二曰容，三曰主皮，四曰和容，五曰興舞。此謂使民興賢，出使長之；使民興能，入使治之。

17

子貢欲去告朔之餼羊。子曰：「賜也，爾愛其羊，我愛其禮。」

子貢想要在告朔祭禮的時候省掉祭祀用的羊。孔子（阻止他）說：「賜啊！你想要保存的是那隻當成祭品的羊，我想要保存的是那個禮。」

這章是孔子教誨子貢禮的重要性高過獻禮的祭品。

綜合各家古注的說法，我們可以知道：「告朔」是每月例行之禮。前一年天子在明堂「授時」（頒布曆法）和太廟舉行祭拜太祖的儀式，然後頒發曆書給諸侯，諸侯回去後供在太廟。諸侯則每月初一在太廟祭拜。天子祭拜時用的祭品是牛，諸侯用的是羊。這也叫「視朔」或「聽朔」。

「餼」——有幾種說法：鄭玄說是「牲生」，皇侃說「腥牲」，邢昺說是「生肉未煮者也」，朱子說「生牲」，就是祭拜的祭品。

「賜」是子貢的字。「爾」是「你」。「愛」是「惜」。

「爾愛其羊，我愛其禮」——從包咸開始就認為理由是：「羊存猶以識其禮，羊亡禮遂廢。」黃懷信認為：「羊，形式也；禮，本質也。」

子貢是生意人，講究實際，重視成本。他發現魯國從文公開始就已經不再每月初一行祭拜之禮，可是還是按例每月進貢一隻活羊，所以他認為既然禮都廢了，祭拜的羊也就可以省掉。更何況，孔子不是痛恨空有禮的外殼，而缺乏祭拜人內心的敬慎？孔子不是說過：「禮云禮云，玉帛云乎哉？樂云樂云，鐘鼓云乎哉？」（〈陽貨11〉）沒想到孔子以為斷斷不可，以一隻羊祭拜固然浪費，但是廢除告朔之禮就等於退化到「夷狄」的「無禮」地步。這和一隻羊的價值是不可以相提並論的。子貢看到的是羊的浪費和禮的形式化，但是孔子擔心的是廢禮的後果。這大概是孔子不能退讓的底線，也是弟子和老師的差別境界。

蔡邕（《蔡中郎集・卷十》〈明堂月令論1〉）和程樹德認為孔子這樣的主張是在等待「明王復興，君人者昭而明之，稽而用之」。我倒是認為與其說孔子在等「明王」，不如說他在等一個更好的時機：到那時候，大道運行，「天下為公。選賢與能，講信修睦。故人不獨親其親，不獨子其子；使老有所終，壯有所用，幼有所長；矜寡孤獨廢疾者皆有所養。男有分，女有歸。貨惡其棄於地也，不必藏於己；力惡其不出於身也，不必為己；故謀閉而不興，盜竊亂賊而不作，故外戶而不閉，是謂大同」（《禮記・禮運》〈1〉）。「明王」也許沒法造成這樣的世界，可是如果人人都有士君子之行，就可以不靠「明王」而由人民的文化水平增高，禮制自然在人間體現，也可以自下而上進入這樣的「大同世界」。孔子不廢禮，大概就是為了這個原因吧？

台灣過去祭孔之後有拔「智慧毛」（其實是牛毛）的慣習。後來被說太殘忍，就改為在假牛上裝飾民眾可以拿回家象徵考試順利的「智慧筆」，結果那年許多民眾為了搶「智慧筆」而在孔老夫子面前大打出手。看來「智慧筆」這種看得到的東西，不如看不到的「智慧」。「智慧筆」不如「智慧無比」。

這也是《禮記．大學》〈1〉說的：「物有本末，事有終始，知所先後，則近道矣！」的道理。

附錄

《蔡中郎集．卷十》〈明堂月令論1〉古者諸侯朝正於天子，受《月令》以歸而藏諸**廟**中，天子藏之於明堂，每月**告朔**朝**廟**，出而行之。周室既衰，諸侯怠於禮。魯文公廢**告朔**而朝，仲尼譏之。《經》曰：「閏月不**告朔**，猶朝於**廟**，刺舍大禮而徇小儀也。」自是**告朔**遂闕而徒用其羊，子貢非廢其令而請去之，仲尼曰：「賜也。爾愛其羊，我愛其禮。」**庶明王復興君人者，昭而明之，稽而用之**，耳無逆聽，令無逆政，所以臻乎大順，陰陽和，年穀豐，太平洽，符瑞由此而至矣。

《禮記》〈禮運1〉昔者仲尼與於蜡賓，事畢，出游於觀之上，喟然而嘆。仲尼之嘆，蓋嘆魯也。言偃在側曰：「君子何嘆？」孔子曰：「大道之行也，與三代之英，丘未之逮也，而有志焉。」大道之行也，天下為公。選賢與能，講信修睦，故人不獨親其親，不獨子其子，使老有所終，壯有所用，幼有所長，矜寡孤獨廢疾者，皆有所養。男有分，女有歸。貨惡其棄於地也，不必藏於己；力惡其不出於身也，不必為己。是故謀閉而不興，盜竊亂賊而不作，故外戶而不閉，是謂大同。

18

子曰：「事君盡禮，人以為諂也。」

孔子說過：「（如果）一個臣子對君上根據禮制而恭敬有禮，別人都還會認為他是在諂媚。」

本章從前幾章的祭禮，轉到臣事君之禮，講的也是「失禮」。

這章只講到「臣對君」的這一面，並沒有像下一章講到「君臣相互對待的倫理」。所以不能說是孔子只要求下屬對君上有片面義務，而忽略彼此相互之間有不同的義務。如果是這樣的理解，真就是「斷章取義」。

這章沒有難懂的字，省略了主詞「臣」。「事」是下對上的服侍，有「事父母」（〈學而7〉和〈里仁18〉）、「事君」（〈學而7〉、〈八佾19〉、〈里仁26〉、〈先進24〉、〈憲問22〉、〈衛靈公38〉、〈陽貨9〉、〈陽貨15〉）、「事上」（〈公治長16〉）、「事公卿」（〈子罕16〉）、「事人」（〈先進12〉和〈微子2〉）、「事鬼神」（〈先進12〉）

等等用法。「諂」是超過禮法要求的討好，指的是態度和行為。

在《論語》「事君」的章節中，孔子還說過：「君使臣以禮，臣事君以忠。」（〈八佾19〉）強調君臣之間的相互倫理；「以道事君，不可則止」（〈先進24〉）和子游說的「事君數（諫諍太多，不中聽），斯辱矣」（〈里仁26〉）都是強調要保持一定的「心理距離」，別過度，自討無趣，甚至自取其辱；「勿欺也，而犯之」（〈憲問22〉），但是也不能跟君上說謊；「敬其事而後其食」（〈衛靈公38〉），也就是「事君能致其身」（〈學而7〉），他也稱讚子產「事上也敬」（〈公冶長16〉）；他說過學《詩經》也可以對「事君」有助益（〈陽貨9〉）；他批評「鄙夫」事君會「患得患失」（〈陽貨15〉）；他認為自己做得到「事公卿」和「事父兄」（〈子罕16〉）。上述這些才能比較全面看到孔子對於「事君」的看法。

荀子書中有〈臣道2〉一篇，其中從「從命／逆命」和「利君／不利君」兩項指標，整理出人臣事君之道的四種狀況：「從命而利君謂之順，從命而不利君謂之諂；逆命而利君謂之忠，逆命而不利君謂之篡。」其中「從命而不利君謂之諂」正是此章的最佳注腳。他提到幾種其他的狀況，更可以彌補孔子在此處的不足。

弟子記載孔子這句話，語意很清楚，但是卻沒說明背後的原因。孔安國說：「時事君者多無禮，故以有禮者為諂。」後來的注疏家也都遵循這樣的看法。這不僅是「失禮」後的常見現象，也是「失禮者」對於「守禮者」的「妒恨」，或是類似「酸葡萄」心理：自己做不到的事情，就認為別人之所以做到都是靠著不道德的手段；有了這樣的心理，自己就好像忽然間站上了道德的制高點。

　　失了禮，是非對錯都變了調。

附錄

《荀子．臣道》〈2〉從命而利君謂之順，從命而不利君謂之諂；逆命而利君謂之忠，逆命而不利君謂之篡；不卹君之榮辱，不卹國之臧否，偷合苟容以持祿養交而已耳，謂之國賊。君有過謀過事，將危國家隕社稷之懼也；大臣父兄，有能進言於君，用則可，不用則去，謂之諫；有能進言於君，用則可，不用則死，謂之爭；有能比知同力，率群臣百吏而相與彊君撟君，君雖不安，不能不聽，遂以解國之大患，除國之大害，成於尊君安國，謂之輔；有能抗君之命，竊君之重，反君之事，以安國之危，除君之辱，功伐足以成國之大利，謂之拂。故諫爭輔拂之人，社稷之臣也，國君之寶也，明君之所尊厚也，而闇主惑君以為己賊也。故明君之所賞，闇君之所罰也；闇君之所賞，明君之所殺也。伊尹箕子可謂諫矣，比干子胥可謂爭矣，平原君之於趙可謂輔矣，信陵君之於魏可謂拂矣。傳曰：「從道不從君。」此之謂也。故正義之臣設，則朝廷不頗；諫爭輔拂之人信，則君過不遠；爪牙之士施，則仇讎不作；邊境之臣處，則疆垂不喪，故明主好同而闇主好獨，明主尚賢使能而饗其盛，闇主妒賢畏能而滅其功，罰其忠，賞其賊，夫是之謂至闇，桀紂所以滅也。

19

定公問：「君使臣，臣事君，如之何？」孔子對曰：「君使臣以禮，臣事君以忠。」

魯定公請問孔子：「君上指使臣下，臣下事奉君上，應該秉持怎樣的原則？」孔子（恭敬地）回答說：「君上指使臣下要遵守禮制的規定而行，臣下事奉君上則要竭盡自己的能力。」

這章講的是君臣之間相互的倫理責任，可以彌補上一章的不完備之處。

魯定公是魯哀公的父親，是魯國倒數第二位君王。他問孔子這個君臣相處的問題，顯然當時社會都亂了套，不知「正道」何在。這裡定公在君對臣的關係上用了「使」，而在臣對君的關係上用了「事」的不同字，代表著君臣上下彼此不同的權利和義務。在〈子路15〉，定公也問過孔子「一言興邦」和「一言喪邦」的問題。其他古籍中還有不少定公請問孔子，甚至顏淵的記載（顏淵死後，定公還曾經去祭拜）。「定」是他的諡號，根據《逸周書．諡法解》〈1〉：「大慮靜民曰定。安民法古曰定。純行不爽曰定。」不知道他的諡號「定」是根據哪一個標準。

「忠」是「盡己」，可是後來很多人卻偏偏將「忠」解釋成是下屬對於上司或王朝的「唯命是從」，甚至「賣命」，自甘為奴。這種有意造成的「忠君」思想，就讓後來專制君王可以任意任性壓榨或迫害下屬，只要事後賞以「忠臣」或「殉國」的美名即可。

余英時在《士與中國文化》一書中的〈道統與政統之間〉一文中，認為古代的士對君的關係有三種選項：一是為其師，擔任君的施政顧問，地位比君高；一是為其友，擔任君的諍友，地位和君平等；一是為臣，為君命是從，地位比君低。《戰國策・燕策》〈燕昭王收破燕後即位2〉也有類似的記載，多說了一種比「臣」還低的「役」的關係：郭隗先生回答燕昭王的話說：「帝者與師處，王者與友處，霸者與臣處，亡國與役處」；《說苑・君道》〈18〉也有文字略為不同的說法：「帝者之臣，其名，臣也，其實，師也；王者之臣，其名，臣也，其實，友也；霸者之臣，其名，臣也，其實，賓也；危國之臣，其名，臣也，其實，虜也。」

孔子在此處的主張是一種平等的關係。例如：孟子就比較過曾子和子思兩人對於衛國國君的關係：「曾子，師也，父兄也；子思，臣也，微也。曾子、子思易地則皆然。」在〈萬章下12〉則又從費惠公的立場說：「吾於子思，則師之矣；吾於顏般，則友之矣；王順、長息則事我者也。」在〈萬章下16〉又因為魯繆公想與子思為友，讓子思不悅，子思的理由是：「以位，則子，君也；我，臣也。何敢與君友也？以德，則子事我者也。奚可以與我友？」在這裡，孔子的孫子有比孔子還要堅定的「德高於位」的立場。同樣的態度也可見於《荀子・臣道》〈2〉中引用古書的話說：「從道不從君」，可見士該遵循的是更高的文化價值，而不是君命。

另外一則故事也很有趣：〈先進24〉記載，有一次季子然請問孔子有關子路和冉求是否可以稱為

「大臣」，孔子認為「大臣」要能夠「以道事君，不可則止」，這是兩位弟子稱不上「大臣」，但是還算是「具臣」，因為君上就算是命令他們去殺君殺父，他們也不會去做。「具臣」雖不及「大臣」可以積極勸進君上行道，德和位兩方面也可能不如君，但是有不淪落到「弒君弒父」的道德底線。這應該也就是「忠」的底線。

孟子在告訴齊宣王時，也承傳過孔子這樣「君臣互惠倫理」的想法：《孟子・離婁下》〈31〉：「君之視臣如手足，則臣視君如腹心；君之視臣如犬馬，則臣視君如國人；君之視臣如土芥，則臣視君如寇讎。」最後一句話，恐怕會嚇壞許多當政者。

孟子甚至更往前推一步，反對一般人說的「臣弒君」，而主張君王無道就失去了君王的資格，臣子是可以「殺」這樣的「一夫」，算不得「弒君」（《孟子・梁惠王下》〈15〉）。這種主張更嚇壞後來的君王。

現代社會雖沒了傳統的君臣關係，但是上司和下屬的關係還是到處都在的，雙方（特別是居上位者）如果不能把對方當人看，不能有著積極地「己立立人」和「己達達人」或消極地「己所不欲，勿施於人」來對待彼此，恐怕也會兩敗俱傷。這種「全球倫理」的共識，應該從身邊平等的人際關係做起。

附錄

《孟子・離婁下》〈59〉孟子曰：「曾子、子思同道。曾子，師也，父兄也；子思，臣也，微也。曾子、子思易地則皆然。」

《戰國策・燕策》〈燕昭王收破燕後即位2〉郭隗先生對曰：「帝者與**師**處，**王**者與**友**處，**霸**者與**臣**處，亡國與役處。」

《孟子・萬章下》〈12〉孟子曰：「不挾長，不挾貴，不挾兄弟而友。友也者，友其德也，不可以有挾也。孟獻子，百乘之家也，有友五人焉：樂正裘、牧仲，其三人，則予忘之矣。獻子之與此五人者友也，無獻子之家者也。此五人者，亦有獻子之家，則不與之友矣。非惟百乘之家為然也。雖小國之君亦有之。費惠公曰：『**吾於子思，則師之矣；吾於顏般，則友之矣；王順、長息則事我者也。**』非惟小國之君為然也，雖大國之君亦有之。晉平公之於亥唐也，入云則入，坐云則坐，食云則食。雖疏食菜羹，未嘗不飽，蓋不敢不飽也。然終於此而已矣。弗與共天位也，弗與治天職也，弗與食天祿也，士之尊賢者也，非王公之尊賢也。舜尚見帝，帝館甥於貳室，亦饗舜，迭為賓主，是天子而友匹夫也。用下敬上，謂之貴貴；用上敬下，謂之**尊賢**。**貴貴**、**尊賢**，其義一也。」

——〈16〉繆公亟見於子思，曰：『古千乘之國以友士，何如？』子思不悅，曰：『古之人有言：曰事之云乎，豈曰友之云乎？』子思之不悅也，豈不曰：『**以位，則子，君也；我，臣也。何敢與君友也？以德，則子事我者也。奚可以與我友？**』千乘之君求與之友，而不可得也，而況可召與？

——〈梁惠王下15〉齊宣王問曰：「湯放桀，武王伐紂，有諸？」孟子對曰：「於傳有之。」曰：「**臣**弒其**君**可乎？」曰：「賊仁者謂之賊，賊義者謂之殘，殘賊之人謂之一夫。聞誅一夫紂矣，未聞弒**君**也。」

——〈公孫丑下11〉故將大有為之**君**，必有所不召之**臣**。欲有謀焉，則就之。其尊德樂道，不如是不足與有為也。故湯之於伊尹，學焉而後**臣**之，故不勞而王；桓公之於管仲，學焉而後**臣**

之，故不勞而霸。今天下地醜德齊，莫能相尚。無他，好**臣**其所教，而不好**臣**其所受教。湯之於伊尹，桓公之於管仲，則不敢召。管仲且猶不可召，而況不為管仲者乎？

——〈滕文公上4〉聖人有憂之，使契為司徒，教以人倫：父子有親，**君臣**有義，夫婦有別，長幼有序，朋友有信。

——〈滕文公下14〉世衰道微，邪說暴行有作，**臣**弒其**君**者有之，子弒其父者有之。孔子懼，作《春秋》。《春秋》，天子之事也。是故孔子曰：「知我者其惟春秋乎！罪我者其惟春秋乎！」

——〈離婁上2〉孟子曰：「規矩，方員之至也；聖人，人倫之至也。欲為**君**盡**君**道，欲為**臣**盡**臣**道，二者皆法堯舜而已矣。不以舜之所以事堯事**君**，不敬其**君**者也；不以堯之所以治民治民，賊其民者也。孔子曰：『道二：仁與不仁而已矣。』暴其民甚，則身弒國亡；不甚，則身危國削。名之曰『幽厲』，雖孝子慈孫，百世不能改也。《詩》云『殷鑒不遠，在夏后之世』，此之謂也。」

20

子曰：「〈關雎〉，樂而不淫，哀而不傷。」

孔子說過：「〔《詩經》開頭的第一篇〕〈關雎〉中所敘述的內容，在讓人快樂的部分，並不過分；在讓人憂傷的部分，也不過度。」

這章是孔子對於《詩經》開頭第一篇的評論。〈關雎〉是《詩經》的第一篇。如果不先了解內容，就很難判斷孔子為什麼說「樂而不淫，哀而不傷」。先簡單解說如下：

關關雎鳩，在河之洲。窈窕淑女，君子好逑。

這一段先從河上沙洲上的鳥兒的求偶叫聲講到君子要找色德兼備的淑女當配偶。「好」要念成

「好壞」的好，「好逑」，是「最好的搭配」或「絕配」的意思。這是男主角個人的主觀願望。

> 參差荇菜，左右流之。窈窕淑女，寤寐求之。
> 求之不得，寤寐思服。悠哉悠哉，輾轉反側。

這段從採荇菜講起（可能有著希望自己有「幸」的意味），講到暗戀之苦，不管睡覺還是醒著，都希望她能回應自己的情感。可是偏偏自己的情感卻得不到回應，所以就睜眼閉眼都想著忘不了，到了輾轉難眠（像被臭蟲叮咬一樣難受）的地步。這是女主角沒接受男主角的追求以後，男主角的行為反應。

> 參差荇菜，左右采之。窈窕淑女，琴瑟友之。
> 參差荇菜，左右芼之。窈窕淑女，鐘鼓樂之。

這段有人說是自稱「君子」的男子修成正果，所以透過琴瑟先做朋友，然後再進一步敲鑼打鼓完成婚配嫁娶。有人說這還是這位寫詩男子的幻想，沒發生婚配嫁娶之事，因為前面已經說了「求之不得」。可是這位男子並沒有氣餒，仍然想用「禮樂」來取悅「窈窕淑女」。這種解釋比較合理，也比較勵志，不會因為對方的拒絕就懷恨在心，甚至做出不理性的行為，而會反省自己，進而提升自己的價值，讓對方回心轉意。

黃懷信把孔子的話搭配〈關雎〉的段落加以解釋得十分妥切：「『鐘鼓樂之』是樂也；『琴瑟友

之』，是不淫也。『求之不得』，是哀也；『輾轉反側』，是不傷也。」

因為《詩經》從來就有不同的解釋法（這叫做「詩無達詁」（《春秋繁露・精華》〈6〉）），如果從字面看，當然比較簡單，就是一首男追女的情詩，不同的解釋只在於「那位君子到底追到了窈窕淑女沒有」。有些古人偏偏要說這首詩是在「歌詠后妃之德」（邢昺和朱子），我是不能接受這種解釋的。

古注認為，孔子說這話是要反駁時人認為這首詩太過「淫」和「傷」，還說「樂而不淫」是因為君子「樂」的不是淑女的「色」，而是她的「德」，也就是「賢賢易色」（〈學而7〉）的意思，這點我同意，但是說「哀而不傷」是「哀窈窕，思賢才，而無傷善之心」，這我就百思不得其解了。

這裡的「淫」，不是現在「淫亂」的意思，而是「過度」，樂的過度就是「淫」；「傷」也同理是「哀過了頭」。這裡蘊含著孔子強調的「中庸之道」：「喜、怒、哀、樂之未發，謂之中；發而皆中節，謂之和。致中和，天地位焉，萬物育焉。」（《禮記・中庸》〈1〉）後人說「發乎情，止乎禮」是很精簡的詮釋。這是最早「情緒管理」的教誨，而且從男女之情教起。只可惜弟子記載的太少，讓後人對於男女之間的問題，變成沒人注意的大學問。

傳說孔子晚年曾經整理過《詩經》。如果這種說法屬實，孔子將〈關雎〉這首講男女關係的詩篇放在首篇，就是用心深細了。《易經・序卦》〈30〉就認為這是在天地、萬物之後人際關係中第一重要的關係：「有天地然後有萬物，有萬物然後有男女，有男女然後有夫婦，有夫婦然後有父子，有父子然後有君臣，有君臣然後有上下，有上下然後禮義有所錯」；《禮記・郊特牲》〈35〉也說：「男女有別，然後父子親，父子親然後義生，義生然後禮作，禮作然後萬物安」；《禮記・昏義》〈3〉也說：「禮之大體，而所以成男女之別，而立夫婦之義也。男女有別，而後夫婦有義；夫婦有義，而後父子有親；父子有親，而後君臣有正。故曰：昏禮者，禮之本也。」《禮記．禮運》〈19〉還說：「飲食男女，人之大欲存焉；死亡貧苦，人之大惡存焉」。正因為這些強調「男女」關係先於「夫婦」和「父子」關係，所以我認為〈學而2〉中所說的「孝弟也者，其為仁之本與」應該改為「男女也者，其為仁之本與」才對。我教愛情社會學超過二十年，就是希望彌補這個缺失，希望在感情問題上，大家都能學到如何「樂而不淫，哀而不傷」。

所以，這裡還是談「禮」，特別是「禮」和「情」的關係。《禮記．禮運》〈3〉說過：「孔子曰：『夫禮，先王以承天之道，以治人之情。故失之者死，得之者生。』」司馬遷在《史記．禮書》〈1〉中也說過「緣人情而制禮，依人性而作儀」，就是表現出這兩者的關係。這也是現代人說的「情緒管理」。「樂而不淫，哀而不傷」也還是一個很好用的「中道情商」的標準。

附錄

《春秋繁露．精華》〈6〉難晉事者曰：《春秋》之法，未逾年之君稱子，蓋人心之正也。到裡克殺奚齊，避此正辭而稱君之子，何也？曰：所聞《詩》無達詁，《易》無達佔，《春秋》無達辭，從變從義，而一以奉人。仁人錄其同姓之禍，固宜異操。晉，《春秋》之同姓也。驪姬一謀而三君死之，天下之所共痛也。本其所為為之者，蔽於所欲得位而不見其難也。《春秋》疾其所蔽，故去其正辭，徒言君之子而已。若謂奚齊曰：嘻嘻！為大國君之子，富貴足矣，何必以兄之位為欲居之，以到此乎云爾。錄所痛之辭也。故痛之中有痛，無罪而受其死者，申生、奚齊、卓子是也。惡之中有惡者，己立之，己殺之，不得如他臣之弒君者，齊公子商人是也。故晉禍痛而齊禍重。《春秋》傷痛而敦重，是以奪晉子繼位之辭與齊子成君之號，詳見之也。

21

哀公問社於宰我。宰我對曰：「夏后氏以松，殷人以柏，周人以栗，曰使民戰栗。」子聞之曰：「成事不說，遂事不諫，既往不咎。」

魯哀公請教宰我有關「社」的問題。宰我恭敬地回答說：「夏朝時候〔社〕用的樹是松樹，殷商時候用的是柏樹，周朝用的是栗樹，目的是要讓人民看到樹就嚇得發抖。」孔子聽到了這場對話，就評論說：「已經決定了的事情就別再去說三道四，已經完成的事情就不要再批評，過去的事情就別再追究了。」

這章是孔子告誡宰我別亂說話。

本章一開始的「社」字，有的版本作「主」。

魯哀公已經在〈為政19〉出現過一次，那次他請教孔子有關「民服」的問題。

本章是宰我（或宰予）在《論語》的首次出場，也是個不光彩的登場。《史記・仲尼弟子列傳》〈31〉

只說：「宰予字子我。利口辯辭。」《孔子家語・七十二弟子解》〈5〉說得多些：「宰予，字子我，魯人。有口才，以言語著名。仕齊，為臨菑大夫，與田常為亂，夷其三族。孔子恥之曰：「不在利病，其在宰予。」」他是孔門「言語科」列名在子貢之前的弟子（〈先進3〉）。除了此章之外，他常讓孔子不高興：一次是他「晝寢」（〈公治長10〉）；一次是他嫌「三年之喪」太久（〈陽貨21〉）。他也請問過孔子仁者是否容易被騙的問題（〈雍也26〉）。

司馬遷記載過宰我請教孔子「五帝德」的問題，孔子回答說：「予非其人也（說了你也不會懂）。」（《史記・仲尼弟子列傳》〈33〉），似乎不樂意回答這個問題。不過在《大戴禮記・五帝德》和《孔子家語・五帝德》中，卻都記載孔子很詳細回答宰予的問題，最後才說到「予非其人也」。孔子也感嘆，就是宰予這個學生讓他知道不可以只聽人說話就相信（〈公治長10〉）。孔子大概真認為這個「朽木不可雕也」（〈公治長10〉）的學生真是「中人以下，不可以語上也」（〈雍也21〉）。孔子在這章也延續著他對這位學生的不以為然。

「社」——孔安國說明背景：「凡建邦立社，各以其土所宜之木。」皇侃說是「社稷」，邢昺說是「五土之神也」。朱子沒有解釋「社」，卻解釋了「戰栗」，是「恐懼貌」，戴震則說是「謹敬貌」。

古書對於「社」都有些解釋（《周禮・地官司徒》〈60〉、《白虎通德論・卷二》〈社稷9〉和《淮南子・齊俗訓》〈15〉）。《論語》古注也都多有參考：孔安國說：「凡建邦立社，各以其土所宜之木。宰我不本其意，妄為之說，因周用栗，便云使民戰慄。」蔣伯潛說得比較清楚：「社是祀后土的地方。古時一個國家成立，必立社以祀后土，又必因土地之宜種一種樹木於社。以明這個土地的性質，宜種何種樹木。」這些都是對於「社」的解釋。

比較麻煩的解釋是孔子的回應。

孔子沒有明白回應說「宰我的解釋到底是對是錯」，卻回答了「成事不說，遂事不諫，既往不咎」。「成事」、「遂事」，和「既往」到底講的是一件事，兩件事，還是三件事？

包咸說：「事已成，不可復解說。事已遂，不可復諫止。事已往，不可復追咎。」從何晏的引用看來，好像說了三次其實只說一件事，都是「過去的事」。

劉寶楠認為是「兩件事」：「成事」和「遂事」，當指見所行事。「既往」，當指從前所行事。

皇侃引師說將「成」、「遂」和「既往」三個關鍵字解釋成是「過去的三個過程」：「成，是其事自初成之時；遂，是其事既行之日；既往，指其事已過之後也。」我覺得這種說法比較合理。

在這句話裡，「說」不是〈學而1〉「不亦說乎」的「說」（悅）——包咸說是「解說」，黃懷信解釋「不說」為「說之於事無補也」。「遂，行也」。「不諫，諫不可止也」。「咎」——《說文解字》：「咎，災也。」《爾雅・釋詁》〈69〉：「咎，病也。」也有的說是「過」，劉寶楠認為可以引申為：「凡有所過責於人，亦曰咎。」

蔣伯潛認為，孔子講了三次是在責備宰我，讓他以後知道要「慎言」。可是我還是不懂宰我的說明和孔子的教誨之間有什麼關聯，我的疑問是：「宰我的解釋是對的嗎」？

如果孔子的意思是說「過去的就讓它過去吧」，那宰我講的是正確的嘍？如果不是，直接像他說過的「不然」（〈八佾13〉），然後再加以更進一步地說明，這樣答案不是更清楚嗎？孔子這樣「讓人摸不著頭腦」的回答，真可以堪稱是「禪宗始祖」了！如果孔子回答「知之為知之，不知為不知，是知也」（〈為政17〉），似乎也是比此處更好的答案。

這一章的意外貢獻並不在於對章旨的了解，而在於「既往不咎」這個成語的流傳。不過，「既往不咎」在原諒初次犯錯的人是可以的，如果因此而是非不明、善惡不分，那麼恐怕以後類似的情況還會層出不窮吧！

附錄

《周禮・地官司徒》〈60〉以天下土地之圖，周知九州之地域廣輪之數，辨其山林、川澤、丘陵、墳衍、原隰之名物；而辨其邦國都鄙之數，制其畿疆而溝封之，設其**社稷**之壝而樹之**田主**。

《白虎通德論・卷二》〈社稷9〉**社**稷所以有樹何？尊而識之，使民人望見師敬之，又所以表功也。故《周官》曰：「司**社**而樹之，各以土地所生。」《尚書》逸篇曰：「太**社**唯**松**，東**社**唯柏，南**社**唯梓，西**社**唯栗，北**社**唯槐。」

《淮南子・齊俗訓》〈15〉有虞氏之祀，其**社**用土，祀中霤，葬成畝，其樂咸池、承雲、九韶，其服尚黃；夏后氏，其**社**用**松**，祀戶，葬牆置翣，其樂夏籥、九成、六佾、六列、六英，其服尚青；殷人之禮，其**社**用石，祀門，葬樹**松**，其樂大濩、晨露，其服尚白；周人之禮，其**社**用栗，祀灶，葬樹柏，其樂大武、三象、棘下，其服尚赤。禮樂相詭，服制相反，然而皆不失親疏之恩，上下之倫。今握一君之法籍，以非傳代之俗，譬由膠柱而調瑟也。

22

子曰：「管仲之器小哉！」或曰：「管仲儉乎？」曰：「管氏有三歸，官事不攝，焉得儉？」「然則管仲知禮乎？」曰：「邦君樹塞門，管氏亦樹塞門；邦君為兩君之好，有反坫，管氏亦有反坫。管氏而知禮，孰不知禮？」

孔子說過：「管仲這個人的器量太小了啊！」有人就問（孔子）說：「管仲應該是個有儉德的吧？」（孔子很不以為然地）回答說：「管仲的三個妻妾分別住在三個地方（建有三歸臺）極盡奢侈之能事，而且他的組織聘用不少冗員，怎麼說得上有儉德呢？」（有人繼續追問說：）「那麼管仲應該是知道禮制的吧？」（孔子仍然很不以為然地）回答說：「國君在住宅進門的地方種了樹，管仲不是國君，卻也在住宅進門的地方種了同樣的樹；國君因為外交需要而有放置雙方酒杯的土堆，管仲不是國君不能進行外交工作，卻也有這樣放置酒杯的土堆。（這樣說來，）如果管仲能夠算上是個知禮守禮的人，有誰算不上知禮守禮的人呢？」

本章是孔子批評管仲「小器」，「不儉」又「不知禮」。

本章是孔子首次評論管仲，先批評他的器量小，然後轉到有關「儉」和「知禮」兩部分。孔子在這裡對管仲的批評比較負面，但是在〈憲問〉中孔子三次提及管仲，都相當正面（〈憲問9〉、〈憲問16〉和〈憲問17〉）。綜合來看，管仲有「小器」的一面，更有「大器」的一面，千萬不要從這章就把他看小了。很多人疑惑孔子為什麼前後評論不一致，其實認真看的話，孔子是就事論事，不是含混地說好或壞。我記得毓老師曾經說過，因為管仲對齊國貢獻卓著，所以讚揚管仲的恐怕是屬於「齊論」（齊國流傳的《論語》版本）的原文，批評管仲的就是原屬於「魯論」（魯國流傳的《論語》版本）的部分。

這就要先回溯到《論語》的編輯過程和版本問題。最早的《論語》版本有「魯論」（魯國流傳的《論語》）和「齊論」（齊國流傳的《論語》），漢朝又出現了以當時所謂的「古文」所撰寫的「古論」。這三個版本後來又經過西漢張禹和東漢鄭玄的重編（又稱為「張侯論」），才是我們今天見到的《論語》版本。

這裡沒有記載在什麼場合，以及因為什麼原因，孔子要批評「管仲之器小哉！」聽到這話的人顯然也不明白，以為孔子說的是管仲節儉。孔子就指出管仲的「三歸」和「官事不攝」兩項，證明他哪裡算得上是「節儉」。許多古籍也都提到這些，但都沒有解釋（《史記・禮書》〈3〉、《說苑・善說》〈4〉、《論衡・感類》〈11〉、《韓非子》〈外儲說左下117〉、〈外儲說左下118〉，和〈難一15〉）。「三歸」有兩種解釋：最早一種是說他在三個國家各別娶了總共九個女人（每個國家娶一女為正妻，兩人陪嫁，共計三人，三個國家加起來就是九人）。到了朱子才說「三歸，臺名，事見《說苑》」（請參見附錄中的《說苑・善說》〈4〉）。毛奇齡考證的結果認為其他書都沒這樣的記載，應該是錯誤的解釋。武億《群經義證》引證《韓非子》，認為

「三歸」和「貧」對舉，所以「歸臺」應該是指「藏貨財的府庫」的意思。不過這樣不也證明他雖然豪奢，只是「吝」於與人分享，也算得上「儉」吧？黃懷信認為「有三處歸第而各有官事，足見其奢侈不儉」。

至於「官事不攝」的「攝」古注都說是「兼」，也就是說「官事本來應該有不同的人各司其職，可是管仲卻讓一人身兼多職」。可是，我懷疑的是：「一人身兼多職」不就是為了「省事省錢」，這不就是「儉」，怎麼孔子會舉這個例子來證明管仲「焉得儉」（怎麼算得上儉）？再說，「三歸」如果是「娶三姓女」，這和「儉」有什麼關係？如果「三歸」是臺，築臺要花錢，因此批評「焉得儉」才講得通啊？

除了「官事不攝」和「三歸」之外，管仲的奢侈行為，《禮記．禮器》〈16〉還提到「管仲鏤簋朱紘，山節藻梲」；《禮記．雜記下》〈119〉中孔子則提到：「管仲鏤簋而朱紘，旅樹而反坫，山節而藻梲。賢大夫也，而難為上也。」這些都可以補充這章的說法。此外，《韓非子》中還有幾個管仲奢侈的故事：〈外儲說左下117〉提到管仲當齊國宰相的時候跟齊桓公說：「我雖然有功於齊國，但是我的經濟狀況不好，於是齊桓公賜給他「三歸之家」；後來他說：「我雖然經濟富裕了，可是地位卑下。」於是齊桓公就給賜給他崇隆的地位；後來他又說：「我雖然有了崇隆的地位，但是大家跟我的關係都很疏遠。」齊桓公就冊封他為「仲父」。這個故事讓孔子聽完很不高興地批評他「泰侈逼上」（〈難一15〉中的故事類似）；〈外儲說左下118〉則提到管仲的父親出門的穿著講究、排場浩大，他的奢侈行為也被孔子批評說：「管仲固然是個優秀的管理人才，但還是太過奢侈。」可見管仲奢侈的行為眾人皆知。

這人聽孔子說管仲算不上「儉」，退一步想想那應該算得上「知禮」吧？誰知道不問還好，一問之下，孔子氣就上來了，舉了兩件事情證明管仲身分不是邦君，卻學邦君之禮：一是「樹塞門」，一是「有反坫」。

先說「樹塞門」。根據鄭玄的說法：「人君別內外於門，樹屏以蔽之。」這是天子或諸侯才能有的設施，管仲是個位階低於天子和諸侯的大夫，卻也有這樣的設施，這就是「僭越」禮法，怎能說是「知禮」？

「反坫」，鄭玄說是：「若與鄰國君為好會，其獻酢之禮，更酌，酌畢則各反爵於坫上。」也就是說，在兩國國君見面的外交禮儀上，雙方要彼此敬酒，喝酒，喝完將酒杯反過來放在一個「特製的土堆」（坫）上。

綜合以上幾點，孔子說的「小器」，當時的人就不懂，以為是「儉」，或是「知禮」，孔子都給了否定的答覆，可是還是沒有解釋最初的「小器」。雖然如此，孔子反駁管仲「焉得儉」或「不知禮」所舉的例子，還是可以說明這些都是「小器」所展現出的「小鼻子小眼」行為。

這可能和管仲出身貧寒之家有關。他當初家貧卻有很強的自尊心；他的「伯樂」鮑叔牙百般遷就他，知道他是個有能力的人。後來兩人分別事奉不同的主子，管仲的主子公子糾被齊桓公小白所殺，管仲並沒有「殉主」，反而被鮑叔牙提拔替「主人的敵手」服務，很有現代「專業經理人」的樣子。最後「九合諸侯，一匡天下」，連孔子都讚賞不已。詳細的故事可參考《史記・管晏列傳》。

有了這樣的政治資本，管仲還是難以忘情年少以來缺乏的經濟資本，所以他對於財富和地位的流連忘返，都是他為「人生勝利組」的具體展現，不過，他畢竟還是做出了被孔子誇獎的「九合諸侯」

〈〈憲問16〉〉，「一匡天下」〈〈憲問17〉〉的「大器偉業」。
這章說的是「古之管仲」。「今之管仲」呢？

附錄

《史記．禮書》〈3〉周衰，禮廢樂壞，大小相踰，**管仲**之家，兼備**三歸**。循法守正者見侮於世，奢溢僭差者謂之顯榮。自子夏，門人之高弟也，猶云「出見紛華盛麗而說，入聞夫子之道而樂，二者心戰，未能自決」，而況中庸以下，漸漬於失教，被服於成俗乎？孔子曰「必也正名」，於衛所居不合。仲尼沒後，受業之徒沈湮而不舉，或適齊、楚，或入河海，豈不痛哉！

《說苑．善說》〈4〉桓公立仲父，致大夫曰：「善吾者入門而右，不善吾者入門而左。」有中門而立者，桓公問焉。對曰：「管子之知，可與謀天下，其強可與取天下。君恃其信乎？內政委焉；外事斷焉。驅民而歸之，是亦可奪也。」桓公曰：「善。」乃謂管仲：「政則卒歸於子矣，政之所不及，唯子是匡。」管仲故築**三歸**之臺，以自傷於民。

《論衡．感類》〈11〉夫管仲為反坫，有**三歸**，孔子譏之，以為不賢。反坫、**三歸**，諸侯之禮；天子禮葬，王者之制，皆以人臣，俱不得為。大人與天地合德，孔子、大人也，譏管仲之僭禮；皇天欲周公之侵制，非合德之驗，《書》家之說，未可然也。

《韓非子》〈外儲說左下117〉管仲相齊，曰：「臣貴矣，然而臣貧。」桓公曰：「使子有**三歸**之家。」曰：「臣富矣，然而臣卑。」桓公使立於高、國之上。曰：「臣尊矣，然而臣疏。」

乃立為仲父。孔子聞而非之曰：「泰侈逼上。」

——〈難一15〉桓公解管仲之束縛而相之。管仲曰：「臣有寵矣，然而臣卑。」公曰：「使子立高、國之上。」管仲曰：「臣貴矣，然而臣貧。」公曰：「使子有**三歸**之家。」管仲曰：「臣富矣，然而臣疏。」於是立以為仲父。霄略曰：「管仲以賤為不可以治國，故請高、國之上；以貧為不可以治富，故請**三歸**；以疏為不可以治親，故處仲父。管仲非貪，以便治也。」

——〈外儲說左下118〉一曰。管仲父，出、朱蓋青衣，置鼓而歸，庭有陳鼎，家有**三歸**，孔子曰：「良大夫也，其侈逼上。」

《禮記》〈禮器16〉**管仲**鏤簋朱紘，山節藻梲，君子以為濫矣。

——〈雜記下119〉孔子曰：「**管仲**鏤簋而朱紘，旅樹而反坫，山節而藻梲。賢大夫也，而難為上也。」

《史記》〈管晏列傳1〉**管仲**夷吾者，潁上人也。少時常與鮑叔牙游，鮑叔知其賢。**管仲**貧困，常欺鮑叔，鮑叔終善遇之，不以為言。已而鮑叔事齊公子小白，**管仲**事公子糾。及小白立為桓公，公子糾死，**管仲**囚焉。鮑叔遂進**管仲**。**管仲**既用，任政於齊，齊桓公以霸，九合諸侯，一匡天下，**管仲**之謀也。

——〈2〉**管仲**曰：「吾始困時，嘗與鮑叔賈，分財利多自與，鮑叔不以我為貪，知我貧也。吾嘗為鮑叔謀事而更窮困，鮑叔不以我為愚，知時有利不利也。吾嘗三仕三見逐於君，鮑叔不以我為不肖，知我不遭時也。吾嘗三戰三走，鮑叔不以我怯，知我有老母也。公子糾敗，召忽死之，吾幽囚受辱，鮑叔不以我為無恥，知我不羞小節而恥功名不顯於天下也。生我者父母，知我者鮑子也。」

——〈6〉管仲富擬於公室，有三歸、反坫，齊人不以為侈。管仲卒，齊國遵其政，常彊於諸侯。後百餘年而有晏子焉。

——〈11〉管仲世所謂賢臣，然孔子小之。豈以為周道衰微，桓公既賢，而不勉之至王，乃稱霸哉？語曰「將順其美，匡救其惡，故上下能相親也」。豈管仲之謂乎？

23

子語魯大師樂。曰：「樂其可知也：始作，翕如也；從之，純如也，皦如也，繹如也，以成。」

孔子跟魯國的樂師談論音樂。〔孔子〕說：「樂曲〔的結構〕是有一定的章法：剛開始的時候，各項樂器合奏；接下來是各個樂器的單獨表現，而且能相互配合，展現出各自的聲音，〔而不被合奏聲給掩蓋過去，〕然後各項樂器和和聲相續不絕，最後結束。」

這章是孔子和魯國的樂師談論音樂結構，充分展現孔子對於樂理的熟稔。

前面出現這麼多有關「禮」的章節，這章轉而談到「樂」，「禮」和「樂」基本上是一體不可分的。其實兩者都還要配合誦「詩」，〈泰伯8〉就說過：「興於詩，立於禮，成於樂。」

此章的背景是魯國的禮樂崩壞，樂師四處流亡：大師摯適齊，亞飯干適楚，三飯繚適蔡，四飯缺適秦。鼓方叔入於河，播鼗武入於漢，少師陽、擊磬襄，入於海（〈微子9〉）。孔子周遊列國返魯之後，才開始重整「樂」，才讓「禮樂合一」，也就是〈子罕15〉所說的：「吾自衛反魯，然後樂正，雅頌各得其所。」

「語」，朱子說是「告」，就是「告訴」。「大師」，何晏說是「樂官名」，也就是魯國掌管音樂的官員。

孔子告訴還留在魯國的樂師「樂」的基本結構和階段，分成「始」（開始）、「從」（發展）和「成」（結束）三個階段。然後孔子解釋每個階段音樂的不同表現。

音樂的開始，是「翕如也」，鄭玄和戴望都說「變動之貌」，鄭玄解釋「聞金作，人皆翕如，變動之貌」，講的不是音樂，而是人聽到音樂的反應。何晏說「翕如，盛也」，皇侃說是「習」（「言正樂初奏，其聲翕習而盛也」），朱子說是「合」，解釋雖有不同，但講的都是音樂的表現。除了皇侃的解釋不同之外，大概都是各種樂器「合奏」的意思。

「從」——要讀「縱」，何晏認為是「五音既發，放縱盡其音聲」，朱子說是「放」，戴望則說是「緩」，都是音樂繼續發展，樂器充分發生樂音的意思。

「純如」——何晏說是「和諧」，朱子簡潔地說是「和」，應該就是現代所謂的「和聲」。

「皦如」——何晏說是「言其音節明也」，朱子簡潔地說是「明」，應該也是在合奏聲中還能聽出各個樂器的聲音。

「繹如」——鄭玄說是「志意條達之貌」，皇侃說是「尋續也。言聲相尋續，而不斷絕也」，朱子簡潔地說是「相續不絕也」，戴望則說是「尋」。

「以成」——是經過上述的「始」和「從」的階段之後，樂曲的結束和完成。

西洋音樂奏鳴曲式的曲分也和孔子這裡的說法類似：「引奏」→「呈示部」→「展開部」→「再現部」→「結束部」。

孔子在這裡談音樂的結構和階段，和《禮記》〈樂記〉說明音樂和人心及政治的關聯是十分不同的討論方向。

孔子論述音樂的地方還不算少：最有名的是他在齊國的時候聽到舜時代的韶樂，感動到「三月不知肉味」（〈述而14〉）；他曾建議過要用韶樂當成治國的方略之一（〈衛靈公11〉）；他還強調所謂的「樂」不是敲鐘打鼓這種形式就算（〈陽貨11〉），暗示還要有發自內心的誠敬；弟子宰我曾用「三年不為樂，樂必崩」（〈陽貨21〉）當成廢除三年之喪的理由，理由雖然正當，但孔子還是認為三年之喪應該「聞樂不樂」才對。另外，孔子經常「禮樂」並稱（〈先進1〉、〈先進26〉、〈子路3〉、〈憲問12〉、〈季氏2〉和〈季氏5〉）。在《禮記・文王世子》〈10〉中，他提出古代貴族子弟必修「禮樂」，但是「禮」和「樂」還是有差別：「樂，所以修內也；禮，所以修外也。禮樂交錯於中，發形於外，是故其成也懌，恭敬而溫文」；《禮記・禮器》〈29〉也說：「禮也者，反其所自生；樂也者，樂其所自成。是故先王之制禮也以節事，修樂以道志。故觀其禮樂，而治亂可知也」。觀禮樂可以知治亂，這已經將禮樂從個人層次的重要性提升到國家層次。

孔子此章強調樂的章法，其實就像禮要有章法一樣。這種章法或秩序貫穿著天地人之間，也展現在人間禮樂。所以這章談音樂，其實就是談人事。

禮樂也是修己安人的重要指標。

附錄

《禮記．文王世子》〈10〉凡三王教世子必以禮樂。樂，所以修內也；禮，所以修外也。禮樂交錯於中，發形於外，是故其成也懌，恭敬而溫文。立大傅、少傅以養之，欲其知父子、君臣之道也。大傅審父子、君臣之道以示之；少傅奉世子，以觀大傅之德行而審喻之。大傅在前，少傅在後；入則有保，出則有師，是以教喻而德成也。師也者，教之以事而喻諸德者也；保也者，慎其身以輔翼之而歸諸道者也。《記》曰：「虞、夏、商、周，有師保，有疑丞。」設四輔及三公。不必備，唯其人。語使能也。

24

儀封人請見。曰：「君子之至於斯也，吾未嘗不得見也。」從者見之。出曰：「二三子，何患於喪乎？天下之無道也久矣，天將以夫子為木鐸。」

> 儀國駐守邊關的人請求孔子門人讓他拜見孔子，他說：「有德的君子到我們這地方來，我從來就沒有不拜見請益的。」孔子的隨從弟子就引他入見孔子。拜見完畢之後，他出來跟弟子們〔勉勵〕說：「各位孔門弟子啊！禮樂淪喪沒什麼好擔心的啊！天下已經很久都是這樣大道不行的狀況了，老天爺會讓孔子的思想成為未來人類的警世明鐘。」

這章是儀封人和孔子談完話之後出來發表的意見，可見孔子的重要性不是弟子自行吹牛而已。這章乍看之下，既不說「禮」，也不談「樂」，和前後章都不一致。其實配合下一章看，恐怕有深意在焉。

「儀」——衛國的地名。「封人」是「官名」，負責守邊界。

「君子」——有時只有位者，有時只有德者。儀封人在這裡用「君子」稱呼孔子，可見他對孔子德行的尊敬，他顯然是比孟子還早的孔子第一位「私淑弟子」，就是現在人說的「粉絲」，而且還是「鐵粉」。

「從者」——是「當時隨孔子周遊列國的弟子」，這是旁觀人（《論語》的傳述者）描述時用的話。「二三子」雖然也是「孔子的弟子」，但是這是當面直接稱呼時的用語（〈述而24〉、〈子罕12〉、〈先進11〉和〈陽貨4〉）。

「喪」是指「亡失」（皇侃），或「失位去國」（朱子），或「喪亡、流亡」（黃懷信），其實就是後面說的「天下無道」，是「道之喪」。

「木鐸」是施政教時敲打的木質器具，用清亮的聲音，警醒大家注意（《禮記．明堂位》〈8〉、《尚書．夏書》〈胤征1〉和《周禮．地官司徒》〈88〉），像現在廟裡的「木魚」。

值得注意的是，儀封人對孔子的思想有信心，可是孔門弟子好像在經歷了這麼多風波之後，已經對孔子之道有點信心渙散了。如果孔門弟子都精神奕奕，守死善道，儀封人恐怕也不必說這麼多吧！或者，儀封人沒看到顏回吧？

此外，儀封人的話到現在也沒有實現。孔老夫子沒被當成「木鐸」，反而成了歷朝專制君主利用的工具，以及一千多年來考試的標準答案，我想這是儀封人當初沒有想到的吧！孔老夫子更沒想到吧！

孔老夫子的智慧有沒有用是一個問題，更大的問題恐怕還在於我們現代人有沒有智慧可以「活用」或「用活」孔老夫子的智慧。

哲人日已遠
典型在夙昔
風簷展書讀
古道照顏色

問題在我們，不在孔老夫子。

附錄

《禮記．明堂位》〈8〉振**木鐸**於朝，天子之政也。

《尚書．夏書》〈胤征1〉惟仲康肇位四海，胤侯命掌六師。羲和廢厥職，酒荒於厥邑，胤后承王命徂征。告於眾曰：「嗟予有眾，聖有謨訓，明徵定保，先王克謹天戒，臣人克有常憲，百官修輔，厥后惟明明，每歲孟春，遒人以**木鐸**徇於路，官師相規，工執藝事以諫，其或不恭，邦有常刑。」

《周禮．地官司徒》〈88〉凡四時之徵令有常者，以**木鐸**徇於市朝。以歲時巡國及野，而賙萬民之艱厄，以王命施惠。

25

子謂〈韶〉，「盡美矣，又盡善也。」謂〈武〉，「盡美矣，未盡善也。」

孔子評論舜時代的〈韶樂〉說：「真是美極了，又好極了！」評論周武王時代的〈武樂〉說：「美雖然是美極了，但可惜並沒有好到極點！」

孔子認為音樂反映出社會風氣和政治興衰，在本章評論兩個領袖人物，或是他們的時代的音樂。「韶」——古書中又作「大韶」、「九韶」或「簫韶」，古注都說是「舜樂名也」（《竹書紀年・帝舜有虞氏》〈1〉、《獨斷・卷上》〈75〉和《莊子・雜篇》〈天下2〉），《禮記・樂記》〈23〉說是「繼」；《春秋繁露・楚莊王》〈6〉說是「昭」，《白虎通德論・禮樂》〈5〉、《風俗通義・聲音》〈2〉、《漢書・董仲舒傳傳》〈22〉和皇侃說是「紹」，就是現在說的「克紹箕裘」的「紹」，是「承傳」的意思。皇侃進一步解釋說：「韶，紹也。天下之民樂舜揖讓紹繼堯德，故舜有天下而制樂名『韶』也。」

「武」——是「武王樂也」，皇侃的進一步解釋是：「天下之民樂武王干戈，故樂名『武』也。」

邢昺說是：「以武得民心，故名樂曰『武』。」孔子在《論語》中極力讚嘆〈韶〉樂之美善（〈述而14〉和〈衛靈公11〉）。

「美」——皇侃說是「堪合當時之稱也」，朱子說是「聲容之盛」。「善」，皇侃說是「理事不惡之名也」，朱子說是「美之實也」。一說「善」本作「繕」，《廣雅・釋詁》：「繕，治也。」

孔子以「美」和「善」兩項標準評論「韶」和「武」兩種樂曲，「韶」兼具「美善」雙重標準，「武」只達到「美」，卻沒到「善」的境界。孔子這裡也沒明說原因。後來的注解都很一致地認為：舜是以自身的德性受到堯的禪讓，這種「公天下」、「以德服人」的正能量就展現在音樂上，所以既美且善；武王伐紂，靠的是武力，而且已經淪落成「家天下」的格局，雖然也是順天應人，畢竟還達不到「公天下」和「以德服人」的標準，所以只達到「美」，沒能上升到「善」的境界。

孔子從對音樂的評論，也透露出他「天下為公」的美善目標。也許這兩項目標就是前一節儀封人說的「天將以夫子為木鐸」的原因吧！一個道裡，分在兩章。這是《論語》密碼嗎？

順便說一個和〈韶〉樂相關的故事：有一次孔子到了齊國的東郭門外，看到一個小孩拿著水壺，和他的車架並行。他看這小孩的眼神專注，心中有主，行為端正。孔子就讓趕車的人趕快超過這個小孩。這個時候響起了〈韶〉樂，讓孔子聽到之後，三月不知肉味。從這個故事就可以看出音樂不只可以「自樂」，還可以「樂人」；不僅可以「自正」，還可以「正人」（《說苑・修文》〈32〉）。這也是個音樂具有影響人我力量的最佳注解，不分聖人和小孩。

現在還有什麼音樂有這樣的力量呢？

附錄

《春秋繁露．楚莊王》〈6〉舜時，民樂其昭堯之業也，故《韶》。「韶」者，昭也。禹之時，民樂其三聖相繼，故《夏》。「夏」者，大也。湯之時，民樂其救之於患害也，故《濩》。「濩」者，救也。文王之時，民樂其同師徵伐也，故《武》。「武」者，伐也。四者，天下同樂之，一也，其所同樂之端不可一也。作樂之法，必反本之所樂。所樂不同事，樂安得不世異？是故舜作《韶》而禹作《夏》，湯作《濩》而文王作《武》。四樂殊名，則各順其民始樂於己也。見其效矣。《詩》云：「文王受命，有此武功。既伐於崇，作邑於豐。」樂之風也。又曰：「王赫斯怒，爰整其旅。」當是時，紂為無道，諸侯大亂，民樂文王之怒而詠歌之也。周人德已洽天下，反本以為樂，謂之《大武》，言民所始樂者武也云爾。故凡樂者，作之於終，而名之以始，重本之義也。此觀之，正朔、服色之改，受命應天制禮作樂之異，人心之動也。二者離而複合，所為一也。

《白虎通德論．卷二》〈禮樂5〉王者始起，何用正民？以為且用先王之禮樂，天下太平，乃更制作焉。《書》曰：「肇修殷殷禮，祀新邑。」此言太平去殷禮。《春秋傳》曰：「昌何為不修乎近而修乎遠，同己也，可因先以太平也。」必復更制者，示不襲也，又天下樂之者。樂者所以象德表功殊名。《禮記》曰：「黃帝樂曰《咸池》，顓頊樂曰《六莖》，帝嚳樂曰《五英》，堯樂曰《大章》，舜樂曰《簫韶》，禹樂曰《大夏》，湯樂曰《大護》。周樂曰《大武象》，周公之樂曰《酌》，合曰《大武》。」黃帝曰《咸池》者，言大施天下之道而行之，天之所生，地之所載，咸蒙德施也；顓頊曰《六莖》者，言和律曆以調陰陽，莖者著萬物也；帝嚳曰《五英》者，言能調和五聲以養萬物，調其英華也；堯曰《大章》，大明天地人之道也；舜曰《簫韶》者，舜能繼堯之道也，禹曰《大夏》者，言禹能順二聖之道而行之，故曰《大夏》也；湯曰《大護》者，言湯承衰，能護民之急也；周公曰《酌1》者，言周公輔成王，能斟酌文武之道而成之也；武王曰《象》者，像太平而作樂，示已太平也；合曰《大武》者，天下始樂周之征伐行武，故詩人歌之：「王赫斯怒，爰整其旅。」當此之時，天下樂文王之怒，以定天下，故樂其武也。周室中制《象湯》樂何？殷紂為惡日久，其惡最甚，斫涉刳胎，殘賊天下。武王起兵，前歌後舞。克殷之後，民人大喜，故中作所以節喜盛。

《說苑．修文》〈32〉孔子至齊郭門之外，遇一嬰兒挈一壺，相與俱行，其視精，其心正，其行端，孔子謂御曰：「趣驅之，趣驅之。」韶樂方作，孔子至彼，聞韶三月不知肉味。故樂非獨以自樂也，又以樂人；非獨以自正也，又以正人矣哉！

26

子曰：「居上不寬，為禮不敬，臨喪不哀，吾何以觀之哉？」

孔子說過：「居上位的人待人民不寬容，自己又對禮樂沒有敬慎之心，面對喪禮更是只有形式而沒有內心的哀戚，我不知道對這樣的君上還有什麼好期待的！」

這章是孔子感嘆居上位的人不守禮，已經沒救了！

皇侃認為本章是「譏當時失德之君」。這裡還是談當上司的人該有的發自內心深處的基本禮節。這章是〈八佾〉的最後一章，似乎也有深意。

這章和《大戴禮記・曾子立事》〈30〉說到的：「臨事而不敬，居喪而不哀，祭祀而不畏，朝廷而不恭，則吾無由知之矣！」幾乎如出一轍。

「居上不寬」的「居上」是「居上位的人」。「寬」和「苛」是相對的，《論語》兩度說到「寬則得眾」（〈陽貨6〉和〈堯曰1〉）。這裡的「寬」也就是「居上者」要先自修「文德」，才能讓「近悅遠來」。舜在即位之後，就請「契」當「司徒」（相當現在的「民政」），謹慎宣導人民要在五倫關係上有基本的禮節（敬敷五教），處處要以「寬」為念（《尚書・虞書》〈舜典11〉；《史記》〈五帝本紀24〉和〈殷本記1〉）。其實「苛政猛於虎」的故事就是警惕當政者要「寬」：孔子有一次和弟子經過泰山山腳下，聽到有婦人哭著悼念被老虎咬死的兒子，很好奇她屢遭虎患而失去了公公、丈夫和兒子三代男子，為什麼還不搬家而甘冒這種隨時會被老虎咬死的危險，沒想到婦人竟然回答因為這裡雖有老虎，但無苛政。「苛政猛於虎」，所以百姓就用腳投票，選擇離開父母之邦，讓人不勝唏噓。（《禮記・檀弓下》〈193〉）

接下來的兩個部分強調的不是外在形式，而是內心的真心感受。這就是林放所問的「禮之本」（〈八佾4〉）。孔子當時回答「禮，與其奢也，寧儉；喪，與其易也，寧戚」。此處顯然也是同樣的回答：「禮」強調要配合「敬」，「喪」要配合「哀」（也就是「戚」）。《論語》中也兩次說到「喪思哀」（〈子張1〉和〈子張14〉）。《禮記》中也數度提及「喪」以「哀」為主（《禮記》〈曲禮上67〉、〈檀弓下136〉、〈少儀25〉和〈問喪6〉）。所以，慰問別人的喪禮，要請家人「節哀順變」（〈檀弓下136〉）。

《論語》中也強調「禮」和「敬」的搭配（〈顏淵5〉和〈子路4〉）。孟子也承繼此種觀點（《孟子・離婁下》〈54〉），其他古書也記載說：「喪」也該和「禮」一樣，應該是「敬」重於「哀」。（《禮記》〈哀公問6〉、〈雜記72〉、〈檀弓上56〉和《孔子家語・子貢問》〈9〉）

「觀」，不只是「看」，劉寶楠強調是指「觀禮」，還說：「禮無足觀，斯懈於位，而民不可得而治也。」

有一個故事很可以看出孔子對於喪禮其實也不是那麼不知變通。孔子的弟子子夏和閔子騫在各自的「三年之喪」完畢後去拜見孔子。孔子都拿琴來讓他們彈。結果子夏心情愉快彈琴，而閔子騫卻仍然心中悲戚。孔子認為兩人都是「君子也」。子貢不解孔子對兩人的「哀已盡」和「哀未盡」的不同情感表現卻給予同樣的評價，孔子強調兩人雖然心情不同，但都能以禮節之，所以都稱得上是「君子」（《禮記・六本》〈5〉）。由此可見，孔子強調內心的真實情感而不是外在的形式。

這個故事呼應了《禮記・中庸》〈1〉上說的：「喜怒哀樂之未發，謂之中；發而皆中節，謂之和；中也者，天下之大本也；和也者，天下之達道也。致中和，天地位焉，萬物育焉。」情感表達能「發乎情，止乎禮」才是王道。這也是孔子希望「觀」的地方。

附錄

《春秋繁露・仁義法》〈1〉是故以自治之節治人，是居上不寬也；以治人之度自治，是為禮不敬也。為禮不敬，則傷行而民弗尊；居上不寬，則傷厚而民弗親。弗親則弗信，弗尊則弗敬。二端之政詭於上，而僻行之則誹於下，仁義之處可無論乎？夫目不視弗見，心弗論不得。雖有天下之至味，弗嚼弗知其旨也；雖有聖人之至道，弗論不知其義也。

《尚書・虞書》〈舜典11〉帝曰：「契，百姓不親，五品不遜。汝作司徒，敬敷五教，在寬。」

《史記》〈五帝本紀24〉舜曰：「契，百姓不親，五品不馴，汝為司徒，而敬敷五教，在寬。」——〈殷本記1〉帝舜乃命契曰：「百姓不親，五品不訓，汝為司徒而敬敷五教，五教在寬。」

《禮記》〈檀弓下193〉孔子過泰山側，有婦人哭於墓者而哀，夫子式而聽之。使子貢問之曰：「子之哭也，壹似重有憂者。」而曰：「然，昔者吾舅死於虎，吾夫又死焉，今吾子又死焉。」

夫子曰：「何為不去也？」曰：「無苛政。」夫子曰：「小子識之，苛政猛於虎也。」

——〈曲禮上67〉臨喪則必有哀色，執紼不笑，臨樂不嘆；介胄，則有不可犯之色。故君子戒慎，不失色於人。

——〈檀弓下136〉喪禮，哀戚之至也。節哀，順變也；君子念始之者也。

——〈少儀25〉賓客主恭，祭祀主敬，喪事主哀，會同主詡。軍旅思險，隱情以虞。

——〈問喪6〉喪禮唯哀為主矣。女子哭泣悲哀，擊胸傷心；男子哭泣悲哀，稽顙觸地無容，哀之至也。

《孟子．離婁下》〈56〉孟子曰：「君子所以異於人者，以其存心也。君子以仁存心，以禮存心。仁者愛人，有禮者敬人。愛人者人恆愛之，敬人者人恆敬之。有人於此，其待我以橫逆，則君子必自反也：我必不仁也，必無禮也，此物奚宜至哉？其自反而仁矣，自反而有禮矣，其橫逆由是也，君子必自反也：我必不忠。自反而忠矣，其橫逆由是也，君子曰：『此亦妄人也已矣。如此則與禽獸奚擇哉？於禽獸又何難焉？』是故君子有終身之憂，無一朝之患也。乃若所憂則有之：舜人也，我亦人也。舜為法於天下，可傳於後世，我由未免為鄉人也，是則可憂也。憂之如何？如舜而已矣。若夫君子所患則亡矣。非仁無為也，非禮無行也。如有一朝之患，則君子不患矣。」

《禮記》〈哀公問6〉公曰：「寡人雖無似也，願聞所以行三言之道，可得聞乎？」孔子對曰：「古之為政，愛人為大；所以治愛人，禮為大；所以治禮，敬為大；敬之至矣，大昏為大。大昏至矣！大昏既至，冕而親迎，親之也。親之也者，親之也。是故，君子興敬為親；舍敬，是遺親也。弗愛不親；弗敬不正。愛與敬，其政之本與！」

——〈雜記下72〉子貢問喪，子曰：「敬為上，哀次之，瘠為下。顏色稱其情；戚容稱其服。」

——〈檀弓上56〉子路曰：「吾聞諸夫子：喪禮，與其哀不足而禮有餘也，不若禮不足而哀有餘也。祭禮，與其敬不足而禮有餘也，不若禮不足而敬有餘也。」

《孔子家語．子貢問》〈9〉子貢問居父母喪，孔子曰：「敬為上，哀次之，瘠為下，顏色稱情，戚容稱服。」

《禮記．六本》〈5〉子夏三年之喪畢，見於孔子。子曰：「與之琴。使之絃。」侃侃而樂，作而曰：「先王制禮，不敢不及。」子曰：「君子也！」閔子三年之喪畢，見於孔子。子曰：「與之琴，使之絃。」切切而悲，作而曰：「先王制禮，弗敢過也。」子曰：「君子也！」子貢曰：「閔子哀未盡，夫子曰：君子也。子夏哀已盡，又曰：君子也。二者殊情，而俱曰君子，賜也惑，敢問之。」孔子曰：「閔子哀未忘，能斷之以禮；子夏哀已盡，能引之及禮；雖均之君子，不亦可乎？」

里仁

•

第四

1

子曰：「里仁為美。擇不處仁，焉得知？」

孔子說過：「選擇住居的地方要以有仁者居住的風俗美地為考量。如果做選擇都不考慮好的人際關係，這怎麼算得上是明智啊！」

從這章開始進入〈里仁篇〉。皇侃認為本篇和前篇有關聯性：「所以次前者，明季氏之惡由不近仁，今示避惡從善，宜居仁里，故以〈里仁〉次於〈季氏〉（作者按：應為〈八佾〉）也。」

「里」，作名詞解就是鄰里，鄉里，也就是人所居住的地方；作動詞解，就是「居住」的意思。「里仁」則可以解釋成「仁者所居之處」，或是「風俗仁厚的地方」。「美」，就是美在有仁人，或是有善良風俗。孔子強調「居無求安」（〈學而14〉），要求的就是這裡說的「美」。

「擇」是「求」，也是「選擇」。劉寶楠特別強調古代的君王習慣把不同類的人分住在不同的地方，這叫「別地居民」，也因此，自己有仁者之名，才會被分派到「仁里」居住。大部分人沒注意到古代住居是不能自己選擇的，所以都將「擇」當成「選擇」講。可是《三字經》中有「昔孟母，擇鄰處」，好像選擇居所又不是那麼不自由。許多人承上文的「里仁」來解釋這裡的「擇」是「擇居」（古人也稱「卜居」），也有人把前面的「里仁」當成「引子」，強調「擇」什麼都要像「擇居」那樣以「仁」為目標，把「擇」擴大到各種人生的選擇，譬如說「擇業」、「擇偶」、「擇友」。孟子是最早做「擇業」解釋的人，他拿賣弓箭的人和賣盾牌的人來譬喻，賣弓箭的人就怕自己的弓箭傷不了人，賣盾牌的人擔心的是自己的盾牌擋不住弓箭。他沒說不要去賣弓箭（沒人賣箭，也就不需要盾牌了，為了和平，兩人一起失業）（《孟子・公孫丑上》〈7〉），只說選擇職業不可不謹慎。

「知」就是「智」，這種「智」是懂得「是非善惡」、「進退存亡」的生存和生命智慧。

孔門後人荀子說得更清楚：「君子居必擇鄉，遊必就士，所以防邪辟而近中正也。」就是要靠外在的正能量強化我們自己的正能量。（《荀子・勸學》〈6〉）

孔子在這裡要大家多多和仁人相處，也就是「就有道而正焉」（〈學而14〉）。因為「性相近也，習相遠也」，身處「仁人」身旁，我們感受的正能量多，也從「仁人」的身教中，潛移默化學習行正道。

我常舉的例子就是一群人和一個人過馬路闖不闖紅燈的問題：如果只有一個人闖，其他人都遵守交通規則，容易讓拿不定主意的人跟著守規矩；如果大家都闖紅燈，只有一兩個人遵守交通規則，拿不定主意的人也容易從眾而闖紅燈。這就是孔子說的「舉直錯諸枉，能使枉者直」（〈為政19〉和〈顏淵22〉）的正向「從眾心理」。

社會上如果大家都在自己犯錯時，第一時間想到的不是自己犯錯，而是「別人也這樣，為什麼我這麼倒楣被抓」，那麼這個社會的道德就還沒內化到這些人內心，也反映出「里不仁，人不美」。

附錄

《孟子·公孫丑上》〈7〉孟子曰：「矢人豈不仁於函人哉？矢人唯恐不傷人，函人唯恐傷人。巫匠亦然，故術不可不慎也。孔子曰：『里仁為美。擇不處仁，焉得智？』夫仁，天之尊爵也，人之安宅也。莫之禦而不仁，是不智也。不仁、不智、無禮、無義，人役也。人役而恥為役，由弓人而恥為弓，矢人而恥為矢也。如恥之，莫如為仁。仁者如射，射者正己而後發。發而不中，不怨勝己者，反求諸己而已矣。」

2

子曰：「不仁者不可以久處約，不可以長處樂。仁者安仁，知者利仁。」

孔子說過：「沒有仁德的人，不能長久處在貧困的環境，也不能長久處在快樂的環境。〔只有〕有仁德的人才能做出讓別人安心的事，〔只有〕智者才能做出對眾人都有利的事。」

本章拿「不仁者」和「仁者」對比。

「約」——在《論語》中有兩種用法，一種是「約禮」，是以禮約束，《論語》中有提到過「約之以禮」（〈雍也27〉和〈顏淵15〉）或「約我以禮」（〈子罕11〉），或「以約失之者」（〈里仁23〉）；一種和「泰」（「約而為泰」（〈述而26〉））或是和這裡的「樂」對舉，是「貧困」（皇侃）或「窮困」（朱子）的意思。皇侃還說：「樂，富貴也」。「安」——戴望說是「安者，視仁若安宅然；利者，以仁為美利利天下」。朱子說：「利，猶貪也。」劉寶楠說：「安仁者，心安於仁也；利仁者，知人為利而行之也。」

孔子在這裡只說明了不仁者和仁者的行為表現，沒說明背後原因。孔安國補充解釋說：「不可久約，久困則為非也。不可長樂，必驕佚也。」朱子說得更極簡：「久約必濫，久樂必淫。」「不仁者」主要是自私，只顧自己的「約」和「樂」。所以患得「約」，一旦失意，就開始怨天尤人，覺得整個社會都對不起他，所以他也要對不起整個社會；患失「樂」，一旦得志，又覺得是自己有才，別人都不如他，於是就覺得自己了不起。如果又寫了一本自己成功的故事，那更是不可一世。這樣的人不懂得「共生共容」和「惜福分享」。這要回頭去看〈八佾3〉，溫故知新一下。

「安仁」和「利仁」的「仁」，這裡其實都可以當成「人」來解釋。

「安仁」不僅要「讓別人安」，前提是要「讓自己先安」，「己安安人」，或是說「修己安人」。「仁者」和「不仁者」的最大差別就在於「大公」和「自私」，不能「大公無私」就不能「安仁」。「利仁」其實也一樣。〈中庸14〉說「君子素其位而行，不願乎其外」。這是君子「無入而不自得」的「己安」的精神表現。

「利仁」，是「借仁以從利」（《後漢書．列傳》〈宣張二王杜郭吳承鄭趙列傳18〉）。對於嚴格區分「義」「利」的後學來說，「利仁」是個很矛盾的概念。可是換成後來佛家說的「利益眾生」，好像有比較容易了解。這裡的「利」顯然不是萬惡不赦的那種「唯利是圖」的「利」，而是「己利利人」，尋求「共利」。《易經．文言》〈乾9〉說：「利者義之和」，就將「義利」合起來講，〈乾18〉又說：「乾始能以美利利天下，不言所利，大矣哉！」這都是說名「利」的正能量，豈可小覷？雖然孔子說是「知者」利仁，何嘗又不是「仁者」之所為呢？

其實「安仁」就是「安人」，《禮記．表記》〈17〉中說：「中心安仁者，天下一人而已矣」，也就是「視（或待）人如己。」「利仁」，就是「利人」，也是「立人」。兩者都蘊含著先「修己」才能「安人」，才能「利人」或「立人」。這也是一種「本末先後」的關係。有人覺得「安仁」的「仁者」高過於「利仁」的「智者」，這真是「見仁見智」了。其他古籍中也有「安」「利」並舉的：《禮記．表記》〈14〉中也出現一模一樣的「仁者安仁，知者利仁」；《禮記．中庸》〈20〉中說「或安而行之，或利而行之，或勉強而行之，及其成功，一也」，應該也是「安仁」和「利仁」；《大戴禮記．曾子立事》〈42〉的對照略為不同：「仁者樂道，智者利道。」

「不仁者」想到的都是自己，不管他人死活，無論富貴貧賤都不會快樂。仁者，想著自己好也想著要為別人好，因此自得其樂。一個「自私」，一個「為公」。

毓老師生前自號「安仁居士」，顯然以「仁者」自期；「安仁居士」門下會有「利仁居士」繼之而起嗎？

PS.：把Chile取名「智利」，真是個有文化的人想到的。就差「仁安」了！

附錄

《禮記》〈表記14〉子曰：「仁有三，與仁同功而異情。與仁同功，其仁未可知也；與仁同過，然後其仁可知也。**仁者安仁，知者利仁**，畏罪者強仁。仁者右也，道者左也。仁者人也，道者義也。厚於仁者薄於義，親而不尊；厚於義者薄於仁，尊而不親。道有至，義有考。至道以王，義道以霸，考道以為無失。」
——〈17〉子曰：「中心安仁者，天下一人而已矣。《大雅》曰：『德輶如毛，民鮮克舉之；我儀圖之，惟仲山甫舉之，愛莫助之。』《小雅》曰：『高山仰止，景行行止。』」
——〈中庸14〉君子素其位而行，不愿乎其外。素富貴，行乎富貴；素貧賤，行乎貧賤；素夷狄，行乎夷狄；素患難，行乎患難：君子無入而不自得焉。在上位不陵下，在下位不援上，正己而不求於人，則無怨。上不怨天，下不尤人。故君子居易以俟命，小人行險以徼幸。」

3

子曰：「唯仁者能好人，能惡人。」

孔子說過：「只有有仁德的人，才能根據人的善行或惡行而分別產生好惡之心。」

這章文字也很簡單，沒什麼特別需要解釋的字。倒是這句話背後的原因不簡單，但孔子沒進一步說明，所以歷代的注疏家有機會大作文章。

這裡的「好人」和「惡人」不是當名詞，而是「好人之所善行」和「惡人之所惡行」的意思。《禮記・大學》〈14〉裡曾經對此章有進一步發揮：強調能有利於子孫黎民的就應該接納這樣的人才，不能保護子孫黎民的人就應該流放，「不與同中國」，這才叫做「唯仁人為能愛人，能惡人」；否則「見賢而不能舉，舉而不能先，命也；見不善而不能退，退而不能遠，過也。好人之所惡，惡人之所好，是謂拂人之性，災必逮夫身。是故君子有大道，必忠信以得之，驕泰以失之」。《大戴禮記・曾子立事》〈15〉中也有類似的看法：「君子好人之為善，而弗趣也，惡人之為不善，而弗疾也；疾其過而不補也，飾其美而不伐也，伐則不益，補則不改矣。」《荀子．非十二子》〈10〉中也強調這種君子「好人和惡人」的兩面性：「貴賢，仁也；賤不肖，亦仁也。」

法家的管子也有類似看法，不過他把「愛人」和「惡人」當成人主之術：「主有三術：夫愛人不私賞也，惡人不私罰也，置儀設法以度量斷者，上主也。愛人而私賞之，惡人而私罰之。倍大臣，離左右，專以其心斷者，中主也。臣有所愛而為私賞之，有所惡而為私罰之，倍其公法，損其正心，專聽其大臣者，危主也。故為人主者，不重愛人，不重惡人，重愛曰失德，重惡曰失威，威德皆失，則主危也。」（《管子．任法》〈5〉），這裡強調的也是要重「公」，不要徇「私」，賞罰也因此要公私分明。

皇侃說：「夫仁人不佞，故能言人之好惡，是能好人能惡人也。」這裡提到的「佞」是「花言巧語」。朱子說得更簡要：「蓋無私心，然後好惡當於理。」這裡抓到「仁者」和「不仁者」的區分就在於「公」和「私」。劉寶楠說得詳細些：「若夫仁者，情得其正，於人之善者好之，人之不善者惡之，好惡咸當於理，斯為仁者能之也。」這裡強調以「理」來決定「好惡」。這些古注都和《禮記．大學》〈14〉，甚至和《管子．任法》〈5〉的說法近似。

我們經常看到，團體中發生意見衝突時，許多人會強調以「和」為貴。可是他們所謂的「和」是不論是非對錯、青紅皂白的「和」，這樣其實是孔子所謂的「鄉愿」，或是現代人說的「和稀泥」，算不上「德」（「鄉愿，德之賊也。」〈陽貨13〉）。另外，也有人聽人論說人或事，不查證就信以為真，甚至還跟著到處流傳，並因此決定了自己的「好惡」，這樣其實是「背德」（「道聽而塗說，德之棄也。」〈陽貨14〉）。還有的人雖然明知「善」「惡」之別，卻強調「隱惡揚善」（《禮記．中庸》〈6〉），自以為做人厚道，其實沒比「鄉愿」好太多。雖然彰顯了「善」，但是「惡」並沒有被周知和滅絕，功虧一簣。

毓老師認為應該主張的是「遏惡揚善」(《易經・大有卦》〈象傳〉),這樣社會才會有是非對錯,道德才能彰顯,這也是讀書所能獲得的正能量。

這裡雖然說的是「仁者」能區辨別人的善惡之行,當然蘊含著對自己的善念善行及惡念惡行也能發揮「遏惡揚善」的修為,不待外人來說,平日就會省察自己的起心動念和行為後果。

仁者是先從自己做起的。「有諸己而後求諸人,無諸己而後非諸人」(《禮記・大學》〈11〉)。

附錄

《管子・任法》〈5〉故主有三術:夫愛人不私賞也,惡人不私罰也,置儀設法以度量斷者,上主也。愛人而私賞之,惡人而私罰之。倍大臣,離左右,專以其心斷者,中主也。臣有所愛而為私賞之,有所惡而為私罰之,倍其公法,損其正心,專聽其大臣者,危主也。故為人主者,不重愛人,不重惡人,重愛曰失德,重惡曰失威,威德皆失,則主危也。

《禮記・中庸》〈6〉子曰:「舜其大知也與!舜好問而好察邇言,隱惡而揚善,執其兩端,用其中於民,其斯以為舜乎!」

《易經・大有卦》〈象傳〉火在天上,大有;君子以遏惡揚善,順天休命。

4

子曰：「苟志於仁矣，無惡也。」

孔子說過：「〔一個人〕一旦立志要行仁道，就不會做出傷害人的事。」

這章也很簡單，只有在「無惡」的部分有點不同的解釋。

「苟」是「假如」，是一種假設的語氣。

「志」——朱子說出了著名的「心之所之也」的定義。毓老師認為王夫之說的「心之所主」更勝一籌。「志於仁」就是以「行仁道」為自己人生奮鬥的方向和目標。

「無惡」的一種解釋是將「惡」念成「餓」，是「無惡行」（皇侃）或「無為惡之事」（朱子）。另一種解釋是承上章而來，將「惡」念成「物」，解釋成「無惡人之念」（俞樾）。

孟子討論過好幾次「志於仁」的情況，其一是當臣子的職責應該將君王引向正道（《孟子》〈告子下28〉和〈29〉）。反過來說，如果「不志於仁」，會有「終身憂辱，以陷於死亡」的後果（〈離婁上9〉）。

《春秋繁露・玉英》〈6〉引用這句話的時候，好像認為是從賢者「仁」的動機考量，可以「為賢者諱」，因為賢者志於仁，不應加以惡言評論。這是「隱惡」的例證。「隱惡」不應該是為了「息事寧人」，而是讓「無心為惡」的賢者有改過的機會，否則就是鄉愿。

本章說的「仁道」，也就是有些現代哲學家和宗教家提倡的「全球倫理」精要：一是「把所有人（不分種族、性別、宗教……）都當人看」的「仁道」；一是推己及人的「恕道」，積極面的「己立立人」和「己達達人」，以及消極面的「己所不欲，勿施於人」。這些都是孔子早就有的教誨。和這章的說法不謀而合。

可是，社會新聞上還常常可看到黑心食品事件，這種事件不都是為了成本考量，不走正道，不以蒼生為念，不「志於仁」的「惡果」嗎？害了消費者，生產者自己不會自取滅亡嗎？這種三番兩次犯錯的企業，只能說「惡性重大」。可惜的是他們辛苦的員工，無端受累，跟著蒙羞，甚至丟掉飯碗。「擇不處仁，焉得知？」這是「跟錯老闆選錯行」的苦衷。

「一失足成千古恨」，我們能夠「不志於仁」、「不生惡念」、「不有惡行」嗎？這些惡念和惡行，不僅損人也不利己。「志於仁」是以「公」為念，以「生生不息」（「仁」有「種子」的意思）為念。

善行引發更多善行（善生善），惡行也引發更多惡行（惡生惡），能夠不謹慎嗎？

附錄

《孟子》〈離婁上9〉苟不志於仁，終身憂辱，以陷於死亡。

——〈告子下28〉君子之事君也，務引其君以當道，志於仁而已。

——〈29〉孟子曰：「今之事君者曰：『我能為君辟土地，充府庫。』今之所謂良臣，古之所謂民賊也。君不鄉道，不志於仁，而求富之，是富桀也。『我能為君約與國，戰必克。』今之所謂良臣，古之所謂民賊也。君不鄉道，不志於仁，而求為之強戰，是輔桀也。由今之道，無變今之俗，雖與之天下，不能一朝居也。」

《春秋繁露．玉英》〈6〉難者曰：為賢者諱，皆言之，為宣繆諱，獨弗言，何也？曰：不成於賢也。其為善不法，不可取，亦不可棄。棄之則棄善誌也，取之則害王法。故不棄亦不載，以竟見之而已。苟誌於仁無惡，此之謂也。

5

子曰：「富與貴是人之所欲也，不以其道得之，不處也；貧與賤是人之所惡也，不以其道得之，不去也。君子去仁，惡乎成名？君子無終食之間違仁，造次必於是，顛沛必於是。」

孔子說過：「有錢和有地位是所有人都想要的事。如果不守正道而名利雙收，也不會長久保持；沒錢和沒地位是所有人都討厭的事。如果不守正道而名利兩失，也得思過脫貧。君子要是不行仁道，還能稱作君子嗎？君子要能夠無時無刻不違背仁道，不管是遭逢各種災難，都得篤守仁道。」

這章還是講「仁」，而且強調不論是碰到好壞情況，都得堅守「仁」，不能稍微懈怠「不仁」，這樣就「不是人」。

「富」——皇侃說是「富者財多」，也就是有錢；「貴」，皇侃說是「貴者位高」，也就是有社會地位。這兩項現在往往連用合稱為「富貴」，是一般人所追求的人生目標。孔子說如果不以「道」得富貴，也就是「不義而富且貴」（〈述而16〉），這樣的富貴就不可能長久。孔子這裡討厭的不是「是人都喜歡」的「富貴」，他也說過：「富而可求也，雖執鞭之士吾亦為之。」（〈述而12〉），他討厭的是「為富不仁」，簡單說就是「為了自己發財，不顧別人的生命」，「為了自己的利益，出賣自己的靈魂」，「黑心商人」和「貪官」就是最可恨的例子。這些人都樂於「為了富貴而不仁」，只有私欲而無公德，就是「不以其道得之而處富貴」。

反面來說，「貧」——皇侃說是「乏財」，也就是沒有錢；「賤」——皇侃說是「無位」，也就是沒有社會地位，都是一般人希望擺脫的人生現狀。孔子認為如果身處貧賤，也不應該用「不仁道」（損害別人的利益）的方式來擺脫這種狀況。

有人認為，貧賤既然是大家都希望擺脫的人生現狀，為什麼還會「不以其道『得』之」，王充（《論衡・問孔》〈10〉）因此懷疑這裡的「得」應該是「去」，字義確實比較明確，但是不改字也可以解釋為「不以正道而導致自身的貧賤」。還有人懷疑孔子對人要求太高，遭逢貧賤沒有人不想擺脫，孔子卻叫人「不去」。這是看書不看上下文的結果。孔子其實說的是「去貧窮要以其道」，也就是說「要走正道來擺脫貧賤，不能走歪道」。走正道，培養正能量，至少內心就不會感覺自己貧賤，也更有可能在外在生活因為自己走了正道，產生了正能量，而擺脫往昔的貧賤。

說完了正反兩面的富貴貧賤都要依正道行仁，孔子才總結：「立志要當君子的人，不行仁道（只想著自己，不替別人想），怎麼還能稱得上是有德之人呢？」君子隨時都要想到別人，他舉了三個特別的時刻：「終食」，皇侃說「食間」（兩頓飯之間），朱子說「一飯之頃」（一頓飯的時間）；「造次」，馬融和皇侃都說是「急遽」，朱子說是「急遽苟且之時」，也就是「倉卒」（戴望）；「顛沛」，「僵仆」（或作偃仆」（馬融、皇侃、邢昺和戴望），朱子說得清楚些：「傾覆流離之際」。劉寶楠說：「終食」是指「常境」（平常時期），「造次」和「顛沛」則指「變境」（非常時期）。這也就是「進退存亡而不失其正」（《易經・乾卦》〈24〉）。

其實這段話很簡單，就是鼓勵人首要關心的是自己是否考慮到別人的生存安危，也就是「安仁」和「利仁」，而不是自己「富貴貧賤」的問題。

孔子的這段話沒有特別舉例。古注也都沒有說。劉寶楠引用《大戴禮記・曾子制言中》〈5〉的說明，認為：「舜是以道得富貴，伯夷、叔齊則不以道得貧賤，而其仁成名於天下，皆所謂『安仁』者也。」很值得參考。

先秦兩漢古籍中有許多篇章都和此章相呼應：〈里仁2〉中說：「不仁者不可以久處約，不可以長處樂。仁者安仁，知者利仁。」《孟子・滕文公下》〈7〉中除了「富」和「貧賤」之外，還加上「威武」：「富貴不能淫，貧賤不能移，威武不能屈。此之謂大丈夫。」《禮記・中庸》〈14〉也說：「君子素其位而行，不愿乎其外」、「君子無入而不自得」、「正己而不求於人」。

其他強調君子對於「貧賤」和「富貴」的態度的還有：「輕絕貧賤而重絕富貴」（《禮記・緇衣》〈21〉）；「不隕獲於貧賤，不充詘於富貴」（《禮記・儒行》〈19〉和《孔子家語・儒行解》〈19〉）；「然則非好死而惡生也，非惡富貴而樂貧賤也，由其道，遵其理，尊貴及己，士不辭也。孔子曰：『富而可求，雖執鞭之士，吾亦為之；富而不可求，從吾所好。』大聖之操也」（《說苑・立節》〈1〉和《韓詩外傳・卷一》〈8〉（用字略異））；「富貴不足以益，貧賤不足以損。若此，則可謂士矣」（《大戴禮記・哀公問五義》〈4〉

和《孔子家語・五儀解》〈5〉)。

《孔子家語・屈節解》〈1〉有這麼一個故事：

子路請教孔子說：「我聽說一個男子在社會上，不能以富貴貧賤來斷定他的氣節，否則就沒資格被稱為人了。」孔子回應說：「君子要求自己立身行事，必須問心無愧。有時候要跟人低聲下氣，有時又要伸張正義，這些要看時機恰當與否而定。就算是受了委屈也不改變自己的初心，也要看適當的時機來伸展自己的抱負。」

這個例子以孔子和子路師生之間的對話，鮮活地展現了孔門的富貴貧賤觀，是以仁義為不可妥協的底蘊。

附錄

《論衡》〈問孔10〉夫言不以其道得富貴，不居，可也；不以其道得貧賤，如何？富貴顧可去，去貧賤何之？去貧賤，得富貴也；不得富貴，不去貧賤。如謂得富貴不以其道，則不去貧賤邪？則所得富貴，不得貧賤也。貧賤何故當言「得之」？顧當言「貧與賤，是人之所惡也，不以其道去之，則不去也。」當言「去」，不當言「得」。「得」者、施於得之也。今去之，安得言「得」乎？獨富貴當言「得」耳。何者？得富貴，乃去貧賤也。

——〈11〉是則以道「去」貧賤如何？修身行道，仕得爵祿富貴，得爵祿富貴，則去貧賤矣。不以其道「去」貧賤如何？毒苦貧賤，起為姦盜，積聚貨財，擅相官秩，是為不以其道

《大戴禮記》〈曾子制言上2〉故君子不貴興道之士，而貴有恥之士也；若由富貴興道者與？貧

賤，吾恐其或失也；若由貧賤與道者與？富貴，吾恐其羸驕也。夫有恥之士，富而不以道則恥之，貧而不以道則恥之。

——〈曾子制言中5〉是故君子以仁為尊；天下之為富，何為富？則仁為富也；天下之為貴，何為貴？則仁為貴也。昔者，舜匹夫也，土地之厚，則得而有之，人徒之眾，則得而使之，舜唯以仁得之也；是故君子將說富貴，必勉於仁也。昔者，伯夷、叔齊，仁者也，死於溝澮之間，其仁成名於天下；夫二子者，居河濟之間，非有土地之厚、貨粟之富也，言為文章、行為表綴於天下。是故君子思仁義，晝則忘食，夜則忘寐，日旦就業，夕而自省，以歿其身，亦可謂守業矣。」

《孔子家語・屈節解》〈1〉子路問於孔子曰：「由聞丈夫居世，富貴不能有益於物，處貧賤之地，而不能屈節以求伸，則不足以論乎人之域矣。」孔子曰：「君子之行己，其於必達於己。可以屈則屈，可以伸則伸。故屈節者所以有待，求伸者所以及時。是以雖受屈而不毀其節，志達而不犯於義。」

6

子曰：「我未見好仁者，惡不仁者。好仁者，無以尚之；惡不仁者，其為仁矣，不使不仁者加乎其身。有能一日用其力於仁矣乎？我未見力不足者。蓋有之矣，我未之見也。」

孔子說過：「我沒見過喜好仁德的人和討厭仁德的人。喜好仁德的人，已經是沒人比得上的了；討厭仁德的人只是不想沾惹上沒有仁德的事情。如果大家都發願努力行使仁德的話，應該都是自己能力做得到的。我沒看過沒有能力行使仁德的人。大概總是有這樣的人吧，只是我沒見過。」

孔子在這一章鼓勵大家行仁，不要畫地自限，拿自己能力不足當藉口。

「無以尚之」的「尚」——何晏說是「復加」，皇侃說是「加勝」，邢昺說是「上」，戴望說是「陵」，就是「以非禮相陵犯」，劉寶楠說是「施」，簡單說，就是「超越」。

這裡的「好仁者」和「惡不仁者」有兩種不同的「人我」解釋：皇侃認為這是「我未見有一人見他人行仁而好之者」及「我亦不見一人雖不能自行仁者，若見他人不仁而已憎惡之者也。」這是「我」對「人」的評價。邢昺的解釋是「反求諸己」：「言性好仁者，為德之最上，他行無以更上之，言難復加也。能疾惡不仁者，亦得為仁。但其行少劣，故曰其所為仁矣也，唯能不使不仁者加乎非義於己身也，不如好仁者無以尚之為優也。」朱子的解釋沒做這樣的區分：「蓋好仁者真知仁之可好，故天下之物無以加之。惡不仁者真知不仁之可惡，故其所以為仁者必能絕去不仁之事，而不使少有及於其身。此皆成德之事，故難得而見之也。」從現在觀點來看，「好仁者」是正面積極地行仁，「惡不仁者」，自己未必行仁，但是卻消極負面憎惡「不仁者」。

接下來孔子勉勵大家「行仁」。希望大家至少「一日」用力於仁，這裡的「一日」不是指實際的一天，是指「開始」。「力不足」就是「做不到」。孔子敢說「我未見力不足者」，應該指的不是「能力不足所以做不到」，而是「沒有意願所以做不到」。孔子的言下之意應該是：如果有意願立志行仁，哪有做不到的道理？所以後來孔子再補上一句說：「大概真有做不到行仁的人吧，只是我沒見過罷了！」孔子也說過「仁遠乎哉？我欲仁，斯仁至矣。」（〈述而30〉）問題在自己有沒有意願，其他都是藉口。

其實孔子講這話應該是氣話。因為他就讚賞過顏回「其心三月不違仁」（〈雍也7〉），其他弟子雖不如顏回，但是也能「日月至焉而已矣」（〈雍也7〉）。顏回就是「好仁者」，其他弟子應該也有「惡不仁者」。只是這裡說的「有能一日用其力於仁矣乎？我未見力不足者」，原來是鼓勵弟子行仁，別找藉口，可是後來被弟子的一句話「打臉」：有一次，應該是在孔子講完這句話之後，弟子冉有（排行「政事」第一，還在子路之前）跟老師坦承說：「老師您教的都很好，是我能力太差做不到。」孔子氣得罵他：「哪是你做不到！是你自己畫地自限，不願意去做！還找什麼藉口！」（〈雍也12〉）

齊宣王有一次詢問孟子齊桓公和晉文公稱霸的道理，孟子恭敬地回答說，孔門弟子沒人討論「霸道」的事情，孔門講的都是「王道」，孟子就順便說了保民的王道才是稱霸的硬道理。齊宣王懷疑自己做不到，孟子便鼓勵他發揮自己本有的「仁術」，並提起當初齊宣王因為看到一頭牛要被抓去殺了當祭品時的恐懼表情而產生了同情之心為例，認為他只要能將愛動物之心推廣到愛百姓，就是行王道了。孟子還進一步說，齊宣王所以不能稱王，是「不為也，非不能也」（自己沒有意願做，而不是做不到）。他還舉例說：「挾泰山以超北海」（兩臂之下挾著泰山兩腳越過北海）這樣的事情才是「不能也」，「為長者折枝」（替老年人摘一朵花）這樣的事情就是「不為也」。最後孟子也提出「老吾老以及人之老，幼吾幼以及人之幼，天下可運於掌」（《孟子．梁惠王上》〈7〉）。孟子的說法除了呼應此章之外，也承傳了孔子「三志」中的前後兩部分：「老者安之，朋友信之，少者懷之」（〈公冶長26〉）；這也正是《禮記．禮運》〈1〉中的：「人不獨親其親，不獨子其子，使老有所終，壯有所用，幼有所長，矜寡孤獨廢疾者皆有所養。」這個流傳千古的理想，不正也是現代社會的需要嗎？

回頭來說，孔子既然哀嘆沒見到「好仁者」和「惡不仁者」兩種人，那麼孔子見到的又都是什麼人呢？既不是「好仁者」，也不是「惡不仁者」，那就是一幫是非不明，善惡不分的鄉愿了。是嗎？不是嗎？

附錄

《孟子・梁惠王上》〈7〉〔齊宣王〕曰：「不為者與不能者之形何以異？」〔孟子〕曰：「挾太山以超北海，語人曰『我不能』，是誠不能也。為長者折枝，語人曰『我不能』，是不為也，非不能也。故王之不王，非挾太山以超北海之類也；王之不王，是折枝之類也。老吾老，以及人之老；幼吾幼，以及人之幼。天下可運於掌。」

《禮記・禮運》〈1〉孔子曰：「大道之行也，與三代之英，丘未之逮也，而有志焉。」大道之行也，天下為公。選賢與能，講信修睦，故人不獨親其親，不獨子其子，使老有所終，壯有所用，幼有所長，矜寡孤獨廢疾者，皆有所養。男有分，女有歸。貨惡其棄於地也，不必藏於己；力惡其不出於身也，不必為己。是故謀閉而不興，盜竊亂賊而不作，故外戶而不閉，是謂大同。

7

子曰：「人之過也，各於其黨。觀過，斯知仁矣。」

孔子說過：「人犯的過錯都和他所屬的群體有關。只要從他犯的過錯就可以知道他所屬的群體。」

這章最後提到的「仁」字，有的版本作「人」。〈學而8〉孔子已經講過「過則勿憚改」，這章不講「改過遷善」，講的是「觀過知仁（或人）」。

「過」——皇侃說「猶失也」。

「黨」——孔安國和朱子都說是「類」，皇侃和邢昺都說是「黨類」，意思一樣。這裡說到「人犯過錯，都和他常往來的團體有關」。所以只要看他犯怎樣的錯，就知道他的人際關係。

孔安國的注解強調不可以用君子的標準來衡量小人的過錯，要「使賢愚各當其所，則為仁矣！」皇侃除了承傳這樣的解釋之外，還引用殷仲勘的說法：「言人之過失，各由於性類之不同。直者以改邪為義，失在於寡恕；仁者以惻隱為誠，過在於容非。」邢昺的說法和孔安國相同。朱子引用程頤的說法，引申自孔安國的解釋：「君子常失於厚，小人常失於薄；君子過於愛，小人過於忍。」

戴望引證了三個「人各為其黨類受過」的例子：一是周公使管叔監督殷商遺民，結果管叔和蔡叔結合殷人叛離周朝，孟子評論這件事情就認為：「不亦宜乎」，而且還藉此比較古今對於過錯的不同處置方式：「古之君子，過則改之；今之君子，過則順之。古之君子，其過也，如日月之食，民皆見之；及其更也，民皆仰之。今之君子，豈徒順之，又從為之辭。」（《孟子・公孫丑下》〈18〉）孟子時代的人如果早已經用各種語言技巧來替自己的各種過錯脫罪，現代學者盛稱的「後事實時代」恐怕早在現代政治人物之前許久就已經存在了！

一是〈述而31〉記載陳司敗請教過孔子「昭公是否知禮」的問題。可是陳司敗沒明說昭公犯了「不娶同姓女子」的禮法，並不是他真的不知道「昭公是否知禮」。所以他的問題是明知故問。孔子也許是為了「尊者諱」，也許真不知道陳司敗早有答案等著他，所以回答了「知禮」。陳司敗當場也沒戳穿孔子的回答，就離開了。後來碰到巫馬期才說明了原委，懷疑老說「君子群而不黨」的孔子，其實也是有黨派立場的，所以才為自己的君上圓謊。孔子後來聽到這樣的指正，就反省說：「我真是幸運啊！如果我犯了錯，人家一定會用各種方式讓我知道。」在這裡，孔子的「過」就在於和魯昭公「同黨」，所以替魯昭公隱諱，這樣的過錯，可以看出孔子是嚴守君臣關係分際的人。

一是子路喪姊的故事：子路因為兄弟少，所以姊姊過世以後喪期已過，子路還很傷心。孔子曉以喪禮應該用禮義來節制，子路就聽從了（《禮記・檀弓上》〈26〉和《孔子家語・曲禮子貢問》〈28〉）。子路在姊喪之後過期而尚未除喪，也算是「過」，他的「過」是因為他對姊姊的深情難捨，這也是子路的

「仁」。後來《孟子．公孫丑上》〈8〉說，子路一聽到有人告訴他的過錯，就會很高興他有這樣的朋友。

從以上這些例子來看，「觀過知仁（人）」，不僅可以看出犯錯者的個性，也可以同時看出他的人際關係網絡對他的影響，這也是這些犯錯者的「仁」。

從另外一方面看，如果被騙也算是個「過」（我要強調，騙子才是該受譴責的），那麼從被騙者的原始動機也可以看出他的個性和對人的看法。有人樂於助人（這就是他的「仁」），所以會因為熱心助人而受騙；有人樂於占人便宜（這是他的「不仁」），所以會因為想貪小便宜而受騙。這是「觀被騙，斯知人（仁）矣！」

附錄

《孟子．公孫丑上》〈8〉孟子曰：「子路，人告之以有過則喜。禹聞善言則拜。大舜有大焉，善與人同。舍己從人，樂取於人以為善。自耕、稼、陶、漁以至為帝，無非取於人者。取諸人以為善，是與人為善者也。故君子莫大乎與人為善。」

《禮記．檀弓上》〈26〉子路有姊之喪，可以除之矣，而弗除也，孔子曰：「何弗除也？」子路曰：「吾寡兄弟而弗忍也。」孔子曰：「先王制禮，行道之人皆弗忍也。」子路聞之，遂除之。

《孔子家語．曲禮子貢問》〈28〉子路有姊之喪，可以除之矣，而弗除。孔子曰：「何不除也？」子路曰：「吾寡兄弟，而弗忍也。」孔子曰：「行道之人皆弗忍。先王制禮，過之者俯而就之，不至者企而望之。」子路聞之，遂除之。

《禮記》〈表記14〉子曰：「**仁有三**，與仁同功而異情。與仁同功，其仁未可知也；與仁同過，然後其仁可知也。仁者安仁，知者利仁，畏罪者強仁。仁者右也，道者左也。仁者人也，道者義也。厚於仁者薄於義，親而不尊；厚於義者薄於仁，尊而不親。道有至，義有考。至道以王，義道以霸，考道以為無失。」

——〈19〉子曰：「仁之難成久矣！人人失其所好；故**仁者之過易辭**也。」

8

子曰：「朝聞道，夕死可矣。」

孔子說過：「（打比方來說）如果早上聞知了聖賢之道，馬上努力開始踐行，這樣就算晚上不幸離開人世，也是了無遺憾了！」

這章強調聞道能行，死也無憾。

這章看來字數不多，字義也不難，古注卻有幾種不同的解釋。

一種解釋是「自己快死了，卻不見道行天下。」何晏就是這樣說的：「言將至死，不聞世之有道也。」皇侃說得更清楚些：「嘆世無道，故言設使朝聞世有道，則夕死無恨，故云可矣。」邢昺的說法和皇侃類似。

朱子的解釋不同，他先說明：「道者，事物當然之理。苟得聞之，則生順死安，無復遺恨矣。」兩種解釋的差異在於：前一種強調「道不行於天下」，後一種強調「自己不聞道」。相同的解釋都是將「死」解釋成「個人生命的結束」。

清朝黃式三認為這裡的「死」，應該是「以身殉道」。他進一步說明：「朝聞當行之道，夕以死赴之，無苟安，無姑待，成仁取義，勇絕可嘉矣！」這個解釋不錯，只不過「朝聞道」為什麼到晚上才要「以死殉道」？而且「以死殉道」是很高的德性，怎麼孔子才勉強說「可也」，好歹要說「尚矣」？所以我覺得「聞道」就是要「馬上」行道，刻不容緩，怎麼到晚上就要「殉道」，聽起來「行道是要命的事」，這不是恐嚇人嗎？孔子說話應該是鼓勵人的，所以我覺得這種解釋也有缺陷。

其實，根據我們前面講到孔子強調「知行合一」，配合上〈里仁6〉說過的「有能一日用其力於仁矣乎，我未見力不足者」，所以這句話應該是說：「早上聞知了正道，馬上就要去推廣踐行（弘道），這樣就算是晚上死去，也是問心無愧的。」畢竟天命如此，人事已盡，夫復何言？最好的例子就是〈公冶長14〉：「子路有聞，未之能行，唯恐有聞。」毓老師因此認為子路是比王陽明還要早做到「知行合一」的人。

老子也說過「聞道」，特別是不同材性的人「聞道」之後的反應：「上士聞道，勤而行之；中士聞道，若存若亡；下士聞道，大笑之。不笑不足以為道。」（《老子》〈41〉）孔子這章所說的大概就是老子這裡提到的「上士」。而大部分人都是「下士」吧？一聽到談古老的智慧就會大笑：「都什麼時代了，還讀這些老掉牙的東西！」「聞道大笑」，智慧開啟不了，大概也是「天命」吧？看來老子早就知「道」了。

其他古書中也有些有關「聞道」之後的見解，不過都和「夕死」無關，也值得借鏡：《關尹子・一宇》〈13〉說：「聞道之後，有所為、有所執者，所以之人；無所為、無所執者，所以之天。為者必敗，執者必失；故聞道於朝，可死於夕」，這是發揮老子的想法；慎子假托孔子說自己：「邱少而好學，晚而聞道，以此博矣！」（《慎子．逸文》〈15〉）強調的是孔子聞道很晚，沒提到「夕死」；通常被歸類為法家的管子則區分「聞道」到「用道」過程的差異：「道之所言者一也，而用之者異。有聞道而好為家者，一家之人也；有聞道而好為鄉者，一鄉之人也；有聞道而好為國者，一國之人也；有聞道而好為天下者，天下之人也；有聞道而好定萬物者，天下之配也」（《管子．形勢》〈6〉）。

附錄

《郭店老子乙》〈5〉上士聞道，勤能行於其中。中士聞道，若存若亡。下士聞道，大笑之。弗大笑，不足以為道矣。是以建言有之：明道如悖，遲夷道□□□道若退。上德如谷，大白如辱，廣德如不足，建德如□□真如渝。遲大方亡隅，大器曼成，大音希聲，天象亡形，道□□□□□

《馬王堆老子乙》〈3〉上□□道，堇能行之；中士聞道，若存若亡；下士聞道，大笑之。弗笑□□以為道。是以建言有之曰：明道如費，進道如退，夷道如類，上德如浴，大白如辱，廣德如不足，建德如□，質□□□，大方無禺，大器免成，大音希聲，天象無刑，道褒無名。夫唯道，善始且善成。

9

子曰：「士志於道，而恥惡衣惡食者，未足與議也。」

孔子說過：「如果一個立志篤守聖賢善道的士人，還很在乎自己吃得不好穿得不好，這樣的人就沒什麼資格當個士人了！」

本章是《論語》首先出現「士」的一章，強調「士」重視的是和天下人生活、生命有關的道，而不是個人物質生活。

「士」的起源說法不少，我們只能簡單說一說：

《說文解字》說：「士，事也。數始於一，終於十。從一從十。孔子曰：『推十合一為士。』凡士之屬皆從士。」大意就是各行各業中有專業執掌的人。《白虎通德論・卷一》〈爵3〉也有類似的說法：「士者，事也，任事之稱也。」還引用古書說：《傳》曰：「通古今，辯然否，謂之士。」可見「士」是能明辨是非，有專業的人。董仲舒基本上也承傳這樣的看法（《春秋繁露・深察名號》〈1〉）（近代學人對於「士」的研究很多，有興趣的人可以先參考余英時和閻步克先生的相關著作」。

根據《孟子・離婁上》〈3〉，社會等級分成：天子、諸侯、卿大夫和士庶人；〈萬章下11〉又有五等和六等的說法；《禮記・曲禮下》〈121〉有大同小異的五等分類法：天子、諸侯、大夫、士，和庶人。不管怎麼說，「士」都是貴族階級的最下一層。

《論語》著名的古注中只有邢昺對「士」有注解：「士者，人之有士行者也。」

可是孔子這裡的「士」應該是轉換了它的內在意義，讓「士」再也不是傳統的世襲爵位，而是自我道德修養的一種境界，特別是要「志於道」，以「道」為終身奮鬥的目標。所以這裡的「士」應該就是《論語》其他脈絡中所提到的「君子」。這兩個詞應該是同義字。

孔子認為以道為終身奮鬥目標的人，最低標準是不講求衣食的奢華。如果先想到的是自己吃得好、穿得好，這種欲望追求沒有止盡，他也就沒空想到要增進別人的福利，這樣就離「士」的標準越來越遠了。

除了衣、食之外，孔子也告誡「士」不可以在意「居住」的問題（〈憲問2〉）。我們可以回憶孔子說過的：「君子食無求飽，居無求安，敏於事而慎於言，就有道而正焉，可謂好學也已。」（〈學而14〉）；「君子謀道不謀食……君子憂道不憂貧。」（〈衛靈公32〉）

孔子誇獎過「禹」，其中理由就是他專注人民的福祉，而對自己的飲食、衣服和宮室都不講究（〈泰伯21〉）。

孔子讚賞顏回時也提到「食」和「居」的條件不好也沒有阻擋顏回之「樂」：「賢哉回也！一簞食，一瓢飲，在陋巷。人不堪其憂，回也不改其樂。賢哉回也！」（〈雍也11〉）這段話標舉出士之

「樂」，其實就是「志於道」的「樂」，也就是「安貧樂道」，重視的不僅是精神的享受，而且是「修己安人」的「人我雙融」。

這種「修己安人」在孔子和子貢、子路的問答中都可以看到。兩人都問過孔子「怎麼樣才算是一個士」。孔子回答子貢時說了身為「士」的三個層次：一是「行己有恥，使於四方，不辱君命，可謂士矣」；一是「宗族稱孝焉，鄉黨稱弟焉」；一是「言必信，行必果，硜硜然小人哉！抑亦可以為次矣」，最後子貢問到「今之從政者」，就讓孔老夫子怒火中燒，說了：「噫！斗筲之人，何足算也！」的氣話（〈子路20〉）。等到子路問孔子同樣問題時，孔子就從士和朋友、兄弟之間的「切切、偲偲、怡怡如也」等等情感方面的表現來提醒子路（〈子路28〉）。這兩章也是呼應這章講的「士」。

孟子在回答王子墊的「士何事」問題時，也提出「尚志」，然後再解釋說「尚志」就是因為「仁義」，總結說：「居仁由義，大人之事備矣！」（《孟子・盡心上》〈33〉）這段話也是承傳著孔子此章的看法。

另外有一段經常被忽略卻很重要的話，出現在《禮記・郊特牲》〈33〉：「士」是「天子之元子」。「元」有「初」、「大」和「善」等好的意思，這話是說有「士」之德的人，而不是「世襲君位的人」，才是「真正的老天爺的長孫（繼承人）」。接著又說：「天下無生而貴者也」，這裡表明「爵位世襲」讓許多人自以為是「天生貴氣逼人」。其實沒有士的德性，這都是自欺欺人。「天下無生而貴者」，所以常人縱使不是一般意義的「天子」，卻絕對是「天民」。這真是專制時代的革命性言論，到現在還很有正能量。

「士」是「老天爺最寵愛的長孫」（「天子」是「天之子」，「天子之元子」就是「天之長孫」），長孫就應該要「法天」、「繼志述事」（《禮記．中庸》〈19〉），修己安人、尚公無私，行健不息。想想：我們是「老天爺最寵愛的長孫」，或至少是「天民」，豈可自暴自棄！

附錄

《白虎通德論．卷一》〈爵3〉**士者，事也，任事之稱也**。故《傳》曰：「通古今，辯然否，謂之士。」《禮》曰：「四十強而士。」不言「爵為士」。至五十爵為大夫何。何以知士非爵？何以知卿為爵也。以大夫知卿亦爵也。何以知公為爵也？《春秋傳》曰：「諸侯四佾，諸公六佾。」合而言之，以是知公卿為爵。內爵所以三等何？亦法三光也。所以不變質文何？內者為本，故不改內也。諸侯所以無公爵者，下天子也。故《王制》曰：「上大夫、下大夫、上士、中士、下士，凡五等。」此謂諸侯臣也。大夫但有上、下何？明卑者多也。爵皆一字也，大夫獨兩字何？《春秋傳》曰：「大夫無遂事。」以為大夫，職在之適四方，受君之法，施之於民，故獨兩字下之。或曰大夫，爵之下者也。稱大夫，明從大夫以上受下施，皆大自著也。天子之士獨稱元士何？士賤不得體君之尊，故加元以別諸侯之士也。《禮經》曰：「士見大夫。」諸侯之士。《王制》曰：「王者八十一元士。」天子爵連言天子，諸侯爵不連言王侯何？即言王侯，以王者同稱，為衰弱人替差生篡弒，猶不能為天子也，故連言天子也。或曰：王者天爵，王者不能生諸侯，故不言王侯；諸侯人事自著，故不著也。王者太子亦稱士何？舉從下升，以為人無生得貴者，莫不由士起，是以舜時稱為天子，必先試於士禮。《士冠經》曰：「天子之元子士也。」

《孟子》〈離婁上3〉孟子曰：「三代之得天下也以仁，其失天下也以不仁。國之所以廢興存亡者亦然。天子不仁，不保四海；諸侯不仁，不保社稷；卿大夫不仁，不保宗廟；士庶人不仁，不保四體。今惡死亡而樂不仁，是猶惡醉而強酒。」

——〈萬章下11〉孟子曰：「其詳不可得聞也。諸侯惡其害己也，而皆去其籍。然而軻也，嘗聞其略也。天子一位，公一位，侯一位，伯一位，子、男同一位，凡五等也。君一位，卿一位，大夫一位，上士一位，中士一位，下士一位，凡六等。

《禮記・曲禮下》〈121〉天子死曰崩，諸侯曰薨，大夫曰卒，士曰不祿，庶人曰死。在床曰尸，在棺曰柩。羽鳥曰降，四足曰漬。死寇曰兵。

《孟子・盡心上》〈33〉王子墊問曰：「士何事？」孟子曰：「尚志。」曰：「何謂尚志？」曰：「仁義而已矣。殺一無罪，非仁也；非其有而取之，非義也。居惡在？仁是也；路惡在？義是也。居仁由義，大人之事備矣。」

《禮記》〈郊特牲33〉天子之元子，士也。天下無生而貴者也。繼世以立諸侯，象賢也。以官爵人，德之殺也。死而謚，今也；古者生無爵，死無謚。

——〈中庸19〉子曰：「武王、周公，其達孝矣乎！夫孝者：善繼人之志，善述人之事者也。春、秋修其祖廟，陳其宗器，設其裳衣，薦其時食。宗廟之禮，所以序昭穆也；序爵，所以辨貴賤也；序事，所以辨賢也；旅酬下為上，所以逮賤也；燕毛，所以序齒也。踐其位，行其禮，奏其樂，敬其所尊，愛其所親，事死如事生，事亡如事存，孝之至也。郊社之禮，所以事上帝也；宗廟之禮，所以祀乎其先也。明乎郊社之禮、禘嘗之義，治國其如示諸掌乎！」

10

子曰：「君子之於天下也，無適也，無莫也，義之與比。」

孔子說過：「一個君子對於天下的人和事情，沒有什麼是一定要交往或是去做的，也沒有什麼是一定不要交往或是去做的，要看適不適合當下的狀況而定。」

本章講到「義」相對於「適」和「莫」的優位性。

古注都沒解釋第一句的「天下」，只有劉寶楠說這是指「天下之人與事也」。「適」和「莫」這一對概念有五種解釋。第一種是范甯說的：「適、莫，猶厚、薄也。」「莫」也有解釋為「貪慕」。第二種是韓愈說的：「無適，無可也。無莫，無不可也。」第三種是朱子的解釋：「適，專主也」、「莫，不肯也」。第四種是俞樾的解釋：「適」本作「敵」，「敵之言相當也，相當則有相觸迕之義」，「莫」是「貪慕」。第五種是戴望的解釋：「適」也作「敵，猶對也」，「莫，讀曰慕。慕，習也，謂狹習」。光是這些不同的解釋，就讓白話翻譯困難。

如果「依經解經」，應該可以找到更好的線索，孔子說過：「我則異於是，無可無不可」（〈微子8〉），似乎可以用「無可無不可」來解釋這裡的「無適」和「無莫」。

弟子又記載過孔子絕對不做的四種事：「毋意，毋必，毋固，毋我。」（〈子罕4〉）〔我們暫且略過這四個字的解釋〕，這四種孔子不做的事情，大概也和本章的「適」和「莫」類似。不過，孔子在這「四絕」之後，並沒有畫龍點睛的「義之與比」一語。可見「絕」是沒有妥協餘地。

「比」——皇侃說是「親」，朱子說是「從」。

不管「適」是否是「敵」，「莫」是否是「慕」，「義」是這裡的最高指導原則。

孔子在《論語》中說過：「君子義以為質」（〈衛靈公18〉）、「君子義以為上」（〈陽貨23〉），也說過兩次「見得思義」（〈季氏10〉和〈子張1〉），還說過「行義以達其道」（〈季氏11〉），在在都說明了「義」是很重要的一種德性。孟子也說過：「大人者，言不必信，行不必果，惟義所在。」（《孟子・離婁下》〈39〉）唯一不同之處就是把「君子」改成「大人」。可是孔子和孟子都沒明說「義」是什麼。後人習慣從《禮記・中庸》〈20〉中挑出「義者，宜也」來當成解釋，和〈子罕30〉中提到的「權」的概念類似。也許這就是《易經・乾卦》〈文言24〉所讚嘆的「知進退存亡而不失其正」的這種「大人」境界。換句話說，不管是「君子」或「大人」，做事雖然要靈活應變，不能拘泥體制，可是還是要以「正道」當成待人行事的最終底線。毓老師講課常常強調「不可為典要，唯變所適」（《易經・繫辭下》〈8〉），就是這個道理。

如果連底線都退讓了，還剩下什麼呢？

附錄

《禮記．中庸》〈20〉哀公問政。子曰：「文、武之政，布在方策，其人存，則其政舉；其人亡，則其政息。人道敏政，地道敏樹。夫政也者，蒲盧也。故為政在人，取人以身，修身以道，修道以仁。仁者人也，親親為大；**義者宜也**，尊賢為大。親親之殺，尊賢之等，禮所生也。在下位不獲乎上，民不可得而治矣！故君子不可以不修身；思修身，不可以不事親；思事親，不可以不知人；思知人，不可以不知天。天下之達道五，所以行之者三，曰：君臣也，父子也，夫婦也，昆弟也，朋友之交也，五者天下之達道也。知仁勇三者，天下之達德也，所以行之者一也。或生而知之，或學而知之，或困而知之，及其知之，一也；或安而行之，或利而行之，或勉強而行之，及其成功，一也。」

《易經》〈乾卦〉〈文言24〉「亢」之為言也，知進而不知退，知存而不知亡，知得而不知喪。其唯聖人乎！知**進退存亡**而不失其**正**者，其唯聖人乎！

——〈繫辭下8〉易之為書也不可遠，為道也屢遷，變動不居，周流六虛，上下無常，剛柔相易，**不可為典要**，**唯**變所適，其出入以度，外內使知懼，又明於憂患與故，無有師保，如臨父母，初率其辭，而揆其方，既有典常，苟非其人，道不虛行。

11

子曰：「君子懷德，小人懷土；君子懷刑，小人懷惠。」

孔子說過：「君子如果念念不忘的都是怎麼德澤人民，人民就不會想離開故土；君子若是念念不忘的都是怎麼處罰人民，小人就只會期盼能夠出現施惠給他的君子。」

這章是《論語》第二次拿「君子」和「小人」對舉。第一次是在〈為政14〉，子曰：「君子周而不比，小人比而不周。」各位可以回頭去溫故知新。

這裡的「君子」和「小人」是以社會地位來分，和德性無關。「君子」就是「在上位者」，「小人」就是「一般平民」。皇侃如是說，其他人也沒異議。

這裡出現了兩套對比的概念：一是「德」和「土」；一是「刑」和「惠」。其中關鍵的動詞都是「懷」。各種解釋十分分歧。

「懷」是「安」（孔安國、皇侃、邢昺），「思念」（《爾雅》、《說文解字》、朱子），「歸」（俞樾、戴望）。其實都不如說是「念念不忘」，甚至可以說是「終極關懷」。

「德」字古注都很有默契地不做解釋，到了朱子才說：「懷德，謂存其固有之善。」劉寶楠引證《管子．心術上》：「化育萬物謂之德」以及〈正篇〉：「愛之生之，養之成之，利民不德，天下親之，曰德。」

「土」——孔安國和邢昺都說是「重遷」，就是我們現在還說的「安土重遷」；朱子說「懷土，謂溺其所處之安」，就是「不願離開家鄉」。

「刑」——「法」（孔安國、皇侃、邢昺）；朱子說：「懷刑，謂畏法。」

「惠」——包咸和邢昺都說是「恩惠」；皇侃說是「恩惠利人也」；朱子說：「懷惠，謂貪利。」我想「惠」應該是「君上給下民的恩惠」（請參考〈公冶長16〉、〈憲問9〉、〈陽貨6〉和〈堯曰2〉），或是從人民的立場來看，是「有利於自己生活的各種福利措施」。

常見的解釋是程樹德自己都不太確定的說法：「君子終日所思者，是如何進德修業，小人則求田問舍而已。君子安分守法，小人則唯利是圖，雖蹈刑辟而不顧也。未知然否？」

古注都把這裡的「德—土」和「刑—惠」當成兩組同樣位階的君子和小人的「單層對比」。

我有不同的看法，我認為這一章是「雙重對比」：先對比「君子和小人」的「德—土」和「刑—惠」，再對比「有德君子」和「無德君子」的「德—刑」，以及小人相應的「土—惠」。每一段是「君子怎麼做，小人就會怎麼反應」的因果關係；前一段是指正面狀況，後一段是負面的狀況。簡單說：「君愛民，民愛君；君逼民，民反君。」前者是「上下一心」，後者則是「上下異心」，分崩離析，危在旦夕。

此外，如果我們拿這裡君子所懷的「德」和「刑」來看，〈為政3〉早就說過兩者的關聯：「德」（和「禮」）是比較高層的道德，能讓人「有恥且格」，這比起（「政」和）「刑」的「民免而無恥」實在有天壤之別。所以根據同樣的「德高於刑」的位階關係，此章也應該做這樣兩段的對比理解。所以我贊成俞樾的說法：「此章以懷德、懷刑對舉相形，欲在位之君子不任刑而任德也。」也因此，俞樾認為這就是本章不寫成「君子懷德、懷刑，小人懷土、懷惠」的原因。

12

子曰：「放於利而行，多怨。」

孔子說過：「如果（在上位者）什麼事情都看是否有利才去做，這樣會招致（在下位者的）抱怨。」

這章是孔子專門談「利」。

這句話應該省略了一組相關的主詞：前一句省略的主詞是指「放於利」的「在上位者」，下一句省略的主詞是「多怨」的「在下位者」。

「放」——朱子說要念「上聲」，就是「仿」。從孔安國開始的古注都說是「依」。黃式三說得最詳細：「《說文》『放』本訓『逐』。驅逐、追逐皆為放。放利，即逐利也。放縱、放棄之義亦從放逐引申，今讀去聲。依放之放今讀上聲。或作『仿』字，古無是分別也。」

「利」——只有劉寶楠有解釋：「財貨也」。可是《易經．乾卦》〈文言9〉早說過「利者，義之和」，強調的是利要注重適當的分配，並不是必須避之唯恐不及的東西。

「怨」——《說文解字》說是「恚」；「多怨」，朱子說是「多取怨」，戴望說是「怨刺上政」。

許多古注都是照字面解釋，並沒有把這句話的背後原因說明白。朱子引用程子的解釋說：「欲利於己，必害於人，故多怨。」這種解釋把「逐利」都解釋成一種「零和遊戲」，我多你就少，你多我就少。這是把「利」當成「私利」造成的後果。

再說，孔子也說過「君子喻於義，小人喻於利」（〈里仁16〉），如果這兩章合起來看，邢昺就說：「此章惡利也」，後人也多半持同樣的看法。

其實，孔子對於「利」的更完備想法應該是「見利思義」（〈憲問12〉）或「見得思義」（〈季氏10〉和〈子張1〉），也就是要拿「義」當成對「利」的最終行事的判準。這應該從孔子說過的「義之與比」（〈里仁10〉）來看才對。也就是說，孔子排斥的是「私利」，並不是「公利」或「共利」。

孟子在初見梁惠王時，梁惠王也期待孟子能提出「利吾國」的計畫，可是孟子回答要更重視更根本的「仁義」，因為：「苟為後義而先利，不奪不饜。未有仁而遺其親者也，未有義而後其君者也。王亦曰仁義而已矣，何必曰利？」（《孟子・梁惠王上》〈1〉）孟子其實也是順著孔門強調本末先後順序，以「仁義」為本為先，以「利」為末為後，很可惜被後人誤解為「要仁義不要利」的死胡同。

荀子說得更清楚：「義」和「利」不可偏廢，「雖堯舜不能去民之欲利，然而能使其欲利不克其好義也；雖桀紂不能去民之好義，然而能使其好義不勝其欲利也。故義勝利者為治世，利克義者為亂世。上重義則義克利，上重利則利克義」（《荀子・大略》〈61〉）。荀子此處的說理更為清楚，承繼著孔門「先義後利」的一貫之道。

孔門之外也不乏對「共利」的探討：莊子強調過「共利之之謂悅」（《莊子・外篇》〈天地12〉）及「與民共利」（〈達生5〉），《穆天子傳・卷一》〈6〉也主張「與民共利，以為常也」。這和孔門說法並沒有差異。

「美利」之說見於《易經・乾卦》〈文言18〉：「乾始能以美利利天下，不言所利，大矣哉！」這些都從正面來看「利」，說以稱為「美利」，特別是以天下為念的「利天下」的重要性。相對於孔子本章的隻言片語，應該是要更受到重視的。

此章的弦外之音應該是：在上位者能以「美利」利天下，讓大家同享「共利」，以義來調和人民的利〔利者，義之和〕，還會有人抱怨嗎？

我們應該從這樣正能量的角度來讀《論語》。

附錄

《莊子・外篇》〈天地12〉德人者，居無思，行無慮，不藏是非美惡。四海之內，**共利**之之謂悅，共給之之謂安；怊乎若嬰兒之失其母也，儻乎若行而失其道也。財用有餘而不知其所自來，飲食取足而不知其所從。此謂德人之容。

——〈達生5〉魯有單豹者，巖居而水飲，不與民**共利**，行年七十而猶有嬰兒之色，不幸遇餓虎，餓虎殺而食之。

《穆天子傳・卷一》〈6〉與民**共利**，以為常也。

《易經・乾卦》〈文言18〉「元」者，始而亨者也。「利貞」者，性情也。乾始能以美利利天下，不言所利，大矣哉！

——〈文言9〉

《文言》曰：「元」者，善之長也；「亨」者，嘉之會也；「利」者，義之和也；「貞」者，事之幹也。君子體仁足以長人，嘉會足以合禮，利物足以和義，貞固足以幹事。君子行此四德者，故曰「乾、元、亨、利、貞」。

《孟子．梁惠王上》〈1〉孟子見梁惠王。王曰：「叟不遠千里而來，亦將有以利吾國乎？」孟子對曰：「王何必曰利？亦有仁義而已矣。王曰『何以利吾國』？大夫曰『何以利吾家』？士庶人曰『何以利吾身』？上下交征利而國危矣。萬乘之國弒其君者，必千乘之家；千乘之國弒其君者，必百乘之家。萬取千焉，千取百焉，不為不多矣。苟為後義而先利，不奪不饜。未有仁而遺其親者也，未有義而後其君者也。王亦曰仁義而已矣，何必曰利？」

13

子曰：「能以禮讓為國乎？何有？不能以禮讓為國，如禮何？」

孔子說過：「能夠以禮讓賢人當政，這樣治國怎麼會有困難呢？如果不能禮讓賢人治國，就算有再好的典章制度又有什麼用呢？」

這章強調治國要以禮讓為主。

這章很清楚就是談「禮讓為國」，說得更清楚些就是「禮讓賢人治國」。「為國」的「為」就是「治」。

《春秋左傳．襄公十三年》〈2〉說：「讓者，禮之主也。」朱子改「主」為「實」成為：「『讓』者，禮之實也。」劉寶楠補上：「『禮』者，讓之文。」王夫之進一步闡釋說：「『讓』者，不伐善、不逞才、不尸權、不競利，以盡人之才，達人之情。」

「何有」就是「不難」（何晏、邢昺和朱子），皇侃說是「言其易也」，戴望說是「若無有也」，也就是「何難之有？」《論語》也數次出現這樣的詞語：「於從政乎何有？」（〈雍也8〉和〈子路13〉）以及「何有於我哉？」（〈述而2〉和〈子罕16〉）

「如」——戴望說「猶奈也」。「如禮何」，包咸說是「不能用禮」，邢昺說：「言有禮而不能用，如此禮何？」我覺得這和「不能以禮讓為國」是同語反覆，等於沒解釋，不如說是「有禮又有什麼用」？起不了規範作用的「禮」（典章制度），徒具形式而已。

本章是《論語》中唯一「禮讓」合談的章節，其他只談「讓」的章節比較多。〈學而10〉強調「溫、良、恭、儉、讓」來「聞政」；〈八佾7〉強調君子雖有射箭之爭，但比賽之前還是要「揖讓而升」；〈泰伯1〉大讚泰伯三次讓國；〈先進26〉孔子又譏諷子路回答問題時，完全忽略了「為國以禮」，而且子路出言不「讓」，所以孔子要「哂」之；〈衛靈公36〉孔子鼓勵人「當仁不讓於師」。雖然沒說到「禮讓」，但是都是尊禮而讓。

《春秋左傳·襄公十三年》〈2〉就引前賢（君子）的話說：「讓，禮之主也。」然後也說：「君子尚能而讓其下，小人農力以事其上，是以上下有禮，而讒慝黜遠，由不爭也，謂之懿德，及其亂也，君子稱其功以加小人，小人伐其技以馮君子，是以上下無禮，亂虐並生，由爭善也，謂之昏德，國家之敝，恆必由之。」這裡也說明「禮讓」對於國家存亡的重要性。

被後人歸為法家的管子也有類似的看法：「夫人必知禮然後恭敬，恭敬然後尊讓，尊讓然後少長貴賤不相踰越，少長貴賤不相踰越，故亂不生而患不作，故曰禮不可不謹也。」（《管子·五輔》〈5〉）。這裡強調「知禮」才會「尊讓」，這樣國家才不會有亂有患。

《禮記·禮運》〈18〉也說明了有「禮」才可以治「七種人情」和「十種人義」。這裡的「禮」應該有約束人民行為的典章制度。

東漢王充認為「禮讓」是孔門教學的重點（《論衡．問孔》〈16〉）。《鹽鐵論》（〈輕重2〉、〈國疾1〉、〈誅秦2〉和〈詔聖3〉）中則藉著「文學」提倡「禮讓」（「夫禮讓為國者若江、海，流彌久不竭，其本美也」）和「御史」反對「禮讓」（「因為不足以禁邪」），凸顯不同的政治力場。這也是值得參考的有趣辯論。

以「禮」治國比較容易了解，比較麻煩的是「讓」國：為何要「讓」？何時要「讓」？如何「讓」？這裡其實隱含著政權統治的合法性和合理性問題。

孔子這裡雖然強調「禮讓為國」，可是只有「禮」而沒有「知禮」和「行禮」的人，恐怕有「禮」也沒有用。所以孔子這章應該蘊含著「選賢舉能」、「有德者居之」（《白虎通德論．卷五》〈封禪2〉）的「公天下」理想。同時還有譴責不知禮讓的世襲「家天下」體制。

這章恐怕又是另一組「孔子密碼」？

附錄

《春秋左傳．襄公十三年》〈2〉君子曰，讓，禮之主也，范宣子讓，其下皆讓，欒黶為汰，弗敢違也，晉國以平，數世賴之，刑善也夫。一人刑善，百姓休和。可不務乎，書曰，一人有慶，兆民賴之，其寧惟永，其是之謂乎，周之興也，其詩曰，儀刑文王，萬邦作孚，言刑善也，及其衰也，其詩曰，大夫不均，我從事獨賢，言不讓也，世之治也，君子尚能而讓其下，小人農力以事其上，是以上下有禮，而讒慝黜遠，由不爭也，謂之懿德，及其亂也，君子稱其功以加小人，小人伐其技以馮君子，是以上下無禮，亂虐並生，由爭善也，謂之昏德，國家之敝，恆必由之。

《禮記・禮運》〈18〉故聖人耐以天下為一家，以中國為一人者，非意之也，必知其情，辟於其義，明於其利，達於其患，然後能為之。何謂人情？喜怒哀懼愛惡欲七者，弗學而能。何謂人義？父慈、子孝、兄良、弟弟、夫義、婦聽、長惠、幼順、君仁、臣忠十者，謂之人義。講信修睦，謂之人利。爭奪相殺，謂之人患。故聖人所以治人七情，修十義，講信修睦，尚辭讓，去爭奪，舍禮何以治之？

《論衡・問孔》〈16〉問曰：孔子所以教者，禮讓也。子路為國以禮，其言不讓，孔子非之。使子貢實愈顏淵，孔子問之，猶曰不如；使實不及，亦曰不如。非失對欺師，禮讓之言，宜謙卑也。今孔子出言，欲何趣哉？使孔子知顏淵愈子貢，則不須問子貢；使孔子實不知，以問子貢，子貢謙讓，亦不能知。使孔子徒欲表善顏淵，稱顏淵賢，門人莫及，於名多矣，何須問於子貢？子曰：「賢哉回也！」又曰：「吾與回言終日，不違，如愚。」又曰：「回也，其心三月不違仁。」三章皆直稱，不以他人激，至是一章，獨以子貢激之，何哉？

《鹽鐵論》〈卷三〉〈輕重2〉文學曰：「禮義者，國之基也，而權利者，政之殘也。孔子曰：『能以禮讓為國乎？何有？』伊尹、太公以百里興其君，管仲專於桓公，以千乘之齊，而不能至於王，其所務非也。故功名隳壞而道不濟。當此之時，諸侯莫能以德，而爭於公利，故以權相傾。今天下合為一家，利末惡欲行？淫巧惡欲施？大夫君以心計策國用，構諸侯，參以酒榷，咸陽、孔僅增以鹽、鐵，江充、楊可之等，各以鋒銳，言利末之事析秋毫，可為無間矣。非特管仲設九府，徼山海也。然而國家衰耗，城郭空虛。故非特崇仁義無以化民，非力本農無以富邦也。」

——〈卷五〉〈國疾1〉文學曰：「國有賢士而不用，非士之過，有國者之恥。孔子大聖也，諸侯莫能用，當小位於魯，三月，不令而行，不禁而止，沛若時雨之灌萬物，莫不興起也。況乎位天下之本朝，而施聖主之德音教澤乎？今公卿處尊位，執天下之要，十有餘年，功德不施於天下，而勤勞於百姓，百姓貧陋困窮，而私家累萬金。此君子所恥，而伐檀所刺也。昔者，商鞅相秦，後**禮讓**，先貪鄙，尚首功，務進取，無德厚於民，而嚴刑罰於國，俗日壞而民滋怨，故惠王烹葅其身，以謝天下。當此之時，亦不能論事矣。今執政患儒貧賤而多言，儒亦憂執事富貴而多患也。」

——〈卷八〉〈誅秦2〉文學曰：「禹、舜，堯之佐也，湯、文，夏、商之臣也，其所以從八極而朝海內者，非以陸梁之地，兵革之威也。秦、楚、三晉號萬乘，不務積德而務相侵，構兵爭強而卒俱亡。雖以進壤廣地，如食萴之充腸也，欲其安存，何可得也？夫**禮讓**為國者若江、海，流彌久不竭，其本美也。苟為無本，若蒿火暴怒而無繼，其亡可立而待，戰國是也。周德衰，然後列於諸侯，至今不絕。秦力盡而滅其族，安得朝人也？」

——〈卷十〉〈詔聖3〉御史曰：「嚴牆三刃，樓季難之；山高干雲，牧豎登之。故峻則樓季難三刃，陵夷則牧豎易山巔。夫爍金在爐，莊蹻不顧；錢刀在路，匹婦掇之；非匹婦貪而莊蹻廉也，輕重之制異，而利害之分明也。故法令可仰而不可踰，可臨而不可入。《詩》云：『不可暴虎，不敢馮河。』為其無益也。魯好禮而有季、孟之難，燕噲好讓而有子之之亂。**禮讓**不足禁邪，而刑法可以止暴。明君據法，故能長制群下，而久守其國也。」

——《白虎通德論．卷五》〈封禪2〉封者廣也，言禪者，明以成功相傳也。梁甫者，太山旁山名，正於梁甫何？以三皇禪於繹繹之山，明己成功而去，**有德者居之**。繹繹者，無窮之意也。

五帝禪於亭亭者，制度審諦、德著明也。三王禪於梁甫之山者，梁信也，甫輔也，輔天地之道而行之也。太平乃封知告於天，必也於岱宗何？明知易姓也。刻石紀號，知自紀於百王也。燎祭天，報之義也，望祭山川，祀群神也。《詩》云：「於皇明周，陟其高山。」言周太平，封太山也。又曰：「墮山喬嶽，允猶翕河。」言望祭山川百神來歸也。

14

子曰：「不患無位，患所以立；不患莫己知，求為可知也。」

孔子說過：「（一個立志要當君子的人）不必擔心自己沒有社會地位，而應該擔心自己沒有那個社會地位所需要的（為民服務的）專業能力；不必擔心自己不被君上重用，而應該擔心自己有沒有君上要重用的（為民服務的）專業能力。」

此章沒提到「學」字，但就是「勸學」，邢昺是這麼說的。我覺得有道理。

這一章也沒什麼特別難的字所以古注都沒有難字解釋。有的古注認為「患所以立」的「立」應該作「位」，不過就算如此，兩者在字義上並無區別。

這段話其實是一個兩段的結構，有著前後的關係。主詞應該是「無位」的「士」或「君子」。第一句勉勵「求位」的人要先具備好擔當該職位應有的專業能力。第二句話其實是第一句話的前提，也就是說要「求位」，第一步是要讓君上「知遇」你自己，要讓他「知遇」，你就必須具有被知遇者需要的專業能力。不管「患無位」，或「患莫己知」，都要在平日就準備好行道的德行和專業能力。先學會「修己」，將來有機會就可以「安人」，甚至「安天下」，也就是「學而時習之」的意思。「學」了，就可以「待時而動」、「趁勢而起」，從「潛龍勿用」（《易經・乾卦》〈2〉）變成「飛龍在天」（〈乾卦6〉）。毓老師常說，世界上的事情就是「需要」和「有用」（社會的供需定律），別人有「需要」，你剛好「有用」，就可以「行道」。否則，空有滿肚子社會上不需要的學問也是徒然。

孔子在其他地方也說過類似的話，「君子」的問題在於自己無德無能，而不在於君上不知用你：

「君子病無能焉，不病人之不己知也。」（〈衛靈公19〉）

孔子也說過：「不患人之不己知，患不知人也。」（〈學而16〉）這裡也蘊含著「慎選老闆或工作夥伴」的重要性。「擇不處仁，焉得知？」（〈里仁1〉）

孔子在衛國的時候有過這麼一個小故事：有一次孔子「擊磬」（打擊「磬」這種樂器），被一位擔著竹筐路過的人聽到了。這個「孔子的知音」一聽之下，完全聽懂了孔子的心意：「這些粗鄙的人啊！小鼻子小眼的小樣！都不知道我孔某人有行道救世的才華，只有我自己知道而已。渡水過河，水深就不必管衣服會濕，水淺就揭起下襬免得弄濕了衣服。」孔子聽了這人的評論，就說：「話說得好啊！可是很難做到啊！」（〈憲問39〉）這裡「有德有能而有能知人」的孔子好像正在抱怨「人家都不知遇他」。這難道是孔子的思想「只能影響後人而無法影響當世人」的「天命」嗎？（請注意：〈八佾24〉說的「天將以夫子為木鐸」，重點在「將」，指向的是「未來」而不是「當代」。）

「德不配位」的情況歷來都有，我們就算是沒見過也聽說過。有滿腹濟世救民懷抱的君子未必為當時所用，但是就算不被知用，還是要篤守善道，藏道於民，行健不息，厚德載物，這就是「隱居以求其志」（〈季氏11〉）。毓老師在台灣的六十年歲月中，不因外在環境的艱難而懷憂喪志，仍然孜孜不倦教誨弟子，正是一個我們這些有幸當弟子的人可以親眼見到的榜樣。

我曾經喜歡在送給朋友的書上提上這麼一個對子：

進退存亡不失正
用行舍藏惟慎獨

跟各位共勉！

15

子曰：「參乎！吾道一以貫之。」曾子曰：「唯。」子出。門人問曰：「何謂也？」曾子曰：「夫子之道，忠恕而已矣。」

孔子說過：「曾參啊！我所傳的道有著一貫的中心主旨啊！」曾子（恭敬地）回答說：「是的！」孔子離開後。（其他不懂老師說話的意思的）同學請問（曾子）說：「老師說的是什麼意思啊？」曾子解釋說：「我們老師所傳的道的中心主旨，就是忠恕。」

這一章孔子談到自己的一貫之道，以及弟子曾子的詮釋。

「參」——是曾子的字，古注說該讀成「森」，或說從他的字「子輿」來看，應該讀成和馬車有關的「驂」（念成「參考」的「參」），現在都讀作「深」。

「貫」——是本章的關鍵字，甚多不同的解釋：一說是「統」（王弼和皇侃）；一說是「通」（朱子）；一說是「行」和「事」（《爾雅》、阮元）；一說是「中」和「通」（戴望）。這些解釋了「貫」，卻沒有解釋「一」。

「吾道一以貫之」是說：我所傳授的道都有一個萬變不離其宗的原則。曾子深信自己知道答案，就沒追問，而回答：「是。」第二段是曾子和師兄弟們的對話。顯然孔子對曾子講的話當時也在場的弟子都沒聽懂，不明白孔子的「一貫之道」具體而言是什麼意思，於是就問了曾子。曾子的回答當然是他自己的領悟，而不是孔子自己說出來的意思：「夫子之道可以總結為『忠恕』。」

孔子確實說過：「忠恕違道不遠，施諸己而不願，亦勿施於人。」（《禮記・中庸》〈13〉），強調「忠恕」，但是他在《論語》中兩次提及「己所不欲，勿施於人」（〈顏淵2〉和〈衛靈公24〉），其中〈衛靈公24〉中他只提到「恕」而沒有提到「忠」。所以真要嚴格說是「『一』以貫之」，恐怕一個「恕」字就可以了。

朱子本章對於「忠恕」的解釋常被引用：「盡己之謂忠，推己之謂恕。」他也提到另外一種也可以說得通的「拆字解法」：「中心為忠，如心為恕。」簡言之，「忠」是自己的內聖修為，「恕」則是人我關係的外王作為。

《韓詩外傳・卷三》〈37〉和《風俗通義・過譽》〈1〉基本上都認同曾子的說法，所以都引用過「君子之道，忠恕而已」的說法。

曾子想當然耳認為「夫子之道」，就是「忠恕」，忽略了「一」以貫之。可是因為孔子批評過曾子「魯（頓）」（〈先進18〉），所以有人不同意曾子的這種詮釋。譬如：王夫之認為「一」，是「天德王道、天理物情包括在內」，戴望認為「一」是「仁」。沒有人提過我前述說的「恕」。

我記得毓老師以前上課強調孔子的中心思想不是「仁」，而是「時」。他引用孟子讚揚孔子是「聖之時者也」當成證據。這樣說來，孔子的「一」就是「時」。如果說「夫子之道以『時』貫之」，那就是「知進退存亡而不失其正」（《易經・乾卦》〈文言24〉）的「大人之德」。毓老師也獨排眾議說過：《論語》是「論道之語」，也是「結論之語」，也許就是發揮孔子在這章所說的「一貫之道」。

我認為此章的解法，可以參考孔子和弟子另一場精彩的對話：有一次，孔子和弟子被圍困，孔子藉機讓弟子發表意見，看看為什麼自己周遊列國傳道會碰到這樣倒楣的事情。孔子認為自己行事光明正大，可是卻不見重用，還像老虎和野牛一樣在曠野遊蕩。子路搶先回答，認為也許孔子在「仁」和「知」方面都做得還不夠，所以才得不到別人的信賴。子貢嘴甜說：「夫子之道」大而無當，所以應該順應時勢修正一下。最後顏淵把話說到孔子的心坎裡，他也和子貢一樣強調「夫子之道至大，故天下莫能容」，可是他和子貢不一樣之處，在於強調還是要堅持「推而行之」，甚至說：「不容何病？不容然後見君子。」（《史記・孔子世家》〈46—48〉和《孔子家語・在厄》〈1〉）孔子對顏淵的說法大加讚賞，還說如果顏淵是個有錢的老爺，他願意替他當管帳的。重點是「推而行之」這句話，也就是「就算世界不了解你，你還是要堅持做下去」，這裡有著我們經常見到孔子強調的「行」，或是孟子引用曾子說的「雖千萬人吾往矣」（《孟子・公孫丑上》〈2〉）的堅持。所以，這個「知行合一」，會不會才是「夫子的一貫之道」呢？清代的阮元有這樣的看法，我覺得很有道理。

最後要提醒一下，〈衛靈公3〉還有一處提到和此章很類似的「予一以貫之」，敬請期待我對該章的解讀。

附錄

《韓詩外傳・卷三》〈37〉昔者，不出戶而知天下，不窺牖而見天道，非目能視乎千里之前，非耳能聞乎千里之外，以己之情量之也。己惡飢寒焉，則知天下之欲衣食也；己惡勞苦焉，則知天下之欲安佚也；己惡衰乏焉，則知天下之欲富足也。知此三者，聖王之所以不降席而匡天下。故**君子之道，忠恕而已矣**。夫處飢渴，苦血氣，困寒暑，動肌膚，此四者，民之大害也，害不除，未可教御也。四體不掩，則鮮仁人；五藏空虛，則無立士。故先王之法，天子親耕，后妃親蠶，先天下憂衣與食也。《詩》曰：「父母何嘗？心之憂矣，之子無裳。」

《風俗通義・過譽》〈1〉孔子稱：「大哉！中庸之為德，其至矣乎！」又曰：「**君子之道，忠恕而已**。」至於許以為直，隱以為義，枉以為厚，偽以為名，此眾人之所致譽，而明主之所必討。蓋觀過知仁，謂中心篤誠，而無妨於化者，故覆其違理曰《過譽》也。

《史記・禮書》〈3〉周衰，禮廢樂壞，大小相踰，管仲之家，兼備三歸。循法守正者見侮於世，奢溢僭差者謂之顯榮。自子夏，門人之高弟也，猶云「出見紛華盛麗而說，入聞**夫子之道**而樂，二者心戰，未能自決」，而況中庸以下，漸漬於失教，被服於成俗乎？孔子曰「必也正名」，於衛所居不合。仲尼沒後，受業之徒沈湮而不舉，或適齊、楚，或入河海，豈不痛哉！

《史記・孔子世家》〈46—48〉孔子知弟子有慍心，乃召子路而問曰：「《詩》云『匪兕匪虎，率彼曠野』。吾道非邪？吾何為於此？」子路曰：「意者吾未仁邪？人之不我信也。意者吾未知邪？人之不我行也。」孔子曰：「有是乎！由，譬使仁者而必信，安有伯夷、叔齊？使知者而必行，安有王子比干？」子路出，子貢入見。孔子曰：「賜，《詩》云『匪兕匪虎，率彼曠野』。吾道非邪？吾何為於此？」子貢曰：「夫子之道至大也，故天下莫能容夫子。夫子蓋少貶焉？」孔子曰：「賜，良農能稼而不能為穡，良工能巧而不能為順。君子能修其道，綱而紀之，統而理之，而不能為容。今爾不修爾道而求為容。賜，而志不遠矣！」子貢出，顏回入見。孔子曰：「回，《詩》云『匪兕匪虎，率彼曠野』。吾道非邪？吾何為於此？」顏回曰：「夫子之道至大，故天下莫能容。雖然，夫子推而行之，不容何病，不容然後見君子！夫道之不修也，是吾醜也。夫道既已大修而不用，是有國者之醜也。不容何病，不容然後見君子！」孔子欣然而笑曰：「有是哉顏氏之子！使爾多財，吾為爾宰。」

《孔子家語．在厄》〈1〉楚昭王聘孔子，孔子往拜禮焉，路出於陳、蔡。陳、蔡大夫相與謀曰：「孔子聖賢，其所刺譏，皆中諸侯之病。若用於楚，則陳、蔡危矣。」遂使徒兵距孔子。孔子不得行，絕糧七日，外無所通，黎羹不充，從者皆病，孔子愈慷慨講誦，絃歌不衰。乃召子路而問焉，曰：「《詩》云：『匪兕匪虎，率彼曠野。』吾道非乎？奚為至於此？」子路慍，作色而對曰：「君子無所困。意者夫子未仁與？人之弗吾信也；意者夫子未智與？人之弗吾行也。且由也，昔者聞諸夫子：『為善者，天報之以福；為不善者，天報之以禍。』今夫子積德懷義，行之久矣，奚居之窮也？」子曰：「由未之識也！吾語汝。汝以仁者為必信也，則伯夷、叔齊不餓死首陽；汝以智者為必用也，則王子比干不見剖心；汝以忠者為必報也，則關龍逢不見刑；汝以諫者為必聽也，則伍子胥不見殺。夫遇不遇者，時也；賢不肖者，才也。君子博學深謀，而不遇時者，眾矣。何獨丘哉！且芝蘭生於深林，不以無人而不芳；君子修道立德，不為窮困而敗節，為之者人也，生死者命也。是以晉重耳之有霸心，生於曹、衛；越王句踐之有霸心，生於會稽。故居下而無憂者，則思不遠；處身而常逸者，則志不廣。庸知其終始乎？」子路出。召子貢，告如子路。子貢曰：「夫子之道至大，故天下莫能容夫子，夫子盍少貶焉？」子曰：「賜！良農能稼，不必能穡；良工能巧，不能為順；君子能修其道，綱而紀之，不必其能容。今不修其道，而求其容，賜，爾志不廣矣！思不遠矣！」子貢出。顏回入，問亦如之。顏回曰：「夫子之道至大，天下莫能容。雖然，夫子推而行之，世不我用，有國者之醜也。夫子何病焉！不容然後見君子。」孔子欣然歎曰：「有是哉，顏氏之子！吾亦使爾多財，吾為爾宰。」

16

子曰：「君子喻於義，小人喻於利。」

孔子說過：「居上位的君子應該考量的是眾人利益的最適當分配，一般人民只會考慮到自己的利益是否不如別人。」

這是《論語》第三次將「君子」和「小人」對舉（前兩次分別在〈為政14〉和〈里仁11〉），也是〈里仁篇〉第三次提到「利」（請回顧〈里仁2〉和〈里仁12〉）。

我覺得這篇是讓孔門後學恥談「利」的重要章節。

這裡的「君子」和「小人」應該是指「社會地位」而言：君子就是居上位的人，小人就是居下位的人。「義」，皇侃和邢昺都說是「仁義」，朱子說是「天理之所宜」；「利」，皇侃和邢昺都說是「財利」，朱子說是「人情之所欲」。關鍵字是「喻」，古注都解成「曉」，就是「明白」、「曉得」。白話說起來，就變成「君子曉得義，小人曉得利」。

其實這裡是對比強調，所以只能特別指出被比較對象各自的特點，並不表示對方就沒有自己的特點。譬如說，比較中國人和美國人時，我會特別指出中國人比較有人情味，美國人不講究，可是日常生活中，我們總會發現或自己碰到例外的情況。這種大範圍的比較和個別狀況是不可一概而論的。所以，「以偏概全」是錯誤的，但「以全概偏」也不見得正確。

我覺得這一章還有更合理的解釋：我們如果結合「義者，宜也」（《禮記．中庸》〈20〉）和「利者，義之和也」（《易經．乾卦》〈9〉）來看，「君子喻於義」就是居上位者要照顧到眾人利益的最適分配，而居下位的人民則關心自己的利益和別人的比起來是否吃虧。這就可以呼應孔子說過的：「有國有家者，不患寡而患不均，不患貧而患不安。蓋均無貧，和無寡，安無傾。」（〈季氏1〉）甚至在《禮記．大學》〈16〉中也強調各級貴族都不應該與人民爭利，「國不以利為利，以義為利也」。這也展現了「義」和「利」的階級差異。

另外還有對「人義」和「人利」做不同解釋的：前者講的是幾種基本的人際關係（《禮記．禮運》〈18〉）：「父慈、子孝、兄良、弟弟、夫義、婦聽、長惠、幼順、君仁、臣忠十者，謂之人義。」後者講的是人際關係的良善品質：「講信修睦，謂之人利。」這種對「義」和「利」語意的翻轉，也幾乎是前輩古注所沒注意到的。

我覺得這段話還有一種也不錯的解釋，要放在進退存亡的關鍵時刻來說：君子選擇對公眾有利的「義」，也就是「公利」或「以美利利天下」（「擇處仁」），小人會選擇對自己有益的「利」，也就是「私利」（「擇不處仁」）。「義」是比較高的道德標準，考量的是人我關係，是學習而來的文化素養，也就是「修道」的結果；「利」則是「人之所欲」，是人性的基本趨向，只管自己死活。如果沒有

「義」或「禮」的節制，那就是個「你爭我奪」，「你死我活」，最後搞到「同歸於盡」的人間地獄。這時候的君子和小人，又不只是「位」的差別，而是變成有「德」與否的稱呼。我們在許多故事中都可見到忘恩負義的「上位者」，以及「有情有義」的「一般人」。

最可惜的是不肯承認「義」和「利」在日常生活中只是「或多或少」的程度問題，而不是「全有或全無」的分類問題。歷來多少自稱「君子」的人就往往「假仁假義」而行「利己」之實，演出一齣齣的虛偽劇碼。又有多少人以「君子不該講利」為由而在經濟上虧待以君子自居的「讀書人」。這種「義利」之不辨，恐怕都來自對這句話的不同理解。

孔子說過「知者利仁」（〈里仁2〉），但也提醒當官「無見小利」（〈子路17〉），更在「義利」拉扯的時候，強調「見利思義」（〈憲問12〉）或「見得思義」（〈季氏10〉和〈子張1〉）（《禮記・儒行》〈7〉也提到「見利不虧其義」）。「義」的道德位階都是高於「利」的，或者說，公眾的利益都是高過個人利益的考量。這是執政的人應該念茲在茲的道德順位。孟子（〈梁惠王上1〉和〈告子下24〉）和荀子（〈大略61〉、〈榮辱7〉和〈王霸18〉）都傳承著孔門的這種「先義後利」或「行其義，與天下同利」的想法。

從以上的分析來看，孔子說過的「放於利而行，多怨」（〈里仁12〉），或是弟子記載的「子罕言利，與命，與仁」（〈子罕1〉），恐怕都得在「先義後利」的脈絡下來理解，不能斷章取義。

附錄

《禮記》〈大學16〉孟獻子曰：「畜馬乘，不察於雞豚；伐冰之家，不畜牛羊；百乘之家，不畜聚斂之臣。與其有聚斂之臣，寧有盜臣。」此謂國不以利為利，以義為利也。長國家而務財用者，必自小人矣。彼為善之，小人之使為國家，災害並至。雖有善者，亦無如之何矣！此謂國不以利為利，以義為利也。

——〈禮運18〉故聖人乃以天下為一家，以中國為一人者，非意之也，必知其情，辟於其義，明於其利，達於其患，然後能為之。何謂人情？喜怒哀懼愛惡欲七者，弗學而能。何謂人義？父慈、子孝、兄良、弟弟、夫義、婦聽、長惠、幼順、君仁、臣忠十者，謂之人義。講信修睦，謂之人利。爭奪相殺，謂之人患。故聖人所以治人七情，修十義，講信修睦，尚辭讓，去爭奪，舍禮何以治之？

——〈儒行7〉儒有委之以貨財，淹之以樂好，見利不虧其義；劫之以眾，沮之以兵，見死不更其守；鷙蟲攫搏不程勇者，引重鼎不程其力；往者不悔，來者不豫；過言不再，流言不極；不斷其威，不習其謀。其特立有如此者。

《孟子》〈梁惠王上1〉孟子見梁惠王。王曰：「叟不遠千里而來，亦將有以利吾國乎？」孟子對曰：「王何必曰利？亦有仁義而已矣。王曰『何以利吾國』？大夫曰『何以利吾家』？士庶人曰『何以利吾身』？上下交征利而國危矣。萬乘之國弒其君者，必千乘之家；千乘之國弒其君者，必百乘之家。萬取千焉，千取百焉，不為不多矣。苟為後義而先利，不奪不饜。未有仁而遺其親者也，未有義而後其君者也。王亦曰仁義而已矣，何必曰利？」

——〈告子下24〉宋牼將之楚，孟子遇於石丘。曰：「先生將何之？」曰：「吾聞秦楚構兵，我將見楚王說而罷之。楚王不悅，我將見秦王說而罷之，二王我將有所遇焉。」曰：「軻也請無問其詳，願聞其指。說之將何如？」曰：「我將言其不利也。」曰：「先生之志則大矣，先生之號則不可。先生以利說秦楚之王，秦楚之王悅於利，以罷三軍之師，是三軍之士樂罷而悅於利也。為人臣者懷利以事其君，為人子者懷利以事其父，為人弟者懷利以事其兄。是君臣、父子、兄弟終去仁義，懷利以相接，然而不亡者，未之有也。先生以仁義說秦楚之王，秦楚之王悅於仁義，而罷三軍之師，是三軍之士樂罷而悅於仁義也。為人臣者懷仁義以事其君，為人子者懷仁義以事其父，為人弟者懷仁義以事其兄，是君臣、父子、兄弟去利，懷仁義以相接也。然而不王者，未之有也。何必曰利？」

《荀子》〈大略61〉「義」與「利」者，人之所兩有也。雖堯舜不能去民之欲利；然而能使其欲利不克其好義也。雖桀紂不能去民之好義；然而能使其好義不勝其欲利也。故義勝利者為治世，利克義者為亂世。上重義則義克利，上重利則利克義。故天子不言多少，諸侯不言利害，大夫不言得喪，士不通貨財。有國之君不息牛羊，錯質之臣不息雞豚，冢卿不修幣，大夫不為場園，從士以上皆羞利而不與民爭業，樂分施而恥積藏；然故民不困財，貧窶者有所竄其手。

——〈榮辱7〉榮辱之大分，安危利害之常體：先義而後利者榮，先利而後義者辱；榮者常通，辱者常窮；通者常制人，窮者常制於人：是榮辱之大分也。材愨者常安利，蕩悍者常危害；安利者常樂易，危害者常憂險；樂易者常壽長，憂險者常夭折：是安危利害之常體也。

——〈王霸18〉湯武者，修其道，行其義，與天下同利，除天下同害，天下歸之。故厚德音以先之，明禮義以道之，致忠信以愛之，賞賢使能以次之，爵服賞慶以申重之，時其事，輕其任，以調齊之，潢然兼覆之，養長之，如保赤子。

17

子曰：「見賢思齊焉，見不賢而內自省也。」

孔子說過：「看到別人比我們優秀的地方要好好學習跟他一樣，看到別人不好的地方要想想自己有沒有類似的缺點（，如果有，要努力改正）。」

這章是孔子鼓勵人改過遷善，向善向上。

「見」——黃式三說是「知之明也」。

「齊」——戴望說是「列」，還進一步解釋說：「高列所以廣德，列賢則自進，列不賢則自遠。」

「思齊」——包咸說是「思與賢者等也」。

「省」——念作「醒」，皇侃說是「視」，他還引用范甯的說法：「顧探諸己謂之內省也。」

「內自省」——朱子對比「思齊」和「內自省」說：「冀己亦有是善」和「恐己亦有是惡」，這和《大戴禮記．曾子立事》〈8〉的說法相同：「見善恐不得與焉，見不善恐其及己也。」

簡單來說，這是從日常生活中會碰到的兩種極端狀況來說。一種正向的，「見賢思齊」就是看到比自己有才能或有德的人，就要效法他，拿他當榜樣，自己努力做到和他一樣好，甚至更好。另一種是負面的「見不賢」，碰到比自己才能和德行差的人能夠反省自己是不是其實也和他一樣無德無才，只是自己沒有發現而已。

這和孔子說過的：「三人行，必有我師焉。擇其善者而從之，其不善者而改之。」（〈述而22〉）是一樣的意思。

孔子不輕易拿「仁」來稱讚別人，可是卻用「賢」稱讚過顏回（〈雍也11〉），也稱讚過伯夷和叔齊兩個人是「古之賢人也」（〈述而15〉）。弟子子貢也曾經拿同門的子張（顓孫師）和子夏（卜商）比較，請教孔子哪一位比較「賢」。孔子說，子張行事和德行都太超過中庸的標準，而子夏的行事和德行又往往不及中庸的標準。子貢就以為老師認為子張比較「賢」，卻被孔子打臉說：「太過和不及都一樣沒有達到中庸的標準。」（〈先進16〉）可見弟子認為的「賢」和孔子心中的「賢」是有距離的。孔子的「賢」有一個沒有明說的「中庸之道」當「潛標準」。有一次子貢隨便批評人，也被孔子指責說：「你覺得你比別人強到哪裡去？（還不回去反省反省，）我就沒空去指責別人。」孔子弟子子夏也提倡「以賢人為榜樣」（〈學而7〉）。

孔子也在子貢問「為仁」（也就是「行仁」，「仁的實踐」）的時候，建議過「要跟那個國家的『賢大夫』交朋友」（〈衛靈公10〉）。他也批評過「臧文仲明知柳下惠是個賢人而不薦舉他」，這樣的行為是「竊位」（〈衛靈公14〉），就是「尸位素餐」，也就是沒盡到他做人臣要選賢舉能的職責。

孟子說：「賢者在位，能者在職。」（《孟子・公孫丑上》〈4〉）也是遵循著孔子的教誨，不過這是特別為居上位的人說的。

「見賢」有時也作「見善」。孔子就說過：「見善如不及，見不善如探湯。」（〈季氏11〉）荀子也說過類似的話：「見善，修然必以自存也；見不善，愀然必以自省也。」（《荀子．修身》〈1〉）董仲舒的《春秋繁露》也提到類似的師承教誨（〈如天之為1〉和〈天道施2〉）。《易經．益卦》的〈象傳〉也說：「君子以見善則遷，有過則改。」

不過這裡提到的是以自己的反省為主，多偏重在「己立」和「己達」，而沒提到「立人」和「達人」的部分，或者說強調「忠」，忽略「恕」。這只能算是孔子的「半部教訓」，更完整來說，應該還要能進一步讓「不賢者」也能向我們一樣「見賢思齊」才是。孔子兩度說過：「舉直錯諸枉，能使枉者直」（〈為政19〉和〈顏淵22〉），我們也可以引申說：「舉賢錯諸不賢，能使不賢者賢。」「尊賢容眾」和「嘉善而矜不能」（〈子張3〉）的具體落實，恐怕是在「內自省」之後更重要的一步。

另外一個可惜可嘆之處在於人的忌妒心作祟。往往別人比我們有德有才，都會遭到忌恨，小則產生「瑜亮情結」，不相往來，大則羅織罪名陷害對方。這是在不同的時代、不同地點都出現過的憾事。〔我馬上想到的是我們姓孫的老祖宗「孫臏」和「龐涓」的故事，我們遠祖還因此被斷了足，最後雖然報了仇，但是誰又是真正的贏家呢？辜負了所有的聰明才智！沒替更多人造福。〕

如果我們多看看自己的手掌和手指頭，會不會多一點提醒：五根手指頭都連在手掌上，五根手指又各自不同短長，聯合起來才能發揮不同的作用，沒有誰比誰重要或不可或缺的問題。我們能不能「掌握」這個「明擺在眼前」的事實呢？

最後提一個發人深省的故事：有一次，子夏的門人請問子張有關交朋友的問題。子張先問子夏是怎麼說的。子夏的弟子就轉述說：「那些還可以的人就跟他們來往，那些不可以的人就不要跟他們來往。」子張聽完後就說：「這和我跟老師學到的不一樣。君子應該尊敬賢能的人，接納其他不賢能的人；誇讚做好事的人，憐憫那些無法做好事的人。如果我自己很賢能，那麼為什麼不能接納其他不賢能的人；如果我不夠賢能，別人早就會拒絕跟我來往，哪裡輪到我來拒絕人呢？」（〈子張3〉）兩位弟子對於「見賢思齊」有共識，但是對於「見不賢」卻有異議。哪個人更接近孔子本章的教誨呢？

附錄

《春秋繁露》〈如天之為1〉春修仁而求善，秋修義而求惡，冬修刑而致清，夏修德而致寬。此所以順天地，體陰陽。然而方求善之時，**見惡**而不釋；方求惡之時，**見善**亦立行；方致清之時，**見大善**亦立舉之；方致寬之時，**見大惡**亦立去之。以效天地之方生之時有殺也，方殺之時有生也。

——〈天道施2〉**見善**者不能無好，**見不善**者不能無惡，好惡去就，不能堅守，人道者，人之所由樂而不亂，複而不厭者，萬物載名而生，聖人因其象而命之。然而可易也，皆有義從也，故正名以名義也。

18

子曰：「事父母幾諫。見志不從，又敬不違，勞而不怨。」

孔子說過：「子女侍奉父母時，要在父母做錯事時，把握適當機會提出糾正。如果子女的意見不被父母採納，做子女的還是要對父母保持恭敬的態度，不能違背禮，子女該做的事情還是得盡子女本分繼續做下去，不能抱怨。」

接下來四章又轉到親子關係的討論。其中有一章之前已經出現過。

這章要分三個時間點來看：「事父母幾諫」是做子女的第一時間的行為，「見志不從」是父母的反應，「又敬不違，勞而不怨」是子女對父母反應所做出第二時間的反應，當中沒有說出來的前提當然是父母做了錯事。由此看來，孔子是不會贊成「天下無不是的父母」這樣的話。如果是這樣，子女就沒有「幾諫」的必要。所以說孔子是「父權社會的維護者」是和事實不符的。

「事」——是「權力小的人對權力大的人」的敬語。「事父母」就是「侍奉父母」，這是古代父權時代常見的現象，現在大概是反過來的情況（「事兒女」）多些。

「幾」——古注都說是「微」（包咸、皇侃、朱子和戴望）。

「諫」——《說文解字》：「諫，証也。」劉寶楠解釋為「以言正之」。「幾諫」就是「微諫」，何晏解釋說：「納善言於父母也。」皇侃則說得再細一些：「子事父母，義主恭從。父母若有過失，則子不獲不致極而諫，雖復致諫，猶當微微納進善言，不使額額也。」皇侃還「依經解經」，引述到《禮記・內則》〈18〉的類似記載。朱子則進一步將〈內則18〉的文字分段解說：「所謂『父母有過，下氣怡色，柔聲以諫』也。」曾子也說：「父母有過，諫而不逆。」（《禮記・祭義》〈28〉）簡單說，做子女的指出父母犯錯時，講話和態度都要委婉些，這樣比較容易被接受。太直接的話，恐怕引起的衝突會更大，原來的目標就無法達成。

「見志不從」，古注又都跟著何晏說是「父母志有不從己諫之色」，朱子認為這就是《禮記・內則》〈18〉說的「諫若不入，起敬起孝，說則復諫」。這也是說，如果父母不聽勸，要繼續等待機會，等到他們心情好的時候，比較容易成功。

「又敬不違」中的「不違」應該就是孔子說過的「無違」（〈為政5〉），或「不違背禮」，也就是父母不聽勸，還是要尊敬父母，不能違背禮法上要求的對父母其他合理教誨的遵從。朱子認為《禮記・內則》〈18〉的「與其得罪於鄉黨州閭，寧孰諫。父母怒、不說，而撻之流血，不敢疾怨，起敬起孝」就是這一段的正解。不過，從現在的法治觀點來看，最後一段「撻之流血」已經是「家庭暴力」的觸法行為，實在不足為訓。這是我們讀古代典籍要知道「與時俱進」之處，不可盲從古人，就算是「孔子的話」，也要三思。否則「生乎今之世，反古之道。如此者，災及其身者也」。（《禮記・中庸》〈29〉）

「勞而不怨」的「勞」，根據程樹德的整理，共有三種解釋：一是「勞苦」，一是「憂」，一是「勉」。大部分古注都作「勞苦」解。孟子的學生萬章也學到：「父母愛之，喜而不忘；父母惡之，勞而不怨。」（《孟子・萬章上》〈1〉）這和後來《禮記・祭義》〈28〉說的：「父母愛之，嘉而弗忘；父母惡之，懼而無怨。」是一脈相傳的（《大戴禮記・曾子大孝》〈6〉出現幾乎一樣的話）。

其他秦漢古籍都不約而同提到「父有爭子」就不會做出不合禮法（《荀子・子道》〈2〉和《孔子家語・三恕》〈9〉），或是不義的事情（《孝經・諫諍》〈1〉和《白虎通德論・卷七》〈三綱六紀5〉）。

所以從以上的敘述來看，孔子並沒有忽視「親子衝突」或是「代溝」的問題。只是他在這章中是以子女的立場，來說明子女面對親子衝突該做的反應，沒有提到父母該如何因應、處理自己犯錯時子女的「幾諫」。如果我們根據前面討論過多次有關「過」的問題，其實孔子會勸父母「內自省」之後該改則改，不應該對子女以「棍棒伺候」。所以孔子雖然沒有說，我們還是可以合理推論出他的一貫之道。這是「依上下文脈絡解經」。如果因為孔子沒說，就認為他老人家是站在權威體制這一邊的「幫閒」或「幫凶」，恐怕也是「過度解釋」。

我們都有家庭的經驗，有好有壞，這也影響到我們對孔子談論家庭、孝道，以及對於孔子的理解。如果從孔子的生平來看，他三歲喪父，十七歲喪母，作為人子的他大概只有和母親相處的經驗。可惜他說得少，我們也無法從其他史料得知。他和夫人的關係沒有文獻記載。他和獨子孔鯉的關係好像也很疏遠（在接下來的章節中會提到）。所以這章應該和孔子的生平故事沒有太大的關係吧？

我認為這裡講的恐怕是曾皙（父）和曾參（子）的家事。各位可以回頭去看一下〈學而4〉，溫故知新。

附錄

《禮記》〈內則18〉**父母有過**，下氣怡色，柔聲以諫。諫若不入，起敬起孝，說則復諫；不說，與其得罪於鄉黨州閭，寧孰諫。父母怒、不說，而撻之流血，不敢疾怨，起敬起孝。——〈祭義28〉曾子曰：「樹木以時伐焉，禽獸以時殺焉。夫子曰：『斷一樹，殺一獸，不以其時，非孝也。』孝有三：小孝用力，中孝用勞，大孝不匱。思慈愛忘勞，可謂用力矣。尊仁安義，可謂用勞矣。博施備物，可謂不匱矣。**父母愛之，嘉而弗忘；父母惡之，懼而無怨；父母有過，諫而不逆**；父母既沒，必求仁者之粟以祀之。此之謂禮終。」

《大戴禮記．曾子大孝》〈6〉**父母愛之，喜而不忘；父母惡之，懼而無怨；父母有過，諫而不逆**；父母既歿，以哀，祀之加之；如此，謂禮終矣。」

《荀子．子道》〈2〉魯哀公問於孔子曰：「子從父命，孝乎？臣從君命，貞乎？」三問，孔子不對。孔子趨出以語子貢曰：「鄉者，君問丘也，曰：『子從父命，孝乎？臣從君命，貞乎？』三問而丘不對，賜以為何如？」子貢曰：「子從父命，孝矣。臣從君命，貞矣，夫子有奚對焉？」孔子曰：「小人哉！賜不識也！昔萬乘之國，有爭臣四人，則封疆不削；千乘之國，有爭臣三人，則社稷不危；百乘之家，有爭臣二人，則宗廟不毀。**父有爭子**，不行無禮；士有爭友，不為不義。故子從父，奚子孝？臣從君，奚臣貞？審其所以從之之謂孝、之謂貞也。」

《孔子家語．三恕》〈9〉子貢問於孔子曰：「子從父命，孝乎；臣從君命，貞乎；奚疑焉？」孔子曰：「鄙哉賜！汝不識也。昔者明王萬乘之國，有爭臣七人，則主無過舉；千乘之國，有爭臣五人，則社稷不危也；百乘之家，有爭臣三人，則祿位不替；**父有爭子**，不陷無禮；士有爭友，不行不義。故子從父命，奚詎為孝？臣從君命，奚詎為貞？夫能審其所從，之謂孝，之謂貞矣。」

《孝經．諫諍》〈1〉曾子曰：「若夫慈愛、恭敬、安親、揚名，則聞命矣。敢問子從父之令，可謂孝乎？」子曰：「是何言與，是何言與！昔者天子有爭臣七人，雖無道，不失其天下；諸侯有爭臣五人，雖無道，不失其國；大夫有爭臣三人，雖無道，不失其家；士有爭友，則身不離於令名；**父有爭子**，則身不陷於不義。故當不義，則子不可以不爭於父，臣不可以不爭於君；故當不義，則爭之。從父之令，又焉得為孝乎！」

《白虎通德論．卷七》〈三綱六紀5〉父子者，何謂也？父者，矩也，以法度教子；子者，孳孳無已也。故《孝經》曰：「**父有爭子**，則身不陷於不義。」夫婦者，何謂也？夫者，扶也，以道扶接也；婦者，服也，以禮屈服。《昏禮》曰：「夫親脫婦之纓。」《傳》曰：「夫婦判合也。」朋友者，何謂也？朋者，黨也；友者，有也。《禮記》曰：「同門曰朋，同志曰友。」朋友之交，近則謗其言，遠則不相訕。一人有善，其心好之；一人有惡，其心痛之。貨則通而不計，共憂患而相救。生不屬，死不托。故《論語》曰：「子路云：『願車馬衣輕裘，與朋友共敝之。』」又曰：「朋友無所歸，生於我乎，死於我乎殯。」朋友之道，親存不得行者二：不得許友以其身，不得專通財之恩。友飢則白之於父兄，父兄許之，乃稱父兄與之，不聽則止。故曰：友飢為之減餐，大寒為之不重裘。故《論語》曰：「有父兄在，如之何其聞斯行之也！」

19

子曰：「父母在，不遠遊。遊必有方。」

孔子說：「父母親還健在的時候，（應該盡量）不要到遠方去。就算要去，也要告知父母去的地方（，並經常保持聯繫，以免父母擔心）。」

這章是孔子教誨學生出門在外要讓父母放心。

古注都只解釋「方」，並且都解釋成「常」（鄭玄和皇侃）。剛好《禮記・曲禮上》〈17〉就有「遊必有常」這樣的話，所以就拿來當「依經解經」的根據。

朱子雖然沒有針對「方」有明確的定義，但是在他的解說中隱含著「方向」的意涵：「遊必有方，如已告云之東，則不敢更適西，欲親必知己之所在而無憂，召己則必至而無失也。」簡單說，是為了有急事時方便聯繫。黃懷信認為，「方」就是「具體所在、地方」。

孔子在這章教誨背後的理由，主要是「為人子女者不可讓父母擔憂」，「萬一父母出了什麼事，也容易找到子女回來處理」。這在交通和通訊都不方便的古代，是對子女的一個重要提醒，不是想和現代旅遊業者過不去。

現代社會的交通和通訊狀況已經讓世界縮小成為「地球村」，這種孔子或父母擔心的「遠遊」和「遊必有方」的情況，除非刻意躲避，否則已經不容易發生了。

看起來這裡明說的是要「不遠遊」和「遊必有方」，其實蘊含的意思不就是「親子溝通」和「相互關心」嗎？如果假定親人之間的感情都很融洽，孔子這裡的提醒就幾乎沒有必要。恐怕孔子早已經看出來，有些家庭關係已經惡劣到成員們彼此不溝通，甚至不相聞問的地步。居上者往往為了權位而彼此勾心鬥角，甚至不惜廝殺，居下位者也會為了分產而引起決裂，所以才要在這種「遠遊」的「小事情」上再三提醒。

親愛的人心遠遊了，遊又無方，才是可怕的吧！

附錄

《禮記》〈曲禮上17〉夫為人子者：出必告，反必面，所**游必有常**，所習必有業。恒言不稱老。年長以倍則父事之，十年以長則兄事之，五年以長則肩隨之。群居五人，則長者必異席。

——〈玉藻49〉父命呼，唯而不諾，手執業則投之，食在口則吐之，走而不趨。親老，**出不易方**，復不過時。親癠色容不盛，此孝子之疏節也。

20

子曰：「三年無改於父之道，可謂孝矣。」

> 孔子說過：「如果當兒子的能夠長久遵守父親的善道，那麼就是〔當兒子的人能篤守〕孝道的表現。」

這章和〈學而11〉的後半段重複，我便將舊作稍做刪改。這章也許可以和〈里仁18〉相互補充。

這章有幾個現代人可能會困惑的問題：

首先是「三年無改」的孝道的道理，孔安國最早就定了調：「父在，子不得自專，故觀其志；父沒，乃觀其行。孝子在喪，哀慕猶若父存，無所改於父之道也。」

這裡衍生出一個問題：如果父道守善，「三年無改」當然不是問題。問題是父道不善的情況，難道也要「三年無改」？

皇侃認為〈學而11〉的主旨不在於「父政之善惡」，只是論「孝子之心」。他進一步闡述：「若人君風政之惡，則冢宰自行政；若卿大夫之心惡，則其家相邑宰自行事，無關於孝子也。」他認為這是君王諸侯等統治階級的事情，和孔子要講的父子之間傳承的孝道無關。

從皇侃開始的古注都一致認為：如果父道不善就要改。劉寶楠引用過《易經》「幹父之蠱」（糾正父輩做錯或沒做好的事）的話，還引用了汪中的舉例，其中提到大禹治水，就沒跟隨其父鯀的做法，周代奉命監管殷商遺民的蔡叔的兒子也沒跟著老爸叛亂。這其實是顯而易見的道理，不需多事。都是有些讀者把孔子的話讀死了，才需要前輩費唇舌解釋，特別是衍生出「天下無不是的父母」這樣絕對的話，展現出中華文化中不知變通的「愚孝」。我們應該都分得很清楚，平日大家說話時都是在「常情」和「常理」之下，如果是「特殊狀況」，就「另當別論」。

此外，這是特指統治階級應該如此，還是「自天子以至於庶人」都一體適用？

孔子在回答子張的「高宗諒陰（守喪期間），三年不言」時，回答「何必高宗，古之人皆然」（〈憲問40〉）。關鍵就在於這個「人」是指「貴族」還是「一般人」。

曾子誇獎過孟莊子難能可貴的孝行，雖然沒有明白說到這是「三年之喪」，但是說到他「不改父之臣與父之政」（〈子張18〉）應該就是本章「三年無改於父之道」的意思，指的也是貴族。戴望說：「禮、諸侯世子三年喪畢，服士服，上受爵命於天子。」孟子自己將堯、舜、禹的彼此繼承過程也當成「三年無改於父之道」的解釋（《孟子・萬章上》〈4—6〉）。就像《禮記・中庸》〈19〉在稱讚過周武王和周公的「達孝」之後，緊接著說「夫孝者：善繼人之志，善述人之事者也。」（這裡的「人」應該就是「父」）也可以當成呼應此章的主旨。總之，我認為孔子談論的主要應該是指公領域的事情，泛指一般人是適應現代生活的解釋。不過，這種想法的流弊變成「祖宗成法不可變」，也就是釀成中國近代史改革來得太慢的思想根源。孔子思想被認為守舊和落伍，和這種解釋不無關聯。

最後一個問題是：為什麼要「三年」？這是因為「晝寢」而被孔子痛罵過的「宰我」質疑過的問題（〈陽貨21〉）。宰我認為「三年之喪」時間太長，「一年」就好了。他以孔子經常強調的禮樂為理由來質疑：如果三年之喪則無法修禮樂，就會有禮崩樂壞的惡果。孔子一開始還對這個列名「言語門」的弟子發揮耐心來導引他，說了「小孩生下來要三年才能夠免於父母之懷」，企圖訴諸他「感恩的心」，沒想到他竟然不上孔子的當，直接嗆孔子，他就算是守喪一年也不會心不安。讓孔子氣到不行。

孔子的「報恩論」之外，也有「稱情別親疏貴賤論」這種情感和制度配合的思考方向：《禮記・三年問》〈1〉終究說：「三年之喪何也？曰：稱情而立文，因以飾群，別親疏貴賤之節，而不可損益也。故曰：無易之道也。」這是三年之喪為禮的用意所在。

後來也有人質疑孔子說的「三年之喪」是「天下之通喪」這種說法。墨家更反對孔門「厚葬」和「久喪」的規矩。後來專制王朝的官員父母親過世都得返鄉「丁憂」，也是這種理論的具體運用。現在看來都過時了。

我認為說了這麼多，重點恐怕還是孔子希望後來的統治階級都能夠回歸堯舜「公天下」的「父之道」，作為真正的「政治孝子」；不能落實「公天下」的後世統治者，都是堯舜的「不肖子孫」。

最後再強調一下，這裡說是「三年無改」並不是「永世不得改」。「改」與「不改」之間，有著「守正」與「與時俱進」之間動態平衡的掌握。這是「守經達權」的智慧。

21

子曰：「父母之年，不可不知也。一則以喜，一則以懼。」

孔子說過：「父母的年紀，做子女的不能不記牢。一方面要慶幸，一方面是要擔心。」

這章的題旨也很清楚：強調子女要關心父母的年紀，其中有喜亦有懼。

「知」——古注都沒說，只有朱子說：「猶記憶也。」

「喜」——《說文解字》：「樂。」；「懼，恐也。」

至於「喜」和「懼」分別指涉何事，孔安國最早就說了：「見其壽考則喜，見其衰老則懼。」後人也都遵循著這樣的解釋。

我成長的歲月裡，幾乎沒看過長輩過生日，就算碰上了生日，也是吃碗麵加個蛋就算是慶祝。有了西洋的蛋糕之後，一切都不同了。家中不管誰生日，幾乎都不能免俗。蛋糕上還有表示年齡的蠟燭。不過，現在都會地區的家人彼此都會慶祝生日，特別是小孩的生日變得越來越重要，父母的生日反而退居其次。有些家長還學美國人的做法，要邀請同學一起來慶祝，以幫助小孩拓展「人脈」。生日宴會已經不是一個家庭活動，而是小孩和父母社交能力的證明。

要是孔子復生，恐怕要改說：「子女之年，不可不知也。」一則以喜：「小孩終於長大了，照顧起來可以不要像小時候那麼辛苦」；一則以懼：「小孩會不會考不上好學校？會不會交到壞朋友？畢業後會不會找不到工作……？」

記得父母的年紀喜懼之餘，也會擔心自己是否承擔得起父母年紀大以後的照護責任。特別是在「高齡化社會」中，這個問題更形重要。以前這種照護老人的責任都是家庭的責任。如果家庭經濟和人際關係狀況不錯，老人的照護大概也沒問題，如果不是，恐怕要擔心害怕的事情就多了。現在先進國家都要介入這方面的服務，讓國民才能真是安居樂業，而不會讓我們面對「老人問題」時只有「恐懼」而沒有任何「歡樂」。

我常想到孔子有一次和學生談論各自的「志」時，說過自己的「志」是：「老者安之，朋友信之，少者懷之。」（〈公治長26〉）後來的《禮記．禮運》〈1〉也講到：「人不獨親其親，不獨子其子，使老有所終，壯有所用，幼有所長，矜寡孤獨廢疾者，皆有所養。」

這是從我們對於自己父母之年的喜懼，轉向對他人父母之年的喜懼；喜懼之餘，我們也要趁早提出對策，才能對自己和他人未來的老年有喜而無懼。

22

子曰：「古者言之不出，恥躬之不逮也。」

孔子說過：「古人話不輕易說出口，是擔心自己做不到時，會讓自己感到羞愧。」

孔子在這章強調講話要謹慎，以免自己說到卻做不到。

這裡說「古者」，雖沒有明說「今者」如何，但是蘊含著「今者不如」的隱義。

「躬」是「身」（皇侃和《爾雅・釋詁》）。「逮」，是「及」（皇侃、《爾雅・釋言》、朱子）。

包咸早就說過：「古人之言不妄出口者，為身行之將不及也。」皇侃舉「子路無宿諾」（子路答應別人的事情不會等到第二天才去做）（〈顏淵12〉）當成這句話的例證。其實另外一段也可以當證明：「子路有聞，未之能行，唯恐有聞。」（〈公治長14〉）這也是毓老師說過「子路是知行合一的第一人」，而不是後人常說的明代的「王陽明」。也許子路是聽了孔子的話才努力踐行的。

這樣說來，孔子身邊就有這樣的「今之古人」。

這裡是《論語》諸多講「言行」對比和「知行合一」的章節之一：子貢請問孔子君子該做的事情，孔子回答說：「先行，其言而後從之。」（〈為政13〉）他也強調「慎言」和「慎行」，這樣才能「言寡尤、行寡悔」（〈為政18〉）；有時孔子會強調「訥於言而敏於行」（〈里仁24〉）。他因為宰我話說得好聽，而覺悟到對人應該從「聽其言而信其行」，改成「聽其言而觀其行」（〈公冶長10〉）；他也強調居上位者「言之必可行也」，「君子於其言，無所苟而已矣」（〈子路3〉）。雖然如此，他也教弟子有些時候要懂得權變，不一定要死守「言必信，行必果」的原則（〈子路20〉），在「邦有道」的時候，「危言危行」（言行都要守正），在「邦無道」的時候，「危行言孫」（行為要守正，言論可以稍做調整）（〈憲問3〉）。此外，孔子很不齒「話說得好聽而事做得不行的人」（〈憲問27〉）；甚至在出使到文明程度比較低的地區，孔子都建議弟子篤守「言忠信，行篤敬」（〈衛靈公6〉）。

毓老師上課也常提醒同學謹言慎行。他常引用《易經・繫辭上》〈8〉中的話：「言行君子之樞機，樞機之發，榮辱之主也。言行，君子之所以動天地也，可不慎乎！」這幾乎是歷屆毓門弟子都能夠琅琅上口的話。

希望大家都能夠共同分享並共同實踐這個古人的智慧。

23

子曰：「以約失之者，鮮矣！」

孔子說過：「會因為謹言、慎行有節制而違反禮節的人，是很少見的。」

這章孔子講「約」的重要性。

這章的關鍵字就是「約」。在之前〈里仁2〉就出現過，是拿來和「樂」做對比。〈述而26〉說到「約而為泰」，又是拿來和「泰」（奢侈）做對比。古注似乎都當成「儉約」（孔安國、邢昺）或「省」（戴望）解，和「奢侈」相對。朱子引用謝氏的說法：「不侈然以自放之謂約」，又引用尹氏的說法：「凡事約則鮮失，非止謂儉約也。」蔣伯潛歸納得好：「凡謹言、慎行、不浪費，皆是『約』。」《論語》中「約」字的另一種用法是「約之以禮」，黃懷信認為這裡的「約」就是「凡事有約束、有節制、不放縱」。楊樹達認為「約」的反義字是「廣」。這些說法都有道理，不過從上章和下章的脈絡來看，恐怕這裡的「約」和「言行」有關，也和孔子強調的「禮」有關。

「鮮」無歧義，都說是「少」。

這句話短，看來應該是不完整的。完整的句子應該先有兩種情況對比，這兩種情況都不是最理想的，相較之下，「約」算是比較好的選擇，因為「少犯錯」。孔安國的注就說：「奢則驕溢招禍，儉約無憂患。」邢昺說得更清楚些：「得中合禮，為事乃善。設若奢儉俱不得中，奢則驕佚招禍，儉約無憂患，是以約致失者少也。」楊樹達說：「務廣者必荒。守約者得寸則進寸，得尺則進尺，故鮮失也。」這章其實暗含著「約」是一種在最差的情況下的明哲保身之道。

此外，這裡也有一個沒有人注意過的問題：「失之」是指什麼？「失」是「犯錯」或「失去」，這比較好懂。但是「之」是什麼呢？有了「約」就比較不容易失掉什麼呢？或是比較不會犯哪方面的錯呢？我覺得是「禮」，也可以說是「正」，也可以說是「君子之道」。總之，就是孔子篤守的「一貫之道」。

《禮記》提醒：「敖不可長，欲不可從，志不可滿，樂不可極。」（〈曲禮上2〉），講的都是要守中道，又說：「恭近禮，儉近仁，信近情，敬讓以行此，雖有過，其不甚矣。夫恭寡過，情可信，儉易容也；以此失之者，不亦鮮乎？」（〈表記20〉）〔這和有子說的「恭近於禮，遠恥辱矣」（〈學而13〉）是類似的想法。〕

24

子曰：「君子欲訥於言，而敏於行。」

孔子說過：「君子應該努力的目標是：說話不隨便承諾，但是卻能夠在行動之前有周全的準備。」

這章也和〈里仁22〉一樣，是《論語》中講「言行」的一章。各位可以回頭去看看。

「訥」——《說文解字》說：「言，難也。」《廣雅》說：「遲也。」古注都說是「遲鈍」（包咸、皇侃和邢昺）。這和孔子討厭的「巧言」剛好相反。

「敏」——皇侃說是「疾速」，其他古注大概也是這樣的意思。毓老師常強調的是「慮深通敏」，強調要面面俱到，縝密的思考。光是「求速」而沒有事前的「謀算」，往往會有「欲速則不達」（〈子路17〉）的嚴重後果。

照古注的解釋，這是一種對照的說法：說話要慢，行動要快。包咸就率先解釋說：「言欲遲而行欲疾」，皇侃也說「遲言而速行」，邢昺則說是「遲鈍於言，敏疾於行」。

孔子在這裡強調的是「訥言敏行」是「君子」的言行目標。「欲」是指君子主觀的願望，也可以說是「君子之志」，是想要做君子的人在言行上一個奮鬥的方向。同樣的想法也可參考《易經・繫辭上》〈8〉：「言行君子之樞機，樞機之發，榮辱之主也。言行，君子之所以動天地也，可不慎乎！」這也是毓老師講到言行或言語的重要性時經常引用的一段話。

朱子在這裡引用了胡氏的說法，認為從〈里仁15〉到此共十章，可能都是曾子門人所記。不知道他有什麼根據。

順便提一下，舜的時代曾經任命一位叫「龍」的人當「納言」（編注：古代官職名，負責傳遞皇帝公布的訊息和外邊給皇帝的意見）。到了王莽時代也將「大司農」（編注：掌財政之官職）改為「納言」。日本歷史上有「大納言」和「少納言」的官名，也有日本「大納言紅豆」。日本平安時代有位女作家因為官銜被稱為「清少納言」（九六六－一〇二五），著有《枕草子》一書，海峽兩岸都有中譯本。日本現代大叔演員中有一位叫「西田敏行」，我好像還沒聽過叫「敏行」的中國人。這都是很好的名字，可是只有日本人用，怪哉！

25

子曰：「德不孤，必有鄰。」

孔子說過：「一個人遵循自己的德行為人，一定會有相同想法和做法的人願意來當他的鄰居，所以不會孤單。」

這章孔子強調有德行的人可以聚合有同樣德行的人。

這章也沒有太難解的字，有歧見的是這句話背後的道理。「鄰」，皇侃解作「報」，所以整句就是：「言德行不孤矣，必為人所報也。」《說苑・復恩》〈1〉引用孔子的這句話，就是採用這樣的意思。

董仲舒認為這句話顯示出君子的「積善累德之效」（《漢書・董仲舒傳》〈9〉），「積善累德」就是「不孤」。這種「不孤」是穿越時空的。

《鹽鐵論》引用孔子的這句話強調「物類相從」這種「群聚效應」。後來朱子將「鄰」解作「猶親也」，整句就是「德不孤立，必以類應，故有德者必有其類從之，如居之有鄰也」，應該是承傳自同樣的想法。

元朝陳天祥的《四書辨疑》根據朱子的意思稍加發揮，提出別出心裁之解。他強調「必」字其實要看政治的清明與否，而且他強調的是「團隊合作」的精神，「德不孤」是表示一個人的德業不是只靠自己一個人的力量，還要其他有德者鄰近輔導才行。這種強調「道德的社會網絡」（有德者能讓「有朋自遠方來」和「近悅遠來」）關係，對現代人是很有啟發性的。一群有相同德性的人聚在一起努力，而不是有德者的孤軍奮鬥，才能完成禮運大同的世界。

我聽過有人質疑，現代社會（其實古代社會也是）大家都自私自利，有德者往往被視為「不識時務」，「孤高自賞」，往往自絕於人，而且也被人孤立，怎還會有人要跟這樣的傻子做朋友當鄰居？有這種想法的人，錯以為「有德者」是「孤高自賞之人」，而不是「關心別人的人」。一般人難道想跟「不守公共道德的人」當鄰居？其實，我們也許都不敢自居「有德者」，但是選擇「鄰居」，恐怕大家還是希望和「有公德心的人」為鄰吧！跟「有公德心的人」住在同一個社區，大家也都變得「有公德心」起來，這是「正面的群聚效應」。「德不孤，必有鄰」，這還需要懷疑嗎？孔子在本篇一開頭就說過：「里仁為美，擇不處仁，焉得知？」（〈里仁1〉）

《易經・坤卦》〈文言11〉也強調「敬義立而德不孤」；《大戴禮記》〈曾子立事17〉說「君子義則有常，善則有鄰」，也都是從「義」和「善」的角度補充本章的說法。

我們平常看到的不是「道德」和「有鄰」的問題，而是「貧賤」和「有鄰」。「富貴者」群居在豪宅區，「貧賤者」群居在貧民窟，房地產價格因此不同。但是這和「道德」沒有必然的關係。孔子在這裡要打破的也是這種因為經濟狀況而分居的社會狀況，而以道德來超越不同的經濟狀況。

「德」會有鄰，「背德」一樣會有鄰，只是不同性質的鄰。愛生愛、恨生恨，冷漠生冷漠。我最近在看蘇聯早期社會學家索羅金在一九五四年出版的《愛之道與愛之力：道德轉變的類型、因素與技術》（上海三聯，二〇一一），講的有一部分就和本章是同樣的道理。

這是我們自己的德行可以發揮的吸引同類人的力量。「人能弘道，非道弘人」（〈衛靈公29〉），可不能小看自己！

附錄

《說苑．復恩》〈1〉　孔子曰：「**德不孤，必有鄰**。」夫施德者貴不德，受恩者尚必報；是故臣勞勤以為君而不求其賞，君持施以牧下而無所德，故《易》曰：「勞而不怨，有功而不德，厚之至也。」君臣相與以市道接，君縣祿以待之，臣竭力以報之；逮臣有不測之功，則主加之以重賞，如主有超異之恩，則臣必死以復之。孔子曰：北方有獸，其名曰蟨，前足鼠，後足兔，是獸也，甚矣其愛蛩蛩巨虛也，食得甘草，必齧以遺蛩蛩巨虛，蛩蛩巨虛見人將來，必負蟨以走，蟨非性之愛蛩蛩巨虛也，為其假足之故也，二獸者亦非性之愛蟨也，為其得甘草而遺之故也。夫禽獸昆蟲猶知比假而相有報也，況於士君子之欲與名利於天下者乎！夫臣不復君之恩而苟營其私門，禍之源也；君不能報臣之功而憚刑賞者，亦亂之基也。夫禍亂之原基，由不報恩生矣。

《漢書．董仲舒傳》〈9〉　臣聞天之所大奉使之王者，必有非人力所能致而自至者，此受命之符也。天下之人同心歸之，若歸父母，故天瑞應誠而至。書曰「白魚入於王舟，有火復於王屋，流為烏」，此蓋受命之符也。周公曰「復哉復哉」，孔子曰「德不孤，必有鄰」，皆積善絫德之效也。及至後世，淫佚衰微，不能統理群生，諸侯背畔，殘賊良民以爭壤土，廢德教而任刑罰。刑罰不中，則生邪氣；邪氣積於下，怨惡畜於上。上下不和，則陰陽繆盭而妖孽生矣。此災異所緣而起也。

《鹽鐵論・卷五》〈論誹3〉丞相史曰：「檀柘而有鄉，萑葦而有藂，言物類之相從也。孔子曰：『德不孤，必有鄰。』故湯興而伊尹至，不仁者遠矣。未有明君在上而亂臣在下也。今先帝躬行仁聖之道，以臨海內，招舉俊才賢良之士，唯仁是用，誅逐亂臣，不避所親，務以求賢而簡退不肖，猶堯之舉舜、禹之族，殛鯀放驩兜也。而曰『苟合之徒』，是則主非而臣阿，是也？」

《四書辨疑》有德者固有類應相從之道，惟明治之世為可必也。若昏亂之世，乃小人類進之時，君子則各自韜晦遠遯以避其害，卻無類從不孤之理，「必」字於此不可解矣！「鄰」字解為類從，亦為勉強。德不孤必有鄰，蓋言人之德業不能獨成，必有有德者居相鄰近輔導之也。「魯無君子者，斯焉取斯」，義與此同。

26

子游曰：「事君數，斯辱矣，朋友數，斯疏矣。」

子游說過：「如果常常諫諍君上（，但君上不聽的話），會自取其辱；如果常常諫諍朋友（，但朋友不聽的話），關係會越來越疏遠。」

這是〈里仁篇〉的最後一章。忽然出現子游的話，而且和本章多次談到的「孝」和「仁」都沒有關聯。

子游是孔子弟子，之前在〈為政7〉就曾經出現過，請教過孔子有關「孝」的問題。這章他不知在怎樣場合說出了這句話，也許是對於上一章的補充和提醒。我們也許可以這麼看，他談到「事君」和「交友」，前者算是「國」領域的大事，後者算是「天下」領域的事情，他過去談到的「孝」則算是「家」領域的大事。這樣看來，家、國和天下的事情他都注意到了。

「事」是下對上的一種尊敬行為，以前講過。所以有「事君」和「事父母」的說法。

這章的關鍵字在於「數」。眾說紛紜，古注大概都是「依經驗解經」，有幾種說法：一種是說「速數之數也」（何晏和邢昺），這是讓現代人一頭霧水的解釋。其次一種是說「數己之功勞也」（鄭玄），這算是相當清楚的解釋。再來一種說是「記數」，好像是現代人說的「斤斤計較」。又有一種說是「煩數」（程子）或「煩瀆」，好像就是出現的次數多到讓人覺得煩，覺得討厭。另一種說「數與僭同」，就是「越權」。此外還有一種說法，是「面數其過」（俞樾、戴望和劉寶楠），就是當著君王或朋友的面指責他的過錯，這個解釋算是比較講得通的。

「斯」——皇侃說是「此」。「辱」，古注沒多說，大概是「自取其辱」的意思。

「疏」——劉寶楠解釋是「遠」。

鄭玄說的「數己之功勞」，這種「自我膨脹」或「自我中心」的人往往居功不諱，不提其他人的功勞，又愛誇獎自己多能幹，這樣罔顧別人的人當然會讓人討厭。這也是「依經驗解經」的一例。

皇侃解釋說：「禮不貴褻，故進止有儀。臣非時而見君，此必致恥辱；朋友非時而相往數，必致疏遠。」這裡強調的是：「在人家不方便見客的時間去拜訪，會讓人討厭，嫌你沒禮貌，不知進退，進而疏遠你。」這對於初入大學或社會的新鮮人來說，有重要的提醒作用。這也說得通。

朱子轉而強調對君和朋友的「諫諍」，也就是「面數其過」，這也是「讓人討厭」的行為。他引用「胡氏」（「胡寅」，根據周元俠《朱熹的《論語集注》研究》頁一二一）的說法：「事君，諫不行則當去；導友，善不納則當止。至於煩瀆，則言者輕，聽者厭矣！是以求榮而反辱，求親而反疏也。」《白虎通德論・卷四》〈諫諍11〉有所謂的「五諫」：「諷諫、順諫、窺諫、指諫、伯諫。」

正因為「諫諍」會有這種「被人討厭」的惡果，所以才會有人強調「君臣朋友皆以義合」，「諫諍」不聽就算了，別一而再、再而三堅持下去。孔子就說過：「以道事君，不可則止。」（〈先進24〉）孟子也說過「君臣有義」（《孟子．滕文公上》〈4〉）。對於朋友，孔子在回答子貢的問題時也回答過：「忠告而善道之，不可則止，無自辱焉。」（〈顏淵23〉）從「依經解經」的立場來看，這種解釋應該是比較一致的。

俞樾就說：「唐、宋以來，以犯顏極諫為人臣之盛節，至有明諸臣遂有聚哭於君門者，蓋自古義湮而君臣朋友之間所傷多矣！」

這應該算是臣子在事上以及在交友時，要拿捏好分寸之處。太過或不及，都會出問題的。

附錄

《白虎通德論・卷四》〈諫諍11〉諫者何？諫間也，因也，更也，是非相間革更其行也。人懷五常，故有**五諫**：謂諷諫、順諫、窺諫、指諫、伯諫。諷諫者，智也，患禍之萌，深睹其事，未彰而諷告，此智性也。順諫者，仁也，出詞遜順，不逆君心，仁之性也。窺諫者，禮也，視君顏色，不悅且卻，悅則復前，以禮進退，此禮之性也。指諫者，信也，指質相其事也，此信之性也。伯諫者，義也，惻隱發於中，直言國之害，勵志忘生，為君不避喪身，義之性也。孔子曰：「諫有五，吾從諷之諫。事君，進思盡忠，退思補過，去而不訕，諫而不露。」故《曲禮》曰：「為人臣不顯者。」纖微未見於外，如詩所刺也。若過惡已著，民蒙毒螫，天見災變，事白異露，作詩以刺之，幸其覺悟也。